高等院校国际法经典规划教材

总主编　林一飞

国际环境资源法

主　编　张炳淳　王继恒
撰稿人　（以撰写章节先后为序）
张炳淳　王继恒　杨　倩
丁岩林　黄　政　郝少英
李雅萍　王玉兰　王兆平

对外经济贸易大学出版社
中国·北京

图书在版编目（CIP）数据

国际环境资源法／张炳淳，王继恒主编．—北京：
对外经济贸易大学出版社，2013
高等院校国际法经典规划教材
ISBN 978-7-5663-0767-5

Ⅰ．①国… Ⅱ．①张… ②王… Ⅲ．①国际法－环境
保护法－高等学校－教材 ②国际法－自然资源保护法－高
等学校 －教材 Ⅳ．①D996．9

中国版本图书馆 CIP 数据核字（2013）第 172032 号

国际环境资源法

张炳淳 王继恒 主编

责任编辑：汪友年 胡晓雪

对外经济贸易大学出版社
北京市朝阳区惠新东街 10 号 邮政编码：100029
邮购电话：010－64492338 发行部电话：010－64492342
网址：http://www.uibep.com E-mail：uibep@126.com

北京市山华苑印刷有限责任公司印装 新华书店北京发行所发行
成品尺寸：185mm×230mm 20.75 印张 417 千字
2013 年 9 月北京第 1 版 2013 年 9 月第 1 次印刷

ISBN 978-7-5663-0767-5
印数：0 001－3 000 册 定价：38.00 元

前　言

正所谓“水可载舟、亦可覆舟”。地球生态系统是一切生物的摇篮，是整个人类生存进步之桴。目前，国际环境和资源问题的日益突出，不仅严重影响着人类的生存和可持续发展，而且也使人类面临着前所未有的挑战。面临危机，人类是否能够满怀生存热情并富有生存智慧地去掀开经济社会发展的新篇章，从而开创一个为人类期许的美好地球时代呢？

应情势之所趋，国际环境资源法的孕生和发展，正是国际社会针对全球环境问题所作出的努力在法律制度上的体现。自1972年联合国人类环境会议、特别是1992年联合国环境与发展大会召开以来，全球环境保护就已然成为世界共识和人类行动聚焦的重点。其间，伴随着大量有关国际环境保护的重要国际法律文件的制定，国际环境资源法在理念和制度上都有了长足发展。作为一个新兴的法学学科或部门法，国际环境资源法的昌明和彰显，无疑对积极维护我国的环境权益、促进国际环境合作，从而为世界各国共襄人类和谐盛举产生不可替代的作用。然而，国际环境资源法在我国的研究起步较晚，较之域外研究之进展尚处于初步发展阶段。基于此，编撰一部有关国际环境资源法的精编教材，无论是为我国国际环境资源法学的进一步研究做一些基础性的工作，亦或为新一代法律学人汲取专业知识提供一个更好的读本，都显得非常必要并切合时宜。

好的教材作为反映教育理念发展和教改实践变革的重要载体，是优良的法学教育在实现基础扎实、知识面宽、实践能力强、富有创新能力的法律人才培养目标的过程中不可或缺的重要依托。然而，一部能够结合实践、精阐原理、关注前沿、有所创新的好教材，也绝非等闲之辈所轻易能为。尽管如此，无论是作为一次有益的尝试，还是经验的积累，亦或对我们自己在从事环境法教学和科研工作上的总结、学习乃至发展和超越，我们西北政法大学的环境法学人都愿意积极参与，并更加敬业地以专业精神做好这次教材的编写工作，以期共同见证和分享中国环境法学教材之盛。

本教材是由对外经济贸易大学出版社组织策划的国际法系列教材之一。在编写中我们力求做到：

（一）体例完备、理实结合。全书共计19章的内容，既有理论的阐释、又有立法实践的新进展；既有普遍问题的论述，又有特殊问题的具体展开，以在保证教材内容全面性要求的同时，做到理论和实践的有机结合。

（二）内容新颖、突出时效。教材的编写借鉴了以往和新近有关国际环境法领域的一些思想和理论成果，并紧密结合当今国际环境法律实践的最新发展，从而保证了本教材在内容上更加新颖、完善和充实，时效性也更强。

（三）述中有论、论中见思。虽然该书主要是面对本科生教学的教材，但我们又不囿于对国际环境法的知识仅做一般意义上的陈述，而是在介绍的同时又有机地融入了作者在从事国际环境法教学和科研中的一些心得体会和独立思考，从而突出了本教材的研讨性和探索性。这样有助于学生在接受知识的同时，又能够展开自主性的思考。

承蒙对外经济贸易大学出版社的抬爱和西北政法大学国际法学科的支持，我们有了这一次参与校外环境法教材编写项目的机会和集体展示我校环境法学科实力以及团队合作精神的舞台。在深表谢意的同时，我们也希望该书的出版能对繁荣我国环境法学研究，促进环境法教学尽一份绵薄之力。

尽管编写组付出了努力，但在教材内容的把握和提炼以及资料的掌握和运用上难免存在不足，我们期待着读者和学界同仁的反馈和指正，自当不胜感激！

编　者

2013 年 6 月

目　录

第一编　国际环境资源法的基本原理

第一编

国际环境资源法的基本原理

第一章　导论

核心提示

导论部分作为国际环境资源法学的入门知识，是全面、正确认识国际环境资源法学的基础。为了较好地学习和掌握国际环境资源法学的基本知识和基本理论，需要学生先对环境以及与国际环境问题相关的一些知识有所了解。本章涉及的三个核心概念是环境、国际环境问题以及国际环境保护。难点问题是国际环境资源法学作为一门新兴的交叉学科的属性。

第一节　环境与环境问题

一、环境的涵义及其分类

环境一词在日常生活中的使用频率极高、范围极广，在不同的语境、不同的学科中，其内涵和外延各不相同。然而，对环境这个概念的合理界定却是起草一些法律和实现环境保护要求的基础和前提。环境这一名词被定义的方式，表明了不同环境要素的用途安排和环境政策的制定者对环境的理解。

环境的英文是"environment"，它源于拉丁语中的"in（en）"加"circle（viron）"，本意是"包围"、"环绕"。《韦氏新大学词典》中对环境的解释是："环绕的情况、物体和条件"。[①]《袖珍牛津英语词典》对环境一词的定义是："环绕任何事物的物体和区域"。[②] 因此，就一般意义而言，环境是指围绕某一中心事物的周围事物，即周围的状况、空间和条件等。中心事物不同，环境的含义和范围也就不同。所以，对环境的理解首先要确定中心事物，从中心事物出发来理解环境的内涵和外延。

---

① 韦氏新大学词典．英文版．美国马里安－韦伯斯特公司，1985：416.

② 袖珍牛津英语词典．英国牛津大学出版社，1991：523.

生态学上的环境即“生境”，是指以地球生物为中心，环绕生物界的外部空间和无生命物质，是生物赖以生存的条件，如空气、阳光、水、土壤和其他无生命物质等。生态学上的环境是以生物为中心的物质环境。

环境科学上所说的环境是以人类为中心，以物质为基础的环境，即人类环境。具体而言是指人群周围的境况及其中可以直接、间接影响人类生活和发展的各种自然因素和人工因素的总体，包括自然因素的各种物质、现象和过程及在人类历史中的社会、经济成分。① 这说明环境科学上的环境，包括自然环境和人工环境。②

在法学上，受环境科学和传统伦理观念的影响，学者们多是以人类为中心来确定“环境”的范围的，因此，法学上的环境是指人类环境。但由于环境科学上的环境概念高度抽象，“对环境政策和环境法并无实际效用，亦即此意义下之环境概念由于过于广泛，恐将无法建构出一个可与其他公共任务相区别之特有的环境保护任务地位”。③ 因此，世界各国的环境保护立法，从环境科学关于环境的抽象化定义出发对环境这一概念皆做了具体明确的界定，对法律所要保护的对象或者法律的适用范围进行明确规定。其目的是保证法律的准确实施，它不需要也不可能包括环境的全部含义。

就立法技术而言，综观各国的环境立法，对环境下定义的模式可归纳为三种：一是概括式，即只对环境规定一个抽象的定义，不具体列举法律所要保护的环境要素。如1991 年保加利亚《环境保护法》对环境所下的定义是：“相互联系并影响生活质量、人体健康、历史文化遗产以及自然风光和人类基因要素和元素的综合体”。二是列举式，也称枚举式，即只列举出法律所保护的具体环境要素，而不做抽象的定义。如美国1969 年《国家环境政策法》第 2 篇第 1 节第 1 条规定：“环境其中包括但不限于，空气和水——包括海域、港湾河口和淡水；陆地环境——其中包括但不限于森林、湿地、山脉、城市、郊区和农村环境”。三是综合式，也称混合式，既规定环境的抽象定义，又具体列举法律保护的环境要素。如 1988 年加拿大《环境保护法》第 3 条第 1 款规定：“环境是指地球的组成部分并包括：a. 空气、土地和水；b. 大气层的所有层次；c. 一切有机的和无机的物质以及生命体；d. 包括 a、c 项所指各组成部分在内的相互作用的自然系统”。美国新南威尔士州 1991 年《环境保护管理法》称：“环境指的是地球各组成部分，包括 a. 土地、空气和水；b. 各层大气；c. 所有有机或无机的物质和所有生物；d. 人类制造的和修改的结构和区域，以及包括 a 至 c 所列各组成部分在内的相互

---

① 中国大百科全书·环境科学卷．北京：中国大百科全书出版社，2002：134.

② 关于环境的范围仅包括自然环境还是既包括自然环境又包括人工环境，目前学理界认识还不一致，而本书所说的环境包括自然环境和人工环境两个方面。

③ 陈慈阳．环境法总论．北京：中国政法大学出版社，2003：9.

作用的自然生态系统”。

英国1990年的《环境保护法》第1条规定：“环境由下列媒体或其之一所组成，即空气、水和土地；空气包括室内空气、地上或者地下的自然或人工建筑物内的空气”。俄罗斯2002年《环境保护法》第1条规定：环境包括“自然环境要素、自然客体和自然人文客体以及人文客体的总和；自然环境要素——总和起来为地球上的生命存在提供良好条件的土地、地下资源、土壤、地表水和地下水、大气、动植物界和其他生物体，以及大气臭氧层和地球周围的宇宙空间；自然客体——自然生态系统、自然景观及其保留着自身天然属性的组成部分；自然人文客体——因经济活动和其他活动受到改变的自然客体，和（或）人为造就的并取得自然客体属性的和具有休闲及防护意义的客体；人文客体——人为了社会需要造就不具有自然客体属性的客体”。1989年12月26日公布实施的《中华人民共和国环境保护法》第2条规定：“本法所称环境，是指影响人类生存和发展的各种天然的和经过人工改造的自然因素的总体，包括大气、水、海洋、土地、矿藏、森林、草原、野生生物、自然遗迹、人文遗迹、自然保护区、风景名胜区、城市和乡村等”。

从这些国内外立法对环境的定义可以看出，人类越来越多的以一种更为整体的方式来看待环境，这为在国际法文件中确立环境的概念奠定了基础。在很多国际法文件中都有关于环境的概念。如1972年《联合国人类环境宣言》提出了人类环境的概念，它虽然没有直接对人类环境予以界定，却在其宣布的第一项原则中提出：“环境给予人以维持生存的东西，并给它提供了在智力、道德、社会和精神等方面获得发展的机会……”。人类环境的两个方面，即天然和人为的两个方面，对人类的幸福和对享受基本人权甚至生存权本身都是必不可少的。1977年签订的《禁止为军事和任何其他敌对目的使用改变环境的技术的公约》中的“环境”一词，指的是地球，包括生物圈、岩石圈、水圈、大气圈和外层空间。

从国内法和国际法文件中关于环境定义的例证可以看出，法学的环境概念有三个基本特征：第一，物质性。即环境是作为对人类的生存和发展有影响的那些自然因素的总体，这些自然因素，如阳光、空气、水、植物、动物等都是由物质构成的客观存在物。因此，法学上的环境是物质环境而非非物质环境。第二，自然性。即环境是作为人类生存的自然条件而存在的，这些自然条件表现为一定的自然要素。因此，环境具有自然性。而环境中的自然因素既包括各种天然的环境因素，也包括经过人工改造过的环境因素，但不包括社会、经济等因素。第三，生态性。环境中的自然因素都包含在生态系统中。生态系统是自然界里由生物群体和一定的空间环境共同组成的具有一定结构和功能的综合体系。地球生物圈是地球上最大的生态系统。生态系统是由生产者、消费者、分解者、无生命物质四部分组成。在生态系统中各环境要素之间通过物质循环、能量流动和信息传递而联系成一个不可分割的整体，并形成动态平衡。因此，在生态系统中，阳光、空气、水、植物、动物等各环境要素存在于生态系统整体之中，具有一定的生态功能。如阳光、水、土壤、空气等，这些无生命物质为生物提供了必需的生存条件。而植物通过光合作用把太阳能转化为化学能，把水、土壤等无机物转化为有机物，为自身和其他生物提供物质和能量，提供新鲜的空气，充当生产者。动物以植物或者以其他动物为食，在生态系统的物质和能量的转化过程中处于中间环节。各种微生物把生态系统中的动物和植物的尸体分解成简单的化合物，再提供给植物利用，保证了生态系统的物质和能量循环。各要素无法脱离生态系统，各要素在生态系统中发挥着自身应有的作用。因此，在环境法中应强调环境的整体性和各环境要素的生态功能性。尽管在各国的环境立法中强调“人类环境”，但人类环境也是由其他所有生物环境所共同形成的，因此，“人类环境又可被视为许多生物环境之组合体”，① 这就是在环境法中要保护生物栖息地，保护“生态”的原因。同时，随着生态学和环境伦理学研究的不断深入，人类对环境的解释从人类中心观开始朝向生态整体和地球整体为中心的方向转变，反映在环境法上表现为“地球环境”概念的使用和“生态法”名称的出现。第四，区域性。环境具有不同的层次，不同层次的环境分布于不同的地域，呈现出不同的状态，其结构方式、组织程度、能量物质流动规模和途径、稳定性程度等都有一定的特殊性，所以在保护及对环境的管理中要求区别对待。

环境可以按照其形成、功能、范围和要素等进行不同的分类。按形成分，环境可分为自然环境和人工环境。自然环境也叫天然环境，是指各种天然形成的物质和能量的总体，如大气、水、土壤、日光辐射、生物等。自然环境从地理学的角度可分为四个圈层，即大气圈、水圈、生物圈和岩石圈。人工环境是指人类为了提高物质和文化生活水平，在自然环境的基础上经过人类劳动的改造或加工而创造出来的环境，如城市、居民点、水库、名胜古迹、风景游览区。1972 年的《人类环境宣言》最先采用了这种分类方法，以后这种分类为各国环境立法所接受。按功能分，环境可分为生活环境和生态环境。生活环境是指与人类生活密切相关的各种天然的和经过人类改造过的自然因素，如空气、阳光、水。生态环境是指影响生态系统发展的各种生态因素，即环境条件，如气候条件（光、热、降水等）、土壤条件（酸碱度、营养元素等）、生物条件（动植物、微生物等）、地理条件（地势高低、地势起伏等）和人为条件（开垦、采伐）等。生活环境和生态环境关系密切，二者共同构成了人类环境，如果只保护生活环境，不保护生态环境，是无法保护好环境的，因此，这种分类要求既要保护生活环境又要保护生态环境。按范围分，环境可分为室内环境、村镇环境、城市环境、区域环境、全球环境和宇

① 陈慈阳．环境法总论．北京：中国政法大学出版社，2003：8.

宙环境等，这种分类方法是研究不同范围的环境发展变化规律的重要的分类方法，同时，这种分类方法也是环境法对不同环境范围内的人类活动加以规制并确立国际环境法、区域环境法、国内环境法、地方环境法划分标准的依据。按要素分，环境可分为大气环境、水环境、声环境、土壤环境、地质环境等。按环境要素进行分类，方便根据具体的环境要素所具有的特点来解决环境问题，同时这种分类方法也是设立环境单行法的依据。

环境的定义包括了自然资源，自然资源是环境的重要组成部分。关于自然资源的概念，目前有不同的解释。如 1987 年发布的《中国自然保护纲要》中对自然资源的解释是：自然资源“是在一定的技术经济条件下，自然界中对人类有用的一切物质和能量”。自然资源包括土地、森林、草原和荒漠、物种、陆地水资源、河流、湖泊和水库、沼泽和海涂、海洋矿产资源、大气以及区域性的自然环境与资源等。之所以认为自然资源是环境的重要组成要素，是因为：首先，自然资源具有双重性，它既是环境要素，又是作为物质财富的资源。如森林具有资源的属性，人类可以从森林中获取林产品，同时森林又具有生态功能性，森林可以防风固沙、涵养水源、保持水土、净化空气。其次，就环境问题的因果关系而言，自然资源的不合理开发是环境问题的“因”，而环境问题是自然资源不合理开发利用的“果”。这说明自然资源的开发利用对环境造成了一定的影响。这种影响可分为原发性影响和继发性影响两种。原发性影响表现为自然资源开发利用活动对环境所造成的直接影响，如燃煤所造成的大气污染，毁林开荒所造成的物种减少等。继发性影响是由原发性影响诱发的环境间接变化，如砍伐森林造成的水土流失等。再次，环境具有资源性，即环境本身也可成为一种资源，特别是环境容量所具有的效用性、稀缺性、地域性和流转性等资源属性，使环境的资源性更不容置疑。这都说明了环境和自然资源是两个相互联系、相互交叉的概念，环境和自然资源是密不可分的。因此，国际环境资源法必须将自然资源作为其保护对象，这样才能合理开发利用自然资源、保护环境。同时，在国际环境资源法的学习、研究中，只有确立环境的资源特性和资源的环境基础，才能真正建立国际环境资源法的概念基础。

二、环境问题及其分类

环境问题是指由于自然因素或人类活动而引起的环境质量下降或者生态失衡，对人类的社会经济发展、身体健康以至生命安全及其他生物产生有害影响的现象。

根据引发原因的不同，环境科学将环境问题分为原生环境问题和次生环境问题两大类。原生环境问题又称第一环境问题，它是因自然因素如山崩、海啸、飓风、地裂、

“厄尔尼诺”和“拉尼娜”[①] 等所引发的自然界的异常变化，如全球气候变化、环境质量恶化甚至生态系统遭彻底破坏等现象。原生环境问题的危害后果往往难以估量，人类也难以控制，人类只能通过科学预报、预防手段来减少或者避免其对人类的危害。因此，世界各国通过“防灾减灾法”确立了一定的预警机制、应急机制、救助机制、灾后重建机制等来应对原生环境问题，有学者认为这是“社会法的重要内容”。[②] 次生环境问题又称第二环境问题，它是因人为活动引起的环境污染和环境破坏现象，是人类违背自然生态规律、不合理开发利用环境的结果。次生环境问题可以通过对人类活动产生的环境影响进行评估和预测，并建立环境风险预防法律制度、污染防治法律制度、生态保护法律制度、环境法律责任制度等来对人类不利于环境的行为进行控制，进而使问题得以解决，这些就形成了“环境资源法”。

目前，人类活动无处不在，其对环境的影响既有广度又有深度。与原生环境问题发生频率低、分布范围小、对地球整体生态系统影响不大相比，由人类活动所造成的次生环境问题数量多、分布范围广、对生态系统的负面影响严重。因此，无论国内、国际环境资源法着重控制和解决的都是次生环境问题。然而，由于人类活动范围的不断扩张，自然力和人力相互作用和相互交织，在很多情况下，许多由自然原因所引发的原生环境问题与人类对自然的破坏密切相关，如水灾与人类对植被的破坏有着直接的关系。环境问题的产生，是自然原因和人为原因相互交织的结果，原生环境问题和次生环境问题往往无法截然分开。这就要求我们在解决环境问题，进行环境立法时应对“防灾减灾法”、“污染防治法”、“生态保护法”、“自然资源法”等统筹考虑，能使之相互渗透，并逐渐实现一体化。

根据表现形式和危害后果的不同，人类活动所引发的次生环境问题通常被分为环境破坏和环境污染两大类。

环境破坏是指人类不合理地开发利用自然资源或者自然环境的某个要素，过量地向环境索取物质和能量，破坏或者降低了环境效能，导致了生态失衡、资源枯竭，危害了人类和其他生物生存和发展的现象。环境破坏的原因是人类无限度的开发、利用自然资源，破坏了自然界的再生增殖能力和平衡能力，其表现为不合理地砍伐森林、开垦荒地、过量放牧、掠夺性捕捞、乱猎滥采野生动植物、过量用水、不合理地灌溉、滥采矿藏、不恰当的种植、人口增长过快和都市化建设等等所引起的水土流失、土地沙化和盐

① 厄尔尼诺现象是指太平洋的东海岸、靠近赤道附近洋面上出现的大范围洋流增暖，由此影响全球气候，造成气候异常变化的一种现象。拉尼娜现象则是上述洋流异常偏低所造成的对全球气候的影响，影响强度较厄尔尼诺现象要小。

② 吕忠梅．环境法原理．上海：复旦大学出版社，2007：8.

渍化、耕地和森林锐减、矿产资源遭到破坏、物种灭绝、水资源枯竭、地面塌陷等生态失调、气候恶化现象。环境破坏包括对生活环境的破坏和对生态环境的破坏，但主要是对生态环境的破坏，因此又将环境破坏称为生态破坏。

环境污染是指人类在生产、生活中向环境中排入了超过环境自净能力的物质和能量，从而使环境的物理、化学、生物学性质发生变化，引起环境质量下降而产生不利于人类及其他生物正常生存和发展的现象。环境污染的原因是人类对环境与自然资源的不合理利用而导致一定的物质或者能量变为废水、废气、废渣等“废物”进入大气、水、土壤等环境要素中，超过了环境的自净能力，扰乱了生态系统的良性循环而形成的大气污染、水污染、土壤污染、噪声、振动、恶臭、热污染、光污染、放射性污染、电磁波辐射污染等。现代工业的发展史实质上是一部环境污染史，20 世纪 50 年代出现的震惊世界的“八大公害事件”，[①] 20 世纪 80 年代发生的印度博帕尔农药泄漏事件、前苏联切尔诺贝利核电站核泄漏事件等“十大严重公害事件”，[②] 都属于环境污染。

就环境污染和环境破坏的关系而言，二者都是人类不合理开发、利用环境的结果，一方面人类过多地从自然界索取物质和能量，超过自然界的再生增殖能力和平衡能力，造成了环境破坏；另一方面人类将从环境中过量索取的物质和能量，变成“废物”排放到环境中，超过了环境的自净能力，形成了环境污染。这说明二者互为因果，环境破坏降低了环境的自净能力、加剧了现代社会的环境污染问题，而环境污染导致了水资源短缺、地力下降、生物多样性锐减等，破坏了生态平衡。所以，国内或国际环境资源法在解决环境问题时必须考虑到环境污染和环境破坏之间的相互关联性。同时，对环境问题所进行的分类研究决定了国内或国际环境资源法学的理论体系和立法的趋势及体系建构问题。

第二节 环境问题的国际化与国际环境保护

一、环境问题的国际化

环境问题是随着人类文明的演化而产生和发展变迁，并在这种变迁中由局部走向全

---

① “八大公害事件”包括：比利时马斯河谷烟雾事件、美国洛杉矶光化学烟雾事件、美国多诺拉烟雾事件、英国伦敦烟雾事件、日本熊本水俣病事件、日本四日市哮喘病事件、日本爱知米糠油事件、日本富山骨痛病事件”，参见薛纪渝，王东华合编．环境学概论．北京：高等教育出版社，1995：5－6.

② 林肇信．环境保护概论．修订版．北京：高等教育出版社，1999：12.

局，由部分扩展到地球的各个角落。人类社会先后经历了采猎文明、农牧文明、工业文明，目前正处于由工业文明向新的文明过渡的阶段，这被后现代主义学者称为后工业文明。采猎文明阶段的环境问题主要是局部的环境破坏问题，多表现在滥采、滥捕造成的局部地区动植物减少和因用火不慎而烧毁大片森林和草原的现象。农牧文明阶段的环境问题主要表现为盲目扩大耕地而砍伐森林、毁坏草原引起农业环境的破坏，出现森林减少、物种减少、土地沙化、水土流失等环境问题。采猎文明和农牧文明阶段的环境问题都是局部的环境问题，环境问题的国际化肇始于工业文明时期。

18 世纪开始的产业革命，以纺织机械的革新为起点，以蒸汽机的广泛使用为标志，成就了人类社会的工业文明，使得人类社会的生产力得到了空前的发展，人类改造自然的能力也得以增强。19 世纪 30 年代以后，电机的发明，电力的广泛使用，汽车飞机的出现，使人类真正进入了现代化阶段。人类对自然的开发和利用达到了空前的程度，采掘业、采伐业、采矿业大规模地发展起来，人类活动更加深入、更大规模地改变了地球的自然环境。19 世纪以煤和电石为原料的煤化学工业的产生和发展，20 世纪初至 20 世纪 40 年代的石油化学工业的产生和发展，[①] 使大量的化学物质替代了天然物质，从而扩大了自然生态系统和人类社会系统之间的物质和能量交换。这正如《人类环境宣言》在序言中指出的那样："生存在地球上的人类，在漫长和曲折的进化过程中，已经达到了这样一个阶段，即由于科学技术发展的迅速加快，人类获得了以无数方法和在空前的规模上改造其环境的能力。"

现代环境问题是从产业革命开始的，到 20 世纪 50 年代达到了严重的程度，成为严重的社会问题，引起了世人的关注。产业革命一方面给人类社会带来了巨大的社会生产力，使人类社会进入工业化的新时代，另一方面产业革命消耗大量的自然资源、能源，致使废弃物急剧增加，改变了环境的结构和功能，使环境发生了质的变化，给人类带来了严重的环境问题。这一阶段的环境问题主要表现为：

（一）大规模的环境污染

工厂和蒸汽机燃煤产生的煤尘和二氧化硫污染大气，矿冶、制碱等工业的大规模发展导致水质受到严重污染。从 20 世纪 20 年代到 20 世纪 40 年代，除燃煤造成的污染外，环境还受到石油工业和石油产品、化学工业及农药、化肥带来的污染，光化学烟雾就是这一时期污染的突出表现。20 世纪 50 年代，是工业发达国家环境污染恶化的时期，出现了著名的"八大污染事件"。这一时期的环境危机和公民的反公害运动迫使工业发达国家采取法律、行政、技术等多种手段防治环境污染、保护环境。特别是 1972 年人类环境会议以后，世界各国都将环境保护提到了国家管理的议事日程上，环境状况

---

① 贾旻，李建会．全球环境变化——人类面临的共同挑战．武汉：湖北教育出版社，1998：40.

有所好转，但环境问题依然存在。20 世纪 80 年代后，环境污染朝着突发性、难以防范、污染范围大、危害严重的特点发展。1984 年 12 月 23 日印度博帕尔市美国联合碳化物公司的一家化工厂毒气泄漏，导致4 000 人死亡、40 万人受伤，是人类历史上最严重的一次有毒化学品污染事故。1989 年，前苏联的切尔诺贝利核电站四号反应堆发生爆炸，导致近千人死亡，上万人受到核辐射。2003 年重庆开县高桥镇的中国石油西南油气田的气矿发生井喷，大量富含硫化氢的天然气喷出，导致 347 人死亡，近万人中毒。

（二）大规模的环境破坏

现代化大工业的进程不断加快，促使采掘业、采伐业和捕捞业三大产业快速发展，产业的不断发展需要大量的资源和能源，导致地球上的各类自然资源锐减，自然环境遭到了严重的破坏，自然灾害不断增加。环境问题在发展中经历了地域环境问题时期和国际环境问题时期，目前处于全球环境问题时期。

全球性环境问题主要表现为：

1. 跨境大气污染、酸雨、温室效应、臭氧层空洞等全球性大气环境问题

酸雨被称为“空中死神”，它能引起湖泊酸化、土壤酸化、森林被毁，造成巨大的经济损失；臭氧空洞的出现和扩大严重地影响着地球生命的保护层；温室气体和全球变暖是大气污染引起地球生态系统重大变化的又一表现，随之而来的是干旱、洪涝灾害以及饥荒与贫穷。

2. 世界上的水体污染和淡水危机问题

世界许多地方缺乏淡水，水的污染也加剧了水资源供给的紧张状态。在经济合作与发展组织（OECD）的 21 个国家中，只有一半多一点的人口产生的污水经过处理。海洋成了人类活动产生的废弃物的垃圾桶，石油污染使海洋生物锐减，海洋生态环境受到破坏，如 2010 年发生的美国墨西哥湾石油泄露事件等海洋石油污染事件频发。

3. 土地沙漠化严重

沙漠化是指干旱、半干旱地区生态平衡遭到破坏，而使绿色原野变成类似沙漠的景观。现代沙漠化威胁着陆地三分之一的表面，面积达到 4 500 万平方公里。联合国环境规划署统计，全球每年有 600 万公顷耕地变为沙漠，平均每分钟有 10 公顷被沙漠吞噬。除了土地沙漠化之外，土地资源状况也在不断恶化，土壤的盐碱化和土壤侵蚀问题日益严重。

4. 生物资源危机

生物资源危机的主要表现一是森林面积的减少。地球陆地面积约为 130 亿公顷，大约一万年前，地球上有 62 亿公顷的森林；1960 年，森林覆盖率约为 40 亿公顷；现在约

为28亿公顷左右。二是热带雨林的消失日益严重。比如，亚马逊地区面积约为700万平方公里，跨巴西、秘鲁、哥伦比亚、委内瑞拉、玻利维亚、厄瓜多尔、苏里南和圭亚那8个南美国家，其森林面积达500万平方公里，占世界热带雨林的1/3。然而，该地区每年约有89万公顷的热带雨林遭到采伐，雨林面积日益减少。三是物种及栖息地的减少。科学家估计，现在地球每天至少有50种植物和动物灭绝。因地球热带雨林遭到砍伐、烧毁，导致当地昆虫、植物和动物绝迹。1990年在西班牙首都马德里举行的生物问题讨论会上，科学家警告，在今后不长时间内，世界上将有5 000种动物灭绝。据联合国环境规划署预计，在未来20年内，将有50—100万种生物被灭绝。除此之外，草原资源、海洋生物资源也将锐减。另外，空间污染问题已成为新的全球性环境问题，其主要表现在空间垃圾问题和对地球以外星体的开发利用问题上。

二、国际环境保护

"尊重自然生态的极限性，找到一种与大自然韵律相协调的、经济有效的发展方式，是一项重要而艰巨的任务。"[①] 在社会发展和人类需求的不断变化中，环境问题日益复杂化。而环境问题的实质，从经济学供需角度来看，"从根本上讲是一个稀缺问题"。[②] 这种稀缺表现为人类对自然资源和环境容量的需求相对于自然的供给量是有限的；从经济学的利用角度来看，环境问题追根究底是一个外部性问题——是基于生态要素（包括环境要素和自然资源）这种公共物品在人类社会的开发利用中产生的外部性问题；从法学的公平原则角度来看，环境问题是代内环境公平和代际环境公平的失衡问题，也是生态权利和生态义务失衡的问题；从社会学的角度来看，环境问题是一个社会经济不可持续发展的问题；而从生态学的角度来看，环境问题是一个生态系统失衡的问题。

面对严峻的环境问题，环境保护被提到了人类的议事日程。环境保护是指人类为解决现实的或潜在的环境问题而采取行政、经济、技术、宣传教育和法律等手段，保护和改善生活环境和生态环境，防止污染和其他公害，使环境更符合人类发展的活动。环境保护的含义有三：一是环境保护的对象是人类赖以生存、经济社会赖以发展的人类环境系统；二是环境保护必须采用多种手段进行；三是环境保护是一项综合性的管理工作。

环境保护的内容具有广泛性和综合性，主要有三方面：一是保护和改善生活环境和

---

① ［瑞典］托马斯安德森，卡尔福克，斯蒂芬奈斯德姆．环境与贸易——生态、经济、体制和政策．黄晶，等，译．北京：清华大学出版社，1998：17.

② ［美］詹姆斯·L·多蒂，德威特·R·李．市场经济：大师们的思考．林季红，等，译．南京：江苏人民出版社，2000：157.

生态环境。保护环境的中心任务是改善和提高环境质量，保持环境的调节净化能力，使生活环境和生态环境不仅不被破坏和污染，而且能依据生态规律对其加以改善，使生态系统得到良性循环，优化人们的生活质量。二是合理开发和利用自然资源。即在合理利用自然资源的同时，恢复和保护自然资源，杜绝耗竭资源、破坏生态和污染环境的行为。三是防治环境污染和其他公害。即防治在生产和生活过程中产生的各种废弃物对环境的污染和危害，保护人体健康和生命安全，促进人类社会的可持续发展。

环境保护这一概念是在人们对环境问题及其产生原因的认识中和对环境污染破坏防治的实践中逐渐形成的。总结环境保护工作的发展进程，人类社会面对不同阶段的环境问题采用了不同的解决方法。从环境科学和环境法角度去考察，对环境问题的解决可以分为三个阶段：第一阶段是发达国家在 20 世纪 60 年代中期到 70 年代末期面对严重的环境污染和生态破坏的现实，投入一切可能的技术和财力，普遍采用污染物的净化技术和各种无害工艺技术，开始了大量的污染治理工作。特别是 1972 年斯德哥尔摩人类环境会议强调了保护和改善人类生态和环境的重要性后，发达国家开始真正重视环境保护，并颁布了一系列保护环境的政策、法律，采取了一系列治理措施。但这一阶段主要进行的是污染物的控制，采用的手段主要是限制性措施或技术治理手段，较少涉及国家对环境的管理，没有采取预防性措施。第二阶段是 20 世纪 70 年代后，环境危机的严重化、全球化促使国家对生态和环境进行全面的、严格的管理。很多国家把环境保护作为国家的一项基本职能，大量采用如环境影响评价、限期治理、污染物控制等行政手段保护环境，同时也开始采用排污费、环境押金、无息贷款、排污权交易等经济刺激手段。国家同时加大了环境保护的宣传力度，不断提高公众的环境保护意识，并制定了综合性的环境保护基本法，如 1967 年日本颁布了《公害对策基本法》，1969 年美国制订了《国家环境政策法》等，反映了生态保护从局部到整体、从个别到一般的发展趋势，也反映了生态保护从单项环境要素的保护和单项治理向全面环境管理及综合治理方向发展。同时国家对生态保护的指导思想发生了根本转变，采取了“预防为主、综合防治”的措施，但是，环境问题如何与经济社会的发展相协调并没有得到解决。第三阶段是 1992 年里约会议的召开，该会议总结了 20 多年来世界环境保护实践的经验，找到了环境问题产生的真正的经济根源，接受“可持续发展观”，认为在经济和社会发展中不是停滞发展，也不是离开发展来解决环境问题，而是走经济、社会和环境可协调发展和可持续发展的道路，普遍采用经济综合调整手段来保护环境，促使经济发展模式的转变。

国际环境保护是伴随着环境问题的全球化而提出的，20 世纪 70 年代初由英国经济学家沃德和美国生物学家杜博斯所写的《只有一个地球》一书提出，环境问题不仅是一个区域性问题，而且是一个全球性问题；不仅是技术问题，更主要是社会经济问题。之后国际环境保护出现了四次飞跃。

1972年在斯德哥尔摩举行的联合国人类环境会议被称为世界上第一次环境革命，会议通过了《人类环境宣言》。宣言指出，保护和改善环境是全世界各国人民的迫切愿望和各国政府的责任，宣言确立了人类对环境的共同看法和共同原则，使环境保护这一术语被国际社会广泛地接受并采用，为国际环境保护的开展奠定了基础。随着环境问题在世界各国的不断演变和全球环境问题的日益凸显，环境保护在世界范围内也不断发展。1992年联合国环境与发展会议提出的“可持续发展”战略，首次将经济发展和环境保护结合起来加以认识，使人们对环境保护的认识有了一个新的飞跃，被称为世界第二次环境革命。2002年在约翰内斯堡召开的可持续发展峰会通过了《约翰内斯堡可持续发展宣言》和《执行计划》，进一步推进了可持续发展，会议提出了著名的可持续发展三大支柱的概念，即经济发展、社会进步和环境保护，为“在促进经济发展的同时保护生态环境”发出了行动信号，被称为国际环境保护的第三次飞跃。2012年在巴西里约热内卢召开的联合国可持续发展大会进一步深化了人类对环境和发展问题的认识，大会提出世界各国必须积极参与国际环境与发展领域的合作和治理，被称为国际环境保护的第四次飞跃。每一次认识的飞跃，都使国际环境保护向前迈进一步。

第三节　国际环境资源法与国际环境资源法学

一、国际环境资源法是国际环境保护的有效手段

全球性的环境问题及环境纠纷的加剧，全球生态系统的退化，这些都需要世界各国不断加大国际环境保护合作的力度并形成国际环境保护领域中有拘束力的行为准则，从而将国际环境保护中的各类手段用法律的形式固定下来，促使世界各国依法遵行。然而，国际环境问题的广泛性、全球整体环境问题与局部环境问题交叉互动、当前环境问题和滞后效应同时并存等特点对传统国际法产生了巨大的挑战。这些挑战主要表现在：

一是对传统国际法原则的挑战。如跨界环境污染对国家自主开发利用自然资源和环境的主权原则的挑战；公海污染对公海自由通行原则的挑战；跨界污染对传统的国家责任认定的挑战等。

二是国际环境保护需要扩张传统国际法的主体。传统国际法的主体主要是国家和国际政府组织，然而，在国际环境保护中非政府组织、跨国公司、自然人等非常活跃，它们超越了传统国际法主体的范围，扩张成国际环境保护的主体，同时，在国际环境保护方面公众的知情权越来越受到重视，因此扩张国际法主体成为一种必然趋势。

三是不确定性因素对传统国际法提出新问题，即科技发展带来的不确定性因素是否

对环境造成损害难以确定，这要求在国际法中确立风险预防机制。

四是国家在国际环境保护中地位发生转变，表现为国家将行使源于人类共同利益而不是源于主权权利的职责。如 1982 年《世界自然宪章》第 21 条规定，“国家要保护位于国家管辖范围以外的大自然”。这使国家相对于环境其作用转变为代理人、执行人、保管人和受托管理人的角色。上述这些挑战促使国际环境资源法的产生。

另外，环境保护的手段多种多样，主要有技术手段、经济手段、行政手段、宣传教育手段、法律手段以及这些手段的综合运用。就国内环境保护而言，如前所述，20 世纪初随着环境污染的泛滥，工业发达国家开始投入一切可能的技术和财力进行污染的治理，普遍采用污染物的净化技术和各种无害工艺技术。20 世纪 70 年代以后许多国家把环境资源管理作为国家的一项基本职能，大量采用如环境影响评价、限期治理、污染物控制等行政手段保护环境，同时也开始采用排污费、环境押金、无息贷款、排污权交易等经济刺激手段，并加大了环境保护的宣传力度，使公众不断提高环境保护意识，并且建立环境保护的法律体系，将这些制度用法律的形式确立下来，以促使这些手段更好地贯彻实施。而在国际环境保护中这些手段也得到普遍的运用，采用国际环境资源法的形式将这些手段规定下来，能更好地促进国际社会在环境保护方面的合作，使国际环境资源法成为国际环境保护的有效手段。

二、国际环境资源法学是一门新兴的交叉学科

国际环境资源法学是指对国际环境资源法的缔结和实施机制进行科学研究和理论概括的法学科学。从法学体系的角度来看，国际环境资源法学是传统国际法学体系中一个新兴的分支学科，是以国际环境资源法的理论和实践及其发展规律为研究对象的学科。其主要目的是通过对国际环境资源法历史沿革的考察，研究国际环境资源法的内容和本质，探讨人类在国际社会、经济发展过程中产生的国际环境问题所带来的新的法律问题和法律制度需求及法律制度的变革等问题，并归纳和总结与国际环境保护有关的法律理念、思想、学说，构建符合国际环境保护新要求的国际环境保护法律制度。

国际环境资源法学的特点是：（1）国际环境资源法学以国际环境资源法为研究对象。（2）具有交叉边缘性。国际环境资源法学是一门国际法学与环境科学、生态学、国家贸易学等相互交叉渗透的学科，是一门典型的边缘性学科。（3）具有后进性。国际环境资源法学的形成较晚，和其他部门法学相比发展还很不成熟。（4）具有应用性。国际环境资源法学主要是解决国际环境问题的，因此其应用性很强。

国际环境资源法学的体系主要包括：（1）导论。这部分内容是对国际环境资源法学的基础性问题进行研究。主要包括环境的概念及国际环境问题，国际环境保护的内容和手段等。（2）国际环境资源法学的基本理论和基本知识包括国际环境资源法的概念、

特点和体系，国际环境资源法的历史、发展趋势，国际环境资源法的渊源、主体与客体、基本原则、实施机制，国际环境争端与国际环境责任等研究内容。(3) 国际环境资源法学各论。主要包括国际大气环境、国际淡水资源、国际海洋环境、国际土地资源、国际生物资源、国际湿地、国际公域、外层空间、世界文化和自然遗产、国际危险废物和物质、国际贸易与国际环境保护等国际环境和资源保护法律制度、污染环境法律制度等内容。

国际环境资源法学的研究方法主要有：(1) 实证研究法。理论联系实际是最基本的研究方法，即结合国际环境问题及国际环境保护的实践，总结经验、教训，研究国际环境问题的新动向和新特点，研究国际环境保护公约、条约、国际环境宣言，寻找问题，为国际环境资源法的发展提供依据。(2) 历史研究方法（历时性研究）。从历史的角度对国际环境资源法的发展规律等进行研究，为国际环境资源法的制度创新提供可资借鉴的东西。(3) 运用多学科综合系统的研究方法。国际环境资源法是一门交叉性强的边缘学科，国际环境是个大生态系统，地球环境的保护更是要从生态系统出发，因此，国际环境资源法学的研究要运用系统论的方法。特别是地球环境各要素间及环境与人之间不断地进行着物质、能量和信息交换，信息论和控制论是不可缺少的研究方法。

推荐阅读

1. 【美】梅多斯．增长的极限．于树生，译．北京：商务印书馆，1984.

2. 【美】查尔斯·哈伯．环境与社会：环境问题的人文视野．肖晨阳，等，译．天津：天津人民出版社，1998.

3. 汪劲．环境问题的全球化及其法律对策．法制与社会发展，2002 (5).

思考题

1. 国际环境问题的表现有哪些？
2. 国际环境资源法学的特点是什么？

第二章 国际环境资源法的概念、特点和体系

核心提示

本章是对国际环境资源法学一些基本知识的概述，主要涉及国际环境资源法的概念、特点和体系。国际环境资源法作为一个快速发展中的新的部门法，不仅很多问题需要我们在认识上加以深化，而且随着全球环境问题的不断演变，其范围也会作出相应调整和变化，这都使得国际环境资源法更具包容性和探索性，因此学生只有以一个发展的观点和更为开放的视野才能全面和正确认知与理解国际环境资源法。

第一节 国际环境资源法的概念

20 世纪中叶以来，国际法有了很大的发展，其突出的表现之一就是调整范围不断扩大，出现了许多新领域，国际环境资源法便是国际法在蓬勃发展中孕生的一个重要的新领域。历史地看，国际环境资源法作为现代国际法的一个特殊分支或新的部门法，主要是随着环境问题的全球化以及国际社会为了有效应对“全球公域”面临的日趋严重的环境问题，而在全球环境保护合作的基础上产生和发展起来的。和国内环境资源法相比，国际环境资源法是以人类赖以生存的整个生物圈为保护客体，以全人类共同的生存利益为保护目的的。这决定了国际环境资源法主要是关于国家和国际社会成员之间在开发、利用、保护和改善环境方面的法律规范和制度。它不仅反映了各国际法主体在环境保护利益上的一致性，同时也是各国际法主体在环境保护方面协调一致的产物。

关于国际环境资源法的概念，国内外学者从不同的角度进行了多种界定和阐释。例如，美国学者史蒂芬·费里（Steven Ferrey）认为，国际环境法是一个为解决国家间环

境问题而由相关国家创制的法律体。[①]法国学者亚历山大·基斯则主要从国际环境法的目的出发，认为国际环境法作为国际法的特殊领域，其目的是为了防止生物圈严重恶化和失去平衡以致不能发挥正常作用。[②]国内较具代表性的观点主要有以下几种：国际法学者韩健、陈立虎教授认为，国际环境法是调整因防止自然破坏和控制环境污染而产生的国际关系的各种法律体制和法律规范的总称。[③] 韩德培先生认为，国际环境保护法是指调整国际间环境保护关系的行为规范的总称。这些行为规范主要来源于环境保护的国际公约、双边或者多边国际协定以及有关国际会议和国际组织的宣言、决议、行动纲领、行动计划等。[④] 金瑞林先生认为，国际环境法是指调整国际法主体在利用、保护和改善环境与资源中所形成的各种国际关系的法律规范的总称。[⑤] 另外，王曦教授则认为，国际环境法是国际法主体，其中主要是国家，在利用、保护和改善环境的国际交往中形成的，体现它们之间由其社会经济结构决定的在利用、保护和改善环境方面的意志的，调整国际环境法律关系的法律规范的总体。[⑥]

综上，我们可以看出，上述学者对国际环境资源法概念的认识，要么是从有关国际环境保护的内容上去定义；要么是从国际环境法调整的社会关系的角度去定义；要么从起源、本质、特征和外延等方面说明国际环境法的概念。总之，这些观点都从不同的方面体现了国际环境资源法的内涵和特点，但它们在本质上其实并没有什么根本上的不同。因此，结合上述学者对国际环境资源法的认识，我们认为，国际环境资源法就是指，用以调整国际法主体之间基于国际环境资源的开发、利用、保护和改善所形成的国际环境关系的各种原则、规则和制度的总体。作为有关环境保护的国际法律规范，国际环境资源法的主要目的是为了人类的共同利益而保护和改善地球环境，以维持其自然生态系统的功能。其实，不论怎样去界定国际环境资源法的概念，想要对其达到充分而又全面的理解，我们认为至少可以从以下几个方面去认识和把握：

一、从内容上看，国际环境资源法主要是关于控制环境污染和防治自然破坏的国际法规范

随着科学技术的进步和经济社会的快速发展，人类变革自然的实践活动无论在广度上还是深度上都达到了空前的程度，由此而产生的环境问题也已经从一国内的严重的污

① Steven Ferrey, Environmental Law, Third Edition, New York, Aspen Publishers, Inc. p576.
② ［法］亚历山大·基斯．国际环境法．张若思，译．北京：法律出版社，2000：9.
③ 韩健，陈立虎．国际环境法．湖北：武汉大学出版社，1992：1.
④ 韩德培．环境保护法教程．北京：法律出版社，2007：433.
⑤ 金瑞林．环境法学．北京：北京大学出版社，2002：340.
⑥ 王曦．国际环境法．北京：法律出版社，2005：58.

染和生态破坏，发展成为超越主权国家的国界和管辖范围的区域性的和全球性的环境问题。这些广域的环境问题日益威胁着整个人类的生存和发展，已成为全世界共同面临的重大危机。例如，全球气候变化、臭氧层耗损、酸雨污染以及生物多样性减少、淡水短缺、森林破坏、土地荒漠化、海洋污染和破坏、有毒化学品和危险废物越境转移等都是当前面临的重大问题。正如《人类环境宣言》所指出的，面对“越来越多的环境问题，因为它们在范围上是地区性的和全球性的，或者因为它们影响着共同的国际领域，将要求国与国之间广泛合作和国际组织采取行动以谋求共同的利益”。[①] 正是在这个基础上，国际社会经过不懈努力通过了一系列保护和改善环境、防止污染和破坏的国际立法。例如，在国际大气环境保护方面，国际社会在全球和区域两个层次上签订了一些条约，以期共同采取国际法律措施来有效应对大气环境的恶化。这些条约主要包括：《长程越界空气污染公约》及其议定书、《保护臭氧层维也纳公约》及其议定书、《联合国气候变化框架公约》和《京都议定书》等。

在国际海洋环境污染控制方面，国际社会通过的立法条约既有全球性公约，又有区域性公约，其中全球性公约中最为重要的就是1982年的《联合国海洋法公约》。就国际海洋环境保护而言，《海洋法公约》不仅为各国利用和保护海洋资源的行为确立了必须遵守的国际法原则和义务，而且它对各国保护海洋环境规定了基本的法律制度和要求。在国际生物资源保护的立法方面，较为重要的全球性公约有1973年的《濒危野生动植物物种国际贸易公约》。该公约的宗旨是，“为了保护某些野生动物和植物物种不致由于国际贸易而遭到过度开发利用”。[②] 另外，《生物多样性公约》也是国际旨在保护地球生物多样性的法律文件，它为生物资源和生物多样性的全面保护和持续利用建立了一个法律框架。

二、从调整对象上看，国际环境资源法主要是规范国际法主体在开发、利用、保护和改善环境资源中所形成的各种国际关系的法律规范

调整对象的特定性是国际环境资源法区别于其他部门法的主要标志。从国际环境资源法的实际内容上看，为国际环境资源法所调整的国际环境关系主要包括三方面的内容：一是虽处于一国管辖，但却具有国际意义的环境关系。例如，世界文化遗产和自然遗产（诸如中国的长城、泰山、敦煌莫高窟等人文自然遗迹）的法律保护问题。尽管这一类“世界遗产”处于各国主权管辖范围之内，但由于它们是人类几千年甚至更长时期文明发展的珍贵历史遗产，其意义已完全超越了民族国家的一隅之地而具有了世界

---

① 《联合国人类环境宣言》，引言，第7部分。

② 《濒危物种国际贸易公约》，序言。

性，因而这类环境与资源不仅受国内环境法调整，当然也受国际环境资源法的规范与调整。从这个意义上看，国家只不过是这些遗产的管理者和保护者而已。二是局部或区域国家间有关的国际环境关系。例如，因跨界河流的不当使用而造成的污染损害而产生的国际环境关系等。三是在不属于任何国家管辖范围之内的国际公共区域（人类共有物，如公海）所产生的国际环境关系。依据传统国际法，一国有权自由开发利用其管辖范围内的环境资源，毫无疑问，这是一国之排他性主权权利所使然。[①] 然而，一国在开发利用不属于任何国家或国际组织管辖范围内的环境和资源时，却不是任意的、不受限制的。国际环境资源法之所以要对这部分开发利用环境资源的国家行为进行规制，其根本目的即在于保证地球公域的环境资源能够被持续开发和利用。

另外，调整对象的广泛性也是国际环境资源法的一个重要特点。一般而言，凡是与开发、利用、保护和改善环境有关的国际关系，不论其属于国际政治关系还是国际经济关系，亦或属于其他领域的国际关系，都在国际环境资源法的调整范围之列。当然，从法律的调整机制上看，国际环境资源法对国际环境关系的法律调整，主要是通过创设、维持或以认可国际法主体之间在开发、利用、保护和改善环境方面的权利义务关系来实现的。

三、从本质上看，国际环境资源法是国际法主体在国际环境保护领域意志协调的产物

从本质上看，国际环境资源法是国际法主体间在开发、利用、保护和改善国际环境事务方面意志协调的产物。之所以这样说，是因为作为国际法的分支，国际环境资源法的本质及其效力的根据在于它体现了国际法主体之间在国际环境保护事务上的协调意志，或经过协调后的“共同意志”（common will）。正因为如此，我们才认为，国际环境资源法作为调整国家和其他国际法主体之间基于国际环境保护关系而产生的各种原则、规范和制度的总体，其主要是在现代政治、经济、文化以及科学技术等各种因素错综复杂的变革条件下产生和发展起来的。作为有法律约束力的行为规则，同国际法一样，国际环境资源法“是适用于国际社会的法律，由国家作为主要的法律主体，以国家的共同制定或认可作为立法方式，以国家单独的或集体的强制措施作为实施的保障”。[②]

---

① 其实这种依据主权的自由开发利用行为也是相对的。例如，按照《人类环境宣言》第 21 条对国际环境法领域有关国家权利义务的规定：各国有权按照自己的环境政策开发本国的资源，同时也有义务保证其管辖或控制下的活动，不致损害他国的环境或属于国家管辖范围以外地区的环境。

② 王曦．国际环境法．北京：法律出版社，2005：60.

随着国际环境资源法的出现和不断发展，“共同意志”毫无疑问是国际法作为法律系统的依据，而且这种共同意志也将会随着国际环境事务的不断增加和扩大而日益加强。[①]在国际环境事务中，“各国之所以能够达成协调意志，在于各国可以通过这种国际间权利义务的分配获得本国所需要的某种利益或其生存和发展的必要资本”。[②]其实，这一点并不难理解。从国际环境资源法产生和发展的历史看，尽管各国的生产力发展水平不一样，面对的自然资源和环境条件各不相同，所处的经济基础也存在较大的差异，但世界各国共存于一个地球的事实决定了各国之间的相互依赖性。因此，当“我们决定在世界各地的行动时，必须更加审慎地考虑它们对环境产生的后果。由于无知或不关心，我们可能给我们的生活和幸福所依靠的地球环境造成巨大的无法挽回的损害”。为了人类共同的未来，各国必须在经济社会的发展和环境保护方面取得一致。由此，各国有了协调其利益和意志的必要性和可能性。这正如《21世纪议程》所指出的，“各国政府认识到，现在需要有一种新的全球性努力，要将国际经济系统的要素与人类对安全稳定的自然环境的需求联系起来”。[③]

当然，需要明确的是，共同意志并没有也不可能消除差异。事实上，共同意志下的利益纷争和矛盾冲突还可能更为激烈。例如，当今世界在应对全球气候变化问题上形成的举步维艰的格局就是一个很好的证明。围绕着碳减排责任的分担、资金援助和技术转让问题，目前世界各国分歧严重，争吵不休。从各国内部形势看，对短期经济利益的追逐和对传统经济发展模式以及能源消费习惯的路径依赖，使得减排行动推进困难。无论国外还是国内，在过去和当下纷繁复杂的环境中，由于短视和自利还在主宰着激烈的利益博弈，因而在应对气候变化的实际行动中，如何有效地约束发达国家履行其在国际协定下的承诺，促进发达国家和发展中国家更有成效地携手抑制气候变化，已成为气候变化问题取得实质性突破的一个关键步骤。显然，面对全球环境问题，为了人类的共同利益，发达国家和发展中国家只能暂时搁置社会制度、经济结构以及环境资源状况等方面的差异和各种利益上的矛盾冲突，而不得不从求“大同”存“小异”的全局出发，最终达成保护人类环境的共同意志。这样看来，国际环境资源法的任务并不是为了消除差异，而是试图在不同的差异间找到彼此可以相互尊重并有利于问题解决的平衡点或折中方案，找到能够为各方都相互认同和彼此接受的妥协方案，如是而已。

---

① 例如，正是随着全球环境问题的不断升级，才导致了一些重要国际环境保护会议的召开和大量有关国际环境保护方面的纲领性公约和特定领域国际环境保护法律文件的产生。这便可以说是当今国际环境资源法主体之间，在国际环境保护方面意志协调的一个最好的证明。

② 万霞．国际环境保护的法律理论与实践．北京：经济科学出版社，2003：36.

③ 21世纪议程——联合国环境与发展大会文献汇编．国家环境保护总局译．北京：中国环境科学出版社，1993：2.

四、从法的形式渊源上看，国际环境资源法主要是调整国际间环境保护关系的行为规范的总称

国际环境资源法有狭义和广义之分。狭义的国际环境资源法的行为规范主要来源于环境保护的国际公约（双边或者多边国际协定）和国际习惯（这被认为是国际环境资源法的主要渊源）。广义的国际环境资源法的行为规范还包括与环境保护有关的一般法律原则、司法判例、国际法学说以及有关国际会议和国际组织的宣言、决议、行动纲领、行动计划等（这被认为是国际环境资源法的辅助渊源）。

五、从目的上看，国际环境资源法旨在通过保护地球环境，使人类社会得以在与自然的和谐相处中持续发展

目前，关于国际环境资源法的目的主要有“直接目的说”和“终极目的说”两种主张。直接目的说认为，国际环境资源法的直接目的，“是在国际社会建立一个有利于人类社会和自然的持续发展的新的国际法律秩序。各国人民，不论其在种族、国别、经济、地理、文化等方面存在多大差异，都无一例外从这种国际法律秩序得到巨大的和根本的惠益——人类生存条件的改善和保持”。[①]终极目的说认为，国际环境资源法的终极目的“是为了人类共同利益，各国应当为服务于这个利益而合作”。[②]保护环境之所以是全人类共同关切的事项，是因为地球环境是人类和地球上其他生物共同的生存家园，而所有的生命都有赖于自然系统的功能维持不坠，以保证能源和养料的供应。因此，“为了今世后代的利益，对于地球的自然资源，包括空气、水、陆地、植物和动物，尤其是自然生态系统的代表性标本，应根据需要通过认真规划或管理予以保护”。[③] 正是在这个意义上我们说，国际环境资源法是建立在“地球一体”概念上的、以全球环境保护为视野的国际法新领域。

这样看来，国际环境资源法的目的是明确的，即首先通过调整国家间在环境保护方面的国际关系，来达到防治和解决环境问题之目的，包括最大限度地减少不可再生资源的消耗、保护地球生物的多样性和生命力等；其次，为今世后代的福祉而保护和改善环境，包括改善人类环境质量，保护人体健康，促进人类社会的持续发展和和谐进步，实现世代间公平。

---

① 王曦．国际环境法．北京：法律出版社，2005：62.

② ［法］亚历山大·基斯．国际环境法．张若思，译．北京：法律出版社，2000：14.

③ 《斯德哥尔摩环境宣言》，原则 2。

第二节　国际环境资源法的特点

国际环境资源法作为一个具有强大生命力的国际法的新分支，除了具有法的一般属性和国际法的共同属性外，其自身还有着一些不同于其他法律部门的独特“个性”。

一、公益性

从性质上看，国际环境资源法是属于典型的以人类共同福利为服务目标而创设和确立的规则。这正如法国学者亚历山大·基斯所指出的，“国际环境法规则属于为人类共同利益而制定的那类规则。实际上这些规则一般不会给缔约国带来直接好处”。[①]正是在这个意义上我们说，国际环境资源法是以保护整个人类之今世后代的共同利益为目标的公益性法律，是真正意义上的国际“公法”或“行星家政管理法”。保护地球环境，使人类社会得以在与自然和谐中持续发展，不仅是关系到我们自己——“今世”各国人民的幸福和经济发展的重要问题，而且是关系到我们的子孙——“后世”的共同利益的一个大问题。因此，保护和改善环境遂成为一项造福人类、惠及千秋万代的最大、最根本的公益性事业。人类社会无论有多少利益和不同的价值体系，都必须服从这个根本的公益。而国际环境资源法正是国际社会据以保护地球环境、维护人类生存条件的一个重要手段。各国人民，无论其在种族、国别、宗教、信仰以及政治、经济、文化、地理等方面存在多大差别，都将无一例外地从国际环境保护的法律秩序中获得环境惠益，这使得国际环境资源法具有了极强的公益性。

国际环境资源法的公益性，还可以从其立法目的上得到体现。地球环境是人类和自然万物共同的生存家园，其作为“公共物品”也是全世界各国人民的“共有财产”。国际环境资源法的任务和目的就是保护全人类共同的生存条件，这符合世界各国人民的共同愿望。而这个愿望的实现方式就是：通过国际环境资源法为各国人民开发、利用、保护和改善地球环境的行为设定规则，使其始终不超出保持地球环境的永续性所需要的限度，从而保护地球环境这个最大、也最为根本的“公共财产”或“公共物品”。

国际环境资源法的公益性还体现在其保护对象的特殊性上。地球是一个整体，是一个由各环境要素相互关联、相互制约的自然综合体。作为人类共同利益的最大的自然载体，地球上的任何一个国家和民族都不可能脱离开地球或地球的其他部分而独享其自身的环境利益，整个人类都是地球这个生命之舟的乘客。既然生态危机可以使地球这个生命之舟面临倾覆的危险，那么面对人类共同的危机，只有采取共同的行动，才能保护这

---

① ［法］亚历山大·基斯．国际环境法．张若思，译．北京：法律出版社，2000：13.

个决定人类繁衍生息的星球。显然，通过国际合作，制定保护和改善环境的国际法律规则，将越来越多的环境因子和人类活动纳入国际法调整的范围，从而对地球环境这一最大、也最为根本的“公共财产”给予更为全面的保护，其显著的公益性是不言而喻的。

二、科学技术性

国际环境资源法的科学技术性是指国际环境资源法主要是以环境科学为基础发展起来的，是环境科学与法律科学相结合的产物。这是由环境问题的特点所决定的。由于环境问题既属于经济、伦理和社会问题，也属于科学技术问题，因而现代国际环境资源法就必然要反映生态规律和环境保护的科学技术要求。这使得国际环境资源法中除了规定的与环境保护有关的国际行为的法律规范外，还含有大量的反映这些规律和要求的技术性规范，从而使国际环境资源法表现出很强的科学技术性。

国际环境资源法的科学技术性首先表现在其立法上。由于国际环境资源法将自然界的客观规律，尤其是生态基本规律和环境要素的总体演化规律作为自己立法的自然科学基础，因而它就必须要体现自然规律特别是生态学规律的基本要求。其次，国际环境资源法的科学技术性还表现在其内容上。为了保护人类环境而由各国共同制定的国际环境保护的法律规范，在很大程度上和范围内都涉及生物、化学、物理、生态、遗传、医学等自然科学和工程技术领域的问题。因而，国际环境资源法的具体规则中有相当一部分属于技术性规范。或者说，有许多的国际环境资源法律规范实质上就是一些技术性很强的业务规范，它们是以法律规范为形式、以技术规范为内容的国际环境保护规则。例如污染物排放标准、环境影响评价标准、环境容量的测定与标准以及环境监测方法和鉴别方法等，它们既属于技术规范，又是相应的国际环境保护规范。

再如，几乎所有环境保护的双边和多边国际条约的附件中，都有相关的科学技术规定，而这些规定也是构成条约的一项不可或缺的重要内容。它们的存在既确保了有关条约的科学性和可行性，客观上也有利于条约发挥更大的作用。例如，在1972年关于《防止船舶和飞行器倾倒废物造成海洋污染公约》（简称《奥斯陆倾倒公约》）的附件中，就将各类倾倒物质按其毒性、持久性以及在生物体内的积蓄量和对海洋环境带来的明显和潜在的影响，科学地划分为列入“黑名单”的禁止倾倒的物质、列入“灰名单”应严格控制须经特许才能倾倒的物质、列入“白名单”经一般许可方可倾倒的物质等三种类型，对其进行分类管理。“在附件中按上述分类规定了相应的控制倾倒程序，从而开创了科学地控制海洋倾倒的途径以及把科学技术成就纳入国际法律规范的良好先例”。①

另外，国际环境资源法的科学技术性还体现在法律的实施方面。这主要表现在，运

① 韩健，陈立虎．国际环境法．武汉：武汉大学出版社，1992：8.

用科学技术有利于国际环境资源法律的执行、有关违法行为认定和有关争议和纠纷的解决等。总之，科学技术与国际环境资源法之间有着极为密切的联系。正如有学者所指出的："国际法已经进入了属于科学和技术性质的领域，要解释和适用它，就必须考虑到包括物理、化学和生物在内的几乎一切科学"。[①] 显然，科技与法律的紧密结合，在国际环境资源法中体现得更为突出。因此，在一定程度上可以说，"没有环境科学技术，就没有切实可行和有效的国际环境法"。[②]

三、综合性

国际环境资源法的综合性，是由其保护对象的多元性、所涉环境问题的多态性和复杂性、调整的国际环境关系的广泛性所决定的。从保护的对象上看，环境是一个复杂的自然综合体，其中既包括大气、水、森林、土地、矿产、生物，又包括外空以及人文景观等多种要素。从环境问题的多态性和复杂性上看，国际环境保护既包括污染防治方面的内容（如废弃物的国际环境保护问题、农药和化学品的国际环境保护问题以及核物质的国际管制问题），又涉及自然资源的可持续开发利用和保护问题（如国际大气、国际水体、国际生物的环境保护以及世界文化遗产和自然遗产保护等），还与特定区域的环境保护有关（如南极、公海、月球及其他天体以及外层空间等）。而且这些国际环境问题还是由许多自然的、社会的、政治的以及技术的各种因素相互交织在一起而形成和发展的，它们与世界经济、核科学、空间技术和战争等密不可分。从调整的对象上看，国际环境资源法所调整的对象涉及国际法主体间基于开发、利用、保护和改善环境而发生的国际关系，既包括双边的、多边的，还包括具有全球普遍意义的国际环境污染防治关系、国际自然资源和生态开发、利用、保护和改善的关系和国际特殊环境的开发利用和保护关系等。这些问题联系在一起，反映在国际环境资源法上，从而使这一法律具有明显的综合性特征。

另外，国际环境资源法的综合性还体现在其调整手段和方法的多样性上。例如，为了全面而有效地保护好地球环境资源，国际环境资源法采用了科技、经济、政治、社会等综合性的调整方法和确认、保障、促进、限制、禁止、制裁以及建议等调整机制。

再则，学科之间的交叉性也是国际环境资源法综合性的一个重要方面。在法学体系内，国际环境资源法不仅与国际法的其他分支（如国际公法、国际经济法、国际私法、条约法、国际组织法、海洋法等）相互渗透、密切关联，而且与其他法学部门（如法理学、比较法、宪法、行政法、民法、刑法、诉讼法以及环境法等）也有密切联系。

---

① 中国国际法学会．中国国际法年刊．北京：中国对外翻译出版公司，1984：383.

② 蔡守秋，常纪文．国际环境法学．北京：法律出版社，2004：23－24.

在法学体系外，国际环境资源法与生态学、环境科学、经济学、伦理学、政治学和国际关系学等学科关系密切。多学科之间的交叉和相互融通，使得国际环境资源法成为一门综合性极强的边缘学科。

四、前瞻性

国际环境资源法的“前瞻性”是与环境问题的特点密不可分的。例如，环境问题往往具有“污染容易、治理难；破坏容易、恢复难”的特点。甚至有些环境损害一旦形成，往往具有不可逆性。正如金瑞林先生指出的：“环境问题在时间和空间上的可变性很大，环境问题的产生和发展又有一种缓发性和潜在性，再加上科学技术发展的局限，人类对损害环境的活动造成的长远影响和最终后果，往往难以及时发现和认识，但到后果一旦出现，往往为时已晚而无法救治。这种情况要求人类活动必须审慎地注意对环境的长远的、全局的影响，注意‘防患于未然’”。[①] 正是环境问题的这些特点，使得国际环境资源法较之以往的国际立法往往超前于国际实践的发展，具有更强的事前预见性，从而体现出较为明显的“超前立法”的性质。这种超前性主要体现在与其他法律部门相比较，国际环境资源法在很多方面都具有独特的创新性和建设性，在其发展的过程中孕生了很多新概念、新思想、新原则、新制度等。

例如，“可持续发展观”的提出，不仅为人类的经济和社会发展指明了方向，而且也为人类文明的转型开创了一条新路。又如，“代际公平”概念的提出，将当代人的权利义务观延伸到尚未出生的后代人，不仅强化了当代人在环境使用方面的伦理责任和对环境保护的义务，而且极大地拓展了国际环境资源法学理论研究的视野。再如，“共同但有区别责任原则”的提出，为公平分配环境保护方面的国际责任和义务提供了正确的指导和依据。这不仅使全球环境保护成为可能，而且将大大推动建立新的国际经济新秩序，促进人类的共同发展。

另外，在这里还颇值得一提的是“风险预防原则”的提出，为各国有效应对诸如气候变化一类内含着科学不确定性的重大环境问题提供了正确的指导思想。例如，1987年《关于消耗臭氧层物质的蒙特利尔议定书》在序言中声明：“（由于）认识到全世界某些物质的排放会大大消耗和以其他方式改变臭氧层，对人类环境可能带来不利影响，（缔约国）决心采取公平地控制消耗臭氧层物质全球排放总量的预防措施”。[②] 1992年《生物多样性公约》也在序言中规定：“生物多样性遭受严重减少或损失的危险时，不

---

① 金瑞林．环境法学．北京：北京大学出版社，2002：85.

② 《关于消耗臭氧层物质的蒙特利尔议定书》，序言。

应以缺乏充分科学定论为由，而推迟采取旨在避免或尽量减轻此种威胁的措施”。[①] 1992年《联合国气候变化框架公约》也同样规定：“当存在造成严重或不可逆转的损害的威胁时，不应当以科学上没有完全的确定性为理由推迟采取这类措施”。[②]如此等等诸多的“创新性”，无不表明国际环境资源法是当代国际法领域中的一个思想活跃并富于“前瞻性”的法律部门。

第三节 国际环境资源法的体系

国际环境资源法的体系是指调整国际环境保护关系的各类法律规范所构成的有机联系的统一整体。目前，国际环境资源法已经形成了一个由各类规范组成的数量众多、内容庞杂、功能互补、相互制约的比较完整的体系。这个体系既包括国际法中的“硬法”，也包括“软法”性质的法律文件；既有国际环境保护领域中的基本法，又有针对特定保护对象的国际立法；既有关于防治污染的国际条约，又有涉及合理开发、利用和保护自然资源的国际条约等。从国际环境资源法的发展情况看，虽然国际环境资源法的体系已基本形成，但还很不完善，仍有很大的发展空间和进一步完善的潜力。

结合国际环境资源立法的实践，当前国际环境资源法体系主要由以下三部分构成：

一、有关国际环境保护的纲领性法律文件[③]

之所以称其为“纲领性”法律文件，是因为这类法律文件主要规定的是有关全球环境保护的指导思想、基本原则和行动计划等方面内容的国际法文件。由于该类文件具有原则性和指导性，对国际环境资源法的形成具有重要作用，因此它们也被称为“国际环境基本法”。

国际环境保护的纲领性文件通常是由联合国或联合国召开的重要国际会议以宣言或决议的形式通过，因而这些纲领性文件基本上都处于“软法”的地位。自1972年人类环境会议以来，联合国等国际组织签署了许多重要的有关国际环境保护方面的纲领性文件。较具代表性的有：《人类环境宣言》、《里约宣言》、《21世纪议程》、《世界自然宪章》以及《约翰内斯堡可持续发展宣言》等。

二、针对特定环境保护的单项立法

这类有关环境保护的所谓“硬法”性国际法律文件，是目前国际环境资源法中最

---

① 《生物多样性公约》，序言。

② 《联合国气候变化框架公约》，第3条。

③ 有的学者也将国际环境保护的纲领性法律文件称之为“国际环境基本法”。参见戚道孟．国际环境法概论．北京：中国环境科学出版社，1994：45；林灿铃．国际环境法．北京：人民出版社，2004：75.

为发达的部分，它们主要由保护特定环境的国际条约和其他形式的国际法律文件组成。这类法律文件数量众多、涉及范围广泛，主要包括大气、海洋、内陆水体、土地、森林、野生生物、生物多样性、自然和文化遗产、南极和外层空间等。具体而言，这类法律文件主要有：关于保护大气环境的《联合国气候变化框架公约》及其《京都议定书》、《保护臭氧层维也纳公约》及其议定书、《长程越界空气污染公约》；关于保护海洋环境及其资源的《联合国海洋法公约》的部分内容、《国际防止船舶污染公约》及其议定书、《防止倾倒废物及其他物质污染海洋公约》等；关于保护和利用国际河流和国际湖泊的《保护莱茵河免受化学污染公约》、《多瑙河水域捕鱼公约》、《亚马孙河区域合作条约》、《英国（加拿大）与美国边界水域条约》等；关于保护土地资源的《防治荒漠化公约》；关于保护森林资源的《国际热带木材协定》和《关于森林问题的原则声明》；保护野生生物的《关于特别是水禽生境的国际主要湿地公约》、《濒危野生动植物物种国际贸易公约》；关于保护生物多样性的《生物多样性公约》；关于保护自然和文化遗产的《保护世界文化和自然遗产公约》；关于保护南极资源的《南极条约》和《养护南极海洋生物资源公约》等。

上述这些有关国际环境保护的公约和其他形式的法律文件，都是为了保护特定的环境而分门别类进行的国际环境立法，归纳起来它们大致包括以下几个方面的内容：

1. 保护大气环境的国际立法。该类立法主要是国际社会针对大气污染所造成的酸雨、温室效应和臭氧层破坏等污染危害而制定的。依据立法来源和形式的不同，这类立法又可分为国际层面的大气环境立法、双边以及多边大气环境保护的立法两类。

2. 保护海洋环境的国际立法。为保护国际海洋环境而签订的公约和协定很多，主要涉及海洋污染、对污染源的防治与控制以及海洋生物资源的保护等，这是一个相对比较成熟的单项立法。

3. 保护淡水资源的国际立法，即国际水法。

4. 保护土地资源的国际立法，主要是为了防止地球土地的荒漠化。

5. 保护生物资源的国际立法。该类法律主要是以防止物种灭绝，保护那些濒危、珍贵的稀有野生动植物物种为主的国际生物资源保护法。

6. 保护世界文化和自然遗产的国际立法。

7. 保护外层空间环境的国际立法。

8. 保护森林、湿地、山地等的国际立法。

三、针对其他有关环境问题的国际法律文件

这类国际法律文件主要不是以针对特定的环境或环境要素为保护对象，而是针对与环境有密切关联的一些问题的立法。例如，固体废物和危险废物问题、核污染问题、贸

易与环境问题、国际环境标准问题、军备和战争与环境问题等。这类与环境有关的问题影响面广，往往涉及多种环境要素的保护和多重国际关系。因此，对这类问题的立法往往会产生广泛而深远的国际影响。

目前，与这类环境问题有关的国际法律文件主要有：《控制危险废物越境转移及其处置的巴塞尔公约》、《核材料的实质保护公约》、《核安全公约》、《关税及贸易总协定》以及有关司法判例、国际标准组织制定的 ISO 14000 环境管理系列标准和《关于禁止发展、生产和储存细菌（生物）及毒素武器和销毁此种武器的公约》等。

- 国际环境法的体系
  - 国际环境保护的纲领性文件
    - 软法性质的法律文件如《人类环境宣言》、《里约宣言》等
    - 普遍性国际公约（未出现）
    - 国际法基本文件中的有关规定如《联合国宪章》
  - 单项立法
    - 国际大气环境保护制度
    - 国际水体环境保护制度
    - 国际土地和森林环境保护制度
    - 国际生物环境保护制度
    - 世界文化遗产和自然遗产
    - 废弃物的国际环境保护制度
    - 农药、化学品的国际环境保护
    - 核物质的国际管制
    - 特定区域的环境保护
      - 南极
      - 公海
      - 月球及其他天体
      - 外层空间
  - 其他有关的国际法律文件
    - 国际环境标准、环境监测手段和方法等的规定
    - 国际环境组织和机构的组织法及内部规范等
    - 其他国际法部门中涉及国际环境保护的有关规范如海洋法、人权法、空间法、国际贸易法等

图 2－1 国际环境资源法的体系示意图[①]

① 万霞．国际环境保护的法律理论与实践．北京：经济科学出版社，2003：87.

推荐阅读

1. 王曦．联合国环境规划署环境法教程．北京：法律出版社，2002.
2. 万霞．国际环境保护的法律理论与实践．北京：经济科学出版社，2003.

思考题

1. 如何理解国际环境资源法的概念和特点？
2. 试分析国际环境资源法体系的构成。

第三章　国际环境资源法的产生与发展

核心提示

本章主要是以历史坐标为参照系，通过对国际环境资源法产生和发展的历史进程做纵向的检索，让学生理解国际环境资源法产生和发展的社会根源，并进而了解不同历史时期国际环境资源法的特点和未来发展趋势。

第一节　国际环境资源法的产生

一、国际环境资源法产生的历史原因

同其他任何事物一样，国际环境资源法并不是从来就有的，它的产生并非人类思想超前的无“因”之果，更不是人们凭空想象和主观臆断而有意为之的产物，而是面对人类经济、社会发展过程中的严峻“情势”，国际社会所作出的迫不得已的选择。这个情势不是什么别的东西，而是世界经济和社会的失衡和无序发展，导致生态系统基本平衡被破坏，从而带来全球性的环境危机。从国际层面上的环境保护行动来看，当人类意识到只能用国际协作的方法来制止迅速向全世界蔓延的环境损害的时候，环境问题的处理也就成为了世界共同的命题。从这个意义上说，国际环境资源法的产生，正是国际社会为了有效应对全球性环境问题而采取的制度上的因应策略。它的产生既离不开人们对环境和环境问题的深刻认识，更离不开因环境问题的严峻挑战而迫使国际社会必须携手解决这一世界难题的现实要求和共同努力。正如有学者所指出的那样，“国际社会关系是国际环境法存在和发展的根源，如果不进入该领域，要回答国际环境法作为整体为什么对国际社会产生拘束力，是不可能的”。[①]因此，国际环境资源法的出现，自然离不开

① ［英］詹宁斯，瓦茨．奥本海国际法，王铁崖，等，译．北京：中国大百科全书出版社，1995：8.

其得以产生和发展的社会根基。这也就是说，要想真正认识国际环境资源法的历史发展，就必须要将认识问题的触角深入到其产生和发展的社会基础之上，并设法从中去寻找问题的答案。

既然认识问题的方法找到了，那么导致国际环境资源法产生的原因又是什么呢？我们认为这主要可以从以下三个方面去认识：

（一）客观上，国际环境资源法的出现源自于环境问题的国际化以及国际环境关系的客观存在

毫无疑问，环境对于任何一国而言都是至关重要的。一个国家，无论其采取什么样的社会制度，也无论其经济社会的发展水平如何以及科技进步能够达到什么样的发达程度，它的一切存在总是离不开其领土和领土上的环境这个立国之“本”的。从环境问题产生和发展的历史看，各国在近现代发展的历史中，都会遇到或多或少、或轻或重的环境问题。无论这些环境问题产生的根源出自何处，但总体上来看，这些早期的环境问题对人类生存和发展产生的影响主要还是局部的、暂时的和非根本性的。然而，地球上所有的水域都是相通的，大气环流作用又使地球上任何一个地方的空气污染都不可能滞留在一隅之地。地球的整体性和相互依赖性已经表明，环境问题早已不再是一个孤立的事件，发生在任何国家和地区的生态破坏和环境污染都可能带来不可抗拒的全球性后果。而今，全球性生态环境问题的出现和不断恶化，正是由无数国家和地区的环境污染和资源破坏累积而成的。尽管在当今世界还有本位主义、地方主义和种族中心主义的禁锢；尽管还有相当一部分人仍缺乏全面看待问题的能力；尽管在自我发展和全球环境保护行动之间还存在片面的观点和主观的认识，然而在世界性的大气和水体污染、酸雨的威胁、土地荒漠化、生物资源的危机、臭氧层的破坏等等这些环境问题面前，有一个不争的事实是无论如何也无法回避的，即严重的环境问题已经从国内走向国际，由区域性发展成为全球性，生态危机已经显现出了超越国家的全球化性质。

环境问题的国际化，不仅给国际关系带来了许多新课题，而且客观上也产生了很多需要国际社会共同应对来加以解决的现实性国际问题。例如，随着人类猎捕业的发展，迁徙动物和在边界区域栖息的野生动物的保护问题就引起相邻国家的重视，并被提上国际合作的议事日程。如为了保护在共同区域栖息的鸟类，奥匈帝国（1867－1918）与意大利于1875年签署了《保护鸟类的宣言》。再如，苏联切尔诺贝利核电站事故发生后，核活动造成域外损害的潜在威胁，引起了国际社会的强烈关注。为此，在国际原子能机构的主持下，国际社会在很短时间内完成了两项有关核活动的国际公约，即《核能事故及早通报公约》和《核事故或辐射紧急情况援助公约》。不仅如此，近年来国际上连续发生的由现代工业和科技活动引起的灾难性事故，如油轮在海上的溢油事故，造成大面积海域的油污，严重影响海洋生态环境和渔业资源；空间物体失控而坠入他国境

内造成人身、财产的损害以及环境的污染；跨界水污染以及大面积的工业酸雨等所有这些可能产生跨界损害的问题，无不令世人震惊而引起国际社会的广泛关注。这时保护环境、防止跨界损害问题已成为国际社会的共同利益和共同责任，如何预防和减少跨界损害并致力于环境保护，已成为当今国际社会面临的重大任务之一。

事实证明，生态环境的破坏已不是一个国家或几个国家面临的现实问题，而是全球规模的人类共同问题。这类问题的解决除了必须具有超越国家政治主体的人类共同体意识，还必须通过国际协作方式由国际法律规范予以调整。过去，在一国内部，关于治理淡水、海洋和大气污染，保护某些区域的立法有很多，但是，人们很快不得不屈服于这样的事实，即仅仅靠国内的努力是不能保护环境的。河流、海洋、大气．野生动植物都没有国界，一个国家边界内的重大变化可以引起边界以外环境的改变，这种改变可能是对其他国家的领土，也可能是对公海。对于这样的威胁，唯一可以采取的应对方法就是世界范围的国际合作，显然，这样的合作需要依靠法律规则以及制定规则、促进并监督规则实施的国际机构。

（二）主观上，国际环境资源法的产生反映了国际社会的共同要求

全球性的环境污染和破坏，使人类的生存和发展受到日益严峻的挑战，环境问题已成为全人类共同关心的重大问题。20 世纪 60 年代末，随着科学家发出越来越多的呼吁，公众也愈发强烈地认识到生物圈面临的危险。要求加强环境保护的舆论运动是前所未有的现象，它完全是自发的，虽然最初只得到少数政府的支持，然而，它从一开始就是全球性的。因此，在“生态时代”之初，这个没有组织的思想运动激起了社会广泛的共鸣。这表现在立法上，使得“环境保护法的投票表决在许多国家的议会都是一致通过，这种情况在其他领域是非常罕见的”。①

其实，这一点也并不难理解。因为，国际环境资源法是“建立在地球一体概念上的国际法新领域”，② 其立法的目的就是为了防止生物圈严重恶化和失去平衡以致不能发挥正常作用。因此，从本质上来看，它属于为人类共同利益而制定的那类规则。既然我们不否认环境保护涉及人类共同利益，那么“从我们承认人类共同利益是一个法律秩序的终极目的的那一刻起，这个秩序内的行为者就承担了实现这个目的的职责。因此，在国际环境法中，国家将行使源于人类共同利益而不是源于主权权利的职责”，③ 尽管国家并不是唯一承担这个职责的主体。正是在这个意义上，1972 年《斯德哥尔摩

---

① ［法］亚历山大·基斯．国际环境法．张若思，译．北京：法律出版社，2000：30.

② 林灿铃．国际环境法．北京：人民出版社，2004：56.

③ ［法］亚历山大·基斯．国际环境法．张若思，译．北京：法律出版社，2000：14.

宣言》宣布，“为今世后代保护和改善环境是全人类的职责”，[①] 为此，“国家应采取一切可能的步骤防止危害人类环境、损害生物资源和海洋生物、破坏自然和谐或妨碍对海洋的其他合法利用的物质所造成的海洋污染”。[②] 无疑，这里的一切可能防止环境损害的步骤，当然包括制定和“实施有关养护大自然和保护环境的国际法律规定”。[③] 显然，这些义务与国家为人类共同利益必须履行的职责相符。这样看来，国际社会在环境保护问题上的共同要求，大致可以解释为什么法律会对环境问题迅速作出反应。

法律必须适应环境的挑战。尽管从上个世纪起，人们就已经对某些形式的污染或损害采取补救措施，如针对烟雾、噪音和水污染采取的措施，但都是零散的努力。环境保护的实践表明，试图通过国内的管理和调控来制止逐渐向他国蔓延或来自他国的污染和破坏，其收效甚微，而借助国际协作，效果则迥然不同。例如，欧洲的多瑙河，在河流分属沿岸各国各自管理的时期，污染的治理没有取得预期的效果，但当沿岸 8 国联合起来共同治污时，情况则大为改观。显然，一国国内的防治措施固然必不可少，但在面对国际环境保护方面，要使环境保护工作富有成效，就必须要取得其他相关国家的协作和支持。事实上，每一个沿岸国从各自利益出发，以“分”而“治”之的小尺度来对整个多瑙河这个大的生态系统进行管理，不仅难以取得预期的效果，而且更为重要的是，通过因边界划分而人为肢解生态系统的管理方法本身也是有违科学的。

（三）国际环境资源法的产生，也得益于一些国际组织尤其是联合国的推动

国际组织作为国际环境资源法的参与者，不仅与国际环境保护活动有着极为密切的关系，而且始终是推动国际环境资源法发展的一支不可替代的重要力量。目前，大多数重要的国际环境保护活动都是在有关国际组织的组织和协调下进行的，许多多边的环境保护条约也都是由有关国际组织发起并组织起草和签订的。另外，国际组织还通过研究各种环境问题进行环境保护的教育和宣传，提出制定国际法律文件的建议和科学依据，对国际环境保护活动和条约的实施进行组织、协调和监督，并开展和参与国际环境保护活动和国际环境保护立法活动。例如，国际环境资源法虽然是国际法的一个分支，但它却有许多重要的创新。一些法律渊源，如国际机构或会议通过的文件，尤其是《斯德哥尔摩宣言》和《里约热内卢宣言》，具有非常重要的意义，在国际法的发展中发挥了重要作用。

的确，国际组织对环境问题的介入标志着一个新时期的开始，如联合国欧洲经济委员会就对废物倾倒和淡水污染进行了许多研究。1968 年代表着一个转折点，联合国与

---

① 《斯德哥尔摩宣言》，原则 1。

② 《斯德哥尔摩宣言》，原则 7。

③ 《世界自然宪章》，原则 21。

两个区域性组织——欧洲理事会和非洲统一组织——都在环境领域迈出了决定性的一步。欧洲理事会于1968年春天通过了两个重要文件，即《控制大气污染宣言》和《欧洲水宪章》，这被认为是“国际组织制定的最早的环境法律文件”。[①]虽然这两个文件申明的原则今天已经被普遍接受，但是在当时，人们甚至还没有普遍认识到水和空气是没有国界的。标志国际环境法初步形成的第二个事件就是1968年9月由非洲国家元首和政府签署的《非洲保护自然界和自然资源公约》。尽管当时对于生物圈面临的危险，工业化国家与第三世界国家在认识上存在着差距，但这个事件发生在非洲却被认为是“有趣的”。[②] 1968年，联合国也加入到环境保护的活动中。例如，1968年12月3日，联合国大会通过了一项关于召开“人类环境”的世界大会的决议。这一决定产生了强烈影响，尤其是在政府间国际组织中，几乎所有这些组织都意识到了环境问题的重要性。1972年6月5日至6月12日联合国人类环境大会在斯德哥尔摩召开，经过讨论大会通过了许多重要的文件，尤其是《联合国人类环境宣言》和《环境行动计划》。这次大会是国际环境资源法发展史上的转折点，它对于法律发展的影响在于，越来越多的国际环境法律文件被起草和通过，国际环境资源法随之成为国际法领域中发展最迅速的一个分支。

（四）传统国际法的局限，也是促成国际环境资源法产生的重要原因

新时期，国际关系的发展，客观上产生了一些亟待解决的现实性国际问题，这不仅使传统国际法面临诸多新的挑战，同时也在深刻地影响着国际法发展的动向。与整个环境法一样，国际环境法也是法学发展的新事物。可以认为，它真正产生于二战后的重建时期。[③]在这个时期，由于科技革命所带来的经济上的迅猛发展，在为人类社会的发展作出重大贡献的同时，也给国际社会带来了不少困扰和危险，如一些主要的工业国经济的失调发展带来了严重的环境污染，并开始向国外蔓延，严重威胁着人类的健康与全球生态系统的良性循环。这就要求有一套保护全球环境的国际法律规则。但是，直到50年代，传统国际法关于环境保护的规则几乎仍是一张白纸，关于防止环境污染的协定寥寥无几，关于自然保护的协定也凤毛麟角。国家即使签订了有限的保护生物资源的国际协定，也不能有效执行。国际法在执行全球环境保护任务方面的确不免捉襟见肘，一些原则和制度不得不接受严峻的考验。[④]因此，在已有的一些国际条约无法解决这些新情况、新问题的时候，通过协定制定新的条约，创设一些新的规则，或把已有的规则应用

---

① ［法］亚历山大·基斯．国际环境法．张若思，译．北京：法律出版社，2000：31.

② ［法］亚历山大·基斯．国际环境法．张若思，译．北京：法律出版社，2000：31.

③ ［法］亚历山大·基斯．国际环境法．张若思，译．北京：法律出版社，2000：27.

④ 韩健，陈立虎．国际环境法．武汉：武汉大学出版社，1992：38.

于新的条约就变得十分必要了。

例如，公海自由原则，一直以来被认为是国际法的一项古老的基本准则。1958 年为《日内瓦公约》所重申的公海四大自由就包括海上航行自由、捕鱼自由、海底架设电缆及管道的自由和海上飞行自由。然而，自从国际环境问题出现之后，人们发现，公海自由原则其实对国际环境保护具有潜在的不利影响。如公海的自由利用，也带来了垃圾向公海肆意倾倒和处置、有毒有害物质向公海任意排放和丢弃的问题，这不可避免地会对海洋生态环境产生严重的损害。由此，人们不得不思考，面对海洋环境问题，公海自由是否有必要的限制？是否要接受必要的革新？

现在我们再来看一下，面对一些新情况、新问题，传统国际法上的国家责任论所面临的问题。在国际法学史上，由于受近代国际法之父——格老秀斯“无过失即无责任”观点的影响，“过失责任论”长期以来一直作为传统国家责任的基础而占据着国际法的统治地位。依据过失责任论，一个主体加害另一个主体如既无故意又无过失，就可排除该行为的不法性，国家责任就不能成立。然而，在当今世界，由一国所从事的并不被国际法明文禁止的现代工业和科技活动，所引发地对他国造成严重损害的国际公害事件却时有发生。而事实上，在致害国的主观状态又难以确定的情况下，倘若仍按传统的过失责任论来衡量国家责任之有无，就有可能产生一些国家滥用主权、逃避责任以至于对受害国不公的后果。显然，随着社会的发展和国际关系出现的新变化，传统国际法上的一些原则的局限性越来越突出。这时国际社会为了有效应对环境保护这个复杂而又迫切的问题，就需要依据现代发展观念的变革所孕生的一些新的思想和理论，[①] 制定更多符合环境保护要求的新规则。正是在这种情况下，一些可适用于或专门适用于人类环境保护新课题的原则形成了。由此看来，国际环境资源法的产生，既是由传统国际法的现状所决定的，也可以说是现代国际法发展的必然趋势。

二、国际环境资源法的产生时期

从 19 世纪中叶到 1972 年联合国人类环境会议前，为国际环境资源法的产生时期，这一时期又以联合国的成立为标志分为前后两个阶段。

（一）国际环境资源法的萌芽时期（从 19 世纪中叶到 1945 年联合国成立）

这一时期是国际环境资源法的初创阶段。早期的国际环境资源法主要是一些国家之间签订的保护国际航道和渔场的国际条约，如 1815 年的《关于保护国际河道的规定》、

---

① 例如，随着现代发展理念的变革，产生了很多对国际环境保护的法律原则、规则和制度有推动作用的新的指导思想和理论基础。诸如，可持续发展理论、代内公平理论、代际公平理论、环境权理论以及公众参与理论等，它们对有关环境保护的国际法规则的改造和更新产生了积极的影响。

1855年的《莱茵河捕鱼协定》、1867年的《英法渔业公约》以及1882年的《北海过量捕鱼公约》等。进入20世纪，这类条约随之增多，但多为单项性规范。由于这时的条约主要着眼于经济利益，环境本身还不是主要的保护对象，因此条约的短期功利主义倾向比较明显。后来以保护动植物为主要内容的条约开始出现，如1933年的《伦敦公约》、1940年的《华盛顿公约》[①] 就是以保护非洲和美洲的野生动植物为主要内容的国际公约。不过，总体来看，这些国际法律文件不仅调整的范围狭窄，而且也主要不是从生态系统的角度出发来看待环境保护，因此还谈不上是现代意义的国际环境资源法。

值得一提的是，在这个时期，还出现了两起影响深远的涉及国际环境争端解决的仲裁案件，由其所确立的原则对以后国际环境资源法的发展产生了积极的影响。一起是1893年的太平洋海豹（Pacific Fur Seal）仲裁案，另一起是1938年和1941年的特雷尔冶炼厂（Trail Smelter）仲裁案。

“太平洋海豹仲裁案”，因美国和英国之间关于白令海海豹捕猎纠纷而引起。在该案中，美国主张其有权在3海里领海线以外采取行动保护经常光顾美国岛屿的海豹，而英国则坚持认为3海里以外是公海，并以传统的“公海自由”原则反对美国的这一主张。后经两国同意，将该案提交一个由美、英各两人，法国、意大利和瑞典各一人组成的7人仲裁庭进行裁决，仲裁庭依据传统的“公海自由”原则认为美国对于那些虽经常光顾其岛屿但处于其领海线以外的海豹不享有保护权或财产权，不得以此为借口将其自然资源管辖权扩大到其管辖范围以外的地区。同时，仲裁庭还指出，应对3海里领海线以外的海豹采取一些保护措施，如设立禁猎季节和限制猎捕方法和工具等。该案作为早期的一起涉及保护一国领域外生物资源的案例，为以后类似问题的解决提供了一个可资借鉴的样本。

“特雷尔冶炼厂仲裁案”由位于加拿大的不列颠哥伦比亚省的一家冶炼厂排放的二氧化硫烟雾对美国华盛顿州所造成的财产损害引起。1935年美加两国将此案提交一个由一名比利时人任主席和美、加各一人任仲裁员的仲裁庭裁决。仲裁庭先后两次作出裁决。在1938年的裁决中，仲裁庭判定冶炼厂的烟雾对华盛顿州造成了损害并裁决加拿大对美国赔偿7.8万美元。在1941年的第二次裁决中，仲裁庭对跨界污染损害的责任问题作出了一个著名的裁定：“根据国际法以及美国法律的原则，任何国家也没有权利

---

① 尽管真正意义上的环境保护措施是在20世纪才出现，更准确地说，是在20世纪60年代末才出现，但从生态的角度看，《伦敦公约》和《华盛顿公约》这两个国际环境保护文件却是今天的环境保护概念的先驱，因而这两个公约的订立也意味着一个新的时期的开始。（参见亚历山大·基斯．国际环境法．张若思，译．北京：法律出版社，2000：28.）

这样地利用或允许利用它的领土，以致其烟雾在他国领土或对他国领土或该领土上的财产和生命造成损害，如果已产生后果严重的情况，而损害又是证据确凿的话”。[①] 该案是国际法历史上第一起因跨界污染损害而引起的环境责任案例。它所宣布的一国应对其危害他国环境的行为承担国家责任的原则，为跨国环境损害所引起的国际纠纷的解决提供了基本准则。这一原则在后来为很多国际环境法文件所采纳，并在一系列有关国际环境问题的案例中得到引用，成为一项公认的国际环境法基本原则和国际习惯法规则。[②]

（二）国际环境资源法的初步形成时期（从联合国成立到1972年联合国人类环境会议前）

1945年联合国的成立，为国际环境资源法的发展注入了新的活力。按照《联合国宪章》第1条第3款的规定：联合国旨在“促进国际合作，以解决国际间属于经济、社会、文化及人类福利性质的国际问题”。姑且不说环境问题在一定意义上就是经济、社会以及文化问题，就环境问题的性质看，国际环境问题本身就是最大的、也是最为根本的涉及人类福利的国际问题。显然，《联合国宪章》的这一规定为联合国在促进全球环境保护的国际合作、推动国际环境资源法的发展方面奠定了坚实的国际法基础。

在联合国早期成立的专门机构中，有两个与环境保护相关的机构。一个是于1945年成立的联合国粮农组织（FAO），另一个是同年成立的联合国教科文组织（UNESCO）。[③]粮农组织的宗旨包括“保护自然资源和采纳经改良的农业生产方法”。该组织后来在生物遗传资源的利用和保护以及转基因农作物的开发、利用和风险防范方面发挥着重要作用。教科文组织的宗旨是促进包括保护区和保护历史和科学遗迹在内的教育、科学和文化方面的国际合作。此后，该组织在世界文化和自然遗产以及国际湿地保护方面都发挥了重要作用。

除了国际组织的发展，在这一时期有关环境保护的国际条约无论在数量上，还是在所涉及的客体事项的范围上也都开始增多。到1970年为止，全球大约缔结了60项国际环境协定。[④]从20世纪50年代起，海洋环境的保护成了重点，1954年签订的《国际防止海上油污公约》，成为这一领域最早的多边国际条约。除了以污染防治为目的的国际协定外，自然保护的立法也取得了长足的发展。如1958年的《公海渔业及生物资源养护公约》、1959年的《南极公约》、1968年的《保护自然和自然资源的非洲公约》等即为其典型。不仅如此，随着调整范围的进一步扩大，国际社会于1963年还签订了《禁

① 陈致中，李菲南．国际法案例选．北京：法律出版社，1986：98.

② 王曦．国际环境法．北京：法律出版社，2005：21－22.

③ 1948年，在联合国教科文组织的支持下，第一个国际环保组织——世界自然保护联盟（IUCN）在瑞士成立。该组织在后来的国际环境保护事业中发挥了重要作用。

④ 王曦．联合国环境规划署环境法教程．北京：法律出版社，2002：15.

止在大气层、外层空间和水下进行核试验条约》，1967 年又签订了《外空条约》等。

这一时期国际环境资源法的特点主要表现在：其一，区域性和全球性的国际组织开始关注国际环境问题，而且出现了有关国际环境保护的专门性国际组织。其二，国际条约当中所涉及的环境问题的范围日益扩大。值得一提的是，在这个时期所签订的一些有关海洋环境保护的条约在内容上的一些新发展，已反映出国际法某些新原则的雏形。例如，1969 年的《国际油污损害民事责任公约》规定了船舶所有人对油污损害的“无过失责任”；1971 年的《设立国际油污损害赔偿基金公约》创立了“基金赔偿制度”；1972 年的《奥斯陆倾倒公约》则首创了关于倾倒的“黑名单”制度。其三，经济发展和环境保护之间的关系在一定程度上得到确认。尽管在这个时期，无论在条约法、国际组织、还是习惯法和判例等方面，国际环境资源法都有了一定的发展，但由于国际环境资源法在这一时期的发展还是零星的、分散的，还缺乏系统性，因此总体上看，这个时期的国际环境资源法尚处于初步形成时期。

第二节　国际环境资源法的发展

一、国际环境资源法的逐步发展时期（从 1972 年斯德哥尔摩人类环境会议到 1992 年联合国环境与发展大会前）

1972 年联合国人类环境会议是国际社会就环境问题召开的第一次世界性会议，标志着全人类环境问题意识的觉醒，也是国际环境资源法发展史上的第一个里程碑。在这次会议的推动下，国际环境资源法在其后的 20 年里获得了前所未有的发展。

联合国人类环境会议于 1972 年 6 月 5 日至 16 日在瑞典的斯德哥尔摩召开，有来自 114 个国家的 1 200 名代表和一大批政府和非政府组织参会。会议的宗旨是“取得共同的看法和制定共同的原则以鼓励和指导世界各国人民保持和改善人类环境”。会议的重要成果是，通过了著名的《人类环境宣言》（又称《斯德哥尔摩宣言》）、《人类环境行动计划》和《关于机构和资金安排的决议》三项不具法律约束力的文件。

《人类环境宣言》主要包括两个部分：一是宣布对 7 项原则的共同认识。这些共同认识可以概括为：对人类与环境之间关系的认识；对保护和改善环境的重要性和责任的认识；对人类改造环境的能力的认识；对发展中国家和发达国家不同环境的认识；对人口与环境保护关系的认识；对保护和改善人类环境的任务和目的的认识；对国际环境合作的认识。这些认识是国际社会在人与环境之间关系认识上的新发展和新飞跃，“它们不仅是《人类环境宣言》所宣示的 26 项共同原则的思想基础，而且为后来的国际环境保护事业和国际环境法的发展奠定了坚实的思想基础”。①

《人类环境宣言》的第二部分公布了26项指导人类环境保护的基本原则。这其中的第21～24项原则与国际环境资源法的发展关系最为密切。例如，第21项原则指出：“按照联合国宪章和国际法原则，各国有按自己的环境政策开发其资源的主权，并且有责任保证在他们管辖或控制之内的活动，不致损害其他国家或在国家管辖范围以外地区的环境”。这项原则一方面承认了国家对其自然资源所享有的主权权利（这主要反映了发展中国家对本国自然资源主权的关心和维护），另一方面又为国家在工业生产和资源开发过程中设定了维护他国或国际环境利益的义务。

原则22要求，在环境保护方面，“各国应进行合作，以进一步发展有关他们管辖或控制之内的活动对他们管辖以外的环境造成的污染和其他环境损害的受害者承担责任和赔偿问题的国际法”。该原则既确定了国家对污染受害者的环境法律责任和赔偿义务，又要求国际法应为跨界环境污染受害者提供获得法律救济的途径。

原则23要求国际环境标准的制定和适用必须照顾发展中国家的具体情况。原则24是关于国际环境合作和解决国际环境争端的基本原则，它要求各国在国际环境合作和环境争端的解决中，遵循平等和合作原则。

尽管《人类环境宣言》本身不具有法律约束力，属于“软法”的范畴，但是由于它反映了国际社会的共同信念，因而对国际环境资源法的发展产生了深远的影响。这主要表现在以下几个方面：第一，宣言不仅首次概括了国际环境资源法的原则和规则，而且其中的一些原则后来还成为了国际环境条约中有约束力的原则和规则。第二，尽管这些原则和规则没有法律约束力，但是它们却为国际环境保护提供了政治和道义上所应遵循的规范。第三，宣言还为各国制定和发展本国国内的环境法提供了可以遵循和借鉴的原则和规则。

另外，在这里还需要提及的是，根据人类环境会议通过的关于机构和资金安排的决议，联合国大会决定在联合国内部设立一个新的机构——联合国环境规划署（UNEP）。联合国环境规划署是联合国系统内第一个也是唯一一个专门致力于国际环境事务的机构。它的职责主要有：促进国际环境合作，为联合国系统内的环境合作提供政策指导和协调，审查联合国开发计划署实施的联合国环境项目的报告，审查世界环境状况，促进环境科技情报的交流和审查国内、国际环境政策对发展中国家的影响等。联合国环境规划署是大多数环境条约的条约登记和保存机构，自成立以来，它为促进国际环境保护和国际环境资源法的发展发挥了重要作用。

人类环境会议不仅促进了国际环境条约的制定，事实上也有许多具有重要国际影响

① 王曦．国际环境法．北京：法律出版社，2005：25.

的环境保护国际条约随后被制定出来。从适用的范围看，这些条约主要涉及海洋、国际河流和湖泊、国际大气、危险废物、自然保护、社会文化环境、外层空间等。例如，在海洋环境保护方面主要有1972年的《海洋倾废公约》、1973年的《防止船舶污染海洋公约》、1974年的《防止陆源污染海洋公约》和1982年的《联合国海洋法公约》等。在国际河流和湖泊保护方面有1992年的《跨界水道和国际湖泊保护和利用公约》。在国际大气保护方面主要有：1979年的《远距离跨界大气污染公约》、1985年的《保护臭氧层维也纳公约》及其1987年的《蒙特利尔议定书》和1990年的修正案等。在危险废物控制方面有1989年的《控制危险废物越境转移及其处置的巴塞尔公约》。在自然保护方面主要有1973年的《濒危野生动植物物种国际贸易公约》、1977年的《防止荒漠化的行动计划》、1980年的《保护南极海洋生物资源公约》等。在社会文化环境保护方面有1973年的《保护世界文化和自然遗产公约》。在外层空间方面主要有1972年的《空间实体国际赔偿责任公约》、1975年的《空间物体登记公约》和1979年的《月球协定》等。

总体来看，这个时期的环境保护条约不仅数量多，而且调整范围也更为宽泛。从条约的立法形式上看，不仅有针对特定问题的专项条约，而且还出现了一批涉及区域环境保护的条约和对环境保护作出全面规定的法典式的全球性公约（如《联合国海洋法公约》即为其典型），使得国际环境资源法的内容更为丰富。从条约的实施上看，这个时期的环境保护国际公约，开始注重改善条约实施和执行的机制。例如，这个时期的环境条约都较为注意通过授权设立一个条约秘书处或执行局之类的机构，以保证该机构能够监督条约的有效实施。从立法指导思想的变化上看，一些新的环境保护理念已被条约所采纳。如《保护臭氧层的维也纳公约》及其后的《蒙特利尔议定书》，就均承认了采取“预防原则”的必要性。另外，一些有助于环境保护的新的措施和手段也被条约所采纳。如设立多边基金和对发展中国家控制臭氧层耗损物质提供资金援助等方式，都在《保护臭氧层维也纳公约》和其后的《蒙特利尔议定书》的修正案中得以确认。

在这一时期，国际环境资源法在“软法”方面，即由国际组织的决议、宣言以及一些由国际组织和非政府组织共同发起并制定的法律文件方面也有了极大发展。除了在前面提到的《人类环境宣言》以外，该时期还有一些有重要影响的“软法”性文件，主要包括：1974年联合国大会通过的《各国经济权利和义务宪章》；1976年国际法委员会制定的《关于国家责任的条约草案》；1978年由联合国环境规划署制定的《指导国家在保护和协调利用两个或两个以上国家共享自然资源方面的环境领域行为准则草案》；1980年由世界自然保护联盟、联合国环境规划署和世界野生生物基金会共同制定的《世界自然保护大纲》；1981年由联合国环境规划署制定的《关于发展和定期审查环境法的方案》；1982年由联合国大会通过的《世界自然宪章》；1986年由世界环境与发展委员会环境法专家组制定的《关于环境保护和可持续发展的法律原则和建议》；1991年由世界自然保护联盟、联合国环境规划署和世界野生生物基金会共同制定的《保护地球：可持续生存战略》；1991年由41个发展中国家的环境与发展部长在北京签署的《发展中国家环境与发展部长级会议北京宣言》等。这些“软法”性文件不仅重申和发展了《人类环境宣言》所宣示的共同认识和共同原则，而且还提出了一系列关于全球环境保护的基本目标和道义原则。作为国际习惯法和条约的哲学和伦理基础，这些目标和道义原则，无疑为环境保护的国际习惯法和条约的形成和发展创造了有利的环境和条件。

另外，在这个时期，和环境有关的国际司法实践也有了进一步发展。主要的案例有：由国际法院审理的1974年冰岛与英国的“渔业管辖权案”、1974年法国与澳大利亚间的“核试验案”；由关贸总协定争端解决小组审理的1982年“美国和加拿大金枪鱼案”、1988年“美国加工鲱鱼案”和1991年的“墨西哥金枪鱼案”等。这些司法判例，作为确定法律原则的辅助方法，对国际环境资源法的形成和发展具有重要意义。

总之，这个时期国际环境资源法的发展，应当算是处于较为多元和活跃的发展时期。这个时期国际“软法”文件的发展，不但使国际环境资源法的思想和理论基础得到显著加强，而且促进了国际环境保护条约体系的进一步完善。因此，“可以说，作为国际法新领域的国际环境法通过这个时期的大发展而初现雏形”。①

二、国际环境资源法的全面深入发展时期（从1992年联合国环境与发展大会到2002年联合国可持续发展世界首脑会议之前）

1992年联合国环境与发展大会（UNCED）是国际环境资源法发展历史上的第二个里程碑，它揭开了国际环境资源法发展的历史新篇章。

1987年，世界环境与发展委员会（又称“布伦特兰委员会”）在对环境与发展问题进行深入研究的基础上，向联合国提交了一份题为《我们共同的未来》（又称《布伦特兰报告》）的研究报告。该报告建议联合国制定一项关于环境与持续发展的普遍宣言，并召开一次国际会议研究环境与发展问题，这为该会议的召开奠定了基础。1989年12月，联合国大会通过决议，决定于1992年在里约热内卢召开联合国环境与发展大会，讨论环境与发展问题。

1992年6月3日至14日，里约环境与发展大会召开。其宗旨是，要促进各国在可持续以及对环境无害的发展的前提下，制定各种战略和措施，扭转和终止全球环境恶化

---

① 王曦．国际环境法．北京：法律出版社，2005：35.

的趋势。[①] 172个国家的近万人参加了这次会议，其中包括116个国家元首或政府首脑。大会通过了三个不具法律约束力的文件和两个公约，文件即《里约环境与发展宣言》、《21世纪议程》、《关于森林问题的原则声明》，公约包括《联合国气候变化框架公约》与《生物多样性公约》。

《里约环境与发展宣言》[②]（以下简称《里约宣言》）是联合国环境与发展大会的重要成果之一，它的主要内容是宣布了关于环境与发展问题的27条原则。与1972年《人类环境宣言》所反映的关于人类对环境问题的认识相比，《里约宣言》主要在四个方面作出了重要的发展。第一是在环境与发展的关系问题上的发展。《里约宣言》承认环境与发展是密不可分的，环境问题是阻碍可持续发展的重要原因。要保护和改善地球环境，人类就必须要解决因发展带来的环境问题，而其中最主要的就是消除贫穷、改变不可持续的生产和消费方式。第二是在国际环境合作问题上的发展。宣言主张各国应以一种伙伴精神进行合作，通过建立一种新的公平的全球伙伴关系，来共同应对人类面临的环境与发展问题。第三是在社会发展模式上的发展。宣言提出了一种新的人类经济社会发展模式，即可持续发展模式，为人类经济社会的未来发展指明了方向。第四是在环境退化的历史责任问题上的发展。宣言确立了在全球环境退化问题上，各国负有“共同但有区别的责任”。

从法律上看，《里约宣言》还对国际环境资源法基本原则的发展作出了以下几项重要贡献：

（一）宣言再次确认了资源主权和相应责任的关系原则

《里约宣言》原则2指出：“根据《联合国宪章》和国际法原则，各国拥有按照其本国的环境与发展政策开发本国自然资源的主权权利，并负有确保在其管辖范围内或在其控制下的活动不致损害其他国家或在各国管辖范围以外地区的环境的责任”。

（二）宣言提出了“共同但有区别的责任”原则

《里约宣言》原则7指出：“各国应本着全球伙伴精神，为保存、保护和恢复地球生态系统的健康和完整进行合作。鉴于导致全球环境退化的各种不同因素，各国负有共同的但是又有差别的责任。发达国家承认，鉴于它们的社会给全球环境带来的压力以及它们所掌握的技术和财力资源，它们在追求可持续发展的国际努力中负有责任”。目前，该原则已在一系列国际环境法律文件中得到体现。例如，《关于消耗臭氧层物质的蒙特利尔议定书》及其修正案，就对发达国家和发展中国家各自所应承担的义务分别

---

① 万以诚．新文明的路标——人类绿色运动史上经典文献．长春：吉林人民出版社，2000：10.

② 《里约宣言》原名《地球宪章》，在大会期间经发展中国家提议而改称为《里约环境与发展宣言》，其原由在于，发展中国家担心“宪章”一词的提法会限制其对自然资源的主权和发展权。

作出了规定。

（三）宣言确立了风险预防原则

《里约宣言》原则15规定："为了保护环境，各国应按照本国的能力，广泛适用预防措施。遇有严重或不可逆转损害的威胁时，不得以缺乏科学充分确实证据为理由，延迟采取符合成本效益的措施防止环境恶化"。该原则在20世纪90年代以后通过的有关环境保护的国际法律文件中，几乎都有所体现。典型的如1992年的《联合国气候变化框架公约》和《生物多样性公约》等，都确立了该项原则。

（四）宣言确立了公众参与原则

《里约宣言》原则10指出："环境问题最好是在全体有关市民的参与下，在有关级别上加以处理。在国家一级，每一个人都应能适当地获得公共当局所持有的关于环境的资料，包括关于在其社区内的危险物质和活动的资料，并应有机会参与各项决策进程。各国应通过广泛提供资料来便利及鼓励公众的认识和参与。应让人人都能有效地使用司法和行政程序，包括补偿和救济程序"。这应当是对公民在环境事务上的参与、知情和获得救济权利的确定。

《21世纪议程》（以下简称《议程》）的制定，是联合国环境与发展大会的又一项重要成果，也是继斯德哥尔摩会议制定的《行动计划》之后，又一次提出解决人类环境与发展问题的行动计划。鉴于人类当前所面临的紧迫的环境与发展问题，《议程》提供了一个与全球可持续发展有关的所有领域的行动纲领，它要求各国制定和组织实施相应的可持续发展战略、计划和政策，以便促使全世界为下一世纪的挑战做好准备。《议程》反映了关于发展与环境合作的全球共识和最高级别的政治承诺。

从《议程》的内容看，与国际环境资源法有关的规定主要体现在第8章和第39章上。第8章主要是对国内法的要求，如要求各国应当将环境与发展统一在决策中，并提倡使用法律和经济手段进行规划和管理。另外，《议程》还强调了每一个国家根据自己的具体情况，将环境与发展政策转化为具体的法律法规的重要性。在调整方法上，《议程》主张不仅应使用"命令和控制"的方法，还应当发挥经济规划和市场手段在实施可持续发展中的作用。

第39章主要是对国际法的要求。如在第39章中，《议程》强调缔约过程的特殊方面，如进一步制定关于可持续发展的国际法，强调所有国家的参与和贡献，提高国际环境法的效力，统一国际条约中的环境与发展政策，设定环境标准，推动和审查国际条约实施的程序和机制，尤其是建立实际有效的报告制度等。

《议程》对国际环境资源法的发展具有重要意义，其主要体现在：首先，《议程》要求将可持续发展的战略思想贯穿于各国的国内立法、决策和国际环境立法活动中，为国内和国际环境立法指明了发展的方向；其次，《议程》注意到发展中国家在国内环境立法和参与国际环境立法方面能力的不足，要求国际社会，尤其是发达国家对其予以额外的援助以帮助其提高立法能力；最后，《议程》为今后国际环境资源法的发展提出了比较具体的目标，为今后国际环境资源法的发展确定了重要的方向。

在这个时期，受可持续发展思想的影响，国际环境条约得到了迅速的发展。从深度上看，一些“框架性”条约开始拥有了落实其原则性要求并含有具体内容的议定书。从广度上看，国际环境条约的范围进一步扩大，有更多的环境保护事项被纳入国际环境保护条约的调整范围。

在海洋环境保护方面新制定的国际条约主要有：1992 年的《东北大西洋海洋环境的保护公约》、1993 年的《鼓励渔船在公海遵守国际养护和管理措施的协定》、1994 年的《关于防止勘探和开发大陆架、海床和底土污染地中海的议定书》、1995 年的《关于养护和管理跨界鱼类种群和高度洄游鱼类种群的纽约协定》、1996 年的《关于防止危险废物越境转移和处置污染地中海的议定书》等。

在淡水保护方面新制定的国际条约主要有：1992 年的《保护和利用国际河流和国际湖泊的赫尔辛基公约》、1997 年的《非航行利用国际水道法公约草案》等。

在国际大气保护方面新制定的国际条约主要有：1992 年的《联合国气候变化框架公约》、1997 年的《京都议定书》等。

在自然和野生生物保护方面主要有：1995 年的《保护欧亚非水禽的协定》、2000 年的《养护南太平洋公海海洋生物资源框架公约》、2001 年的《卡塔赫纳生物安全议定书》等。

在土地资源保护方面主要有 1994 年的《联合国防治荒漠化公约》等。

在世界文化和自然遗产的保护方面主要有 2001 年的《保护水下文化遗产公约》等。

在国际危险物质和活动管理方面主要的条约有：1993 年的《危险环境活动所致损害的民事责任公约》、1993 年的《预防重大工业事故公约》、1994 年的《核安全公约》、1996 年的《全面禁止核试验条约》、1997 年的《关于废燃料及放射性废物管理安全联合公约》、1998 年的《关于在国际贸易中对某些危险化学品和农药采用事先知情同意程序的公约》、2001 年的《关于持久性有机污染物的斯德哥尔摩公约》等。

在国际废物管理方面主要有 1999 年的《关于危险废物越境转移及其处置所造成的损害的责任与赔偿问题巴塞尔议定书》等。

在大规模毁灭性武器管制与环境保护方面主要的条约有 1993 年的《禁止研制、生产、储存和使用化学武器公约》等。

其他方面的环境条约主要有：1994 年的《关于能源效率和有关环境问题的能源宪章条约和能源宪章议定书》、1998 年的《关于公众在环境领域获得信息、参与决策和诉诸司法的奥胡斯公约》、1998年的《通过刑法保护环境公约》等。

在这个时期，国际“软法”文件和司法判例也得到了进一步发展。除了环境与发展大会通过的宣言和行动计划等国际环境“软法”文件外，1993年联合国环境规划署理事会还通过了《蒙特维的亚方案》。该方案为20世纪末和21世纪初环境法的发展提出了18个方案和7个建议主题，对国际环境资源法的发展具有重要指导意义。

这18个方案涉及提高各国有效参与环境法发展和实施的能力、实施国际环境保护法律文件、评价国际环境法律文件的充分性、避免和解决争端、环境影响评价以及环境觉悟、教育、信息和公众参与和臭氧层、空气、土地、废物、淡水、化学品、海洋等各个领域的环境保护。7个建议主题包括：国家管辖范围之外的环境保护、生物技术、环境与贸易、人居环境问题、检查不直接与环保有关的国际协议的环境影响、技术转让和技术合作等。

在司法判例方面，1996年国际法院应世界卫生组织要求发表了关于使用核武器合法性的咨询意见。1997年国际法院又就匈牙利与斯洛伐克之间的多瑙河大坝的争议作出判决，承认在条约的执行中，应当考虑环境的影响。除此之外，还有WTO争端解决机制审理的环境纠纷，如1997年的美国精炼与常规汽油案。该案经审理，上诉机构认为，国内环境保护措施不得构成对国际贸易中的歧视和变相限制。

总之，在这个时期，由于国际环境问题比以往任何时候都更加引起国际社会的重视，特别是受可持续发展战略的影响，这个时期的国际环境资源法又有了进一步的发展，并表现出一些新的特点：首先，发展中国家参与国际环境立法表现得更为积极、也更富有成效。自联合国人类环境会议后，特别是20世纪80年代以来，发展中国家一改过去在国际舞台上涣散、软弱和被动的不利局面，代之而起的是通过加强磋商、协调立场、密切合作凝聚合力，从而在国际环境保护和立法中发挥着重要的作用。特别是发展中国家在一系列关键问题上提出了合理主张和正当要求，为国际环境保护的相关法律文件的谈判和形成奠定了基础。其次，国际环境条约在内容和范围上更为广泛。例如，这个时期为国际社会所关注的环境问题不仅包括一些传统内容，而且还涵盖了一些有关气候变化、生物多样性保护、荒漠化防治、危险化学品管理、持久性有机污染物防治、核安全、海上废物处置等许多新领域的国际环境保护法律文件，使国际环境资源法的领域更为广阔。再次，国际社会创立了一些新的原则和制度。里约环境与发展大会以来，国际环境保护立法在原则和制度方面出现了很多创新之举，如“可持续发展”战略的提出、“全球伙伴关系”原则的创立、“共同但有区别的责任”原则和“代际公平”原则的确立等。另外，在全球环境保护中，发达国家向发展中国家提供“新的、额外的资金”的财政机制和各方平等参与“全球环境基金”的管理机制开始被公约采纳。最后，这个时期的国际环境保护立法，已在一定程度上突破了过去“宜粗不宜细”的框架式立法模式，即只有原则和目标性规定，而缺乏具体义务的立法模式，国际环境法律规范日趋具体化和明确化。

第三节 国际环境资源法的趋势

一、国际环境资源法的新发展时期（从 2002 年联合国可持续发展世界首脑会议到 2012 年“里约 +20”峰会）

不可否认，自 1972 年斯德哥尔摩人类环境会议到 1992 年里约环境与发展会议的 20 年间，国际环境资源法无论在条约、国际习惯法、国际“软法”、国际组织等方面都取得了长足发展。特别是在 1992 年里约会议后的 10 年间，国际环境资源法无论在广度还是深度上都有了新发展。例如，1972 年到 2002 的近 30 年间，从寻求环境保护的部门，寻求主要规范对环境产生不利影响的具体对象，到 20 世纪 90 年代开始加强对环境的综合保护，[①] 再到越来越多的法律手段被运用到调整可能对环境产生不利影响的人类活动，国际环境资源法经历的发展变化是巨大的。特别是 1992 年的里约环境与发展大会，不仅提出了可持续发展战略和全球伙伴关系的新观念，而且为人类社会的可持续发展提供了一份全面的行动计划——《21 世纪议程》。这些新发展，无疑对于推动国际环境资源法沿着可持续发展的方向、在有利于建立环境与发展的全球伙伴关系的道路上继续发展以及在推动世界各国的统一认识、协调行动、以共同应对人类面临的环境问题上都将产生深远而持久的影响。

然而，应当承认，国际环境资源法在发展的过程中也还存在着诸多问题，还有许多方面有待进一步完善。例如，国际环境资源法的“硬”度不够，仍然比较“软”，有约束力的法律规范发展有限，还很难做到“有法可依”。此外，尽管国际环境条约的数量不少，但是由于缺乏协调，还没有形成一个内部统一完整的法律体系。特别是自 1992 年联合国环境与发展大会以来，以全球可持续发展为目标的《21 世纪议程》等重要文件的执行情况并不乐观，发展与环境的关系没有解决好，全球环境危机没有得到扭转，贫困现象普遍存在，南北差距进一步拉大，这些情况仍然普遍存在。尤其是因政治、经济利益上的巨大差异所导致的各国在环境与发展问题上的政治意愿的不协调，不仅妨碍了国际环境资源法的创制和实施，而且也使可持续发展进程遭到了一系列挫折。如 2000 年《联合国气候变化框架公约》未能就规定发达国家减排温室气体的《京都议定书》的生效达成协议，2001 年美国宣布退出了该议定书，就是一个很好的例证。这说

---

① 有学者将国际环境法调整范围扩大化的这种表现，称之为国际环境法的综合化和一体化。参见蔡守秋．环境资源法学教程．武汉：武汉大学出版社，2000：99 – 101.

明，一个强有力的、能够保证各国平等参与、并对全球环境与发展事务予以监督协调的国际机构还没有出现，有关国际环境保护的监督、管理、激励和制裁机制也未形成。总之，一个能够有效地解决人类环境危机的国际法律机制尚未最终形成，仍然是国际环境资源法在发展过程中面临的突出问题。

正是在这种情况下，大多数国家认为有必要召开新的国际会议，总结1992年里约会议以来《21世纪议程》的执行情况，讨论里约会议建立的全球伙伴关系所面临的新问题，以便更好地推动全球的可持续发展事业。基于此目的，联合国于2002年8月26日至9月4日在南非的约翰内斯堡召开了联合国可持续发展世界首脑会议（World Summit on Sustainable Development，WSSD），即第二届地球首脑会议。大会的主要目的是敦促各国在可持续发展领域采取实际行动。会议回顾了10年来各国在实施《21世纪议程》过程中存在的问题与不足，展望了人类可持续发展的未来。与会代表就全球可持续发展的现状、面临的主要问题以及解决方法进行了广泛的讨论，并围绕着人类健康、生物多样性、农业生产、清洁水源和能源问题展开讨论。会议一致认为，目前人类在这五大领域都面临严重挑战，如不采取有力措施，可持续发展将成为泡影。经过广泛磋商，会议通过了两份文件，即《约翰内斯堡可持续发展宣言》和《可持续发展世界首脑会议执行计划》。《宣言》是各国政府对可持续发展优先事项的具体目标和时间表作出的政治承诺，《执行计划》是为了进一步贯彻落实《21世纪议程》而制定的包含具体目标和时间表的行动计划。这个执行计划是建立在地球首脑会议以来所取得的进展和经验教训的基础上，提供更有针对性的办法和具体步骤以及可量化的和有时限的指标和目标。

虽然《执行计划》本身不具备法律约束力，但由于它“在促进经济发展的同时保护生态环境”方面提出了具体的目标和时间表，关系到全球未来10年至20年环境与发展的进程和走向，因此其重要性不容低估。最后，会议重申：“为实现我们的可持续发展目标，我们需要更有效、更民主和更负责任的国际和多边机制；维护《联合国宪章》的宗旨和原则以及国际法，并致力于加强多边主义”。① 这次会议被认为是国际环境资源法发展史上的“第三座里程碑”。②

毫无疑问，1992年召开的联合国环境与发展大会是国际发展合作事业的重要里程碑。20年来，国际社会在推动可持续发展进程方面取得了诸多积极进展。国际社会积极推动实施《关于环境与发展的里约宣言》、《21世纪议程》和《可持续发展世界首脑会议执行计划》，各种形式的国际和区域环境发展合作不断深入，许多国际条约应运而

① 《约翰内斯堡可持续发展宣言》，第31、32条。

② 王曦．国际环境法．北京：法律出版社，2005：54.

生。发展中国家为促进可持续发展付出巨大努力，在消除贫困和实现千年发展目标方面取得一些成绩。100 多个国家制定了可持续发展战略，各级政府以及工商界、非政府组织和民众积极参与，可持续发展理念深入人心。

与此同时，可持续发展领域执行力不足的状况长期存在，区域经济、社会发展很不均衡，生态恶化、环境污染趋势未能得到根本扭转（联合国环境规划署发布的最新一版《全球环境展望》综合报告警告说，地球各个系统的承受能力几近极限），如期实现千年发展目标困难重重。广大发展中国家面临严重的资金不足、技术手段缺乏、能力建设薄弱等困难。国际金融危机、气候变化、粮食和能源危机、自然灾害等挑战，进一步加重了发展中国家实现可持续发展的负担。当前，国际金融危机深层次影响在持续发酵，世界经济复苏的不稳定性和不确定性十分突出，世界可持续发展事业面临更为复杂的形势和严峻的挑战。此时此刻，人类必须转变生产、消费和生活方式、改善经济发展模式，在发展的同时处理好经济、社会和环境三者关系，实现既能消除贫困、提高生活水平，又能保护环境、达成人类与自然和谐共存的可持续发展的目标。

鉴于全球经济和国际发展合作面临的困难，为了更好地统筹经济发展、社会进步和环境保护，解决发展中国家面临的困难和问题，以便重振国际合作，从而为全球可持续发展进程注入新的活力，2012 年 6 月 13—22 日世界各国领导人再次聚集在里约热内卢召开了联合国可持续发展大会，即“里约 +20”峰会。峰会由三个目标和两个主题构成。第一个目标是重拾各国对可持续发展的承诺。过了 20 年，有些人可能更坚强了，有些人可能变的犹豫了，尤其是金融危机发生以后，发达国家的做法发生了很多的倒退。因此，有必要重申承诺。第二个目标是找出目前在实现可持续发展过程中取得的成就与面临的不足。第三个目标是继续面对不断出现的各类挑战。两个主题是绿色经济在可持续发展和消除贫困方面的作用和可持续发展的体制框架。这个“绿色经济”一定要实现两个目标，第一，可持续；第二，要解决贫困问题。可持续发展的体制框架意味着，我们需要制定一个切实可行、可以检验的、具体可操作的一个目标的程序，像一个操作指南一样，可以指导每个国家、每个企业或者社区的可持续发展行为。193 个国家的代表在闭幕式上通过了会议最终成果文件——《我们憧憬的未来》（The Future We Want）。联合国秘书长潘基文说，大会通过的文件为实现可持续发展奠定了坚实基础。他同时强调，此次会议不是终点而是起点，世界将由此沿着正确的道路前进。

（一）关于大会的任务

大会致力于推动各国强化政治意愿，承诺全面落实 1992 年里约热内卢联合国环境与发展大会和 2002 年约翰内斯堡可持续发展世界首脑会议达成的共识，全面评估国际社会在可持续发展领域的进展情况，查找差距和不足，结合既定的目标和新问题、新挑战，特别是发展中国家面临的实际困难和新挑战，推动可持续发展国际合作取得积极成果。大会应以面向行动的务实态度，制定明确具体的实施计划，尤其是明确发达国家落实资金支持、技术转让和能力建设等执行手段，切实推进全球可持续发展进程。

（二）关于大会的总体原则

坚持经济、社会发展和环境保护三大支柱统筹的原则。大会紧紧围绕可持续发展的目标，统筹协调经济、社会、环境因素，推动实现全面、平衡、协调、可持续发展。

坚持“共同但有区别的责任”原则等里约热内卢环发大会各项原则。实现可持续发展是国际社会的共同责任和使命，国际合作是实现可持续发展的必由之路。国际合作应当以平等和相互尊重为基础，充分考虑发展中国家和发达国家不同的发展阶段和发展水平，正视发展中国家面临的困难和问题，切实帮助其实现可持续发展目标。

坚持发展模式多样化原则。世界各国发展阶段、发展水平和具体国情各不相同，可持续发展没有普适的模式，要尊重各国可持续发展的自主权，由各国自主选择适合本国国情的发展模式和发展道路，并确保其足够的政策空间。

坚持政府推动、多方参与的原则。在推进可持续发展进程中，政府的作用不可替代，同时也需要民间社会、私营部门、工商界等主要群体的广泛、深入参与。

坚持协商一致原则。大会重在面向行动，凝聚共识。大会的筹备、举行及成果文件磋商等过程，应充分体现协商一致原则，广泛听取各方特别是发展中国家的意见，相互尊重、友好协商、求同存异、扩大共识。

（三）关于在消除贫困和可持续发展背景下的绿色经济

绿色经济是实现可持续发展的重要手段，对于消除贫困、调整经济结构等具有积极意义，同时也带有风险和挑战。发展绿色经济是艰巨而复杂的长期过程，特别是对于发展中国家来说，囿于资金、技术、能力建设等局限，在发展绿色经济方面面临诸多实际困难。国际社会要加强合作，趋利避害，切实解决发展中国家面临的问题。

发展绿色经济的首要目标是消除贫困。贫困问题事关发展中国家人民最基本的生存权和发展权。消除贫困是发展中国家发展绿色经济的首要考量，应成为制定和实施绿色经济政策的重要衡量指标。正如会议成果文件所开宗明义写道的，“消除贫穷是当今世界面临的最大的全球挑战，是可持续发展不可或缺的要求。”成果文件中还强调，“消除贫穷、改变不可持续的消费和生产方式、推广可持续的消费和生产方式、保护和管理经济和社会发展的自然资源基础，是可持续发展的总目标和基本需要。”

许多发展中国家正处于工业化和城市化快速发展阶段，既面临消除贫困、调整经济结构和向绿色经济过度的艰巨任务，又受到能源、资源和环境因素的制约。这些国家成功发展绿色经济对全球可持续发展意义重大，应该得到国际社会的理解和支持。

国际社会要为发展中国家的发展提供有利的外部环境，反对以发展绿色经济为由，搞各种形式的贸易保护主义，或将发展绿色经济作为对外援助的条件。

发达国家需要率先采取行动，改变不可持续的生产、生活和消费方式，走绿色发展道路，为发展中国家作出表率和示范，同时积极帮助发展中国家发展绿色经济，包括提供资金、转让技术、培养能力、扩大市场准入等。发展中国家应制定并实施符合本国国情的可持续发展战略。

各国在发展绿色经济的过程中，要制定全面就业增长计划，辅以有效社会保障措施，确保人民享有体面工作和稳定收入来源，确保普通民众特别是脆弱人群的基本生活需要。国际社会应帮助发展中国家开发教育课程和职业培训，减少和补偿发展中国家向绿色经济转型付出的社会代价。

（四）关于可持续发展机制框架

有效促进可持续发展的机制框架的落实，是充分执行《21世纪议程》、《可持续发展世界首脑会议执行计划》和应对各种新出现挑战的重要条件。可持续发展机制框架应有助于统筹经济发展、社会发展和环境保护，有助于提高发展中国家发言权和决策权，有助于解决发展中国家资金、技术和能力建设等实际困难。

充分发挥联合国的核心领导和组织协调作用，强化联合国的政策指导和统筹协调能力，协调指导国际社会各有关机构、多边机制和条约机制，采取步调一致的行动，致力于可持续发展。

加强联合国经社理事会、可持续发展委员会以及其他相关联合国专门机构在可持续发展领域的作用，加强联合国在可持续发展领域的职能，推动落实《21世纪议程》和《可持续发展世界首脑会议执行计划》。

充分发挥联合国环境规划署在全球环境治理中的重要作用，增加对其资金、技术支持。关于环境署新的职能和任务问题，各方应充分讨论，达成共识。

国际金融机构、世界贸易组织以及多边发展银行需要将可持续发展议程纳入其规划和项目，并与联合国有关机构协调配合、协同增效，使环境与发展更加有机地结合起来。

应以《21世纪议程》为基本框架，全面加强国际、区域、国家和地区层面的治理，鼓励各国制定综合战略，加强政府各部门协调配合，动员社会参与，提高执行能力。

总之，“里约+20”峰会将成为人类发展的一个新起点，它旨在指导世界各国乃至全人类在2012至2032年的又一个20年间，明确可持续发展目标、建立机制框架、推行可持续发展。无疑，这是自1992年里约联合国环境发展大会和2002年约翰内斯堡世界可持续发展首脑会议之后，国际可持续发展领域的又一次盛会，必将对国际环境资源法的新发展产生重要影响。

二、国际环境资源法的未来趋势

在2002年联合国约翰内斯堡可持续发展世界首脑会议之后，国际环境资源法继续发展。但总体来看，国际环境资源法的发展尚未达到能够满足国际社会对可持续发展要求的水平。因此，总结国际环境资源法发展过程的不足，结合国际社会在今后一段时间面临的主要环境问题，我们认为，国际环境资源法未来的发展趋势将主要呈现以下特点：

（一）可持续发展思想对国际环境资源法的推动作用将会更深入持久

自20世纪80年代中期以来，现代环境法的发展就进入了一个可持续发展时期。[①] 目前，可持续发展的思想已经成为现代环境法的指导思想和理论基础。从国内看，有越来越多的国家把可持续发展的战略和思想融入本国的环境政策和立法之中。从国际看，可持续发展在国际环境资源法领域不仅具有普遍指导意义，而且成为了国际环境资源法的一项基本原则。为了更好地从国内和国际两方面来促进可持续发展战略的实施，今后将会有更多、更好的关于环境保护的新思想、新观念被提出，也会有一些更新、更好的手段和方法被运用于国内和国际环境保护的实践中。

（二）国际环境资源法的参与性将会更为明显

《里约宣言》关于建立“新的公平的全球伙伴关系”的新观念，为国际社会在环境与发展方面的合作提供了思想基础和道德原则；《约翰内斯堡可持续发展宣言》则不仅重申了对可持续发展的承诺，而且明确提出了人类的未来在于多边主义；同时“里约+20”峰会成果文件也重申了里约原则，特别是共同但有区别的责任原则，坚持“政府推动、多方参与”的原则，强调民间社会、私营部门等各方的参与对于可持续发展的重要作用。这表明，只有国际社会携手对全球环境与发展事物平等参与；只有世界各国相互合作、共同采取切实的行动；只有不同国家相互协调彼此在政治、经济利益上的冲突，形成在环境与发展问题上的共同政治意愿，可持续发展的目标才有可能实现。

（三）国际环境资源法的实施机制将会进一步加强

为了增强国际环境资源法的权威性、切实保障并有效发挥国际环境资源法作为实施可持续发展战略的主要工具作用，今后国际环境资源法将会更为注重保障和强化其可实施性。这主要表现在，国际环境资源法将更为注重各成员国履行国际公约的义务；采用更为灵活有效的联合履约机制；不断加强国际环境争端解决机制的建立和完善；不断丰

---

① 有学者将现代环境法的发展分为两个阶段，即“斯德哥尔摩时期”的环境法和“可持续发展时期”的环境法，并对这两个不同历史时期环境法的特点进行了详述。参见蔡守秋．环境资源法学教程．武汉：武汉大学出版社，2000：84－117.

富和发展国际环境责任的理论和实践等。例如，“里约+20”峰会成果文件决定建立高级别政治论坛，取代现有的联合国可持续发展委员会，为各国实施可持续发展，统筹经济、社会发展和环境保护提供指导。此外，各国承诺加强联合国环境规划署的作用，加强环境规划署在联合国系统内的发言权及其履行协调任务的能力。这无疑对于国际环境资源法的有效实施具有促进作用。

（四）国际环境资源法的科学技术性将会更加突出

这主要表现在：环境影响评价、清洁生产、标准化管理等科技方法已成为推进经济发展和环境保护相结合的有力工具；各种环境标准和其他环境无害技术在环境保护中的作用越来越大，并日益规范化、制度化；越来越多的经济措施和科技手段被内化为全球环境保护的国际法规则；清洁机制、生物安全、转基因技术等与环境保护有关的科技法律制度将会不断在国际环境资源法中得到确认。

（五）国际与国内环境资源法的协调性将会日益增强

主要表现在：环境问题是全世界各国共同面对的一个全局性、长远性的难题，环境保护是世界各国政府和人民的共同责任的观点，已经成为国际社会的普遍共识；各个国家为了履行其所承担的国际义务，需要使本国的国内环境立法与国际环境立法相衔接，并实现国内立法的国际化；国际环境资源法的一些基本原则、制度和方法将会被越来越多的国家所采纳和接受，从而使得国际和国内立法的趋同更为明显。

推荐阅读

1. 李耀芳．国际环境法缘起．广州：中山大学出版社，2002.
2. 林灿铃．国际环境法的产生与发展．北京：人民法院出版社，2006.

思考题

1. 试分析国际环境资源法发展史上的两个里程碑。
2. 试分析国际环境资源法产生的历史根源。

第四章　国际环境资源法的渊源

核心提示

国际环境资源法的渊源与国际法的渊源基本相同，都是指国际法律规范的表现或具体存在形式，也即为法院或仲裁庭所适用的法律规则其具体的表现或存在形式。本章要求学生在领会国际环境资源法渊源概念的基础上，重点了解国际环境资源法渊源的类别及其自身的特点。

第一节　国际环境资源法渊源的含义

国际环境资源法的渊源与国际法的渊源基本相同，但又有其自身的特点。所谓国际法的渊源，按周鲠生教授的观点主要可以从以下两种意义上来认识：其一是指国际法作为有效的法律规范所以形成的方式或程序；其二是指国际法的规范第一次出现的处所。[①]一般认为，前者才是严格法律意义上的国际法渊源，后者应当是广泛历史意义上的国际法渊源。[②]李浩培教授则认为，国际法的渊源正如国内法的渊源一样，可以分为实质渊源和形式渊源两类。国际法的实质渊源是指在国际法规则产生过程中影响这种规则的内容的一些因素，如法律意识、正义观念、连带关系、国际互信、社会舆论、阶级关系等等。国际法的形式渊源是指国际法规则产生或出现的一些外部形式或程序，如条约、国际习惯、一般法律原则。国际法学者所着重研究的主要是国际法的形式渊源，因为只有研究这种渊源才能辨别一个规则是否是国际法规则。至于影响国际法内容的一些因素的共同点在于其都具有法律以外的性质：它们是一些政治上的、经济上的、社会学上的或者心理学上的事实。所以，国际法实质渊源的研究主要是其他社会科

① 周鲠生．国际法．北京：商务印书馆，1976：10.

② 梁西．国际法．武汉：武汉大学出版社，1993：27.

学的任务。[①]尽管对国际法渊源的表述不尽相同，但从中可以看出，其实在对国际法渊源这个问题上，国际法学者们在认识上基本上是一致的，即所谓国际法的渊源主要是指有效的国际法规范产生或形成的过程、程序或这些规范的外部表现形式。关于这一点，可以从国际法学者对《国际法院规约》第 38 条关于国际法渊源的权威性列举的共同认识上得到证明。

按照《国际法院规约》第 38 条之规定：

“一、法院对于陈述各项争端，应依国际法裁判之，裁判时应适用：(1) 不论普通或特别国际协约，确立诉讼当事国明白承认之规条者。(2) 国际习惯，作为通例之证明而经接受为法律者。(3) 一般法律原则为文明各国所承认者。(4) 在第 59 条规定之下，司法判例及各国权威最高之公法学家学说，作为确立法律原则之补助资料者。二、前项规定不妨碍法院经当事国同意本‘公允及善良’原则裁判案件之权”。

王铁崖教授在论述该条规定时指出：条约和习惯是公认的国际法主要渊源，国际习惯是各国重复类似的行为而具有法律拘束力的结果；一般法律原则可以理解为各国法律体系中所包含的共同原则，但它不是独立的国际法渊源；国际司法判例、各国权威最高之公法学家学说，不是国际法的直接渊源，而是辅助性渊源；国际组织的决议、特别是联合国的某类决议，虽然不是国际法的直接渊源，但可以与司法判决和公法学家学说并列，成为确定法律原则之补助资料，而且就其国际性来说，应该于司法判例和公法学家学说之上。[②]

作为国际法的一个新分支，国际环境资源法的渊源应当与国际法的渊源相同，即它是指那些与环境保护有关的各种国际法律规范的表现形式。其中与环境保护有关的条约和国际习惯，是国际环境资源法的主要渊源。与环境保护有关的一般法律原则、司法判例、国际法学说、“公允与善良”原则以及国际组织的决议等法律文件，属于国际环境资源法的其他渊源或称为辅助渊源。

第二节　国际环境资源法渊源的类别

一、国际环境资源法的主要渊源

（一）国际环境条约

条约是国家间缔结、并以国际法为准而形成的国际书面协定。具体而言，它是指两

---

① 李浩培．国际法的概念和渊源．贵阳：贵州人民出版社，1994：52.

② 王铁崖．国际法．北京：法律出版社，1994：11.

个或两个以上国际法主体依据国际法确定其相互权利和义务的一致的意思表示。[①]条约包括双边条约、多边条约、区域性条约以及全球性条约等，其名称也有多种称谓，如条约、公约、协定、协议、议定书等。条约是国际法的主要渊源，或称第一位渊源，[②]它是国际法院在裁判国际案件时首先援用的法律依据，是各国必须遵循的国际法律规范。

条约同样是国际环境资源法的主要渊源之一。在过去的几十年里，国际社会为了适应国际环境关系的快速发展，曾签订了大量的有关环境保护的国际条约，仅联合国环境规划署 1991 年在《环境协定登记册》中有记载的环境条约就达 152 个之多。近年来，随着全球环境问题的持续扩张和日益多样化，为了进一步适应国际环境保护的一些新要求和新变化，国际社会又通过不懈努力、共同签署了更多有关环境保护的国际条约，从而使得在环境污染防治、生态与自然资源保护、特殊环境保护以及国际环境责任方面的环境条约又有了大幅增加。

目前，较为重要的国际环境保护条约主要有：1946 年的《国际捕鲸公约》、1959 年的《南极条约》、1967 年的《外层空间条约》、1971 年的《拉姆萨尔湿地公约》、1972 年的《保护世界文化和自然遗产公约》、1973 年的《濒危物种国际贸易公约》、1982 年的《联合国海洋法公约》、1985 年的《保护臭氧层维也纳公约》及其 1987 年的《关于消耗臭氧层物质的蒙特利尔议定书》、1989 年的《控制危险废物越境转移及其处置巴塞尔公约》、1992 年的《联合国气候变化框架公约》及其《生物多样性公约》、1994 年的《核安全公约》、1997 年的《非航行利用国际水道公约草案》、1998 年《关于在国际贸易中对某些危险化学品和农药采取事先知情同意程序的鹿特丹公约》和 2001 年《关于持久性有机污染物的斯德哥尔摩公约》等。

由国际环境资源法的性质和特点所决定，有关环境保护方面的国际条约也有其自身的特点，这主要表现在以下几个方面：

首先，从其历史发展来看，最初的国际环境条约不仅数量有限，而且受条约所规制的对象的范围也十分有限。例如，早期的国际环境条约主要是有关国家就生物资源（特别是渔业资源）的开发和利用所做的规定，随着环境条约的增多，其所涉对象的范围也在不断扩大。

其次，从条约的立法形式上看，有关环境保护方面的国际条约较多地采用“框架条约 + 议定书 + 附件”的模式。框架条约一般仅做一些原则性的规定，涉及各缔约国具体的权利和义务方面的内容主要通过议定书的形式来加以规定，而附件则主要提供一些详细的清单。国际环境条约采用这种立法模式的好处在于，一方面有利于各缔约国就

① 王铁崖．国际法．北京：法律出版社，1995：401.

② 李浩培．国际法的概念和渊源．贵阳：贵州人民出版社，1994：53.

环境保护方面的重大原则问题达成协议，同时又可以避免因在一些具体问题上的分歧而影响到在原则问题上达成一致。另一方面，随着情势变化，各缔约国需要对一些具体问题适时作出修改的时候，只需对议定书和附件作出及时修正即可，而不至于因一些非原则性问题的变化影响到整个条约的效力。这个方法最初是应用在保护不同海洋的区域条约中，始于1976年《保护地中海海洋环境的巴塞罗那公约》。区域海洋框架公约宣布缔约国必须遵守的原则，具体的义务规定在附加议定书中。从1979年《关于长距离跨界大气污染的日内瓦公约》开始，这种框架公约的方法被普遍适用。①

再次，国际环境条约越来越注重履约机制的建立问题。条约必须遵守，否则形同虚设。为了发挥条约在国际环境保护中的效力，国际环境条约的一些具体规定越来越注意保证条约的实施问题。例如，条约内容中加强了条约在实施措施、监督机制以及各缔约国应在公平的基础上、依据共同但有区别的责任原则和各自的能力来保障条约义务的履行方面的规定。鉴于缔约国尤其是发展中国家在环境条约的履行方面的能力不仅取决于其政治意愿，还取决于资金、技术、人才和信息等条件，条约还规定较发达的缔约国有义务对发展中的缔约国提供相应的财政援助和技术转让等，以保障发展中国家履行条约的能力等。

（二）国际环境习惯

国际环境习惯是国际环境资源法的另一个主要渊源。从形成的机制上看，国际习惯主要是由于各国在其实践中形成、并被作为通例接受为法律后，才成为有法律约束力的行为规则。因此，一般来说，国际习惯的形成主要由主、客观两个方面的要素构成。客观方面是指要有各国类似行为的重复，主观方面主要是指各国可以通过明白表示或默认而表现其法律确信，即承认该习惯规则具有法律约束力。因此，判断某个“行为”是否已经成为国际习惯，应以国际实践为依据，即看它是否已经成为普遍的通例和被各国普遍地接受为法律。

国际习惯因其出现要早于国际条约，并在条约尚未发展的时期里，曾是调整国家间权利义务关系的一种重要手段，因而国际习惯可以说是国际法最原始、最古老的渊源。只是后来随着条约的出现和不断发展完善，条约逐渐取代了国际习惯而成为国际法最重要的渊源。但是即使在条约大量出现的现代社会，国际习惯也仍然不失为国际法的一种很重要的渊源。“在发生疑问时，条约要以国际习惯法为背景加以解释，而且国际习惯法在它包含有一项强制法规则而条约却与之相抵触的范围内就将优于条约”。②

在国际环境资源法中，国际习惯是仅次于国际环境条约的主要渊源。国际环境习惯

① ［法］亚历山大·基斯．国际环境法．张若思，译．北京：法律出版社，2000：61.

② ［英］詹宁斯、瓦茨．奥本海国际法．王铁崖，等，译．北京：中国大百科全书出版社，1995：15.

具有一般性和自发性，是国际环境条约得以产生的一个重要基础。由于国际环境条约以及其他国际环境资源法的渊源往往要通过国际环境习惯而起作用，并需要以国际环境习惯为基础来解释和适用，因此，从这个意义上来说，国际环境习惯应当是最根本的国际环境资源法的渊源。当然，鉴于国际环境资源法的历史较短，尚未积累起充足的国家实践，因而能够“作为通例之证明而被接受为法律”的习惯法规则并不多。①

不过，在过去几十年里，在环境条约、司法判例中出现了一些有关环境保护的国际习惯和国际习惯的萌芽。例如，“特雷尔冶炼厂仲裁案”（Trail Smelter）所确立的“任何国家都没有权利这样地使用或允许使用其领土，以致其烟雾在他国领土或对他国的领土、财产或个人造成损害”的原则，在《斯德哥尔摩宣言》和《里约宣言》中都得到了反复确认，因而被认为是证明国际习惯法规则的有力证据。另外，《人类环境宣言》原则21所确认的“各国有按自己的环境政策开发本国资源的主权，并且有责任保证在他们管辖或控制之内的活动，不致损害其他国家的或在国家管辖范围以外地区的环境”的原则，已经成为一项国际习惯法原则。

随着国际环境实践的发展，在一些国际条约的基础上又产生了一些新的国际习惯法规则。例如，《联合国海洋法公约》第五部分“专属经济区”中有关环境保护的内容从一开始就得到承认，如沿海国有以养护和管理海洋自然资源为目的的主权权利、有保护和保全海洋环境的管辖权。在沿海国行使有关无害通过领海方面的权利中，包括养护海洋生物资源、保全沿海国的环境，并防止、减少和控制该环境受污染等，就是一项既属于海洋法又是国际环境资源法的习惯规则。另外，对于一国境内发生的可能迅速造成环境损害的一切情况或事件，该国有义务立即通知可能受影响的其他国家，这也是一项产生于国际实践的习惯规则。如切尔诺贝利核事故发生后不久，58个国家于1986年在维也纳签署了《及早通报核事故公约》。该公约第1条第1款对“通知义务”的规定，即各国应立即通报对另一国已经造成或可能造成具有辐射安全影响的任何事故，就被认为是对习惯法规则的确认和发展。

此外，还有其他一些习惯法规则，如国家有对涉及其他国家环境的项目应预先通知并进行协商的义务；对可能对环境造成不利影响的活动进行环境影响评价的义务；环境损害的受害者在损害发生国享有诉诸行政或司法救济的同等权利；禁止一个国家的立法

---

① 国际习惯的形成既需要各国重复的类似行为，又需要各国的法律确信，这是一个渐进的过程，往往需要几十年甚或更长的时间。但是在现代，国际习惯形成的时间却大大缩短。例如，国际环境资源法在其诞生至今的30多年里，就已经出现并形成了许多有关环境保护的国际习惯。这可能归因于国际环境问题的紧迫性和严峻性以及国际环境保护的公益性特点，以至于国际社会更容易在环境保护方面达成共识，这时国际习惯的形成重点在于“法律确信”，而不在于“常例”，因而导致国际习惯的形成更为迅速。这种在短时间形成的习惯，在国际法上被称为“即时国际习惯法”（instant international law）。（参见王铁崖．国际法．北京：法律出版社，1995：14.）

或法律适用对造成环境不利影响的地区有任何歧视；不对海洋倾倒高水平放射性废物的义务以及禁止濒危物种国际贸易的义务等等。总之，这些习惯法规则构成了国际环境资源法的基础，适用于国际环境资源法的整个领域。但不管怎样，总体来看较之条约法规则，国际环境习惯法规则的数量还是非常有限的。

二、国际环境资源法的其他渊源

（一）与环境保护有关的一般法律原则

一般法律原则是不同于国际条约和国际习惯的又一国际法渊源，这一点在《国际法院规约》中得到了确认。例如，《国际法院规约》第 38 条第 1 款（寅）项规定，法院对于各项争端裁判时应适用“一般法律原则”。由于条约和习惯不可能面面俱到，国际法院在对国际争端的司法解决中，有时就不可避免地会遇到条约和习惯都无法提供适当的法律规则来指导某一具体问题的解决的情况，为防止出现法律上的遗漏或法律不明的情况，这时作为弥补因习惯和条约的运行所可能留下的法律缺陷或弱点的一般法律原则，就成了一项被法院援引的法律渊源。

一般法律原则作为国际法的第三个法律渊源，不仅是因为《国际法院规约》第 38 条明文承认了它是国际法的一个独立渊源，而且在于如果不承认这个渊源的存在，那么在有些场合，必然发生以下有害的结果：“或者认为一个国际争端因适用的法律不明而必须拒绝司法；或者认为因无法可以适用而当事国可以任意行动，从而驳回受害者的权利主张”。[①] 显然，作为对国际条约法和国际习惯法的重要补充，在国际条约和国际习惯缺乏规定的场合，一般法律原则对纠纷的解决和法律的适用无疑具有重要意义。因此，为了更好地发挥国际法院的司法裁判职能，有必要在条约和习惯之外单独列出一般法律原则，将其作为国际法独立的和直接的国际法渊源。

当然，通常情况下，由于国际协定和习惯法已经足以为裁判提供必要的根据，因此法院很少有适用“一般法律原则”的机会。可见，一般法律原则只是用来补充国际法不足的辅助性法律渊源，其适用的范围是十分有限的。在一般法律原则中，“法院曾经援引的而且是极为重要的一项原则是善意原则”。[②]在国际环境资源法领域中，“善意原则”是国际法院和国际仲裁机构在一些判例中的依据。此类的案例主要有太平洋海豹仲裁案、特雷尔冶炼厂仲裁案以及 1974 年的核实验案等。另外，《人类环境宣言》原则 21 和《里约宣言》原则 2 也都反映了善意原则的要求，即衡平法的古老规则——不以损害他人财产之方式使用自己的财产。除了善意原则，还有一些与环境保护有关的一

① 林灿铃．国际环境法的产生与发展．北京：人民法院出版社，2006：335.

② ［英］詹宁斯、瓦茨，奥本海国际法．王铁崖，等，译．北京：中国大百科全书出版社，1995：23.

般法律原则，如国际法院在科孚海峡案中阐述的“人道主义原则”。

按照《国际法院规约》第 38 条之规定，作为国际法渊源的“一般法律原则”是指“为文明各国所承认者”。那么，什么原则是为文明各国所承认的一般法律原则呢？是指国内法的一般原则，还是一般国际法原则呢？对此，《国际法院规约》第 38 条并没有作出进一步的解释。我们认为，从一般法律原则的地位上看，把国际法一般原则和国内法一般原则都包括在一般法律原则内是可取的。这正如阿库斯特所指出的：“没有理由认为它不能兼指二者，该用语具有的意义越大，找到用以填补协定法和习惯法的遗漏的东西的机会也就越大——这本来是把一般法律原则列入《国际法院规约》中的原因”。[1]

（二）与环境保护有关的司法判例

按照《国际法院规约》第 38 条第 1 项第 4 款之规定，司法判例只是作为“确定法律原则之补助资料者”。这说明，司法判例的作用仅在于证明法律原则的存在，只起证据或资料性的作用，它并非一项独立的、可由国际法院直接适用的国际法渊源。尽管对司法判例是否属于国际环境资源法的渊源存在争议，但有一点是可以肯定的，即在国际法的实践中，司法判决的权威性和说服力正在建立和加强，作为“确定法律原则之补助资料”的司法判例已经成为推动国际法发展的一个重要的因素。这一点，在国际环境资源法中表现得尤为明显。在国际环境保护的司法实践中，国际法院的判决和法律咨询意见以及国际仲裁机构的裁决在确定法律原则方面起着重要作用。例如，在特雷尔冶炼厂污染损害案的仲裁中，国际仲裁庭就将“使用自己的财产不应损害他人财产”的规则，上升为国家间的活动准则。显然，为特雷尔冶炼厂仲裁案所确立的“国家不得损害国外环境的责任”，不仅孕育着国际环境资源法的原则，成为国际环境条约的重要补充，同时也成为催生国际环境资源法的一支重要力量。

（三）与环境保护有关的各国权威公法学家学说

按照《国际法院规约》第 38 条之规定，各国权威最高之公法学家学说是作为“确定法律原则之补助资料”。由此可知，公法学家学说只是作为国际法的一个辅助性渊源而存在的。毫无疑问，公法学家的权威学说，因其不仅阐释现行的国际法，而且能够作出评论和改进的建议，并能够提供可靠的资料，对于国际法的原则、规则和制度的发展显然是有益的，对国际法的新领域——国际环境资源法的发展就更是如此。但从国际环境资源法的发展来看，尽管目前不乏有关国际环境资源法方面的学术著作，但无论从国际环境资源法的发展史，还是从国际环境保护的司法实践上看，有关国际环境保护方面的法学家的权威学说所起的作用都是很小的。正因为如此，在国际环境保护领域中的权

---

① 林灿铃．国际环境法的产生与发展．北京：人民法院出版社，2006：332.

威学说，才被认为只是一个补助性的“潜在的渊源”①。

（四）有关环境问题的国际宣言和决议

尽管《国际法院规约》因为历史的局限性，并未将国际组织的决议等法律文件列为国际法的渊源，但是现代国际法的实践已越来越显示出国际组织的决议等法律文件作为一种新的、国际法的辅助渊源的重要性。关于这一点，正如亚历山大·基斯所指出的，尽管《国际法院规约》关于国际法渊源的列举性定义被普遍接受，但它却不能使人把握当前国际法的形成情况，而这一点对于理解国际法在新领域的发展非常重要。这个定义也不能使人认识法律规则在其不同发展阶段可能表现的不同形式，尤其是，所有国际组织的文件不在这一列举之中，而国际组织却在整个国际法的发展中发挥着不可忽视的作用，在国际环境法的发展中的作用则更加特殊。② 因此，从这个意义上看，我们完全有理由认为，《国际法院规约》第 38 条对国际法渊源的列举是不能穷尽的，是需要随着国际关系的发展而作出补充的。这样看来，如果现在来制定这一条款的话，应当将国际组织特别是联合国以及一些国际会议的宣言和决议等法律文件考虑在内，这显然是既符合时事发展要求的，也是极其必要的。③ 正如王铁崖教授所说的，“软法”的出现，是国际环保领域十分引人注目的现象。④ 它的作用不可低估，尤其是在制定新的国际法规范，确认、发展和解释现行的国际环境法方面。⑤

按照国际组织的决议等法律文件的效力，可将国际组织的决议等法律文件分为两类：一类是具有法律约束力的文件，另一类是不具法律约束力的文件。前者，如国际组织依据条约作出的决定，其效力来源于条约，因而属于“硬法”（hard law）；后者，如国际组织的大会宣言、决议以及行动计划等，因其不具有约束力，因而当属于“软法”（soft law）之列。虽然国际软法性文件不具有法律约束力，但它们却往往有助于国际习惯的形成或条约的产生，所以对各国的行为具有一定的影响力。例如，从国际环境资源法来看，起初有很多重要的原则都只是出现在这类“宣言”或“决议”之中，但是随着时间的推移这些原则逐步被写进了条约和议定书，最终成为具有法律约束力的原则，并为国际社会大多数成员所接受。由于“它们经历了宣言—条约—议定书的发展过程，出现了‘软法’变‘硬’的现象”，⑥ 因而它们创立了事实上得到各国或多数国家认可

---

① 王曦．国际环境法．北京：法律出版社，2005：72.

② ［法］亚历山大·基斯．国际环境法．张若思，译．北京：法律出版社，2000：52.

③ 如亚历山大·基斯就认为国际组织和国际会议的文件和宣言是“新的国际法渊源”，而条约和习惯法则是传统的国际法渊源。（亚历山大·基斯．国际环境法．张若思，译．北京：法律出版社，2000：53.）

④ 王铁崖．国际法．北京：法律出版社，1995：456.

⑤ 戚道孟．国际环境法．北京：中国方正出版社，2004：60.

⑥ 金瑞林．环境法学．北京：北京大学出版社，2002：345.

的国际环境资源法的原则、规则和制度。这样看来，国际宣言和决议作为确立国际法规范的辅助手段，我们将其视为促进国际环境资源法发展的一种潜在的渊源，应当是可取的，也是符合实际的。

国际社会在环境保护领域已经形成了一系列不具有国际法约束力的国际组织宣言和决议。典型的有：1962年通过的《关于天然资源之永久主权宣言》、1970年通过的《关于国家管辖范围以外的海床和洋底及其底土之原则宣言》、1972年通过的《人类环境宣言》、1982年通过的《世界自然宪章》、1992年通过的《里约环境与发展宣言》和《关于森林问题的原则声明》、2002年通过的《约翰内斯堡可持续发展宣言》和《可持续发展世界首脑会议执行计划》等。这些宣言和决议主要从两个方面对国际环境资源法的发展产生影响：一是可以作为各国共同的法律确认和集体实践，确认国际习惯法规则，推动国际习惯法的发展；二是可以作为国际社会成员的政治共识和各国意志的共同体现，宣告国际环境资源法的原则和规则，作为缔结公约的基础，促进条约法的发展。

推荐阅读

1. 李浩培．国际法的概念和渊源．贵阳：贵州人民出版社，1994.
2. 王铁崖．国际法．北京：法律出版社，1995.

思考题

1. 如何理解国际环境资源法的渊源？
2. 国际环境资源法的渊源有哪些具体的表现形式？

第五章　国际环境资源法的主体与客体

核心提示

作为国际法的一个分支，国际环境资源法的主体与国际法的主体并无二致，都是指能够独立参加国际关系，直接享有权利、承担义务并具有独立的国际求偿能力者。在国际环境资源法的不同主体中，国家对国际环境事务的实际参与和实践往往对国际环境资源法能否真正发挥作用具有决定意义。尽管对非政府组织和个人是否可以成为国际环境资源法的主体存在争议，但其在国际环境舞台上发挥的重要作用却不容小觑。另外，作为国际环境资源法之客体的环境与资源，从外延上看主要是指那些具有国际性的环境要素。

第一节　国际环境资源法的主体

国际环境资源法的主体指的是能够独立参与国际环境法律关系，直接享有国际法上的权利、并履行国际法上的义务的参加者。国际环境法律关系的主体是国际环境法律关系得以存立的前提，没有了主体的存在，也就没有了主体间的权利义务关系，那么环境客体的存在也就失去了意义。国际环境资源法中的主体主要包括国家和国际组织，而其中又以国家为其基本主体。但是，值得注意的是，尽管非政府组织和个人不是国际环境资源法的主体，但它们在当今国际环境立法和执法中却表现得日益活跃，发挥着越来越重要的作用。《里约宣言》和《21 世纪议程》等文件都有旨在扩大国际环境法主体的倾向，文件呼吁进一步加强政府间国际组织和非政府组织在与环境保护和发展相关的国际立法、实施和执行过程中的作用。

一、国家

在国际环境法律关系中，国家始终是最主要和最基本的主体。这是因为，国家是拥有主权的国际法主体，对外具有国际法上的独立人格，具备能够独立自主和平等地参加国际环境关系，并实际享有国际环境法律权利和承担国际环境法律义务的完全权利能力和行为能力。即使在国际环境保护领域，也需要重新界定并明确国家的特殊作用，如为了人类的共同利益，各国应当为服务于这个利益而合作，为此，“国家将行使源于人类共同利益而不是源于主权权利的职责”，①然而，“尽管国家为保护环境的共同利益担负的职责关系到超越国界的问题，如生态系统的生存、生态平衡的维持，但大多数需要保护的环境内容仍处于国家主权之下”。②而且在国际环境关系中，国家不仅拥有对其天然财富与资源的永久主权，根据《联合国宪章》和国际法原则，各国拥有按照其本国的环境与发展政策开发本国自然资源的主权权利。因此，不论怎样，国家在国际环境保护领域始终处于最主要、最基本的地位，发挥着最主要和最基本的作用，这一点是不容置疑的。这也就是说，在当今的国际环境事务中，国家在国际法上的突出地位，仍然是决定国际环境法律秩序的根基。换句话说，国际环境法律关系归根结底主要还是国家间的法律关系。

事实上，在国际环境法律关系中，国家的地位和作用也是决定性的。例如，国家可以通过缔结条约或形成国际习惯来创设有关开发、利用、保护和改善环境方面的法律原则、规则和制度。国家在国际环境事务中是完全的权利义务主体，其直接地享有国际环境资源法上的权利，承担国际环境资源法上的义务。国家还可以通过条约的形式创立有关国际环境保护方面的国际组织，国家决定着个人和非政府组织参与国际环境事务的资格和地位，国家具有独立进行国际求偿和承担国际责任的能力等。实践证明，国家对国际环境事务的实际参与和实践，对国际环境资源法能否真正发挥作用具有决定性的意义。

值得注意的是，尽管为了“人类共同的未来”，需要世界各国在国际环境保护领域都能相互尊重，并以平等的身份缔结国际协定，参与国际环境合作，加强协调和沟通，但由于在当前的国际环境事务中发达国家与发展中国家存在的利益纷争和矛盾冲突，使得发达国家和发展中国家在国际环境事务中享有的权利和承担的义务存在着实质上的不平等。特别是发达国家，鉴于其是国际环境问题的主要责任者，他们理应承担更多的国际环境保护义务，但囿于其狭隘的国家利益和民族观念，尽管在口头上他们承认应当对

---

① ［法］亚历山大·基斯．国际环境法．张若思，译．北京：法律出版社，2000：14.

② ［法］亚历山大·基斯．国际环境法．张若思，译．北京：法律出版社，2000：16.

全球环境的恶化负主要责任，实际上他们却并没有采取与其责任相符的实际行动来保护全球环境。[①]这客观上不仅松动了国际环境条约的基础，而且弱化了国际环境资源法的权威和执行力。

显然，鉴于发达国家给全球环境带来的压力以及他们所掌握的技术和财力资源，他们应当率先应对环境的恶化及其不利影响，并在财力和科学技术诸方面支持经济落后国家的发展，切实地在追求可持续发展的国际努力中承担共同但有差别的责任。毫无疑问，这些原则的确立和贯彻实施，对于顺利解决当今世界的环境问题具有重要的意义。

二、国际组织

作为国际法主体的国际组织主要是指国家间或政府间国际组织，包括全球性国际组织和区域性国际组织两种。国际组织一般是根据该组织成员国之间的协议而建立，因而与国家构建的国际组织的权利和义务有一定差别。通常前者只能在其组织章程所规定的任务和职责范围内从事国际活动，这决定了国际组织的权利能力和行为能力是有限的。

国际组织也是国际环境资源法的重要主体，这已经得到条约和国际法院咨询意见的承认。例如，1949 年国际法院作出了“关于为联合国服务而受损害的赔偿问题”的咨询意见，认定联合国可以被看做是能够承担国际权利及义务的国际法主体。[②] 此后，国际组织的国际法主体地位得到越来越广泛的认可。第二次世界大战之后，伴随着国际组织的大量涌现，它们都在国际关系的各个方面发挥着越来越重要的作用。尤其是从 20 世纪 60 年代末起，随着全球环境危机的出现，公众越来越强烈地认识到生物圈面临的危险，这时大多数全球和区域国际组织也开始迅速对环境问题作出反应。正如亚历山大·基斯先生所说的，“国际组织的介入标志着新时期的开始”。[③] 1972 年在斯德哥尔摩召开的联合国环境大会，就有众多包括政府间和非政府间的国际组织派代表参加了这次盛会。鉴于国际组织在参与全球环境保护中的重要作用，大会通过的《人类环境宣言》第 25 条原则进一步强调：“各国应保证使国际组织在保护和改善环境中发挥协调、有效和推动作用”。

---

① 其实，早在 1972 年联合国人类环境会议通过的《人类环境宣言》中就提出了当今人类社会两类不同性质的环境问题：一是发达国家的环境问题，二是发展中国家的环境问题。发达国家的环境问题主要是由于高发展和高消费造成的环境污染和资源破坏，发展中国家的环境问题主要是由于发展不足造成的。两类环境问题的性质不同，解决的方式和途径也不一样。而且在 1992 年里约会议发表的《里约宣言》及会议通过的《气候变化框架公约》和《生物多样性公约》中也曾明确宣告：“鉴于导致全球环境退化的各种不同因素，各国负有共同的但是又有差别的责任。发达国家承认，鉴于他们的社会给全球环境带来的压力以及他们所掌握的技术和财力资源，他们在追求可持续发展的国际努力中负有责任”。

② 王铁崖．国际法．北京：法律出版社，1995：75.

③ ［法］亚历山大·基斯．国际环境法．张若思，译．北京：法律出版社，2000：30.

事实已经证明，国际组织已经全面参与国际环境保护实践，并在全球环境保护领域发挥着重要而不可替代的作用。这主要表现在：首先，它们为各国提供关于国际环境合作和协调的讲坛。利用国际组织的会议和讲坛交流信息，成员国对特定环境问题形成一致意见。几乎每个国际组织都是特定区域范围或特定问题的国际论坛以及信息的集中和交换场所。在这里所有的成员国通过平等参与，可以自由表达本国的立场观点，充分讨论共同关心的国际环境问题，从而有利于协调各成员国的政策和行动，为国际环境保护方面的对话与合作创造必要的条件。其次，国际组织还积极发起和支持有关环境问题的国际会议。在这方面，国际组织尤其是联合国发挥了重要作用。这其中尤以 1972 年的人类环境会议和 1992 年的环境与发展大会最为重要。这些会议对国际社会寻求加强环境与发展领域的国际合作具有深远的意义。

再次，国际组织在促进国际环境立法方面也作用显著。在国际环境资源法的法律渊源中，有相当大的部分来自国际组织的立法。在这方面，国际组织的贡献既表现在对环境条约的发展方面，又包括对国际环境“软法”文件的贡献。前者如国际海事组织和联合国环境规划署对一系列海洋环境保护条约的贡献，后者如联合国大会对《人类环境宣言》和《里约宣言》的贡献。国际组织的这些活动，使国际环境资源法日益发展成为一个内容丰富、门类齐全的完整体系。国际组织还是保障条约实施、监督条约执行的机构。国际条约的实施主要依靠缔约国的自觉行动，但由于各方面的原因，使得国际条约的执行情况并不理想。而国际组织的出色组织和监督工作，却使国际条约以往存在的实施性不足、缺乏监督机构和保障机制的局面有所改观。例如，环境条约的秘书处一般负有监督成员国履行条约的责任，成员国也有义务定期或不定期地向条约秘书处报告履行情况和违约事件，秘书处则向成员国大会报告条约的执行情况。①

另外，国际组织还是国际环境争端的调解和裁判机构。一些国际组织，如国际法院本身就是国际环境争端解决的裁判机关，另外一些国际组织自身也设立争端解决机构，在其职权范围内负责解决争端。例如，世界贸易组织的争端解决机制（DSB），就是专门用来解决成员国之间问题的争端解决机制；1993 年联合国国际法院设立了 7 人的环境事务法庭，专门负责处理国与国之间的环境纠纷；《联合国海洋法公约》设立的国际

① 国际条约一般会对依据其设立的国际组织授予监督和执行权。例如，1973 年《濒危野生动植物物种国际贸易公约》规定，公约秘书处的职责包括“提请成员国注意与本公约宗旨有关的任何事项”。秘书处根据所得之情报，认为公约保护的物种被作为国际贸易的标的或公约的规定未被有效地执行时，应将这种情况通知有关成员国。有关成员国应尽快将有关事实通知秘书处并提出补救措施。下届成员国大会可对成员国提供的情况进行审议并可提出大会认为合适的任何建议。同该条约一样赋予公约秘书处监督和执行权是普遍的做法，1980 年《南极海洋生物资源保护公约》规定设立南极海洋生物资源保护委员会，1982 年《联合国海洋法公约》设立了海底管理局等，都是具体的例子。

海洋法法庭及国际海底管理局等也是用来负责协调、处理本条约下的国家间争端的机构。

最后，国际组织还可提供金融和技术方面的支持。例如，世界银行的业务活动中很重要的一项就是致力于环境保护。可以说，对环境的重视已经贯穿到世界银行的各项业务活动之中：为确保其贷款项目不会对环境造成危害，所有项目都要经过认真审查以确定它们不会危害环境；对可能有危害的项目要做环境评价，而且世界银行还针对此类项目采取特殊措施以避免对环境造成破坏。技术方面如国际标准化组织，为国际环境保护提供了有关空气、水、土壤等方面的环境标准。

目前，对国际环境资源法有重要贡献的国际组织主要有：

(一) 全球性国际组织

1. 联合国（The United Nations，U. N.）

联合国是当今世界上最具广泛代表性和影响力的最大的国际组织。目前，在其主要的六个机关中，和国际环境事物直接相关的主要有大会、安全理事会、经济与社会理事会、国际法院等。

(1) 联合国大会

“联大”由联合国全体成员国组成。联大作为最高级别的政府机制，它可以讨论《联合国宪章》范围内的任何问题和事项，并可就这些问题和事项向会员国或安理会提出建议。鉴于大会的广泛代表性及共同意志性，联大形成的一系列决议对国际环境资源法的发展作出了重要贡献。例如，1962 年关于自然资源永久主权的决议、1968 年关于召开联合国人类环境会议的决议、1972 年关于设立联合国环境规划署的决议、1980 年关于保护自然的历史责任的决议、1982 年关于通过《世界自然宪章》的决议、1987 年关于确认《布伦特兰报告》（《我们共同的未来》）的决议、1989 年关于召开联合国环境与发展会议的决议、1990 年关于举行《气候变化公约》谈判的决议、1992 年关于举行《荒漠化公约》谈判的决议等都是由联大发起的。除此之外，联大还设立了一些与环境和发展问题有关的机关和组织，如联合国环境规划署、联合国开发计划署、国际法委员会、联合国可持续发展委员会等。

联合国环境规划署（UNEP）是联合国系统内唯一一个完全致力于国际环境事务的机构。它的使命主要是促进国际环境合作；协调联合国系统的环境项目并为其提供政策指导以及审议项目执行情况的报告；审查全球环境状况；促进科学知识和信息的交流；审查国家和国际环境政策对发展中国家的影响等。联合国开发计划署（UNDP）的宗旨主要是促进对发展中国家的技术和资金援助。国际法委员会（ILC）的宗旨主要是促进国际法的不断发展和编纂国际法。国际法委员会在最初对国际法的编纂计划中并不包括国际环境法，90 年代后才有更多的主题直接涉及国际环境法的发展和编纂。联合国可持续发展委员会（CSD）的宗旨主要是确保对环发大会采取有效的后续行动以及加强国际合作，使政府间在环境与发展问题相结合方面的决策合理化，并在国家、区域和国际各级审查《21 世纪议程》的执行进度。

（2）安全理事会

安理会是联合国中最有权力的机构，由它作出的决议具有强制力。安理会的主要职责是维护国际和平与安全，其对国际环境的影响主要表现在解决战争对环境的破坏上。例如，海湾战争对环境造成了损害，安理会通过了要求伊拉克政府对损害承担责任的决议。1992 年安理会通过了一项宣言，宣布“在经济、社会、人文和生态领域里的非军事的不安定源已成为对和平与安全的威胁”。这表明，环境问题已经为安理会所重视。

（3）经济与社会理事会

经社理事会是协调联合国经济与社会工作的主要机关。按照《联合国宪章》及《21 世纪议程》的有关规定，经社理事会应增强其在监督联合国全系统的协调和联合国旨在促进可持续发展的政策和方案在经济、社会和环境三方面均衡整合中的作用。

（4）国际法院

《21 世纪议程》规定，可持续发展领域的争端可提交国际法院解决。为此，1993 年国际法院决定设立一个由七人组成的环境事务庭，专门处理环境事务。近年来，国际法院在解决环境案件的同时，也为国际环境资源法提供了宝贵的判例和咨询意见，这事实上对国际环境资源法的发展产生了重要影响。联合国主要司法机构的职能不仅是解决争端，而且包括科学地发展国际法。鉴于国际环境资源法是一个新的法律领域，因此，发展新的环境保护的国际法是一种迫切需要。

2. 联合国粮农组织（Food and Agriculture Organization of the United Nations，FAO）

1945 年粮农组织成为联合国的一个专门机构，该机构是联合国专门机构中唯一一个在其组织章程中规定了环境使命的机构。按其章程，粮农组织的使命是提高粮食的营养水平和粮食生产的收益，改善农村人口的生活条件。因此，它自然关心自然资源的养护和先进农业生产方法的推广问题。粮农组织对国际环境资源法发展的贡献主要表现在起草条约、参与条约的准备和制定没有拘束力的标准三个方面。例如，由于粮农组织的努力，1993 年国际社会通过了旨在鼓励公海渔船遵守国际养护和管理措施的协定。粮农组织还提倡并帮助许多国家尤其是发展中国家缔结了一些有关农业、渔业、森林和水土保持方面的公约。另外，粮农组织还通过发起国际会议制定了一些重要的文件，如 1981 年的《世界土壤宪章》、1984 年的《世界土壤政策和行动计划》以及 1991 年的《可持续农业和农林发展战略和行动计划》。

3. 联合国教科文组织（United Nations Educational, Scientific and Cultural Organization, UNESCO）

1946 年教科文组织成为联合国的一个专门机构，其宗旨是通过教育、科学及文化来促进各国之间的合作，对世界和平与安全作出贡献。联合国教科文组织的使命包括保存和保护世界历史和科学遗迹，并倡议制定有关的条约。为了提高人类对生物圈的认识和有效管理，为了给资源和生态系统的保护和可持续发展提供科学依据，教科文组织从 1971 年起，实施了一项着重对人与环境的关系进行生态学研究的、多学科性综合研究计划——人与生物圈计划。该计划使得联合国教科文组织成为国际环境保护大家庭中必不可少的一员。另外，联合国教科文组织还参与制定了两个重要的国际公约：1971 年的《保护国际重要湿地公约》和 1972 年的《保护世界自然和文化遗产公约》。

4. 世界卫生组织（World Health Organization, WHO）

该组织创立于 1946 年，其宗旨是使全世界人民获得尽可能高水平的健康。这一宗旨奠定了世界卫生组织与环境保护之间的密切关系。为了监控对人类健康有害的污染，世卫组织制定了不具法律约束力的饮用水和空气质量标准供各国政府参考使用。另外，该组织还于 1990 年设立了环境与健康委员会，用以评价环境变化对人类健康的影响。

5. 世界气象组织（World Meteorological Organization, WMO）

该组织成立于 1950 年，于 1951 年成为联合国的专门机构。世界气象组织于 1988 年和联合国环境规划署一同建立了气候变化政府间专家工作组。该工作组为国际社会建立关于保护臭氧层、减缓全球变暖以及控制跨界大气污染的国际法律制度提供科学依据。

6. 国际原子能机构（International Atomic Energy Agency, IAEA）

该机构成立于 1957 年，是国际原子能领域的政府间科学技术合作组织，同时兼管地区原子安全及测量检查。国际原子能机构的宗旨是促进原子能的和平利用。该机构在国际环境保护方面的工作主要是有关核能的安全使用，防止、减少核能使用对环境造成的影响。由国际原子能机构发起并帮助缔结了一系列有关原子能利用的国际条约，其中主要的有：1963 年的《核能损害民事责任维也纳公约》、1980 年的《核材料实质保护公约》和 1986 年的《核安全公约》。

7. 国际海事组织（International Maritime Organization, IMO）

成立于 1948 年的国际海事组织（最初的名称是“国际海事协商组织”）为海洋环境保护做了大量富有成效的工作。与海洋污染有关的国际公约大部分都由国际海事组织牵头制定。例如，1954 年的《防止海上石油污染公约》、1969 年的《国际油污损害民事责任公约》、1972 年的《防止倾倒废物及其他物质污染海洋的公约》和 1973 年的《国际防止船舶污染公约》等。

8. 国际劳工组织（International Labor Organization, ILO）

该组织成立于 1919 年，其宗旨包括保护劳工的职业安全和劳动福利。国际劳工组织因涉及职业安全和卫生方面的工作而与环境事务产生关系。由它发起并帮助缔结了一系列有关保护工作环境、防止职业病和工伤事故的公约，其中主要的有 1981 年的《关于职业安全、健康和工作环境公约》。国际劳工组织还不遗余力地开展多项防止化学品危害的工作，如与环境规划署、世界卫生组织和国际原子能机构合作，于 1979 年制定了《化学品安全国际规划》，该规划阐述了化学品对人的健康的危险，强调加强各国在化学品安全检测方面的能力，研究检测化学品的方法。

9. 世界银行（World Bank）

世界银行是国际环境保护事业的一个重要的资金来源，因而在国际环境法律关系中扮演着重要角色。近二十年来，世界银行在环境保护领域越来越活跃。从 1984 年起，它就系统制定了其环境行动原则，并开始加强对贷款项目的环境影响的审查。例如，在 1987 年至 1991 年期间，它就致力于减少所资助的项目对环境的损害，尤其是要求对项目的设计和执行必须预先研究对环境影响。另外，世界银行还寻求与非政府组织的合作，并要求复杂的项目须向独立的专家咨询；规定违背国际环境保护条约的项目不能得到它的资助；要求减少对森林的砍伐；支持植树造林以及在农业中合理使用杀虫剂。里约环境与发展大会将世界银行推向“新环境主义”,[①] 自此，世界银行更为重视贷款和技术援助项目，从一开始就考虑环境保护的必要性。

10. 全球环境基金（Global Environment Facility，GEF）

1990 年成立的全球环境基金，经过三年的试验期，于 1994 年成为永久性的金融机构。它是由世界银行、联合国开发计划署和联合国环境规划署共同托管的全球性基金，其职责是为全球环境保护项目提供资金。全球环境基金关注的环境问题主要集中在气候变化、生物多样性、国际水域污染和臭氧层减少以及与这些关键领域有关的土地退化问题等几个方面。另外，全球环境基金可以资助国内有利于可持续发展的项目和规划，同时它还是资助气候变化公约和生物多样性公约实施的机构。

11. 世界贸易组织（World Trade Organization，WTO）

该组织成立于 1995 年，其前身是《关税与贸易总协定》（GATT）。《关税与贸易总协定》是一个多边贸易协定，原本与环境问题没有太大的关联。《关贸总协定》仅在其第 20 条（一般例外）中规定：“为保障人民、动植物的生命或健康所必需的措施”和“为有效保护可能用竭的天然资源的有关措施”，是自由贸易原则的例外事项。1971 年关贸总协定理事会设立了一个“环境措施与国际贸易工作小组”，进行环境政策与关贸总协定规则之间关系的研究。1973 年东京回合谈判中涉及环境保护问题。1994 年关贸总协定乌拉圭回合谈判签订了一系列与环境保护有关的协定，并通过《关于贸易与环

① ［法］亚历山大·基斯．国际环境法．张若思，译．北京：法律出版社，2000：144.

境的决定》。1995年世贸组织成立，它不仅对环境问题有了前所未有的关注，而且将可持续发展和环境保护确立为新的多边贸易体制的基本宗旨之一。

（二）区域性国际组织

1. 经济合作与发展组织（Organization for Economic Co-operation and Development, OECD）

经济合作与发展组织的前身是欧洲经济合作组织。1960年经济合作与发展组织正式成立，其成员国包括欧洲、北美和亚洲的发达国家，因此该组织被称为“富国俱乐部”。尽管组织的章程决定了该组织工作的核心是经济问题，但为了适应环境保护的需要，该组织活动的方向已发生变化。例如，1970年，该组织设立了环境委员会，负责协助成员国政府制定环境政策，协调环境政策与经济社会发展。经济合作与发展组织已颁布了大量有关环境问题的决定，其中有不少内容对国际环境资源法的发展起到了很大的促进作用，例如关于“污染者负担”原则、关于环境影响评价制度、经济手段和综合污染预防与控制的规定和要求等。

2. 欧洲联盟（European Union, EU）

1993年成立的欧洲联盟，是当今世界一体化程度最高的区域政治、经济集团组织，其前身是欧洲共同体。欧盟现有成员国25个，其主要的决策机构是欧洲议会、欧盟理事会和欧洲委员会。欧盟的司法机构是欧洲法院，在环境保护领域，欧盟设有欧洲环境署。从1972年至今，欧盟已制定并实施了六个《环境行动计划》以及大量与环境保护有关的条例、指令和决定。这些欧盟环境法律文件，已经形成了一个具有欧盟特色的区域国际环境资源法体系。自20世纪90年代以来，欧盟在国际环境保护领域表现积极并发挥了重要作用。最明显的例子就是欧盟为《京都议定书》的谈判和生效所做的巨大努力。另外，欧洲法院还审理了很多环境案件，这些案件的判决在一定条件下可作为查证国际环境法之法律规范的辅助资料。

3. 非洲统一组织（Organzation of African Unity, OAU）

成立于1963年的非洲统一组织，通过连续宣言和行动计划逐渐为非洲国家确定了共同环境政策。该组织主持制定的《保护自然与自然资源的非洲公约》，于1968年在阿尔及尔通过。在当时，该公约综合了环境保护的各个方面，从而成为国际环境保护领域最先进的公约。另外，非洲统一组织还于1991年制定了《禁止进口危险废物并控制其在非洲越境转移的巴马科公约》。

4. 亚太经合组织（Asia Pacific Economic Cooperation, APEC）

该组织成立于1989年，是亚太地区重要的政府间区域经济合作组织。亚太经合组织先后成立了与环境相关的专题工作组及各委员会，包括能源、海洋资源保护、渔业等。在海洋资源、渔业方面，该组织先后通过了1997年海洋环境可持续性行动计划、1998年夏威夷海洋大会宣言、2002年《汉城海洋宣言》等文件，体现出亚太经合组织在加强和促进海洋资源管理和渔业发展方面的努力。2004年，针对日益严重的能源危机，亚太经合组织部长级会议达成一致，即各成员将继续发展应对短期能源供应遭破坏的机制；同时努力实现长期的能源安全目标；政府将与企业、科研及金融机构合作，制定并实施加强能源安全的各项措施，包括做好应对能源供应遭破坏的准备，促进能源投资，提高能源利用效率，实现能源多样化以及利用技术创新等。

（三）依据国际环境条约建立的国际组织

依照国际环境条约设立的一些专门负责条约实施的国际组织，也是国际环境资源法的主体。这类组织中比较重要的有：1946年《国际捕鲸管制公约》中的国际捕鲸委员会、1971年《关于特别是作为水禽栖息地的国际湿地公约》中的保护自然和自然资源国际联盟、1972年《保护世界文化和自然遗产公约》中的保护世界文化和自然遗产政府间委员会、1979年《长程越界空气污染公约》中的执行局、1982年《联合国海洋法公约》中的国际海底管理局、1985年《保护臭氧层维也纳公约》中的缔约国大会、1992年《气候变化框架公约》中的缔约方大会、1992年《控制危险废物越境转移及其处置巴塞尔公约》中的缔约国会议、1992年《生物多样性公约》中的缔约国会议、1994年《联合国防治荒漠化公约》中的缔约方会议等。

三、关于非政府组织和个人的国际法地位问题

非政府组织（Non-Governmental Organization，NGO）和个人虽然不是严格意义上的国际法主体，但是它们，尤其是非政府组织，自20世纪末以来作为国际环保事业的重要参与者和组织者，在全球环境事务中的作用日渐突出，对国际环境资源法的发展和实施发挥了不可替代的重要作用。例如，《21世纪议程》就曾指出，“各非政府组织和主要团体是执行《21世纪议程》的重要伙伴”。为此，《议程》还要求，“制定程序，让非政府组织发挥扩大作用”；“为了确保充分发挥非政府组织可能的作用，应在为了执行《21世纪议程》所批准的机构和所设计的方案中促进国际组织、国家和地方政府及非政府组织间尽可能充分的联系和合作”。

从国际环境资源法的实践上看，非政府组织的作用主要表现在：提出有关全球环境保护的重大问题并呼吁国际社会对之采取行动；以观察员的身份列席有关环境问题的重要国际会议和国际条约谈判；从事国际环境资源法和国际环境政策的宣传和教育；监督国际环境条约的实施。

目前，在国际环境保护领域影响较大的非政府组织主要有：

1. 国际自然保护联盟（International Union for Conservation of Nature and Natural Resources，IUCN）

该组织成立于1948年，是世界上成立最早的国际环境保护组织。其宗旨是“影响、

鼓励、协助国际社会保持自然界的完整性和多样性，确保自然资源使用的平衡和生态的可持续发展”。该组织有两个显著的特点：一是参加的成员广泛，包括国家、环保团体和其他机构；二是组织机构严密，类似政府间国际组织。1980 年国际自然保护联盟编写了《世界自然保护大纲》，并最早提出了“可持续发展”（Sustainable Development）的概念。国际自然保护联盟还起草了《世界自然宪章》，并于 1982 年由联合国大会通过。在制定关于保护自然和自然资源的重要国际公约方面，国际自然保护联盟也发挥了重要作用。例如，1968 年的《非洲保护自然界和自然资源公约》、1973 年的《濒危野生动植物物种国际贸易公约》、1979 年的《保护野生迁徙动物物种公约》和 1992 年的《生物多样性公约》等条约的通过都离不开国际自然保护联盟的作用。另外，国际自然保护联盟在政府和非政府组织、科学与社会、地方行动和全球政策之间搭建了桥梁，许多发展中国家都在它的帮助下进行国内环境立法。该组织还创立了环境法中心，编辑出版《环境政策与法》杂志并向全球发行。它还与联合国环境规划署、世界自然基金会共同发起成立了国际野生生物保护学会，共同发表了著名的《保护地球——可持续生存战略》。

2. 绿色和平组织（Greenpeace）

该组织成立于 1971 年，是世界上最大的国际民间环境保护组织，其特色是成立伊始就将环境保护与争取世界和平结合起来，主要致力于防止气候变化、防止核威胁、保护海洋、阻止捕鲸、拯救原始森林等方面的环境保护活动。绿色和平组织独立于任何政府、组织和个人，不依靠政府、财团或政治团体的资助，而凭借个人和独立基金的直接捐助以维持其独立性。该组织从一开始就十分务实，并以自己勇敢和坚定的行动去唤醒人们的环境保护意识，监督各国政府的活动。因此，可以说它是一个为保护环境而斗争的“国际民间监督组织”。1992 年，绿色和平组织向世界核大会发出公开信，要求它们“放弃代价高昂的威慑政策，建立一种有利于而非有害于解决人类目前面临的危机的安全体制”。

3. 世界自然基金会（World Wild Fund，WWF）

该组织成立于 1961 年，原名“世界野生生物基金会”，于 1988 年改为现名。它的会标由中国国宝——珍贵野生动物大熊猫的图像构成。该组织的目标是：“为在世界范围保护自然环境，即动物、植物、水、土壤、空气和其他自然资源，集中、管理和投入资金”。它经常与其他国际组织合作，尤其是与联合国环境规划署、世界卫生组织共同致力于环保项目的实施和投资。该组织作为一个全球性非政府环境组织，其宗旨是致力于保护大自然、保护地球上生物生存必不可少的自然环境和生态环境，防止珍稀物种灭绝。世界自然基金会在开展自然保护工作中十分注意发展环境法，致力于促进现有规则的实施。它不仅在其援助的项目中要求进行法制管理，尤其关注 1973 年《濒危野生动植物物种国际贸易公约》、1979 年《保护野生迁徙动物物种公约》和 1971 年《保护国际重要湿地公约》的有效实施。

4. 国际标准化组织（International Standard Organization, ISO）

该组织成立于 1947 年，是世界上最大、最权威的一个包括政府与非政府成员的国际标准化专门机构。其宗旨是在世界范围内促进标准化工作及其有关活动的开展。ISO 制定的标准只是推荐给世界各国采用，而非强制性标准。但由于该组织颁布的标准在世界上具有的权威性、指导性和通用性，以至于各国都非常重视 ISO 标准。目前，该组织已经制定了一系列有关空气、水、土壤等的环境标准，供各国参考使用。另外，该组织在 1992 年联合国环发大会之后成立了环境管理技术委员会，旨在统一协调世界各国的环境管理标准，减少世界贸易中的非关税贸易壁垒。该委员会还制定了 ISO 14000 系列标准，用以规范企业和社会团体等所有组织的活动、产品和服务的环境行为，支持全球的环境保护工作。由于环境保护是科技性很强的系统工程，保护全球环境既需要定性管理，也需要定量管理，而国际标准化组织对国际环境标准的研究和制定，就为国际环境法律原则、规则和制度的制定以及开展国际环境保护活动提供了科学依据，同时也为保证这些原则、规则和制度的执行提供了衡量尺度。

第二节　国际环境资源法的客体

国际环境资源法的客体是指国际环境资源法主体的权利义务所指向的对象，它具体包括国际环境与资源以及影响国际环境权益的行为两类。

一、国际环境与资源

作为国际环境资源法客体的环境与资源包括各种自然的和人文的环境要素，如大气、土地、水、生物和世界文化遗产等环境要素或资源。这些环境要素和资源又可分为国家管辖范围之内的环境和资源、由两个或多个国家共享的环境与资源以及处于国家管辖之外的环境与资源三类。

（一）国家管辖内的环境与资源

国家管辖范围内的环境与资源是指完全处于一国主权管辖之下的环境与资源，如领土及其领土内的各种自然的和人文的环境与资源。虽然这部分环境与资源由于完全处于一国主权控制之下，应当属于受一国国内环境法调整的范围，但这其中那些被国际条约赋予特殊法律地位的环境与资源，如被《保护世界文化和自然遗产公约》所确定为“世界遗产”的那部分环境与资源（如中国的长城、泰山、秦始皇陵及兵马俑、敦煌的莫高窟等自然和人文遗迹），虽然处于各国境内，但由于对它们的保护具有国际意义，因而也受国际环境资源法的规范和调整。①

(二) 由两个或多个国家共享的环境与资源

由两个或多个国家共享的环境与资源，如国际水域、往来于多国领土或水域的迁徙物种、跨越两国或多国间的生态系统等，由于处于两国或多国的管辖之下，因此对它们的开发和利用必然会直接关系到国与国之间的相邻关系，尤其是国际环境保护的问题。为了维护国际环境法律秩序的稳定，这部分环境与资源也应当是国际环境资源法的客体。

(三) 处于国家管辖范围之外的环境与资源

这一类环境与资源主要包括人类共有财产、人类共同遗产和受特定国际条约规范的区域。它们不仅范围广泛、而且性质和特点也各不相同，因而其法律地位也存在明显的差别。这类环境与资源是目前国际环境资源法调整和规制的重点和难点。

人类共同财产（common property of mankind)，如公海和在公海上方生存或迁徙的鸟类和其他野生动物，任何国家不得将其置于自己的主权管辖范围，它们只能供所有国家平等利用。人类共同遗产（common heritage of mankind)，如公海海床、洋底及其底土和月球，它们同“人类共同财产”一样不能被置于任何国家管辖之下，对它们的利用只能出于为全人类的利益之目的而进行，对它们的开发、利用和保护须由相关公约规定的“代表全人类”的国际管理机构进行，其收益也应由所有缔约国公平分享。例如，《联合国海洋法公约》设立了国际海底管理局，由其具体负责国际海底区域的开发活动和收益分配。再如，《月球协定》规定，月球资源的开发需在指导此种开发的国际制度，包括适当程序下进行，且各缔约国有权“公平分享”其惠益。②

受特定国际条约规范的区域，如全球大气层、南极和外层空间，属于法律地位比较特殊的一类环境组成部分，它们的法律地位虽不确定，但不能将其归属于一国或几国的主权管辖之下。就全球大气层而言，它既不属于“人类共同财产”的那部分环境与资源污染，又不属于“人类共同遗产”的那部分环境与资源。但是为了保护全球大气层，1992 年的《联合国气候变化框架公约》将全球大气层面临的严重问题——气候变化宣布为一项“人类共同关切之事项”(common concern of mankind)。这是在全球大气层的法律地位尚未确定时给予这类环境与资源的一个新定位，这为通过国际合作来保护国际大气提供了法律依据。

---

① 例如，1972 年缔结的《保护世界文化和自然遗产公约》第 6 条明确规定：公约缔约国一方面对本国的文化和自然遗产享有完全的主权，另一方面又对本国的文化和自然遗产中被公约接受为世界遗产的那一部分承担同整个国际社会进行合作以对其加以保护的义务。

② 《月球协定》，第 11 条第 5 款、第 7 款。

南极的法律地位目前被“冻结”。根据《南极条约》的规定，冻结各国对南极地区的主权权利或领土要求。鉴于南极对地球气候和地球生态系统的重要调节作用，《南极环境议定书》称保护南极环境是为了“全人类的利益”，并将南极指定为“奉献于和平和科学的自然保护区”。

外层空间的法律地位也自成一类。根据1967年《关于各国探索和利用外层空间包括月球和其他天体的活动的原则条约》（即《外空条约》）的规定：“探索和利用外层空间，应为所有国家谋福利和利益，而不论其经济或科学发展程度如何，并应为全人类的开发范围。所有国家可在平等、不受任何歧视的基础上，根据国际法自由探索和利用外层空间，自由进入天体的一切区域”。公约同时规定：“各国不得通过主权要求、使用或占领等方法，以及其他任何措施，把外层空间据为己有”。① 条约的上述规定表明：外层空间既有“人类共同财产”的性质，也有“人类共同遗产”的特点。

二、影响国际环境权益的行为

国际环境资源法的客体除了国际环境与资源以外，还有一类就是影响国际环境权益的行为。该类客体既包括以国家或政府名义实施的公法主体的行为，如由一国进行的核试验而可能破坏邻国生态环境的行为，又包括处于国家管辖或控制之下的私法主体的行为，如私有企业或个人污染环境的行为。如果这类行为客观上导致了跨国性环境与资源污染的不利后果，根据国际法的基本原则，国家也应对其负相应的国际法上的责任。按照《人类环境宣言》和《里约环境与发展宣言》的规定，各国有责任保证在他们管辖和控制之内的活动不致损害其他国家的或在国家管辖范围以外地区的环境。据此，影响国际环境权益之行为也应当是国际环境资源法的客体。

推荐阅读

1. 梁西．国际组织法．武汉：武汉大学出版社，1998.

2. 【美】爱蒂丝·布朗·魏伊丝．公平地对待未来人类：国际法、共同遗产与世代间平衡．汪劲，等，译．北京：法律出版社，2000.

思考题

1. 作为国际环境资源法客体的环境的范围包括哪几个方面？

2. 非政府组织和个人在国际环境资源法上的作用如何？

---

① 《外空条约》，第1条（第1款、第2款）、第2条。

第六章　国际环境资源法的基本原则

核心提示

从法学学理上看，法律原则往往是用以进行法律推理的准则，不仅可以指导人们如何正确地适用规则，而且在没有相应规则可资援引时，法律原则还可以较好地应对无现成规则可适用时的新情况。同样，在国际环境资源法诸多原则中，基本原则对于国际环境资源法的制定、发展和正确适用具有重要指导作用，因而构成国际环境资源法的基础。本章要求学生在掌握国际环境资源法基本原则的概念和特点的基础上，重点理解国际环境资源法各项基本原则的含义及其确立的依据。

第一节　国际环境资源法基本原则的概念和特点

任何一个法律体系都需要维系其完整性、稳定性和协调性的基本原则。一个法律秩序的基本原则往往在法律的制定、发展和适用中发挥着重要的作用。国际环境资源法也一样，其法律体系的协调统一、法律秩序的和谐有序，都离不开用以指导和协调全部国际环境法律关系的基本原则。

一般来说，国际环境资源法的基本原则是指那些被各国公认和接受的、在国际环境资源法领域具有普遍指导意义、体现了国际环境资源法的特点并构成整个国际环境资源法之基础和本源的基本准则。国际环境资源法的基本原则，作为开展国际环境保护活动必须遵循的基本准则，是直接指导国际环境资源法律关系主体的行为规范。因此，明确国际环境资源法的基本原则，对国际环境资源法的适用具有重要意义。这是因为，国际环境保护所涉内容复杂，既与环境问题有关，又与经济、社会等多个方面的问题相互交织、密不可分，这时往往很难获得能够适用于所有领域的明确具体的法律规则。因此，在这种情况下，为了较好地应对没有现成规则可适用的新情况，只能求助于对国际环境资源法律关系具有普遍指导作用的基本原则来对有关问题作出裁决。

应当说，国际环境资源法的基本原则与国际法的基本原则在本质上是一致的，但两者又不能完全等同。这也就是说，国际环境资源法的基本原则与国际法的基本原则既有联系又有区别。从联系上看，国际环境资源法基本原则的确立应以国际法基本原则为基础，并受国际法基本原则的支配和指导。国际法的基本原则作为具有普遍约束力的“国际通则”，适用于国际法的一切领域，国际环境保护领域的法律关系当然也不例外。因此，国际环境资源法的基本原则自然要与国际法的基本原则保持一致并受其指导。从区别上看，国际法的基本原则与国际环境资源法的基本原则在国际法体系中的位序不同。国际法的基本原则适用于国际法的一切领域，是整个国际法律大厦的基础。国际环境资源法的基本原则是国际法的基本原则在国际环境保护领域的新发展。作为国际法的“特殊原则”，它只适用于国际环境保护领域的法律关系。

从现有的国际环境条约来看，指导国际环境关系的基本原则主要有两个方面：现代国际法的基本原则和根据国际环境法的特点提出来的新原则或对旧原则加以发展从而适用环境领域的原则。[①] 之所以如此，是因为，一方面作为国际法的一个分支，国际环境资源法需要遵循国际法的基本原则，或者说，国际法的基本原则也应当能够适用于环境保护领域的国际关系；但是，另一方面作为国际法的一个新的特定领域，国际环境资源法无论在调整对象、所涉内容和调整方法上，都有着自己的鲜明“个性”。这决定了，国际法的基本原则在国际环境保护关系中的适用，不是简单地原则照搬，而是必须要针对国际环境保护的具体情况，适应国际环境保护的特点和需要。因此，这必然要求在国际环境保护实践中，在以国际法的基本原则为基础来处理和协调国际环境关系的同时，还要针对国际环境保护的特殊性总结和发展出一些符合国际环境保护内在要求的新的国际法基本原则。国际环境资源法的基本原则，正是在这种情况下形成和发展起来的。从这个意义上看，国际环境资源法的基本原则是建立在国际法基本原则基础之上的，是对国际法基本原则在国际环境保护领域中的有效延伸和发展。或者也可以说，国际环境资源法的基本原则只不过是国际法基本原则在国际环境保护领域的特殊表现而已。

国际环境资源法的基本原则具有自身的特点：

首先，国际环境资源法的基本原则是为各国所公认和普遍接受的法律原则。这种公认和接受，根植于国际环境资源法赖以建立的国际条约、国际习惯、司法判例、国际软

① 曹建明，陈治东．国际经济法专论．北京：法律出版社，2000：237.

法文件以及国际环境保护的法律实践。

其次，国际环境资源法的基本原则应当是适用于国际环境保护的各领域，贯穿于整个国际环境资源法体系，并具有普遍指导意义的基本准则。这也就是说，在国际环境保护领域，无论是有关污染防治的法律规范、亦或生态保护的法律规范、还是涉及自然资源的法律规范，都无一例外地要与国际环境资源法的基本原则保持一致，服从并接受其指导。因此，不能将国际环境条约中确认的、只适用于某个特定领域或特定对象的个别原则或个别政策，也视为国际环境资源法的基本原则。

再次，国际环境资源法的基本原则是体现了国际环境资源法的特点，并构成国际环境资源法之基础的特有原则。国际环境资源法的基本原则，必须是能够全面体现国际环境资源法——这个国际法新分支的特点的原则，不宜将所有国际法的通用原则或共同原则当做国际环境资源法的基本原则。另外，国际环境资源法的基本原则构成了国际环境法律体系的基础，这意味着，国际环境资源法的各种具体法律规范都是国际环境资源法基本原则的具体化，整个国际环境法律体系都建立在这些基本原则的基础之上。

最后，国际环境资源法的基本原则应当是直接规定或间接体现在国际环境法律文件中。例如，1982 年《世界自然宪章》宣布了 24 项保育环境的原则，并明确指出用这些原则“指导和判断人类一切影响自然的行为”，“人人有义务按照本《宪章》的规定行事；人人都应个别地或集体地采取行动，或通过参与政治生活，尽力保证达到本《宪章》的目标和要求”。

目前，对于国际环境资源法的基本原则应当包括哪些内容，或者说，国际环境资源法基本原则的范围为何，学界还没有形成一个统一的认识。[①] 我们认为，对于一个新兴的、仍处于形成与发展阶段的学科而言，这种现象既是必然的，也是正常的。因为新而

① 例如，韩健、陈立虎教授认为，国际环境法的基本原则包括：国家环境主权原则、国际环境合作原则、公有资源共享原则和国际环境损害责任原则。（参见韩健，陈立虎．国际环境法．武汉：武汉大学出版社，1992：24－30.）王曦教授认为，国际环境法的基本原则包括：国家资源开发主权权利和不损害国外环境责任原则、可持续发展原则、共同但有区别的责任原则、损害预防原则、风险预防原则、国际合作原则。（参见王曦．国际环境法．北京：法律出版社，2005：94－113.）金瑞林教授认为，国际环境法的基本原则包括：可持续发展原则、人类共同利益原则、国际环境合作原则、共同但有差别的责任原则、充分考虑发展中国家特殊情况和需要的原则、各国环境主权和不损害管辖范围以外环境的责任原则。（参见金瑞林．环境法学．北京：北京大学出版社，2002：355－371.）蔡守秋教授认为，国际环境法的基本原则包括：共同关心及为全人类利益保护环境的原则、国家的环境主权与不损害国外环境原则、共同但有区别的环境责任原则、风险与损害预防原则、国际环境合作原则。（参见蔡守秋，常纪文．国际环境法学．北京：法律出版社，2004：77－93.）另外，林灿铃教授则认为，国际环境法的基本原则包括：只有一个地球原则、尊重国家主权和不损害国外环境原则、可持续发展原则、保护环境共同责任原则、预防原则和国际合作原则。（参见林灿铃．国际环境法．北京：人民出版社，2004：158－183.）

缺乏理论上的积累，导致国际社会对国际环境资源法基本原则认识上的不成熟；因为学科发展的历史短暂，很多新的思想、观点尚未得到充分的发展和确认。加之不同学者看问题的立场、方法、角度和判断标准上的差异，导致认识上的不尽一致也都是客观存在的。但无论如何，综合已有的研究成果以及国际条约和国际习惯的有关规定，我们认为，国际环境资源法的基本原则至少包括以下四项基本原则，即尊重国家主权和不损害国外环境原则、共同但有区别的责任原则、预防原则以及国际合作原则。可以说，这四项基本原则是学界在对国际环境资源法基本原则的认识上比较成熟的看法，或者说是理论概括上的共识。

第二节 尊重国家主权和不损害国外环境原则

一、尊重国家主权和不损害国外环境原则的含义

“尊重国家主权和不损害国外环境原则”是国际环境资源法的一项基本原则，也是已被公认为国际环境保护领域的一项国际习惯法规则。一般认为，尊重国家主权和不损害国外环境原则包括两个不可分割的方面：一是尊重国家主权，即各国拥有按照本国的环境与发展政策开发本国自然资源的主权权利；二是不损害国外环境，即各国负有确保在其管辖范围内或在其控制下的活动不致损害其他国家或各国管辖以外地区的环境的责任。在这里，“权利”是对联合国大会多次决议宣布过的各国对其本国自然资源永久主权权利的强调和重申，“责任”则是对国家主权原则在国际环境关系领域内适用的特殊要求。权利和责任是相对的，两者的相互结合构成了该原则的完整含义。

这里的“尊重国家主权”，即尊重国家的环境主权。国家主权原则是公认的国际法最基本的原则，普遍适用于国际关系的各个领域，自然也适用于国际环境关系。因此，尊重国家环境主权原则可以说是国际法国家主权原则在国际环境保护领域的延伸和发展，或者也可以叫做适用和具体化。就国际环境资源法而言，国家环境主权主要包括以下几个方面的内容：其一，国家对本国环境资源享有永久主权，有权根据本国情况决定自己的环境政策和战略，有权对本国的资源进行自主开发利用，对于本国管辖范围内的环境保护问题具有最高的处理权和对外独立权。其二，任何国家、组织和个人不得以环境保护为借口，干涉别国内政；为保护全球环境进行国际合作和采取的各种必要措施，

必须在相互尊重国家主权和独立的基础上进行。[①] 其三，鉴于环境问题涉及人类共同的未来，因而各国不论大小，对国际环境事务应享有平等的参与权。

在国际环境领域确认尊重国家主权原则具有重要意义。长期以来，发展中国家因受不公正的国际政治、经济秩序的影响，一直面临着贫困和环境恶化的双重困扰。对此，发达国家不是从历史和现实出发客观公正地看待这个问题，而是对发展中国家在追求发展权的过程中形成的环境问题横加指责，散布所谓的“环境威胁论”。更有甚者，西方的一些学者还借全球环境保护之名，扬言建立一个由少数西方工业国家组成的超国家的国际环境管理机构，[②] 来负责地球环境的保护和自然资源的管理。可以想象的是，如果确实存在这种超国家的国际管理机构，凭借发达国家的强势地位，国际环境保护的格局必将为个别或少数几个国家所操纵，这势必会造成“环境霸权主义”对国家主权的粗暴干涉。其结果很可能会导致发展中国家继续在贫困和环境恶化的怪圈中跋涉以及国际环境问题愈演愈烈的双输结局。显然，这种观点暗含着无视国家主权的意思，不仅是不足取的，更是应当引以为戒的。

当然，尊重国家主权，并不意味着国家可以随心所欲、为所欲为。因为，国家主权是相对的，不是绝对的。那种不受任何法律的约束，不服从任何条件或限制的绝对主权是不存在的。这意味着，国家主权应受尊重，与此同时，主权国家亦负有尊重其他国家主权之义务。这样看来，尊重国家主权原则在国际环境资源法上的要求就必然表现为：在尊重各国享有对其环境资源开发主权权利的同时，尚需强调国家应承担的国际环境保护义务，即各国必须对其开发利用环境资源的活动作出必要的限制，不得对国外环境造成损害。显然，国家主权原则在国际环境关系领域内的适用已经突破了传统的国际法原则且颇有新意，它不仅要体现各国的主权权利和各国主权权利的平等和相互尊重，而且要协调各国主权权利与人类共同利益之间的关系。[③]

“不损害国外环境”，是尊重国家主权和不损害国外环境原则的另一方面的内容。在这里，不损害国外环境是对国家自然资源永久主权的一种法律上的一般性义务要求。这里的“国外环境”指的是其他国家的或在各国管辖或控制范围以外地区的环境。不

---

① 近些年来，一些国家利用环境问题公益性强、影响广泛等特点，将人权、裁军等领域的干涉活动转向了环境领域，开始了以环境保护之名行干涉他国内政之实的做法。这一干涉活动的新形式，应当引起国际社会、特别是发展中国家的高度重视。尽管环境问题有其国际性，但环境问题的解决必须以各国平等参与的正当方式通过国际合作来解决。环境问题不应当成为一国干涉他国内政的口实。国家环境主权原则是当代国际环境资源法基本原则的核心，每个国家（不论大小）都有自己的环境主权。国际环境资源法要求每一个国家在与他国的相互关系中，必须彼此尊重对方主权，不得从事任何侵害别国环境主权的活动。

② 韩健、陈立虎．国际环境法．武汉：武汉大学出版社，1992：25.

③ 金瑞林．环境法学．北京：北京大学出版社，2002：371.

损害其他国家的环境是国际法相互尊重主权原则的引申，既然各国都享有主权权利，那么任何一个国家在行使其主权权利的时候，都应当负有尊重其他国家主权权利的义务，不得损害其他国家的环境。不损害国家管辖或控制范围以外地区的环境，则更多的是出于对人类共同利益的维护而对不同国家提出的法律上的环境保护义务要求。例如，像国际海底区域、公海、南极地区以及大气空间、外层空间和月球等，这些环境空间及其自然要素和条件是地球生态系统的组成部分，属于人类共同继承的遗产，任何国家不得据为己有，而应当为了人类的共同利益而和平利用它们。故而，各国有义务保证不对这些区域的环境造成损害。

总之，尊重国家主权和不损害国外环境原则“承认各国对其自然资源的主权权利，同时也要求所有国家在人类共同利益的基础上，承担保护和改善地球环境的责任”。[①]这项原则的前一方面承认国家关于环境的主权权利，后一方面规定国家关于环境的义务。该项原则是国家在环境方面的权利和义务的结合。[②]

二、尊重国家主权和不损害国外环境原则的依据

“尊重国家主权和不损害国外环境”原则作为一项国际习惯法规则，为众多国际条约和国际软法文件所重申。这足以证明该项原则在国际环境资源法中已经是得到确立的、具有普遍指导意义的一项基本原则。

1962 年 12 月联合国第 17 届大会通过的《关于自然资源之永久主权宣言》郑重宣布“各民族及各国行使其对天然财富与资源之永久主权，必须为其国家发展着想，并以关系国人民之福利为依归”。[③] 1974 年联合国大会通过的关于《建立新的国际经济秩序宣言》，将“每一个国家对自己的自然资源和一切经济活动拥有充分的永久主权”列为建立新的国际经济秩序所必须尊重的原则之一。同年通过的《各国经济权利和义务宪章》则进一步重申：“每个国家对其全部财富、自然资源和经济活动享有充分的永久主权，包括拥有权、使用权和处置权在内，并得自由行使此项主权”。[④] 国家对自然资源永久主权原则的提出，反映了在 20 世纪 50 至 60 年代那些广大新独立的亚非拉国家要求掌握自己的经济命脉和经济主权的迫切愿望。

1971 年第 26 届联合国大会第 2849 号决议宣布：“各国有权按照本国的特殊情况并在充分享有其国家主权的情况下，制定其关于人类环境的国家政策”。这样，决议第一

---

① 金瑞林．环境法学．北京：北京大学出版社，2002：371.

② 王曦．国际环境法．北京：法律出版社，2005：95.

③ 《关于自然资源之永久主权宣言》，第一部分、第 1 条。

④ 《各国经济权利和义务宪章》，第 2 条第 1 款。

次把国家对自然资源的永久主权同环境问题联系了起来。[①] 但真正确立“尊重国家主权和不损害国外环境”原则的，却始于1972年的《人类环境宣言》。例如，1972年《人类环境宣言》原则21指出：“按照联合国宪章和国际法原则，各国有按本国的环境政策开发自己资源的主权，并且有责任保证在他们管辖或控制之内的活动，不损害其他国家的或在国家管辖范围以外地区的环境”。显然，《人类环境宣言》在重申了国家对其自然资源享有开发主权权利的同时，还提出了与该项权利相对应的国家义务，即国家负有保证在其管辖或控制下的活动不对其他国家或国家管辖范围以外的环境造成损害的责任。“这就比基于各国主权平等的考虑要更进一步了，不但意味着要在国与国之间实现利益平衡，而且还要实现国家利益与人类共同利益之间的协调”。[②] 的确，为了应对全球环境问题的挑战，以及维护人类共同利益的目的，国际社会需要通过创设新的国际法规则来协调国家主权与国际环境保护之间的关系。而《人类环境宣言》所确立的国家环境主权与不损害国外环境原则，却为国家主权赋予了新的内涵，使主权理论无论在影响范围还是内容方面都具有了更广泛的意义。[③] 这无疑大大丰富和发展了国家对自然资源的永久主权原则。

1992年的《里约宣言》不但继承和发展了国家环境主权与不损害国外环境原则，而且也使得该原则的重要性进一步凸显。例如，《里约宣言》原则2规定：“根据联合国宪章和国际法原则，各国拥有按照其本国的环境与发展政策开发本国自然资源的主权权利，并负有确保在其管辖范围内或在其控制下的活动不致损害其他国家或在各国管辖范围以外地区的环境的责任”。

除了上述一些国际“软法”文件外，国家主权和不损害国外环境原则还得到了很多国际条约的确认。例如，1982年《联合国海洋法公约》规定：“各国应采取一切必要措施，确保在其管辖或控制下的活动的进行不致使其他国家及其环境遭受污染的损害，并确保在其管辖或控制范围内的事件或活动所造成的污染不致扩大到其按照本公约行使主权权利的区域之外”；“各国在采取措施防止、减少和控制海洋环境的污染时采取的行动不应直接或间接将其损害或危险从一个区域转移到另一个区域，或将一种污染转变成另一种污染”。[④]

1992年《气候变化框架公约》重申了在应对气候变化的国际合作中的国家主权原则，并指出根据《联合国宪章》和国际法原则，各国拥有主权权利按自己的环境与发

① 许健．国际环境法学．北京：中国环境科学出版社，2004：100.

② 林灿铃．国际环境法的产生和发展．北京：人民法院出版社，2006：100.

③ 林灿铃．国际环境法的产生和发展．北京：人民法院出版社，2006：96.

④ 《联合国海洋法公约》，第194条、第195条。

展政策开发其资源，也有责任确保在其管辖或控制范围内的活动不对其他国家的环境或管辖范围以外地区的环境造成损害。[①] 1992 年《生物多样性公约》重申各国对它自己的生物资源拥有主权权利，[②] 并明确规定："各国拥有按照其环境政策开发其资源的主权权利，同时亦负有责任，确保在其管辖或控制范围内的活动，不致对其他国家的环境或国家管辖范围以外地区的环境造成损害"。[③] 此外，《东南亚保护自然界和自然资源的吉隆坡公约》、《长程越界空气污染公约》以及《亚马逊河合作条约》等也都规定了这一原则。

另外，尊重国家主权和不损害国外环境原则，也早已为国际环境资源法上的一些判例所承认，这为该原则在国际环境保护领域中的适用奠定了坚实的实践基础。例如，1941 年的"特雷尔冶炼厂仲裁案"，因其确立了"领土无害使用原则"而成为主张"国家负有不得损害国外环境责任"的第一个重要的司法判例。在 1949 年的"科孚海峡案"的法院判决中，国际法院指出"一国不得允许其领土被用于损害他国权利的行为"。[④] 另外，1996 年国际法院在"关于威胁或使用核武器的合法性案"的咨询意见中更为明确地指出："国家应保证在其管辖或控制之内的活动，尊重其他国家的或各国管辖范围以外地区的环境这个一般义务，现在是有关环境的国际法规则的一部分"。[⑤]

第三节 共同但有区别的责任原则

一、共同但有区别的责任原则的含义

"共同但有区别的责任"原则，是指在保护和改善全球环境方面，所有的国家都负有共同的责任，但鉴于导致全球环境退化的原因不同，责任的大小必须有差别。具体而言就是，发达国家应当承担比发展中国家更大的或者是主要的责任。该原则包括两个相互关联的方面，即共同责任和有区别的责任。

"共同责任"是指由于地球生态系统的整体性，全球环境的保护和改善成为对国际社会提出的一项共同义务要求。因而，作为国际社会组成部分的任何一个国家都负有保护和改善环境的共同责任。这也就是说，共同责任要求每一个国家都必须在全球环境保护方面承担义务。这意味着，各个国家不论大小、贫富、强弱等方面的差别，都应当在

---

① 《气候变化框架公约》，序言。

② 《生物多样性公约》，序言。

③ 《生物多样性公约》，第 3 条。

④ 中国政法大学国际法教研室编．国际公法案例评析．北京：中国政法大学出版社，1995：70.

⑤ 梁淑英．国际法学案例教程．北京：知识产权出版社，2003：104.

全球环境保护中担当一份责任。

共同责任在国际环境保护领域主要体现在以下四个方面：

首先，各国必须采取切实措施保护和改善本国管辖范围内的环境。作为地球整体环境的一部分，一国国内环境的状态将直接影响国际环境的整体格局。而且事实上，全球环境问题也是由不同国家和地区的局部环境问题累积和演化而成的。因此，有效地解决各国国内的环境问题与全球环境保护有着同样重要的意义。

其次，各国应当采取防治措施，确保在其管辖或控制下的活动不对其他国家或国家管辖范围以外地区的环境造成损害。这是在国际环境关系方面对每一个主权国家提出的国际环境保护义务，也是主权原则在国际环境保护中具体适用的一个现实表现。

再次，各国应当广泛参与环境保护的国际合作。地球是人类的共同家园，任何一个国家和民族都不可能游离于其外而独善其身。“就环境与人类的整体性而言，环境问题是公害，对所有的人都有害，损害人类的共同利益；环境保护是公益，对所有的人都有益，增进人类的共同利益”。[①] 因此，全球环境保护问题既是事关人类共同利益的大问题，事实上也与每一个国家的切身利益密切相关。这决定了只有世界各国最广泛的参与，全球环境保护事业才能取得成功，环境保护的成果最终才会惠及每一个国家。

最后，各国应当在环境保护方面相互支持和援助。在全球环境保护方面，有能力的国家应当帮助能力不足的国家来一同应对环境问题。尤其是发达国家，掌握较充分的技术和财力资源，能够在很大程度上去防控全球环境问题对其造成的不利影响；而发展中国家则由于技术和财力上的不足，对于全球环境问题基本上处于无防卫能力的境地。因此，发达国家理应在技术、资金、信息、教育等方面扶助发展中国家，提高其在解决环境问题上的能力。事实上，“如果不顾及发展中国家的特殊情况和需要，全球环境保护方面的共同责任和国际环境合作都是不现实的。而没有广大发展中国家的参与，全球环境的保护和改善亦无从谈起”。[②]

“有区别的责任”是对共同责任的限定。共同责任要求每一个国家都必须承担一份保护全球环境的责任，但又不能一概而论地认为每个国家都负有同等的责任。也就是说，在各国之间，这个责任的分担不是平均的，而应当与不同国家在历史上和当前对地球环境造成的破坏和压力成正比。具体而言，就是发达国家和发展中国家之间在环境责任的承担上应当有所区别。因为全球环境问题主要是由于发达国家在以全球环境的退化为代价来获取发展资源的历史进程中造成的。即使是现在，发达国家在生产和消费中使用的环境资源和排放的废弃物依然占全世界总量的大部分。这也就是说，就目前情况

---

① 金瑞林．环境法学．北京：北京大学出版社，2002：359.

② 金瑞林．环境法学．北京：北京大学出版社，2002：367.

看，地球环境所承受的来自人类社会的压力，其大部分仍然来自于发达国家。因此，无论从历史还是现实的情况看，发达国家都应当在致力于全球环境保护的努力中承担与发展中国家有区别的责任，即承担更多、更大的责任。

况且，发展中国家作为全球环境退化的主要承担者和环境问题的最大受害者，较之发达国家在“技术和财力资源”上的优势，它们在解决环境问题的能力上存在明显不足，这决定了发展中国家在全球环境保护方面只能承担力所能及的责任。在这种情况下，要求所有的国家来均担事实上存在差别的责任显失公平，其结果只能是谁也不承担责任。无疑，“责任的大小决定了义务的多寡，在责任有差别的情况下，如果要求发展中国家承担与发达国家同等的义务，显然是不公平的。发达国家在解决全球环境问题方面理所当然地应承担更多的义务，不能以共同责任为遁词而逃避”。①

总之，共同但有区别的责任原则是“公平承担责任原则在国际环境领域的体现，是‘各国共同的环境责任’与‘优先考虑发展中国家的特殊情况和需要’的结合，是强调公平而有区别的责任”,② 它较好地体现了在全球环境保护方面的国际公正性。根据该原则，发达国家在全球环境保护的一致行动中，应当率先致力于践行可持续性的生产和消费方式，切实为广大发展中国家提供技术和资金等方面的援助，努力与发展中国家携手共同参与到全球环境保护的事业中来。另一方面，发展中国家也应当正视自己承担的环境保护义务，尤其是要做到吸取发达国家以往的教训，在发展过程中协调好经济发展和环境保护的关系，走可持续发展之路，避免因发展失调对环境造成更大的破坏。尽管在国际环境关系方面，各国存在不同的利益，但在面临全球环境问题的挑战时，“人类共同利益是大同，各国利益的不平衡是小异”。③ 因此，国际社会只有在协调好人类共同利益和国家利益的基础上，通过广泛而有效的国际环境合作，求大同、存小异，人类共同的美好未来才是可以预期和变为现实的。

二、共同但有区别的责任原则的依据

共同但有区别的责任原则在 1972 年的《人类环境宣言》中就有所体现。例如，《宣言》指出：“保护和改善人类环境是关系到全世界各国人民的幸福和经济发展的重要问题，也是全世界各国人民的迫切希望和各国政府的责任”。“各地方政府和全国政府，将对在它们管辖范围内的大规模环境政策和行动，承担最大的责任”。④ “所有国家

① 金瑞林．环境法学．北京：北京大学出版社，2002：366.

② 蔡守秋、常纪文．国际环境法学．北京：法律出版社，2004：86.

③ 金瑞林．环境法学．北京：北京大学出版社，2002：361.

④ 《人类环境宣言》，序言。

的环境政策应该提高，而不应该损及发展中国家现有或将来的发展潜力，也不应该妨碍大家生活条件的改善”。[①]“应筹集资金来维护和改善环境，其中要照顾到发展中国家的情况和特殊需要，照顾到它们由于在发展计划中列入环境保障项目而需要的任何费用，以及应它们的请求为此目的供给额外的国际技术和财政援助的需要”。[②]

共同但有区别的责任原则的初步确立始于1992年的联合国环境与发展大会。由大会通过的《里约宣言》在其原则7中宣布：“各国应本着全球伙伴精神，为保存、保护和恢复地球生态系统的健康和完整进行合作。鉴于导致全球环境退化的各种不同因素，各国负有共同的但是又有差别的责任。发达国家承认，鉴于他们的社会给全球环境带来的压力，以及他们所掌握的技术和财力资源，他们在追求可持续发展的国际努力中负有责任。”共同但有区别的责任原则的确立，既是对环境问题的历史和现实的承认，也是发展中国家与发达国家在国际环境责任的承担方面斗争与妥协的产物。尽管《里约宣言》确立了共同但有区别的责任，但由于发达国家仅承认其在追求可持续发展的国际努力中“负有责任”，而非“负有更大责任”，因此可以认为发达国家对其国际环境责任的承认是不充分的。[③]

除了《里约宣言》外，1992年的《联合国气候变化框架公约》则进一步明确了共同但有区别的责任原则。例如，《联合国气候变化框架公约》各缔约方在充分认识到地球气候的变化及其不利影响是人类共同关心的问题的基础上，承认气候变化的全球性，要求所有国家根据共同但有区别的责任和各自的能力及其社会和经济条件，尽可能开展最广泛的合作，并参与到有效和适当的国际应对行动中来。[④]为实现《公约》的目标和履行其各项规定，《公约》要求“各缔约方应当在公平的基础上，并根据他们共同但有区别的责任和各自的能力，为人类当代和后代的利益保护气候系统。因此，发达国家缔约方应当率先对付气候变化及其不利影响”。另外，在共同应对气候变化的国际努力中，还“应当充分考虑到发展中国家缔约方尤其是特别易受气候变化不利影响的那些发展中国家缔约方的具体需要和特殊情况，也应当充分考虑到那些按本公约必须承担不成比例或不正常负担的缔约方特别是发展中国家缔约方的具体需要和特殊情况”。[⑤]

不仅如此，1997年《气候变化框架公约》缔约方还签订了《京都议定书》。该议定书首次为发达国家和经济转型国家缔约方消减人为温室气体的排放规定了具体的目标和时间表，要求他们在2012年时将其人为温室气体的排放总量在1990年的排放水平上

---

① 《人类环境宣言》，原则11。

② 《人类环境宣言》，原则12。

③ 王曦．国际环境法．北京：法律出版社，2005：109.

④ 《联合国气候变化框架公约》，序言。

⑤ 《联合国气候变化框架公约》，原则2。

减少 5%。[①] 这应当是体现共同但有区别的责任原则的一项重要的国际法律实践。总之，共同但有区别的责任原则在一系列国际环境法律文件中得到了体现，该原则已经被国际社会所普遍接受，并成为指导世界各国参与全球环境保护的一项重要原则。

第四节 预防原则

一、预防原则的含义

国际环境资源法中的预防原则是由损害预防原则和风险预防原则两个方面的内容构成的。所谓损害预防原则（又称为损害防止原则），是指国家有责任在环境损害发生之前即采取必要的管理或控制措施，以防止其管辖范围内或控制下的活动或行为对环境造成损害。很显然，预防的本意在于“防患于未然”，因此，损害预防原则的基本理念强调的是“防重于治”，也可以称作“防胜于治”，而不是治理于已然。损害预防原则是国内环境法的一项基本原则，但就国际关系而言，该原则是尊重国家主权和不损害国外环境原则的延伸。这也就是说，损害预防原则是一项国家责任，即要求国家在行使其资源开发主权权利的时候，负有不得损害国外环境的义务。

在实践中，损害预防原则的适用可以体现在两个具体的方面，即对计划采取的活动进行环境影响评价以及对环境进行持续监测。但无论是环境影响评价，还是持续性的环境监测，都在于通过科学的方法或手段及早识别或发现为一国管辖范围内或控制下的活动或行为对环境产生的损害或可能存在的不利影响。正是存在这种科学上的确定性，我们才有可能针对损害原因采取防治措施，以阻止或减少对环境的损害。因此，一般来看，损害预防原则仅适用于存在科学上的确定性的情况。问题在于，如果存在科学上的不确定性时，应采取什么样的环境保护措施呢？这就势必会涉及风险预防的问题。

所谓风险预防原则（又称为风险防范原则、防备原则、预警原则或谨慎原则），是指如果对某种活动可能导致对环境有害的后果存在着很大的怀疑，最好在该后果发生之前不太迟的时候采取行动，而不是等到获得不容置疑地显示因果关系的科学证据之后再采取行动。[②] 环境问题在时间和空间上的可变性很大，而且其产生和发展又具有潜在性和缓发性，加之科学认识上存在的局限，这些都可能会导致人类对其干扰环境的活动对环境造成的长远影响和最终后果作出不正确的认识和判断，而一旦后果出现，往往为时

---

① 《京都议定书》，第 3 条第 1 款。

② 蔡守秋、常纪文．国际环境法学．北京：法律出版社，2004：89.

已晚，会给环境带来无法弥补的损失。因此，在这种情况下，人类更应当审慎地去看待其影响环境的活动可能对环境产生的长远的、全局的影响，注意“防患于未然”。尤其是面对诸如环境风险这类存在不确定性的新的环境问题的时候，就更是如此。

现代社会，科学技术的快速发展和广泛应用既消除了许多原有的不确定问题，为人类正确地处理和解决环境问题提供了很多科学上的依据和技术上的支持，但同时也带来了新的不确定性问题，如有毒化学品、核材料、转基因产品、氟氯烃类物质的使用就可能会导致新的环境风险的出现。而对这类环境风险问题，目前在科学上却不存在一个确切的认识或有一个明确的结论，如果就此而疏于采取任何防范措施，将可能会出现难以预料的后果。因此，在面对环境风险这类存在不确定性的环境问题时，最明智的应对之道就是遵循“风险预防原则”，即为了保护环境，应当树立“存疑先行”的理念，当遇有严重或不可逆转的损害威胁时，不得以缺乏科学上充分、确实的证据为由，推迟或拒绝采取必要的措施以防止环境的恶化。

当然，由于科学上的不确定性，往往会对环境风险的评估带来一定的难度。也就是说，对于环境风险可能带来的某些不可预知的后果，还不存在确切结论，至少科学家还没有一致的意见。因此，在这种情况下，决策者就必须对特定情况进行研究，根据最可靠的证据和最可信的科学方法作出决策。如果存在不作为的后果可能非常严重或不可挽回的时候，如环境大规模退化或某类物种灭绝的情况，就应当提前采取行动，而不必等到有了绝对清楚的科学证据的时候再付诸行动。正是在这个意义上，风险预防原则常常被认为是对环境资源管理中的“好家政”。①

虽然损害预防原则与风险预防原则都是以防止环境损害的发生为目的的，但是两者之间的区别也是十分明显的。首先，风险预防原则重在采取预防措施以避免环境恶化的可能性，而损害预防原则重在采取措施以制止或阻碍环境损害的发生。其次，风险预防原则所针对的是严重或不可逆转的环境损害的威胁或风险，而损害预防原则所针对的环境损害的范围更为广泛一些，它既包括环境损害的风险，又包括实际发生的或即将发生的环境损害。再次，风险预防原则所针对的是在科学上尚未得到最终明确的证实但如等到科学证实时才采取防范措施则为时已晚的环境损害的威胁或风险，而损害预防原则并非专门针对此种情况。②

总之，预防原则是根据环境损害后果的滞后性及其不可逆转性的特点而提出的。无论是经验和科学知识都已表明，对于环境来说，预防原则必须是“黄金规则”。③ 这既

---

① 蔡守秋，常纪文．国际环境法学．北京：法律出版社，2004：89.

② 王曦．国际环境法．北京：法律出版社，2005：111.

③ ［法］亚历山大·基斯．国际环境法．张若思，译．北京：法律出版社，2000：91.

可以归因于生态，也是出于经济上的考量。就环境损害而言，通常是不可弥补的，例如一个动植物物种的灭绝、水土流失、亦或向海洋倾倒持久不变的污染物，都可能会造成无可挽回的损失。即使损害是可以补救的，其过高的恢复成本也足以让人望而却步。因此，对环境保护来说，预防既是必要的，也是必需的，这是由环境问题的性质所决定的。

一般来说，损害预防原则主要适用于存在科学上确定的情况，即一项活动或行为对环境有或可能存在的不利影响应当是可以预期的，或者说一种活动或行为与对环境造成的损害后果之间具有因果关系。但当存在科学不确定性时，即不要求存在确实、充分的科学证据便可提前介入采取环境保护措施的情况发生时，损害预防原则往往无能为力，这种情况下则需要采用风险预防原则。这样看来，风险预防原则可以弥补损害预防原则在由于科学发展的局限性导致人类活动与环境损害之间存在不确定性的情况下，如何建立环境保护的法律机制这个问题上存在的缺陷。因此，风险预防原则应当是对损害预防原则的延伸和拓展，显然是一种更高层次或更为严格的环境保护上的法律要求，因而可以被认为是损害预防原则发展的“最高形式”,① 两者的结合体现了一个完整的预防思想。无疑，这是现代环境保护的理念和环境立法的指导思想下的产物。

二、预防原则的依据

损害预防原则得到了很多国际法律文件的确认。例如，1982 年的《联合国海洋法公约》规定：“各国应在适当情形下个别或联合地采取一切符合本公约的必要措施，防止、减少和控制任何来源的海洋环境污染。”② 为此目的，“各国如有合理根据认为在其管辖或控制下的计划中的活动可能对海洋环境造成重大污染或重大和有害的变化，应在实际可行范围内就这种活动对海洋环境的可能影响作出评价”。③ 有效预防环境的损害，离不开对环境状况的持续监测。基于此，1982 年的《世界自然宪章》规定：“应密切监测自然过程、生态系统和物种的状况，以便尽早察觉退化或受威胁情况，保证及时干预，并便利对养护政策和方法的评价”。④ 此外，1985 年的《保护臭氧层维也纳公约》意识到臭氧层的变化对人类健康和环境可能造成的有害影响，也规定：“采取适当的立法和行政措施，从事合作，协调适当的政策以便在发现其管辖或控制范围内的某些人类活动已经或可能由于改变或可能改变臭氧层而造成不利影响时，对这些活动加以控制、

---

① ［法］亚历山大·基斯．国际环境法．张若思，译．北京：法律出版社，2000：94.
② 《联合国海洋法公约》，第 194 条、第 1 款。
③ 《联合国海洋法公约》，第 206 条。
④ 《世界自然宪章》，第 19 条。

限制、消减或禁止。”[①]

从国际环境保护上看，风险预防原则最初仅适用于海洋环境保护。一般认为，它最早出现在1987年国际北海大会通过的宣言中。[②] 例如，在承认危险物质的投放与海洋污染之间的因果关系存在不确定性的基础上，《北海宣言》声明：“为防止北海遭受危险物质可能造成的损害，预防的方法是必要的，它可以要求即使在没有明确的科学证据能证明因果关系的情况下，也要采取行动控制这类物质的排放”。[③] 后来，随着国际环境保护的需要，该原则的适用范围不断扩大，如气候变化、危险物品管制、臭氧层保护以及生物多样性保护等方面也都体现了风险预防原则。总体来看，1990年以后通过的所有关于环境保护的国际法律文件几乎都规定了风险预防原则。[④]

1992年里约环境与发展大会提出的风险预防原则，可以被视为《里约宣言》最重要的创新之一，[⑤] 当然也可以说是风险预防原则发展的里程碑。按照《里约宣言》第15条原则的规定：“为了保护环境，各国政府应该根据其能力广泛适用预防措施。遇有严重或不可逆转损害的威胁时，不得以缺乏科学充分确实证据为理由，延缓采取符合成本效益的措施防止环境恶化”。这是《里约宣言》对风险预防原则的经典定义。

风险预防原则在有关海洋和陆地废物处理的公约中经常出现。例如，由非洲统一组织1991年签署的《禁止对非洲出口并控制和管理非洲内的危险废物越境转移公约》（简称《巴马科公约》）就确立了旨在通过使用清洁生产，而不是寻求建立在环境自身净化能力基础上的污染排放许可，来实施防止环境污染的风险预防原则。如公约要求各缔约方无需等待科学证据就应该采取和实施预防措施以防止将造成人类和环境损害的物质释放到环境之中。基于此，公约要求各缔约方应将清洁生产方法适用于产品的整个生命周期，[⑥] 这样就把风险预防原则与具体的实施方法结合了起来，从而使得风险预防原则具有了更强的现实意义。

在气候变化方面的条约中也涉及了风险预防原则。如1992年《联合国气候变化框架公约》规定：“各缔约方应当采取预防措施，预测、防止或尽量减少引起气候变化的原因，并缓解其不利影响。当存在造成严重或不可逆转的损害的威胁时，不应当以科学上没有完全的确定性为理由推迟采取这类措施，同时考虑到应对气候变化的政策和措施

---

① 《保护臭氧层维也纳公约》，第2条、第2款。
② ［法］亚历山大·基斯．国际环境法．张若思，译．北京：法律出版社，2000：93.
③ 朱建庚．风险预防原则与海洋环境保护．北京：人民法院出版社，2006：6.
④ ［法］亚历山大·基斯．国际环境法．张若思，译．北京：法律出版社，2000：93.
⑤ ［法］亚历山大·基斯．国际环境法．张若思，译．北京：法律出版社，2000：93.
⑥ 《巴马科公约》，第4条、第3款。

应当讲求成本效益，确保以尽可能最低的费用获得全球效益。”[①]

有关生物保护的公约中也适用了风险预防原则。如 1992 年《生物多样性公约》在充分认识到预测、预防和从根源上消除导致生物多样性严重减少或丧失的重要性的基础上，规定：“生物多样性遭受严重减少或损失的威胁时，不应以缺乏充分的科学定论为理由，而推迟采取旨在避免或尽量减轻此种威胁的措施”。[②] 2000 年《卡塔赫纳生物安全议定书》在序言及多个操作性条款中也体现了风险预防原则。例如，议定书在“重申《关于环境与发展的里约宣言》原则 15 中所规定的风险预防方法”[③] 的基础上，规定：“本议定书的目标是依循《关于环境与发展的里约宣言》原则 15 所订立的风险预防方法，协助确保在安全转移、处理和使用凭借现代生物技术获得的、可能对生物多样性的保护和可持续使用产生不利影响的改性活生物体领域内采取充分的保护措施，同时顾及对人类健康所构成的风险并特别侧重越境转移问题”。[④] 为此，根据议定书的规定，“不确定性不能妨碍缔约方采取预防措施”。[⑤]

2001 年在瑞典的斯德哥尔摩通过的《关于持久性有机污染物的斯德哥尔摩公约》是国际社会针对有毒化学品采取控制行动的一个重要公约。该公约的目标是铭记《里约宣言》原则 15 确立的风险预防原则，保护人类健康和环境免受持久性有机污染物的危害。[⑥] 为此目的，公约提出了减排、使用最佳可得技术和最佳环境实践等风险预防措施。

在欧洲，风险预防原则也得到了广泛的采纳和应用。较为典型的是 1992 年的《马斯特里赫特条约》将风险预防原则作为欧共体环境政策的基础之一，其中第 130 条 R 款规定：“共同体的环境政策将以高水平保护为目标，考虑到共同体不同地区情形的多样性，它将以风险预防原则和采取防止行动原则、源头治理原则、污染者付费原则为基础。”

从目前有关环境保护的国际公约对预防原则的规定上来看，预防原则现已得到迅速发展，并也得到越来越多的国际环境保护条约的认同和采纳。鉴于其在环境保护以及维系人类健康方面的重要性，该原则已经成为当今国际环境资源法的一项基本原则。

---

① 《联合国气候变化框架公约》，第 3 条、第 3 款。

② 《生物多样性公约》，序言。

③ 《卡塔赫纳生物安全议定书》，序言。

④ 《卡塔赫纳生物安全议定书》，第 1 条。

⑤ 《卡塔赫纳生物安全议定书》，第 10 条、第 6 款。

⑥ 《关于持久性有机污染物的斯德哥尔摩公约》，第 1 条。

第五节　国际合作原则

一、国际合作原则的含义

国际环境保护中的合作原则，是指在解决全球环境问题方面，国际社会各成员都应当彼此协商、相互合作、采取协调一致的行动，以保护和改善地球环境。事实证明，国际环境保护离不开每一个国际社会成员的广泛参与，同时国际社会的每一个成员也都应当积极参与到国际环境保护的合作行动中去。

从国际法上看，国际合作原则，作为处理国际关系的基本准则，是已经得到普遍承认的国际法的一项基本原则。尽管每个主权国家可以根据利益自由推行其对外关系，但是现代国际法仍发展了一项国家的一般义务，即每个国家都应与其他国家合作以解决与国际社会有关的问题。在国际环境保护领域，国际合作原则同样显得异乎寻常的重要。

国际环境合作的必要性，是由环境问题和环境保护的特点所决定的。地球是人类的共同家园，而今全球性的环境问题是跨国界的、普遍性的，是每一个国家都需要共同面对的，影响国家生存和发展的全局性和长远性问题。显然这个问题的解决需要国际社会所有成员都担负起共同的责任，需要每一个国家的共同参与和合作，而不是仅靠个别几个国家就可以单独胜任的。况且，国际环境保护也是涉及各国的共同利益问题，因此没有国际社会所有成员最广泛的参与，环境问题在整体上是不可能得到根本解决的。

不仅如此，世界各国由于在政治、经济、文化、科技等方面的巨大差异，在国际环境保护的问题上难免会产生一些国家利益上的矛盾和冲突，这时如果不能通过国际合作去协调彼此之间的行动，共同寻求一条解决国际环境问题的可行之道，那么这些存在着的矛盾和利益冲突不仅会妨碍各国在国际环境保护中的协调行动，重要的是各自为政还可能导致任何国际环境保护的目标都将难以实现。因此，各国只有加强国际合作，才能求同存异、克服相互之间的利益冲突，共同致力于国际环境保护。可见，国际环境合作是国际环境保护得以顺利展开的基石。

根据国际环境关系的现实情况和国际环境法律规范中的有关规定，国际环境合作的内容主要包括以下几个方面：

（一）*在增强环境保护能力方面的合作*

全球环境问题的解决自然离不开国际社会的广泛参与，但有效的参与却是与每一个国家在全球环境事务中参与能力的状况密切相关的。由于历史的原因而在客观上造成了不同的国家在国际环境事务中的参与能力的差别。例如，由于在经济、科技、教育、信息等方面的劣势，发展中国家在解决本国的环境问题上尚力所不逮，遑论致力于全球环境的保护。而事实上没有广大发展中国家的普遍参与，全球环境问题是不可能从根本上得到解决的。因此，在国际环境保护的合作中，对发展中国家给予必要的资金和技术等方面的援助，以切实提升其在履行国际环境条约和有效参与国际环境保护的能力，就成了国际环境合作的重点。这正如《联合国气候变化框架公约》所指出的那样，“发达国家缔约方和其他发达缔约方应采取一切实际可行的步骤，酌情促进、便利和资助向其他缔约方特别是发展中国家缔约方转让或使他们有机会得到无害环境的技术和专有技术，以使他们能够履行本公约的各项规定。在此过程中，发达国家缔约方应支持开发和增强发展中国家缔约方的自主能力和技术。有能力这样做的其他缔约方和组织也可协助便利这类技术的转让”。[①] 另外，《联合国海洋法公约》也就对发展中国家进行科学和技术援助，以帮助其在增强保护和保全海洋环境方面的能力问题作出了相应规定。为此目的，《公约》规定：“各国应直接或通过主管国际组织，促进对发展中国家的科学、教育、技术和其他方面援助的方案，以保护和保全海洋环境，并防止、减少和控制海洋污染。”[②] 显然，对发展中国家来说，科技的交流、传播和转让不仅是迫切需要的，而且是保障其能够更好地参与国际环境保护实践的重要条件。

（二）在控制污染越境转移方面的合作

对污染物越境转移的合作控制问题《里约宣言》就曾明确指出：“各国应有效合作阻碍或防止任何造成严重环境退化或证实有害人类健康的活动和物质迁移和转让到他国”。[③] 在这方面，1989 年通过的《控制危险废物越境转移及其处置巴塞尔公约》，也是一个很好的例证。如《公约》规定：“各缔约国应相互合作，以便改善和实现危险废物和其他废物的环境无害管理”。[④] 为此目的，公约还就各缔约国在包括提供资料、监测、发展和实施新技术、制定技术准则和业务规范以及转让技术、加强能力建设等方面的合作提出了具体要求。由于经济发展的不平衡，导致污染等环境问题从发达国家向发展中国家越境转移的现象普遍存在。而由于发展中国家环境保护能力的相对不足，污染的长驱直入，势必会对发展中国家乃至整个全球环境带来严重的后果。因此，通过加强环境保护领域中的国际合作，来共同应对污染的越境转移问题也就成了国际合作中的一项不可或缺的内容。

（三）在保护国家管辖范围以外地区环境方面的合作

这主要是针对诸如国际海底区域、外层空间等人类共同继承的遗产，在对其开发利

① 《联合国气候变化框架公约》，第 4 条、第 5 款。
② 《联合国海洋法公约》，第 202 条。
③ 《里约宣言》，原则 14。
④ 《控制危险废物越境转移及其处置巴塞尔公约》，第 10 条。

用时需要在国际合作的基础上做好环境保护的协调工作。例如，1982 年《联合国海洋法公约》将国际海底区域宣布为人类共同继承的遗产，并由国际海底管理局代表全人类进行管理。为此，国际海底管理局制定了一系列涉及资源勘探开发的规则，对保护海底资源和环境作出了规定。

（四）在和平解决国际争端方面的合作

随着环境问题的日益严峻，有关环境方面的国际争端时有发生，并有不断增加的趋势。显然，国际争端的和平解决离不开国际合作，尤其是在涉及污染和其他环境损害的责任和赔偿问题的争端解决机制方面，国际合作的重要性就更为突出。其实，早在 1972 年《人类环境宣言》就指出："各国应相互合作，进一步发展关于一国管辖或控制范围内的活动对其管辖范围以外地区所引起的污染及其他环境损害的受害人的责任与赔偿问题的国际法。"[①] 1992 年《里约宣言》再次重申了通过国际合作来制定国际环境争端解决机制的重要性，如《里约宣言》要求："各国应制定关于污染和其他环境损害的责任和赔偿受害者的国家的法律。各国还应迅速并且更坚决地进行合作，进一步制定关于在其管辖或控制范围内的活动对在其管辖外的地区造成的环境损害的不利影响责任和赔偿的国际法律。"[②]

（五）在有关环境不利变化的通知、知情同意和相互援助方面的合作

在涉及环境不利变化的重大自然灾害或突发性环境事故的应急解决机制方面，及时的信息通报和协调一致的行动往往是降低环境风险、减少环境和其他损害的重要条件。为此，《里约宣言》规定："各国应将可能对他国环境产生突发的有害影响的任何自然灾害或其他紧急情况立即通知这些国家。国际社会应尽力帮助受灾国家。"[③] "各国应将可能具有重大不利跨越国界的环境影响的活动向可能受到影响的国家预先和及时地提供通知和有关资料，并应在早期阶段诚意地同这些国家进行磋商。"[④]

（六）在建立有利于全球环境保护的国际经济制度方面的合作

国际经济的发展与全球环境的保护不仅关系密切，而且彼此之间有着根本性的影响。因而，建立一个有利于全球环境保护的国际经济制度体系，既是全球环境保护的需要，也是国际经济可持续发展的必然选择。为此，《里约宣言》指出："为了更好地处理环境退化问题，各国应该合作促进一个支持性和开放的国际经济制度，这个制度将会导致所有国家实现经济成长和可持续发展。为环境目的而采取的贸易政策措施不应该成

① 《人类环境宣言》，原则 22。
② 《里约宣言》，原则 13。
③ 《里约宣言》，原则 18。
④ 《里约宣言》，原则 19。

为国际贸易中的一种任意或无理歧视的手段或是伪装的限制。应该避免在进口国家管辖范围以外单方面采取对付环境挑战的行动。解决跨越国界或全球性环境问题的环境措施应尽可能以国际协商一致为基础。"[①]

二、国际合作原则的依据

国际合作原则的依据主要来源于《联合国宪章》、《人类环境宣言》和《里约宣言》等国际条约和国际宣言。作为国际法的一项基本原则，国际合作原则在《联合国宪章》中就得到了宣示，如《联合国宪章》规定联合国的宗旨为"促成国际合作，以解决国际间属于经济、社会、文化、及人类福利性质之国际问题"。[②] 联合国大会于1970年通过的《关于各国依联合国宪章建立友好关系及合作之国际法原则之宣言》又提出各国负有"依照宪章彼此合作之义务"，重申了国际合作原则。无疑，这些规定是国际环境资源法关于国际合作原则的基础。

从国际环境资源法上看，国际环境保护中的合作原则应当是国际法基本原则在国际环境保护领域中的具体应用。目前，该原则已成为开展国际环境保护活动的重要指导思想，并已得到许多有关国际环境保护法律文件的确认。例如，1972年《人类环境宣言》就规定："关于保护和改善环境的国际问题，应由所有国家，无论大小，在平等的基础上以合作精神进行讨论。为有效限制、预防、减少和消除在任何领域进行的活动所造成的环境损害，必须通过多边或双边协定或其他适当的方式进行合作，同时尊重所有国家的主权和利益。"[③] 随后，1982年的《内罗毕宣言》也重申"要进一步加强和扩大在环境保护领域内的各国努力和国际合作"。[④]

1992年的《里约宣言》也在很大程度上是以合作原则为基础，尤其是通过确定工业化国家与发展中国家各自的作用促进这两类国家之间的合作方面。[⑤] 如《里约宣言》从致力于"建立一种新的、公平的全球伙伴关系"[⑥] 的目标出发，要求"所有国家和所有人都应在根除贫穷这一基本任务上进行合作，这是实现可持续发展的一项不可少的条件"。[⑦] 同时，在国际环境保护的问题上，《里约宣言》还指出："各国应本着全球伙伴

---

① 《里约宣言》，原则12。
② 《联合国宪章》，第1条、第3款。
③ 《人类环境宣言》，原则24。
④ 《内罗毕宣言》，原则10。
⑤ [法] 亚历山大·基斯．国际环境法．张若思，译．北京：法律出版社，2000：86.
⑥ 《里约宣言》，序言。
⑦ 《里约宣言》，原则5。

关系精神，为保存、保护和恢复地球生态系统的健康和完整进行合作”。①

另外，2002 年在南非约翰内斯堡举行的可持续发展世界首脑会议（World Summit on Sustainable Development——WSSD）是重振全球可持续发展伙伴关系的重要会议，在其间通过的《约翰内斯堡可持续发展宣言》中也指出：“在约翰内斯堡可持续发展会议期间，我们在将世界各国人民聚集起来和综合各种不同意见，以积极寻求一条共同道路，即创造一个尊重和实施可持续发展前景的世界方面已经取得了重大成就”。约翰内斯堡还证实，在使我们地球上的人民达成全球共识和建立伙伴关系方面也取得了重大进展。② 在促进地区合作、改善国际合作以及形成稳定的伙伴关系方面，《约翰内斯堡可持续发展宣言》还提出：“我们欢迎并支持更强大的地区性组织和联盟的出现，以促进地区合作，改善国际合作，促进可持续发展。同时认为在各级政策制定、决策和实施过程中需要广泛参与，作为社会伙伴，我们将继续努力与各主要群体形成稳定的伙伴关系，尊重每一个群体的独立性和重要作用。”③

从国际环境条约看，《联合国海洋法公约》、《生物多样性公约》等也都对国际合作原则作出了相应规定，其中《联合国海洋法公约》还将国际合作作为条约的义务加以规定，要求各国在为保护和保全海洋环境而拟定和制定有关国际规则、标准和建议的办法和程序时，应在全球或区域性基础上直接或通过主管国际组织进行合作，同时考虑区域的特点，从而使得国际合作原则成为各国履行条约义务的基础。

推荐阅读

1. 徐祥民，孟庆垒．国际环境法基本原则研究．北京：中国环境科学出版社，2008.
2. 朱建庚．风险预防原则与海洋环境保护．北京：人民法院出版社，2006.
3. 马骧聪．国际环境法导论．北京：社会科学文献出版社，1994.

思考题

1. 如何理解国际环境资源法基本原则的地位和作用？
2. 国际环境资源法的基本原则有哪些？基本内容是什么？

---

① 《里约宣言》，原则 7。

② 《约翰内斯堡可持续发展宣言》，第二部分。

③ 《约翰内斯堡可持续发展宣言》，第 23 条、26 条。

第七章 国际环境资源法的实施

核心提示

法的实施是使法律规范的要求在社会生活中获得实现的活动。因而，法的实施是立法目的得以实现的根本。就国际环境资源法的实施而言，国际环境资源法的主体只有在国际环境保护中依法行使其享有的权利，并切实履行其承担的国际环境保护义务，保护人类的生存环境以及实现人类社会可持续发展的立法目的才可能成为现实。国际环境资源法的实施有不同的保障机制，其目的都在于通过法律的实施，来确保国际环境资源法能够起到调整国际环境法律关系的作用。

第一节 国际实施机制

一、基本含义

法的实施，也叫法律的实施，是指法在社会生活中被人们实际施行。法是一种行为规范，基本内容是权利与义务，法所规定的权利、义务以及与之密切相关的权力、职权、职责，为一定社会中的人们提供了行为准则。法在被制定出来后实施前，只是一种文本上的法律，法的实施就是使法律文本变成行动中的法律，使它从抽象的行为模式变成具体的人类行为，从应然状态进入到实然状态。以实施的主体和法的内容为标准，法的实施方式可以分为三种：法的遵守、法的执行和法的适用。

国家机关及其公职人员、社会团体和公民实现法律规范的活动，学界一般称这种意义上的法的适用为法的实施。法律规范的实施是使之产生效果，这就意味着受这些行为规则调整的人遵守规则，确保规则的落实。国际法的实施通常是指国际法主体对国际法律文件的遵守。国际环境资源法的实施指的是国际环境资源法主体行使国际环境资源法规范所赋予的权利并承担义务，其目的是实现国际环境资源法律规范。

国际环境资源法具有广泛的且与传统国际法不同的法律渊源，而国际环境资源法的实施则基于这些各具特点的不同的法律渊源形成了不同的实施方式。在环境保护领域，为了贯彻预防原则，促进国际环境立法目的的实现，“实施”是比“强制”更为重要的概念。阻碍国际环境条约实施的根本原因是南北发展的不平衡及其利益冲突，条约文本缺乏可操作性以及缺乏专门机构的保障、缺少监督与督促。因此，国际环境资源法在实施当中必须遵守可持续发展原则、共同但有区别的责任原则以及风险预防原则。在国际环境条约本身实施机制的基础上，认同“非强制性内部化实施程序”，该程序包括报告制度、申诉制度、援助制度、环境信息的交流、处罚和补救措施。国际环境资源法的实施机制建设应当加强条约谈判，解决实施机构问题，促进包括报告、申诉、评审、核查、违约制裁等程序法制度的发展。

为确保缔约方遵守，大多数国际环境条约借鉴了争端解决、责任与赔偿等传统的履约保障制度。

（一）国际环境条约的实施

1. 关于条约遵守、适用及解释的规定。根据《维也纳条约法公约》的规定，凡有效之条约对其各当事国有拘束力，必须由各该国善意履行。一当事国不得援引其国内法规定为理由而不履行条约。除条约表示不同意思，或另经确定外，关于条约对一当事国生效之日以前所发生之任何行为或事实或已不存在之任何情势，条约之规定不对该当事国发生拘束力，即条约不溯既往。除条约表示不同意思，或另经确定外，条约对每一当事国之拘束力及于其全部领土。

2. 关于同一事项先后所订条约之适用。以不违反联合国宪章第一百零三条为限，就同一事项先后所订条约当事国之权利与义务应依下列各项确定之。遇条约订明须不违反先订或后订条约或不得视为与先订或后订条约不合时，该先订或后订条约之规定应居优先。遇先订条约全体当事国亦为后订条约当事国但不依第五十九条终止或停止施行先订条约时，先订条约仅于其规定与后订条约规定相合之范围内适用之。遇后订条约之当事国不包括先订条约之全体当事国时：在同为两条约之当事国间，适用第三项之同一规则；在为两条约之当事国与仅为其中一条约之当事国间彼此之权利与义务依两国均为当事国之条约定之。第四项不妨碍第四十一条或依第六十条终止或停止施行条约之任何问题，或一国因缔结或适用一条约而其规定与该国依另一条约对另一国之义务不合所生之任何责任问题。

3. 条约解释的通则。条约应依其用语按其上下文并参照条约之目的及宗旨所具有之通常意义，善意解释之。就解释条约而言，上下文除指连同弁言及附件在内之约文外，并应包括：全体当事国间因缔结条约所订与条约有关之任何协定；一个以上当事国因缔结条约所订并经其他当事国接受为条约有关文书之任何文书。应与上下文一并考虑者尚有：当事国嗣后所订关于条约之解释或其规定之适用之任何协定；嗣后在条约适用方面确定各当事国对条约解释之协定之任何惯例：适用于当事国间关系之任何有关国际法规则。倘经确定当事国有此原意，条约用语应使其具有特殊意义。

4. 解释的补充资料。为证实由适用第三十一条所得之意义起见，或遇依第三十一条作解释而意义仍属不明或难解；或所获结果显属荒谬或不合理时，为确定其意义起见，得使用解释之补充资料，包括条约之准备工作及缔约之情况在内。

以两种以上文字认证之条约之解释。条约约文经以两种以上文字认证作准者，除依条约之规定或当事国之协议遇意义分歧时应以某种约文为根据外，每种文字之约文应同一作准。以认证作准文字以外之他种文字作成之条约译本，仅于条约有此规定或当事国有此协议时，始得视为作准约文。条约用语推定在各作准约文内意义相同。除依第一项应以某种约文为根据之情形外，倘比较作准约文后发现意义有差别而非适用第三十一条及第三十二条所能消除时，应采用顾及条约目的及宗旨之最能调和各约文之意义。

5. 条约适用与第三国。条约非经第三国同意，不为该国创设义务或权利。如条约当事国有意以条约之一项规定作为确立一项义务之方法，且该项义务经一第三国以书面明示接受，则该第三国即因此项规定而负有义务。如条约当事国有意以条约之一项规定对一第三国或其所属一组国家或所有国家给予一项权利，而该第三国对此表示同意，则该第三国即因此项规定而享有该项权利。该第三国倘无相反之表示，应推定其表示同意，但条约另有规定者不在此限；依前项行使权利之国家应遵守条约所规定或依照条约所确定之条件行使该项权利。使第三国担负义务时，该项义务必须经条约各当事国与该第三国之同意，方得取消或变更，但经确定其另有协议者不在此限；而使第三国享有权利时，倘经确定原意为非经该第三国同意不得取消或变更该项权利，当事国不得取消或变更之。上述规定不妨碍条约所载规则成为对第三国有拘束力之公认国际法习惯规则。

（二）国际组织的监督和执行

任何一种制度如果没有监督机制去补充，这种制度的实现就会被大打折扣。尤其是国际环境条约、协定的实施，更需要有相应的监督方式。目前，实施环境条约的基本方式除了互相监督以外，还包括以下几种方式：委托条约指定的国家来监督条约的实施；专门设立或指定国际机构负责监督条约的实施；“报告制度”即要求条约的当事国，必须定期向条约设定的或指定的机构报告它履行条约义务而采取的措施。此外，还可以采取以下监督方式：

建立其他成员国报告制度，传统的国际环境资源法的“报告制度”要求条约的当事国自己定期向条约设立的或指定的机构报告。尽管国家为保持自身高尚的形象，在公众特别敏感的领域会尽量作出与公众知晓程度相一致的报告，但不能避免报告虚假性的存在。他国报告制度建立在相互监督的基础上，各成员国之间相互在他国派遣观察员或监察员，由他们定期根据实际情况作出报告。他国报告与成员国自己的报告共同组成“报告制度”，可以提高环境报告可信度。

授予自然人和民间环境保护团体监督权利。尽管自然人和民间团体不被认为是国际环境保护法的主体，但他们在保护环境方面却可以起到相当重要的作用。环境权普遍得到承认，使自然人和民间团体具有了行使监督权的直接法律依据。每个公民都有维护自己的环境不受损害的权利，不管损害来自何国。同样民间环境保护团体经过被授权，也可以成为国际环境保护的监督主体。

使用先进的科学技术进行监督。环境的破坏尤其像森林的锐减、臭氧层的破坏、野生动物的减少等国际环境问题，通过先进的科学技术仪器是可以很快检测出来的。国际环保机构可以利用这些科学技术和设备，及时发现全球环境变化的方位和原因，从而对各国实施国际环保条约、协议的状况进行有效的监督。

利用经济手段平衡发展中国家与发达国家的矛盾。国际环境保护机构可以设立环境保护基金，用于奖励和鼓励那些在国际环保工作中作出突出贡献的国家和政府组织。如非洲的热带雨林，因它已成为“地球之肺”，保护好这些原始森林是在为全球人类造福。这不再仅仅是非洲国家自己的事，而是国际社会和整个地球上所有国家的责任。所以世界各国都应该为其出钱、出力，而不是仅仅把此义务分配给非洲国家，只有这样才能平衡发达国家和发展中国家的矛盾。

建立规范的国际环境交易市场，间接奖励那些在国际环境保护工作中成绩突出的国家。1997 年因出售“环境服务”而得到 200 万挪威元收入的哥斯达黎加，在美国芝加哥股市首次抛出温室气体证券。证券是根据该国热带雨林吸收二氧化碳的能力而印发的，这项出售空气的交易构成了一个新市场，哥斯达黎加这个小国通过该市场每年可以得到 2.5 亿美元。为了出售环境服务，哥斯达黎加在 5.11 万平方公里的国土上促进物种发展，目前该国的森林覆盖率达到了 40.3%。该制度给了我们启迪，国家环境组织应努力建立起一个规范的环境交易市场，以市场为手段促使各国排污量的减少，并使那些在环境资源领域占有优势，为国际环境保护作出贡献的国家从中受益，以此来鼓励在环境保护工作中成效显著的国家。

第二节 国内实施机制

一、国际条约在国内法中的适用

从各国不同的法律实践中可归纳出两类比较典型的模式：一类是个别转换（individual transformation）方式，这种方式是指国际条约在国内发生效力的前提是国际条约在本质上是不能直接在国内适用的，必须由国家通过个别立法来实施国际条约，这种立法活动可能是立法行为，也可能是国际条约颁布的或是其他宪法程序。采用这一方式的国家主要有英国、爱尔兰及北欧国家等。另一类是自动纳入（automatic incorporating）方式，即国家一旦缔结或加入某一国际条约，该国际条约便自动地成为国内法的一部分，从而无需转化即可在国内法中直接适用。采用这一方式的国家通常是在宪法中予以明确规定，如美国、奥地利、法国、荷兰、日本等。而在采用自动纳入方式的一些国家中，国际条约又常常被分为自动执行国际条约（self-executing treaty）和非自动执行国际条约（non-self-executing treaty）两种类型。自动执行国际条约是指以在国内法体系中无需求助于国内立法即可实施的国际条约；非自动执行国际条约是指在国内发生效力之前要求制定使其能够实施的法令的国际条约。这一划分主要是基于以下几点原因：第一，有些国际条约明文规定缔约国须以立法予以执行，在这种情况下，缔约国应补充立法执行该国际条约，也是遵从国际条约本身承担的义务；第二，有些国际条约，例如互助同盟条约，是政治性的，这些国际条约所规定的权利义务原则上只涉及缔约国本身，而与自然人和法人无关，所以把这类国际条约的效力扩及自然人和法人，就需要另以补充立法予以规定；第三，有些国际条约的规定只是大纲性的，不够详细，所以也需以立法做补充规定；第四，有些国际条约所用语文不是本国语文，还需另行翻译并以法律予以公布。

无论是“个别转换”，还是“自动纳入”，都是国际条约在国内法中的接受，二者的主要区别在于是“每次都要接受”还是“一次性总接受”。在实际操作中，二者的区别在于：个别转换一般要经过以下三个步骤，一是批准或加入以对外生效，二是公布国际条约，三是命令执行该国际条约以对内生效；而自动纳入的步骤一是批准或加入国际条约以对内、外生效，二是公布国际条约，三是在批准或加入时国际条约尚未生效的情况下，国际条约生效时将生效时间对国内公布，以在国内生效适用。个别转换和自动纳入这两种方式相比较，从保证民主的角度看，自动纳入时国际条约经过议会批准已经保证了民主原则，不必经国内立法体现；从经济原则看，个别转换方式比自动纳入复杂，造成重复劳动和资源浪费；从国际发展趋势看，自动纳入方式减少了中间环节，更适应经济全球化和国际法集中化的趋势。

二、国际条约在我国的适用

（一）《缔结条约程序法》的有关规定

中华人民共和国国务院，即中央人民政府，同外国缔结条约和协定。中华人民共和国全国人民代表大会常务委员会决定同外国缔结的条约和重要协定的批准和废除。中华人民共和国主席根据全国人民代表大会常务委员会的决定，批准和废除同外国缔结的条约和重要协定。中华人民共和国外交部在国务院领导下管理同外国缔结条约和协定的具体事务。

以中华人民共和国名义谈判和签署条约、协定，由外交部或者国务院有关部门会同外交部提出建议并拟订条约、协定的中方草案，报请国务院审核决定；以中华人民共和国政府名义谈判和签署条约、协定，由外交部提出建议并拟订条约、协定的中方草案，或者由国务院有关部门提出建议并拟订条约、协定的中方草案，同外交部会商后，报请国务院审核决定。属于具体业务事项的协定，经国务院同意，协定的中方草案由国务院有关部门审核决定，必要时同外交部会商；以中华人民共和国政府部门名义谈判和签署属于本部门职权范围内事项的协定，由本部门决定或者本部门同外交部会商后决定；涉及重大问题或者涉及国务院其他有关部门职权范围的，由本部门或者本部门同国务院其他有关部门会商后，报请国务院决定。协定的中方草案由本部门审核决定，必要时同外交部会商。经国务院审核决定的条约、协定的中方草案，经谈判需要做重要改动的，重新报请国务院审核决定。

条约和重要协定的批准由全国人民代表大会常务委员会决定。条约和重要协定签署后，由外交部或者国务院有关部门会同外交部，报请国务院审核；由国务院提请全国人民代表大会常务委员会决定批准；中华人民共和国主席根据全国人民代表大会常务委员会的决定予以批准。双边条约和重要协定经批准后，由外交部办理与缔约另一方互换批准书的手续；多边条约和重要协定经批准后，由外交部办理向条约、协定的保存国或者国际组织交存批准书的手续。批准书由中华人民共和国主席签署，外交部长副署。无须全国人民代表大会常务委员会决定批准或者国务院核准的协定签署后，除以中华人民共和国政府部门名义缔结的协定由本部门送外交部登记外，其他协定由国务院有关部门报国务院备案。缔约双方为使同一条约、协定生效需要履行的国内法律程序不同的，该条约、协定于缔约双方完成各自法律程序并以外交照会方式相互通知后生效。

加入多边条约和协定，分别由全国人民代表大会常务委员会或者国务院决定。加入多边条约和协定的程序如下：加入属于本法第七条第二款所列范围的多边条约和重要协定，由外交部或者国务院有关部门会同外交部审查后，提出建议，报请国务院审核；由国务院提请全国人民代表大会常务委员会作出加入的决定。加入书由外交部长签署，具体手续由外交部办理。接受多边条约和协定，由国务院决定。经中国代表签署的或者无须签署的载有接受条款的多边条约、协定，由外交部或者国务院有关部门会同外交部审查后，提出建议，报请国务院作出接受的决定。接受书由外交部长签署，具体手续由外交部办理。

中华人民共和国同外国缔结的双边条约、协定，以中文和缔约另一方的官方文字写成，两种文本同等作准；必要时，可以附加使用缔约双方同意的另一种第三国文字，作为同等作准的第三种正式文本或者作为起参考作用的非正式文本；经缔约双方同意，也可以规定对条约、协定的解释发生分歧时，以该第三种文本为准。某些属于具体业务事项的协定，以及同国际组织缔结的条约、协定，经缔约双方同意或者依照有关国际组织章程的规定，也可以只使用国际上较通用的一种文字。以中华人民共和国或者中华人民共和国政府名义缔结的双边条约、协定的签字正本，以及经条约、协定的保存国或者国际组织核证无误的多边条约、协定的副本，由外交部保存；以中华人民共和国政府部门名义缔结的双边协定的签字正本，由本部门保存。经全国人民代表大会常务委员会决定批准或者加入的条约和重要协定，由全国人民代表大会常务委员会公报公布。其他条约、协定的公布办法由国务院规定。

（二）具体做法

当前，我国并无宪法性法律规定国际条约与国内法的关系。在执行国际条约的国内程序这一问题上，我国也没有原则性的规定，即没有规定转化方式，也没有规定纳入方式。我国《宪法》仅原则性简单规定了国务院的缔约权及全国人大常委会的决定批准与废除权，《缔结条约程序法》也只规定了缔结条约的程序问题，但是其中没有关于国际条约与国内法的关系、国际条约在国内法上适用的一般原则性规定。为此国家在一些特别法中零星地规定了国际条约的适用问题，而法院也在其司法实践中确立了一些具体做法。迄今为止，我国对国际条约在国内法上适用的方式主要有以下几种：（1）在国内法中通过专门条款规定直接适用国际条约或当国内法与国际法发生冲突时优先适用国际条约。例如，《民法通则》第 142 条、《民事诉讼法》第 238 条、《行政诉讼法》第 72 条均规定，中华人民共和国缔结或者参加的国际条约同本法有不同规定的，适用国际条约的规定，但是我国声明保留的条款除外。这项规定成了以后这方面若干法律规定的模式，它虽然以解决国际条约规定与国内法冲突为宗旨，但它表明了国际条约在国内的直接适用。《继承法》、《商标法》、《环境保护法》等也有类似的规定。（2）为执行国际条约的规定，另行制定国内法。这种方式多在涉及公法规范或国际习惯规则调整的领域使用。比如我国的《领海及毗连区法》、《专属经济区和大陆架法》、《缔结国际程序法》、《外交特权与豁免条例》，它们的许多条款基本上都是转述了相关国际公约的规定。（3）法律的制定提前参照国际条约，或对现行立法提前作出符合国际法规则的修改，使我国法律体系从整体上符合国际条约的规定。比如我国于 1990 年颁布的《著作权法》，参照了我国随后于 1992 年加入的《伯尔尼公约》和《世界版权公约》的规定，而对《著作权法》的再次修改是为了符合 WTO 的 TRIPS 协议。（4）司法机关执行国际条约的实践。最高人民法院在 2000 年 4 月 17 日发布的《关于审理和执行涉外民商事案件应当注意的几个问题的通知》中指出：对我国参加的国际公约，除我国声明保留的条款外，应予优先适用。在以往的司法实践中，各地法院对于涉及民商事国际公约的案件，在审判中一般直接援引国际公约作为判决依据，如《联合国国际货物销售合同公约》、《巴黎公约》、《华沙公约》等。可见在我国关于国际条约的适用问题都是以逐个处理的方式在各有关的法律中加以规定的。从这些法律的规定来看，我国既以采纳方式直接适用国际条约，也以转化方式间接适用国际条约。此外，还有一些国际条约的适用则同时使用了采纳和转化两种方式。

我国参加或者缔结的国际环境公约和条约有三十多项，同时积极履行所加入国际环境公约应承担的义务，对于许多重要的国际环境公约都采取了积极的履约措施。一方面，我国以国内法的形式越来越多地吸收国际环境法中的原则和制度，在新近的环境立法中体现国际环境公约的有关内容。另一方面，我国根据已经批准的国际环境条约积极制定和实施履约计划，并且在签署国际环境条约后成立相应履约机构。例如《消耗臭氧层物质管理条例》就是首次将我国加入的国际环境公约转化为专门的国内法的一部法规，该条例于2010年6月1日起实施。这是我国第一部专门规定消耗臭氧层物质管理活动的行政法规，具有重要的历史意义。条例的颁布实施为我国逐步削减和淘汰消耗臭氧层物质，切实履行保护臭氧层国际公约义务提供了明确的法律依据，并有利于调整优化相关产业结构，提高我国企业的可持续发展能力，节约能源和减少温室气体排放。

第三节 特殊机制

一、特征

国际环境资源法领域发展出一种新型的履约保障制度——遵约机制。为推动谈判，并保证条约得以履行，多数国际环境条约本身并未详细规定处理遵约问题的制度，而是授权缔约方会议制定相关的机制和程序。根据条约授权由缔约方会议进行谈判，成为遵约机制形成的典型模式。依此模式，《关于消耗臭氧层物质的蒙特利尔议定书》于1998年建立了第一个遵约机制，现已处理了一些不遵约案例。其后，《控制危险废物越境转移及其处置巴塞尔公约》于2002年、《卡塔赫纳生物安全议定书》及《京都议定书》于2005年建立了遵约机制。《关于持久性有机污染物的斯德哥尔摩公约》、《关于在国际贸易中对某些危险化学品和农药采用事先知情同意程序的鹿特丹公约》、《防止倾倒废物及其他物质污染海洋公约》1996年议定书以及《粮食和农业植物遗传资源国际条约》正在根据有关条约的授权谈判制定遵约机制。《斯德哥尔摩公约》第十七条规定，“缔约方会议应视实际情况制定并批准用以确定不遵守本公约规定的情事和处理被查明不遵守本公约规定的缔约方的程序和组织机制”。《鹿特丹公约》第十七条规定，“缔约方会议应尽快制定并通过用于确定不遵守本公约规定的情事和处理被查明处于不遵守状况的缔约方的程序和体制机制”。《防止倾倒废物及其他物质污染海洋公约》1996年议定书第十一条规定，“在不迟于本议定书生效后两年，缔约当事国会议应制定评定和促进遵守本议定书所必需的程序和机制”。《粮食和农业植物遗传资源国际条约》第二十一条规定，“管理机构应在其第一次会议上考虑和批准有效合作程序和运作机制，以促进遵守本《条约》的规定，解决不遵守问题”。

遵约机制是为了弥补争端解决、责任与赔偿等传统履约保障制度对促进国际环境条约履约的不足而发展出来的，具有与传统履约保障制度不同的一些新特点。首先，遵约机制以预防性为主，兼具事后救济功能。争端解决机制、责任与赔偿制度以缔约方在条约解释和适用方面的争端、实际发生或可能发生的损害为前提，而遵约机制则不受此限制，只要存在或者可能存在不遵约的事实即可启动，更加注重预防不遵约、预防争端，从而预防环境损害的发生。其次，遵约机制以促进性为主，惩罚性为辅。遵约机制的基本目标包括促进遵约和处理不遵约两方面。前一方面的目标无疑是促进性的，在处理不遵约方面，各遵约机制也均在程序上强调非对抗性，在处理结果上强调以促进性措施为主，以惩罚性强制措施为辅。因此，遵约机制整体上是促进性的。第三，遵约机制是在有关条约框架内解决可能出现的不遵约问题。争端解决和责任赔偿程序需由权利受到或可能受到影响的缔约方或其国民启动，通过双边渠道政治解决或提交国际司法机构解决，主要由缔约方自行实施解决方案。而遵约机制可由本国、他国或秘书处启动，通过遵约委员会或缔约方会议来确定遵约状况并处理不遵约。无论从启动、审理或是实施看，遵约机制均较传统履约保障机制具有更多的多边性质。

遵约机制的上述特性使之明显有别于传统履约保障制度，同时，实践中遵约机制与其他履约保障制度可能交叉利用，形成复杂的关系。比如，当遵约委员会就缔约方不遵约采取强制性措施时，事实上是在决定该缔约方的权利义务。如果有关争端解决机制国际法院或仲裁机构正在处理关于同一不遵约的争端，两个机制有可能作出不尽一致的决定。缔约方如何处理两种机制可能不同的决定？现有遵约机制大都有“遵约机制不妨碍争端解决机制”的规定，是否意味着遵约机制与争端解决机制的决定效力存在效力优先等级，还是仅指程序上不妨碍？《蒙特利尔议定书》曾经特设法律工作组，试图界定两者的关系，但是由于这一问题的复杂性而放弃。迄今，还没有出现就同一问题同时启动遵约机制和争端解决机制的案例，但两者的关系值得在理论上做进一步研究。

二、原则

各遵约机制普遍规定了非对抗、合作、透明等原则，但对于应否适用“共同但有区别的责任”原则，发达国家与发展中国家观点分歧。发达国家主张，根据“条约必须遵守”原则，各国应履行对其有约束力的条约所规定的义务；既然在条约义务的设定方面已经考虑了发展中国家的特殊困难，而且发展中国家已同意受该条约约束，如无《维也纳条约法公约》规定的特殊情形，发展中国家不得不履行其相应义务。而发展中国家则主张，遵约机制作为条约的附属文件，应适用条约的原则，包括“共同但有区别的责任”原则；发展中国家的履约能力取决于发达国家履行资金和技术援助义务的情况，发展中国家不遵约多出于履约能力不足，与发达国家缘于政治意愿不足的不遵约应区别对待。

但遵约机制是否应遵循“共同但有区别的责任”原则，即是否区分发达国家和发展中国家的不同责任，目前做法不一。“共同但有区别的责任”原则在《京都议定书》遵约机制中体现最明显：机制序言规定应遵循《气候变化框架公约》第三条［13］；促进分支机构应根据“共同但有区别的责任”原则采取措施；强制分支机构仅处理附件一发达国家和经济转轨国家的遵约问题，强制性措施仅适用于这些国家，但强制分支机构中也必须有来自发展中国家的委员。《蒙特利尔议定书》遵约机制对“共同但有区别的责任”原则无具体体现。《巴塞尔公约》遵约机制规定，应特别注重发展中国家和经济转轨国家的特殊需求。《生物安全议定书》履约遵约机制规定，应充分考虑发展中国家缔约方、特别是其中的最不发达国家和小岛屿发展中国家缔约方以及经济转轨国家“在执行《议定书》方面遇到的困难”。《巴塞尔公约》和《生物安全议定书》遵约机制的规定虽与“共同但有区别的责任”原则不完全一致，却是发达国家和发展中国家均可接受的折中安排。

三、作用

国际环境条约的不遵约，对发展中国家而言主要原因是履约能力不足，对发达国家则更多是由于缺乏政治意愿。发达国家政治意愿不足，对于履行向发展中国家提供资金和技术援助的义务态度消极，造成发展中国家履约能力不足，是国际环境条约不遵约的根源。

对发展中国家来说，发达国家提供援助的制度是履行国际环境条约的前提和核心。遵约机制强调通过促进性措施提高履约能力，是国际环境条约援助制度的强化和补充，有助于发展中国家获得履约援助，是对援助制度的强化，提高履约能力，可以在一定程度上解决由于履约能力不足造成的不遵约。在《蒙特利尔议定书》的实践中，遵约机制处理了多起经济转轨国家的不遵约案例，这对协助这些国家解决履约困难，促进《蒙特利尔议定书》的实施起到了重要作用。

同时，遵约机制的作用也存在一些局限。最主要的局限在于，多数国际环境条约关于技术转让、资金支持、能力建设的条款较为原则化，难以建立评价是否遵约的明确标准，遵约机制对于促进发达国家履行援助义务作用有限。其次，遵约机制启动方式多样，有可能造成缔约国之间以及缔约国与秘书处之间的矛盾，过于强制的措施也可能引发对抗，影响条约的实施效果。另外，在采用强制措施的遵约机制中，只有《京都议定书》遵约机制明确了强制措施不适用于发展中国家，其他如《蒙特利尔议定书》遵约机制则没有类似规定，对于强制性措施是否适用于发展中国家由于履约能力不足造成的不遵约，有必要进一步明确。

综合而言，遵约机制是针对国际环境条约权利义务的非相对性特点及环境损害难于归因、难以恢复的特点来促进条约遵守的有益制度探索，是对传统履约保障制度的新发展，对环境条约以外的国际条约也具有一定借鉴意义，但整体来说，遵约机制的成效作用还有待实践进一步检验，特别是《京都议定书》遵约机制有着更强有力的机构设置、启动程序和处理措施，并已启动修订议定书的程序以将有约束力的程序和机制纳入议定书，《京都议定书》遵约机制如何发展、将对议定书的履行发挥何等作用，这些都有待观察。

四、遵约机制的制度内容

各项国际环境条约情况不同，其遵约机制各有特色，但设计思路基本相似。现有遵约机制都包括如何判定缔约方是否遵约、如何促进遵约两方面的制度，包括遵约机制的机构设置、启动方式、促进遵约的措施及可能的处罚措施等几项具体制度。

（一）遵约机制的机构设置

各遵约机制在机构上都设立了遵约委员会处理遵约问题。遵约委员会是由缔约方会议相关决议设立，按缔约方会议授权处理遵约问题的专门机构。遵约委员会向缔约方会议报告，并接受缔约方会议的政策指导。其委员由缔约方会议选举，行政和预算由缔约方会议负责。因此，缔约方会议与遵约委员会是授权与被授权的关系，遵约委员会向缔约方会议负责，是缔约方会议的附属机构。根据授权，各遵约委员会均有权可受理遵约案件并确定是否遵约的事实，包括不遵约的原因，但是否可以采取促进遵约措施，各条约授权不尽相同。不同授权，体现了遵约委员会与缔约方会议、缔约方的不同关系，反映出遵约委员会的不同职能。

遵约委员会委员的选举，须依据公平地域分配原则和轮换原则，并考虑候选人的专业能力。各遵约委员会的选举程序以及委员代表国家或以个人身份任职，不尽一致。《巴塞尔公约》、《生物安全议定书》及《京都议定书》的遵约委员会委员由各缔约方提名，并由缔约方会议选举产生。《蒙特利尔议定书》遵约委员会是先选举进入委员会的缔约方，再由缔约方提名代表，由此可以理解为委员是代表国家任职。《京都议定书》和《生物安全议定书》遵约机制规定，遵约委员会的委员及候补委员应以个人身份任职。《巴塞尔公约》遵约委员会回避了委员的任职身份问题，仅规定“委员会各成员将以《公约》之利益为重，秉公任职”。

（二）启动方式

遵约程序启动方式主要包括三种，即缔约国提请审查本国遵约状况；一缔约国提请审查另一缔约国的遵约状况；秘书处提请审查。

1. 缔约国提请遵约委员会审查本国遵约状况，即本国启动。缔约国最了解自身的履约能力和遵约状况，而且本国启动遵约程序也最符合遵约机制的非对抗性质，因此各遵约机制均规定了本国启动遵约程序的方式。如《蒙特利尔议定书》遵约机制规定：“如一缔约方认定，虽经最大善意努力仍不能完全履行议定书为其规定的义务，则可以用书面形式向秘书处提交呈文，着重解释其认为造成不能履行的具体情况”。《巴塞尔公约》遵约机制规定，除已不能履行公约义务之外，缔约方也可以就可能无法履行义务而启动遵约程序。《生物安全议定书》和《京都议定书》遵约机制规定，任何缔约方可向遵约委员会提交自身履约问题，可以理解为既包括无法履约，也包括可能无法履约。

2. 一缔约国提请审查另一缔约国的遵约状况，即他国启动。为避免遵约机制成为缔约国之间相互指责的工具，各遵约机制对于他国启动遵约程序规定了主体、程序和证据实质方面的要求。

关于他国启动的主体要求，各遵约机制作法不尽一致。《蒙特利尔议定书》遵约机制规定，“一个或多个缔约方对另一个缔约方在履行议定书义务方面持有保留”，即可以书面方式提交其关切，启动遵约程序。《巴塞尔公约》遵约机制规定，按公约规定与不遵约情形直接相关或因不遵约情形受到影响的其他缔约方可以启动。《生物安全议定书》遵约机制规定，遵约委员会可受理“任何受到或可能受到另一缔约方影响的缔约方相应提出的报告”。《京都议定书》遵约机制规定任何缔约方针对另一缔约方的履约问题均可启动遵约程序。可见，《蒙特利尔议定书》和《京都议定书》对于他国启动的主体要求较为宽松，只要有关注即可提起遵约程序；而《巴塞尔公约》和《生物安全议定书》则要求与不遵约情形直接相关、受到或可能受到不遵约影响的缔约方才能启动。

关于他国启动的程序要求，《巴塞尔公约》遵约机制规定，提请审查他国遵约状况的缔约方应首先通报其遵约状况出现争议的有关缔约方，然后双方应努力通过磋商解决这一事项。其他遵约机制没有类似的程序要求。

关于他国启动的证据实质要求，《蒙特利尔议定书》遵约机制规定，提请审查应有确凿的资料予以支持。《巴塞尔公约》遵约机制规定，来文应提供确证来文的资料；委员会如认为来文属无关紧要的琐事或依据明显不足，可拒绝受理。《生物安全议定书》

遵约机制规定，在铭记《生物安全议定书》目标的情况下，委员会拒绝审议其他缔约方提出的逃脱责任或没有根据的报告。《京都议定书》遵约机制规定，他国启动应具备充分信息的佐证，不是微不足道或无确实根据，并以议定书的要求为依据。

3. 秘书处启动。秘书处在协助缔约国履约和接收、编辑缔约国履约报告过程中，对于缔约国履约状况有一定程度的了解。但秘书处的职能是为缔约方服务，对于启动遵约机制与其服务职能是否冲突，存在不同理解，各遵约机制对于秘书处能否启动遵约程序，也有不同的规定。《生物安全议定书》遵约机制未规定秘书处启动的方式。《蒙特利尔议定书》和《巴塞尔公约》遵约机制规定秘书处可以启动遵约程序。两个遵约机制关于他国启动的实质证据要求同样适用于秘书处启动，此外，还分别规定了程序要求。《蒙特利尔议定书》"不遵守情事"遵约机制规定，秘书处可请有关缔约方就有关事项提供必要的资料，如三个月内或该事项具体情况需要的更长期限内有关缔约方未回应，或该事项未能通过行政办法或外交接触得到解决，则秘书处可启动遵约程序。《巴塞尔公约》遵约机制也规定如"所涉事项未能通过与该缔约方进行磋商而在三个月之内得到解决"，秘书处可启动遵约机制。

关于启动方式，《京都议定书》遵约机制还规定，遵约委员会可通过秘书处接受专家审评组向缔约方会议提交的报告中提出的履行问题。《京都议定书》第八条规定成立专家审评组，对发达国家和经济转轨国家缔约方履约问题的所有方面进行彻底和全面的技术评估，并就接受审评的缔约方履约情况、潜在问题及原因等编写一份报告，提交《京都议定书》缔约方会议进一步审议。对此存在不同理解，或认为此规定是秘书处启动的一种形式，或认为是专家审评组启动，或认为此规定一次性地将审查专家组报告的权力授予遵约委员会，实际上是规定了遵约委员会可根据有关报告自行启动遵约程序。此项规定的确切含义，有待通过实践进一步明确。

（三）促进遵约的措施及可能的处罚措施

遵约委员会在确定存在或可能存在不遵约情事后，可考虑不遵约情事的原因、类型、程度、频率以及所涉缔约方的履约能力，根据授权自行采取或建议缔约方会议采取促进遵约或惩罚不遵约的措施。

各遵约机制均强调以促进性措施为主，具体措施大致相同，有以下几类：(1) 提供咨询，包括就发展中国家和经济转轨国家如何获得财政和技术援助提供建议。(2) 要求或协助缔约方制订履约计划，并定期审查履约计划的实施情况，以便在商定时间内实现遵约。(3) 提供资金和技术援助，加强能力建设，包括协助收集和汇报数据、提供信息、培训、转让技术、协助建立和加强管理体系等。(4) 警告并视情况公布不遵守情事。警告和公布不遵守情事，虽然意在敦促缔约方遵约，但已具有一定惩罚性质。采取了上述促进性措施之后，仍有可能发生不遵约情事，是否需要采取更为严厉的惩罚性措施，各遵约机制作法不尽相同。《巴塞尔公约》遵约机制对此未做规定，《生物安全议定书》遵约机制有意回避了“更为严厉的措施”，留给以后的缔约方会议决定。《蒙特利尔议定书》遵约机制规定，可根据关于暂停条约实施的适用国际法规则，暂停议定书规定的具体权利和特权，包括缔约方与工业合理化、生产、消费、贸易、技术转让、财务机制和体制安排有关的权利。《京都议定书》遵约机制规定，对于不遵约的发达国家和经济转轨国家，强制执行分支机构可暂停其参加温室气体减排贸易的资格，如缔约方排放量超过排放指标，还将在该缔约方下一承诺期的排放指标中扣减超量排放 1.3 倍的排放指标。

从促进遵约的措施产生的后果看，《京都议定书》遵约机制的措施带有最多的强制性。根据《蒙特利尔议定书》遵约机制，暂停缔约方权利需依据关于暂停条约实施的适用国际法规则，即需要其他缔约国协商一致，而《京都议定书》由遵约委员会强制执行分支机构决定采取强制性措施，表决程序相对便捷。根据《京都议定书》遵约机制，遵约委员会应尽一切努力以协商一致方式议定任何决定。如果尽一切努力争取协商一致但仍无结果，作为最后办法，应可由出席并参加表决的委员的至少四分之三多数通过后作出决定。此外，强制执行分支机构需要获得出席并参加表决的附件一中的缔约方多数成员和出席并参加表决的非附件一中的缔约方多数成员同意才能作出决定。另外，如果说暂停缔约方权利仍然具有敦促履约的性质，《京都议定书》遵约机制扣减 1.3 倍排放指标的措施则具有更明显的惩罚性质。但《京都议定书》遵约机制措施的强制性更多地反映了谈判过程中发达国家和发展中国家均有强烈的政治意愿，尚不能说明遵约机制发展的强制性趋向。

虽然强制性措施的根本目的也在于通过威慑促进条约的履行，但有可能影响条约的普遍性，引起缔约国之间的对抗，损害条约的实施效果，因此强制性措施并未被各遵约机制一致采用。《蒙特利尔议定书》和《京都议定书》遵约机制虽规定了强制性措施，但对强制措施的适用进行了限制，仅限于一再发生的重大违约情况。从程序上看，真正决定采取强制性措施相当困难，而且由缔约方会议决议建立的遵约机制，法律约束力有限。有关实践中，也都是采用促进性措施，目前还没有适用惩罚性措施的案例。因此，可以说，遵约机制的措施是以促进性为主，以强制性为辅。

推荐阅读

1. 温树斌．国际法强制执行问题研究．武汉：武汉大学出版社，2010.
2. 潘德勇．未来的国际法实施：从强制执行到遵守管理．行政与法，2012（4）.

思考题

1. 国际环境资源法的国内实施包括哪几个方面?
2. 国际环境资源法的国际实施机制包括什么内容?

第八章　国际环境争端与国际环境责任

核心提示

在国际法的框架内，公正、合理地解决国际环境争端，不仅有利于全球环境保护和维护国家正当的环境权益，且有利于国家、地区乃至全球的和平与稳定。国际环境争端往往会导致国际环境法律责任的产生，故而国际环境责任制度也是现代国际环境资源法的一项重要法律制度。

第一节　国际环境争端的概念和特点

一、国际环境争端的概念

争端是指争执不清而难以解决的事端。[①] 争端对应的英文词是 dispute，《牛津高阶英语词典》中，dispute 被解释为 an argument or a disagreement between two people, groups or countries; discussion about a subject where there is a disagreement。翻译成中文即：两个人、团体或者国家之间的争论或者意见不一致；关于一个意见存在不一致的问题的争论。[②]

国际争端，是指国家或其他国际法主体之间在法律或事实上的意见分歧及在权力或

① 商务印书馆辞书研究中心编．应用汉语词典．北京：商务印书馆，2006：5.

② 牛津高阶英语词典．商务印书馆与牛津大学出版社，2007：441.

者利益上的相互冲突。[①] 按照产生争论、分歧或冲突的问题所属的领域，可以对国际争端做进一步的分类，如国际领土争端、国际外交争端、国际环境争端、国际贸易争端、国际投资争端、国际金融争端等等。按照争端主体的多寡，争端可以是双方的，也可以是多方的。导致争端的原因非常复杂，有历史原因形成的，也有社会发展产生的，还有的是由于新的国际条约出现引起的。国际争端如果不能有效的得到解决，对世界的和平与安全会构成潜在的或现实的威胁，严重者会导致武装冲突或战争，这不仅影响到争端的各方，甚至会对整个区域乃至世界的和平与稳定产生影响。

具体到国际环境争端，指的是国际法主体之间就环境问题产生的争论、分歧或冲突。环境是个多义词，而国际环境争端中的环境有其特定的指向。1972 年在斯德哥尔摩第一次人类环境会议发表的《人类环境宣言》含糊地提到了人类环境，指出："无论是自然环境还是人工环境，对人类的福利和基本人权的享有都是至关重要的"。1977 年《禁止为军事目的或其他敌对目的利用改变环境的技术的公约》第二条规定："环境"指的是地球，包括其生物圈、岩石圈、水圈、大气圈和外层空间。这是比较明确说明何为"环境"的一个公约。其他的一些公约往往着眼于特定的环境因素，如臭氧层、大气、海洋等，而无一般意义上对环境的总体界定。法国学者亚历山大·基斯在其论著《国际环境法》中回避了对环境的解释，他认为国际环境保护也是通过对生物圈的组成部分（岩石圈、气圈、水圈）采取保护措施来进行的。虽然在国际环境公约中没有对国际环境作出具体的界定，但是我们可以从国际环境公约保护的范围以及目的中得出一个基本的认识：国际法视野中的环境应当从全球的视野来进行理解，可以认为国际法中的环境就是指人类生存的整个地球环境，是所有与人类生存和发展有直接、间接影响的各种天然和经过人工改造的各种自然因素的总体。

二、国际环境争端的特点

由于环境问题自身的特殊性，国际环境争端既有一般环境纠纷的共性，又有国际环境争端的个性；既有一般国际争端的共性，又有不同于普通国际争端的特性。国际环境争端往往关系到国家之间、区域之间甚至全人类的利益，因此相较于其他争端而言，显得更加复杂，涉及面更广，解决起来的难度也更大。

（一）国际环境争端的主体不限于主权国家

国际环境争端是国际法主体之间的争端，主权国家是必要的争端当事方，但同时也可能涉及其他地区甚至是组织。根据《联合国海洋法公约》规定，不仅国家，自然人

---

① 联合国国际法委员会：《〈关于国际法不加禁止的行为所产生的损害性后果的国际责任条款草案〉的一般性评注》，联合国大会第 51 届会议补编第 10 号（A/51/10）《国际法委员会第 48 届会议工作报告》第 200 页。

和法人也都可以平等地进入国际海洋法庭。

（二）国际环境争端所涉利益重大

国际环境争端往往与主权国家的自然资源所有权、清洁环境和发展权，甚至一个国家的主权的完整性紧密相关。

（三）国际环境争端起因复杂

国际环境争端的起因比较复杂，既有法律性因素，比如 WTO 规则，也有政治性因素；既有国内法的因素，也有国际法的因素。

（四）国际环境争端的解决方式多样

国际环境争端的解决不限于法律的方法，往往采取多种手段和方式综合应对，其最终的结果也往往受制于双方的实力及国际关系力量的对比。

（五）国际环境争端具有很强的科学技术性

环境问题在很大程度上涉及物理、化学、生物、遗传工程等科学技术方面的问题，因此国际环境争端具有很强的科学技术性。环境问题的产生、发展、环境争端的化解，最终都离不开科学技术的发展。各种类型的国际环境争端，跨界污染、资源的分享和利用、国际环境条约的解释等均离不开科学技术的支持。在国际环境争端中，争端的起因、证据、当事方对国际环境法的理解都以科学技术为基础。因此，在国际环境资源法中，无论是规则的制定、法律的适用、争端的解决，均离不开科学技术的支持。

第二节 国际环境争端的解决原则和方式

一、国际环境争端的解决原则

国际环境争端解决机制主要规定在多边国际环境条约中，当然，《联合国宪章》及其他一般国际法的争端解决制度作为一般法，也对国际环境争端的解决发挥重要作用。并非所有的国际环境公约都直接规定国家环境争端的解决原则，但从一般的国际法规则和国际资源环境法的内容仍然可以提炼和总结出国际环境争端的解决原则。

在一般国际法中，存在着一项重要的基本原则——和平解决国际争端的原则。该原则要求国际争端只能用和平的方法解决。和平解决国际争端原则是国际关系长期演变的结果，也是现代国际法的基本原则。历史上，战争曾作为推行国家政策的工具，其合法性在传统国际法上是得到肯定的。1899 年和 1907 年两次海牙会议制定了两项《和平解决国际争端公约》，尽管两个公约第一条都规定了各缔约国应竭尽全力以保证和平解决国际争端，但是，两个公约都没有绝对禁止使用武力。第一次世界大战后签订的《国际联盟盟约》虽然要求会员国尽力用和平方法解决国际争端，但是，它只是对会员国的战争权进行了一定的限制，没有完全禁止会员国使用武力解决国际争端。1928 年签订的《巴黎非战公约》在法律上第一次明确废弃战争作为推行国家政策的工具。公约第二条规定：缔约各方同意，它们之间可能发生的一切争端或冲突，不论其性质或起因如何，只能用和平方法加以处理或解决。第二次世界大战后，《联合国宪章》把和平解决国际争端确立为基本原则，宪章规定：所有会员国都应该以不危及国际和平与安全及正义的方式，用和平手段解决国际争端。另外，宪章第六章还规定了和平解决国际争端的具体方法，给予了各国以更明确的指引。

由于国际环境问题的严重性、多样性和特殊性，解决国际环境争端的方法也要与之相适应。《环境与发展宣言》原则 26 强调：各国应和平地按照《联合国宪章》采取适当方法解决其一切的环境争端。

现代国际法遵守和平解决争端原则，国际环境资源法作为其新兴的一个分支也不能例外。国际环境争端解决机制充分遵循了该原则，这体现在以下几方面：

1. 明确规定以和平的方式解决争端。如 1982 年《联合国海洋法公约》第十五部分是关于争端的解决，其第一节第一条名为“用和平方法解决争端的义务”，该条规定：各缔约国应按照《联合国宪章》第二条第三项以和平方法解决它们之间有关本公约的解释或适用的任何争端，并应为此目的以宪章第三十三条第一项所指的方法求得解决。再如 1989 年《控制危险废物越境转移及其处置的公约》关于争端解决的规定：缔约国之间就本公约或其任何议定书的解释、适用或遵守方面发生争端时，有关缔约国应通过谈判或以它们自行选定的任何其他和平方式谋求争端的解决。

2. 直接规定体现和平解决争端原则的争端解决方法。大多数国际环境条约并没有直接规定缔约方要以和平的方式解决争端，但这绝不表明条约不要求缔约方以和平的方式解决争端。这些条约往往规定争端解决的具体方法，而这些方法无一例外地体现了和平解决国际争端原则。这些方法一般包括谈判、磋商、调查、调停、和解、仲裁、司法解决以及通过国际组织解决等，都体现了和平解决争端的基本属性。

3. 没有争端解决条款时，适用一般国际法的规定。有少数国际环境条约没有争端解决条款，按照特别法没有规定适用一般法的法学原理，应当按照一般国际法的规定来解决条约争端，遵从和平解决国际争端原则和《联合国宪章》规定的和平解决的具体方法解决争端。

二、国际环境争端的解决方式

在复杂的国际环境领域，国际环境争端解决所运用的方法有外交的方法（又称为政治方法）和法律的方法。外交的方法主要包括谈判、协商、斡旋、调停、调查和调解等；而法律的方法包括国际仲裁和国际司法。除此之外，还可以通过向联合国安理会提出控诉或者由条约组织机构出面进行解决，这是通过国际组织解决国际环境争端。

（一）外交解决

外交途径解决国际争端是一种行之有效的方法，采用该种方式双方不必限于严格的规则，并且可以对具体情况灵活掌握，有利于争端的迅速解决。其内容主要包括谈判、协商、斡旋、调停、调查和调解等。

谈判和协商是两个或两个以上国际法主体为了解决彼此间的争议而进行的一种交涉，是处理国际争端最普通、最基本也是最重要的方式。在实践中，谈判和协商被使用的频率比其他所有方法加起来还要高。而且，它们一般是最先被尝试的，它们不仅能够解决争端，同时也能起到一定的避免和预防争端的作用。国际环境争端一般也都将谈判与协商作为解决缔约国之间争端的主要方式。

自19世纪末以来，谈判作为解决国际争端的重要方式更是被一系列的国际法律文件所确认，例如1899年和1907年的《海牙和平解决国际争端公约》、1919年的《国际联盟盟约》及1945年的《联合国宪章》等。而协商的历史比较短，传统的国际法中，协商只是谈判的一个组成部分或一个步骤，并没有成为一种单独的解决争端的方法。直到20世纪50年代以后，协商才逐渐成为一种新的、正式的方法，逐渐受到国际社会的重视。20世纪60年代以后，一些重要的国际文件规定了以协商的方法解决争端的制度，如1978年《关于国家在条约方面的继承的维也纳条约》（草案）和1983年《关于国家财产、档案和债务的继承的维也纳公约》则将“协商和谈判”与“调解”、“司法解决和仲裁”并列为解决争端的正式方法。

谈判和协商的词义非常相近。王铁崖教授认为：谈判和协商是指两个或两个以上的国家为了有关冲突、矛盾或争端得到谅解或求得解决而进行的直接交涉，包括澄清事实，阐明观点，消除隔阂和误会，增进相互了解和信任，以寻求双方都能接受的解决办法。① 同时也有人认为两者之间存在着明显区别。争端的存在是谈判程序开始的必要条件，而非协商程序开始的必要条件。② 其实这两个概念之间的差别不需要过于强调，因为没有明确的界限将两者隔开。这两个概念常常被互换着使用，甚至有时它们可能具有同样的法律效果。当一个协商条款被设计或者运用来加速已经产生的实际争端的解决时，它与谈判条款的运用就变得难以区分了。谈判和协商往往是紧密相连、交叉运用。在协商的基础上谈判，在谈判的过程中协商，二者很难截然分开。

谈判与协商往往是当事国在争端解决过程中最先尝试的手段和方法，但是当事国是

---

① 王铁崖．国际法．北京：法律出版社，1995：573.

② Mary Ellen O'Connell, International Dispute Settlement, Ashgate Publishing Company, 2003. p. 39.

否有义务首先尝试以谈判或协商的方式解决争端是一个存在争议的问题。如果条约中规定：一旦发生争端，首先必须以谈判或者协商的方式解决，这就必然牵涉到谈判与其他争端解决方式之间的关系。如在1973年《濒危野生动植物物种国际贸易公约》规定，缔约国之间发生争议，首先应进行协商，只有在协商不能获得解决时，才能提交仲裁。也就是说：除非有条约的约定，否则主权国家并不负有这样一项义务。但是不可否认的是，首先进行谈判和协商对争端的解决具有重大的促进作用和意义。

第一，谈判和协商能够充分尊重国家主权。当事各方能够通过直接会谈、友好协商来澄清事实、消除误会、增进彼此间的信任，求同存异，以便争端的合理解决。在谈判和协商的过程中，任何一方不能够把自己的意愿强加给对方，自愿、平等、互利是谈判和协商的基本原则。由于充分尊重国家主权，各国在谈判和协商基础上得出的解决方案也更容易被当事国遵守和履行。

第二，谈判和协商是很有弹性的方法。它们可以预防争端的发生，解决已经发生的争端，解决执行的问题甚至可以作为选择解决争端方法的预备程序。

国际环境外交谈判由来已久，已经形成了成熟的形式和原则，大多数条约都将谈判或协商列为首要的争端解决方法。实践证明，谈判或者协商解决国际环境争端是行之有效的方法。例如，1981年前苏联954号核动力卫星在太空解体后，部分带有放射性的卫星碎片降落到加拿大国土上，引起环境污染和损害。加拿大和前苏联都是1972年《空间实体造成损害的国际责任公约》的成员国，两国依公约之规定就苏联对加拿大给予赔偿的问题举行谈判，最后达成协议，由苏联向加拿大赔偿3 000 000美元。1973年《濒危野生动植物物种国际贸易公约》就特别重视协商的方式，公约规定：(1) 如两个或两个以上成员国之间就本公约各项规定的解释或适用发生争议，则涉及争议的成员国应进行协商；(2) 如果争议不能依本条第 (1) 款获得解决，经成员国相互同意，可将争议提交仲裁，特别是提交设在海牙的常设仲裁法院进行仲裁，提出争议的成员应受仲裁决定之约束。而1979年《保护野生迁徙动物物种公约》则比较强调谈判的方式，公约规定：(1) 二个或多个缔约方之间因本公约条款的解释或适用而可能引起的任何争端都应由争端各方通过谈判解决；(2) 如果争端不能按照本条第 (1) 款得到解决，在争端各方的同意下，可以将争端提交仲裁，特别是提交设在海牙的国际常设仲裁庭的仲裁，而且提交争端的缔约方应受仲裁裁决的约束。1985年《保护臭氧层公约》、1992年《生物多样性公约》的规定与1979年《保护野生迁徙动物物种公约》的规定很相近，也是首先强调以谈判的方式解决争端，在失败之后才考虑其他的方法。1979年《指导各国在月球和其他天体活动的协定》对协商时的义务更是规定得明确具体。该协定规定：一个缔约国如有合理理由相信另一个缔约国未能履行依照本协定所负义务或相信另一个缔约国妨害其在本协定规定下所享有的权利时，可要求与该国举行协商。接获此种要求的缔约国应立即开始协商，不得延迟。任何其他缔约国如提出要求，应有权参加协商。每一参加此等协商的缔约国，应对任何争议寻求可以互相接受的解决办法，并应体念所有缔约各国的权利和利益。

以谈判和协商解决国际环境争端的形式是多样的，可以用口头或者书面方式，或者两者并用；可以采取双边形式或由有关国家召开国际会议的多边形式进行；可由国家元首或政府首脑参加，也可由环境部长、驻外使节或特派全权代表参加。相比较于斡旋、调停等方法，由于其直接性、友好型以及灵活性，谈判和协商更有利于国家环境争端的解决。

如果在国际争端中，当事方不能通过谈判或者协商的方式解决争端，第三方的干预和帮助可能就是打破僵局的一个好办法。第三方干预可以采取很多种形式，斡旋和调停是其中重要的和较为有效的方式。

斡旋是第三国进行的各种有助于促成争端当事国进行谈判和协商的行动，促成争端当事国进行谈判或协商；调停是第三国不仅采取各种有助于促成争端当事国进行谈判和协商的行动，同时自己也参与谈判和协商，提出建议或者意见。斡旋和调停是两种不同的争端解决方式，两者的区别主要是程度问题。就斡旋而言，斡旋者只是努力去促成争端当事国进行谈判和协商，而本身并不参加谈判，所以在斡旋中，斡旋者介入的程度较轻，而在调停中，调停者要做的显然不止于此，除了要努力地去促成争端当事国进行谈判和协商，一般而言，调停者还直接参与或主持谈判，并提出建议，以促使争端当事国达成协议。因此调停者介入的程度显然要更深。

国际环境条约中很少直接规定斡旋和调停为国际环境争端的解决方式，即使有所规定也较为简单，而在没有规定的条约中也并不排斥此种解决方式，可以理解为条约中所规定的“其他和平方式”。1985 年的《保护臭氧层维也纳公约》第 11 条第 2 款规定，如果缔约国无法以谈判方式达成协议，它们可以联合寻求第三方进行斡旋或邀请第三方出面调停。印度和巴基斯坦在 1947 年独立以后，几乎因印度河水资源开战，因为新的政治边界将印度河一分为二。世界银行行长尤金·布莱克（Eugene Black）利用其得力的处事能力介入争端调停，这种漫长的努力于 1960 年最终获得成功，《印度河水条约》于那一年正式签署。

应该明确的是，在斡旋和调停中，国际环境争端当事国都保留了完全自由，斡旋或调停无论最后结果如何，第三方的任务也就终止了，而且第三方不承担任何法律责任。

此外，国际环境争端的外交方法还有和解和国际调查，尽管很少适用，但也是有效的解决争端的方法。

调查又称“查明事实”，作为一种争端解决方式确立于 1899 年海牙《和平解决国际争端公约》，并在 1907 年海牙《和平解决国际争端公约》中得到进一步的修正和完善。

以 1997 年《国际水道非航行利用法律公约》为例，其中的调查程序比较详细和具体，而且这种调查具有一定的强制性。当事方在争端发生六个月后不能通过公约列举的和平方式达成协议的，任一缔约方有权将争端提交公正的实况调查，除非当事各方另有协议。条约还规定了调查的具体组织和程序。1959 年《南极条约》、1980 年《南极海洋生物资源养护公约》、1988 年《南极矿物开采活动管制公约》、1991 年《〈南极条约〉环境保护议定书》、1992 年《东北大西洋海洋环境保护公约》也都规定了调查方法。

调解是外交解决国际争端中的另一种重要方式，这种方式结合了斡旋、调停与调查各自的因素，又形成了自身的特点，在国际争端的解决中发挥着独特的作用。大量的国际环境条约都规定了强制性调解适用的条件以及调解与其他争端解决方式之间的关系。不少国际环境条约附带有调解附件，如 1969 年《国际干预公海油污事故公约》、1982 年《联合国海洋法公约》、1992 年《联合国气候变化框架公约》、1992 年《生物多样性公约》、1994 年《联合国在发生严重干旱和/或荒漠化的国家特别是在非洲防治荒漠化的公约》、1998 年《关于在国际贸易中对某些危险化学品和农药采用事先知情同意程序公约》和 2001 年《关于持久性有机污染物的斯德哥尔摩公约》等条约都制定了关于调解的专门附件。在这些附件中，对调解委员会的组成、调解的程序、调解裁决的法律效力等等做了比较详细的规定。国际条约为调解制定附件，对调解给予了更多的关注和重视，这从侧面体现了调解巨大的重要性。

（二）法律解决

和平解决国际环境争端的法律方法包括国际仲裁和国际司法两种方式，在国际环境争端解决机制中，法律解决越来越受到重视，在一般国际法的基础之上，有了非常重要的、明显的发展，并形成了自己的特点，成为当前和今后国际环境争端的重要解决方式。

1. 国际环境仲裁。国际仲裁是指国家之间发生争端时，当事国同意将争端提交给他们自己选任的仲裁者进行裁决，并且承认裁决的结果对他们具有法律拘束力的一种争端解决方式。与一般的国际仲裁一样，国际环境仲裁也是由仲裁法庭这种特殊组织形式按仲裁程序依据有关法律原则或者国际环境条约来审理。当事方自愿将环境争端交予仲裁时，就达成了环境仲裁的协议，作出的仲裁裁决对双方具有拘束力。

许多重要的国际环境条约都规定了用仲裁的方式解决国际环境争端。从理论讲，仲裁是自愿的，但是国际环境条约中的仲裁制度带有一定的强制性。例如，1994 年《防止野生植物非法贸易的共同措施协定》规定：缔约方不能解决的争端，应当提交仲裁机构。这样的规定就使得当事国在不能自己通过协商等方式解决争端的时候，只有接受仲裁管辖的义务，而且这样的规定下，当事国并不需要再行订立仲裁协议，对于仲裁的一些基本问题，如仲裁庭的组成、适用的规则、仲裁裁决的效力等，条约或者条约附件都有明确的规定。类似这样规定的条约还有1969年《国际干预公海油污事故公约》、1973年《国际防止船舶造成污染公约》、1988年《南极矿物开采活动管制公约》、1991年《禁止危险废物进口和控制其在非洲越境转移的公约》、1992年《东北大西洋海洋环境保护公约》等。

在另一些条约中，规定如果当事国不能解决的争端，应当提交仲裁解决，但是附有一定的条件。比如1983年《大加勒比地区海洋保护和开发公约》规定：缔约国之间就本公约或其任何议定书的解释或适用发生争端时，有关缔约国应通过谈判或以他们自行选定的任何其他和平方式解决争端。如果相关缔约国不能通过前款规定的方式解决争端，则各缔约国应达成协议依照附件仲裁的规定将争端提交仲裁，除非公约的其他议定书有不同规定。条约规定的仲裁也具有一定的强制性，但是在仲裁之前，还是要达成仲裁协议的，如果不能达成仲裁协议，仲裁也不能进行。虽然当事国负有达成仲裁协议的义务，但是当事国还是可以通过拒绝达成协议而阻却仲裁程序。类似这样规定的还有1972年《防止倾倒废物及其他物质污染海洋公约》、1976年《保护地中海免受污染公约》、1980年《南极海洋生物资源养护公约》等。也有一些条约附有这样的条件：除非当事国另有约定的，否则应当进行仲裁。如1979年《欧洲野生动物和自然生境保护公约》规定：如果在常务委员会的努力下或者经有关缔约方协商，争端仍未能解决，则应其中一方的请求，争端应提交仲裁，除非争端各方另有决定。类似这样规定的还有1986年《南太平洋地区自然资源和环境保护公约》、1999年《莱茵河保护公约》。在这样的一些规定下，仲裁虽然具有强制性，但是强制性比较弱，当事国一方或者双方意志的行使可以排除仲裁程序的强制性。

还有一种选择的强制仲裁程序。例如1992年《生物多样性公约》规定：在批准、接受、核准或加入本公约时或其后的任何时候，一个国家或区域经济一体化组织可书面向保管者声明，对按照以上第一或第二款未能解决的争端，它接受下列一种或两种争端解决办法作为强制性办法：(a) 按照附件二第一部分规定的程序进行仲裁；(b) 将争端提交国际法院。类似这样的规定还有1985年《保护臭氧层公约》、1989年《控制危险废物越境转移及其处置的公约》、1991年《〈南极条约〉环境保护议定书》、1991年《越境污染的环境影响评价公约》、1994年《为保护和可持续利用多瑙河进行合作的公约》等，这种仲裁的强制性完全依赖于当事国的选择，如不进行选择，一般情况下，仲裁是不具有强制效果的。

国际环境条约中，仲裁庭一般都是由3名仲裁员组成，构成例外的只有1972年《防止倾倒废物及其他物质污染海洋公约》、1986年《南太平洋地区自然资源和环境保护公约》这两个公约。在这两个公约中，如果当事国同意，可以由一名仲裁员裁决案件。在仲裁庭的组成上，一般是双方各推选一名仲裁员，由被推选的两名仲裁员协议选定一名仲裁员担任首席仲裁员，共三人组成仲裁庭。如果在一定的时间内已推选的两名仲裁员无法选出首席仲裁员，则由其他机构或人员指定。常见的是规定由联合国秘书长、国际法院院长、常设仲裁法院秘书长等来指定首席仲裁员，也有由条约机构秘书长来指定。在一些区域性环境条约中，常由区域组织秘书长或者区域法院院长来指定。

对于仲裁适用的实体规则，半数左右的国际环境条约对此有所规定，基本都是规定仲裁庭应当适用国际法以及该公约裁决案件。1991 年《〈南极条约〉环境保护议定书》还规定，如果当事国同意，仲裁庭可以依据公允及善良原则进行裁决。这样的规定与一般国际法的仲裁相差不大。也有的公约没有规定仲裁适用的实体规则，仲裁庭一般应依据国际法进行裁决。

对于仲裁适用的程序，绝大多数国际环境条约都明确地规定仲裁庭可以自行制定仲裁的程序，但是也会做一些限制，比如要求仲裁庭制定的规则应保证每一争端方有充分的陈述意见和提出理由的机会，还应保证仲裁程序得以迅速进行等等。

2. 国际环境司法。司法解决是指争议双方在共同同意的基础上，把争端交给一个已经存在的国际法院，通过国际法院或法庭使用法律规则，以判决来解决国际争端。有的国际环境条约直接规定通过国际司法解决争端，其他条约虽然没有明确提到以国际司法的方法来解决争端，但是一般也都允许当事国在发生争端时，可以选择和平解决争端的方法，国际司法解决争端作为和平解决国际争端的一种具体方法，当然可以成为当事国选择的方法之一。值得注意的是，晚近制定的环境条约，几乎都包含有国际司法解决争端的规定，这可能代表了今后国际环境资源法发展的一种趋势和潮流。1992 年联合国环境与发展大会通过的《联合国可持续发展 21 世纪议程》倡导各国将环境争端提交给国际法院解决。

在国际环境保护领域，法律解决的机构主要是联合国国际法院和国际海洋法庭。此外，欧洲法院可以受理欧盟成员国提起的环境诉讼。

（1）联合国国际法院。联合国国际法院于 1945 年设立，于 1946 年 4 月 3 日正式成立于海牙，是联合国的主要司法机关。国际法院是一个具有普遍管辖权的国际性司法机构，按照《国际法院规约》的规定，法院可以管辖包括各当事国提交的一切案件，以及联合国宪章或现行条约及协约中所特定的一切事件。考虑到当事国可能偏好在环境事务方面有专长的法官组成的法庭，国际法院 1993 年建立了由 7 名法官组成的常设环境事务庭。当然，环境事务分庭的建立并不意味着涉及环境事务的争端必须由法庭管辖。

国际法院的管辖权分为诉讼管辖权和咨询管辖权。根据《国际法院规约》第 34 条第 1 款的规定，国际法院的诉讼当事国限于国家。国际法院的诉讼管辖范围分为自愿管辖、协定管辖和选择强制管辖。自愿管辖是指当事国事先协议自愿提交的各种案件；协定管辖是指当事国根据现行条约有义务提交国际法院解决的争端；选择强制管辖是指当事国声明承认接受法院的强制管辖。咨询管辖权是指根据《联合国宪章》第 96 条和《国际法院规约》第 65 条规定，联合国法院对于法律问题提供权威性的意见。联合国大会和安理会有权就任何法律问题请国际法院发表咨询意见，联合国其他机关及各种专门机关对其工作范围内的任何法律问题可随时依大会授权，请国际法院发表咨询意见。在司法实践中比较有名的咨询案是 1994 年 12 月 15 日联合国大会请求国际法院就“国际法是否允许在任何情况下威胁和使用核武器”的问题发表咨询意见。

联合国国际法院自成立以来作出了一些对国际环境资源法发展有影响的判决，例如 1949 年的科孚海峡案、1973 年渔业管辖权案和 1974 年的核试验案及 1993 年的盖巴斯科夫—拉基玛洛工程案。

（2）国际海洋法庭。国际海洋法庭是依据《联合国海洋法公约》附件六《国际海洋法法庭规约》而设立的。国际海洋法庭的管辖权仅限于依据《联合国海洋法公约》提交的争端和其他国际协定授权管辖的事项。国际海洋法庭只是诸多争端解决机构之一，缔约国可以选择接受国际海洋法法庭、国际法院、附件规定的仲裁程序或者特别仲裁程序的管辖，其适用的法律是《联合国海洋法公约》和其他与公约不相抵触的国际法原则，国际海洋法庭的判决对争端当事方具有约束力。比较典型的案件有 1999 年发生在新西兰、澳大利亚与日本之间的南方金枪鱼案和 2000 年发生在智利和欧盟之间的箭鱼案。

第三节 国际环境法律责任的概念和分类

一、国际环境法律责任的概念

根据国际法原则，违反国际法会引起对此行为可归咎的国际法主体的责任，这个原则在国际环境法领域也适用。[①] 一般认为国际环境法律责任是指国际法律主体违反国际义务或从事国际法不加禁止的活动但造成损害而依据国际法应承担的国际责任。

按照国际法的一般原理，国际法律责任包括国际不当行为的责任和国际法不加禁止的行为所致损害的责任。国际不当行为的责任是指国际法主体违反国际义务所应承担的国际责任，国际不当行为的责任既包括一般国际不当责任，也包括国际刑事法律责任。联合国国际法委员会《关于国家责任的条文草案》规定：“一国所违背的国际义务对于

① ［法］亚历山大·基斯．国际环境法．张若思，译．北京：法律出版社，2000：361.

保护国际社会的根本利益至关重要，以致整个社会公认违背该项义务是一种罪行时，其因而产生的国际不当行为构成国际罪行。”在联合国国际法委员会列举的四项国际罪行中，有一项是“严重违背对维护和保全人类环境具有根本重要性的国际义务，例如禁止大规模污染大气层或海洋的义务”所构成的国际罪行。国际不当行为的法律后果是国家赔偿责任，它的形式有停止不当行为和补偿。补偿包括恢复原状、赔偿、其他补偿和对不再犯的保证。其中赔偿指的是损害赔偿金，其他补偿指的是道歉、象征性赔偿金和纪律制裁等形式的补偿。

国际法不加禁止的行为所致损害的责任是指国际法主体在从事国际法不加禁止的行为致害所应承担的法律责任，这种责任的产生不以故意或过失的存在为前提，实行的是严格责任原则或者结果责任原则，如1978年前苏联954号核动力卫星坠落加拿大致害赔偿案和1954年美国在马绍尔群岛核试验致损案。

1978年联合国国际法委员会将“国际法不加禁止行为所引起有害后果的国际责任”列为法律编纂的专题，并分别于1996年和1998年通过《国际法不加禁止行为所引起有害后果的国际责任条款草案》和《国际法不加禁止行为所引起有害后果的国际责任条款草案（预防危险活动的跨界损害部分）》。但迄今为止，它们并没有被国际社会接受为条约，对各国没有法律效力。一方面，国际社会需要这样的国际法规范从而对此类国际关系进行调整；另一方面，当前国际现状，即国家不愿意为跨界环境损害承担国家赔偿责任和无过错责任仅适用于高度危险活动的现状，也要求国际社会制定关于国际法不加禁止行为致害的国际责任的法律规范。

国际环境法律责任的依据一般是国际环境条约，许多国际环境条约中都规定了相关的国际环境法律责任，如《保护臭氧层的维也纳公约》、《生物多样性公约》、《气候变化框架公约》等条约，除了规定公约的实施机制外，还规定了限制甚至暂停成员国权利的国际法律责任。

二、国际法律责任的分类

国际法律责任可以根据不同的标准进行不同的分类，比如按照主体的不同可分为国家的责任、国际组织的责任、法人的责任和自然人的责任等；按照环境争端的不同可分为环境污染责任和环境破坏责任等等。但最具实用价值的分类是根据责任产生的依据不同分为与环境损害有关的国家责任和国际民事赔偿责任，一个是国际公法上的责任，一个是国际私法上的责任。

（一）与环境损害有关的国家责任

根据国际法的一般原则，国家违背国际法义务的行为构成国际不当行为，国家必须为之承担国际法律责任，问题的关键在于当代国际法是否承认国家确保在其主权范围内或控制下的活动不致损害其他国家或各国管辖以外地区的环境是一项国际义务。其实在大量的国际条约、判例和国际组织的决议中都承认这项国际义务。因此，如果一国在其管辖或控制下的活动损害其他国家或者各国管辖范围以外地区的环境，则属国际不当行为，该国就应当承担与之相应的与损害相关的国家责任。尽管国家不损害他国或国家管辖以外的环境已经成为一项公认的国际义务，但违背这一义务的法律后果却因受损害的环境不同而不同。如果受损环境属于一国管辖范围之内的，致害方当然承担相应的法律责任；如果环境是各国管辖地区之外的，也就是属于人类共同遗产范畴的，比如公海、国际海底区域、南极等，致害方承担责任并不明朗，现行国际法尚未对此规定明确的法律后果。这也就是《里约宣言》要求各国迅速并且更坚决地进行合作，进一步制定关于在其管辖或控制范围内的活动对在其管辖范围外的地区造成的环境损害的不利影响的责任和赔偿的国际法律的原因。在这方面，《联合国海洋法公约》对国家管辖范围以外的海床和底土的矿物资源构成的区域提供了一个补救办法。对于区域内进行的活动，第145条委托海底管理局负责照管以确保海洋环境得到保护。因此，我们认为这个机构可以要求违反规章的国家承担责任。而且，第139条还规定，缔约国或国际组织应对由于其没有履行公约规定的义务而造成的损害负有责任。

（二）与环境损害有关的国际民事赔偿责任

国际环境损害民事赔偿责任的法律规范存在于各种具有高度危险性活动的条约之中。当前的国际法中尚不存在一套统一的、适用于所有对环境有害活动的国际民事赔偿规则，当前只有关于核设施、海洋石油污染、废物和运输活动等的条约有相关规定。

第四节 与环境损害有关的国家责任

一、与环境损害有关的国家责任的定义

国家责任是现代国际法的一个重要的法律制度，它在很大程度上起着协调国家之间关系的作用。当主权国家承认彼此是独立、平等的，他们之间的国际关系就必然地建立在对等的权利和义务的基础之上。如果一国违反了自己所承担的国际义务，他就应该对自己的违法行为承担责任。[①]

与环境损害相关的国家责任是国家因违背其国际环境义务而承担的国家赔偿责任。目前，国际环境资源法在国家环境赔偿责任方面的规则尚不完善。与环境损害相关的国

① 王铁崖．国际法．北京：法律出版社，1995：136.

家责任主要有三种形式：

（一）绝对的国家责任

《空间物体造成损害的国际赔偿责任公约》明确规定：发射国对本国空间物体对他国及其人身、财产所造成的损害应承担绝对的赔偿责任。如 1978 年前苏联 954 号核动力卫星坠落导致加拿大造成大面积环境污染，前苏联向加拿大支付 30 万美元的损害赔偿。

（二）双重责任制度

鉴于核活动的特殊性，核事故责任是建立在国家和营运人双重责任基础上的。如 1962 年《核动力船舶营运人双重责任公约》和 1963 年《维也纳核损害民事赔偿责任公约》规定：营运人必须根据登记国的规定投保一定数额的核事故险，或作出其他财务安排，同时，国家保证营运人的赔偿责任，并在营运人保险金额不足以赔偿损失的情况下在一定限额内给予补偿。

（三）直接责任制度

在跨国界交通运输，如铁路、航运、海上运输、跨国联运和石油运输方面，常见的赔偿责任形式是由营运人直接承担有限赔偿责任。对此，国际法委员会的观点是，跨境环境损害责任适用于一国管辖或控制范围内从事的一切具有跨境环境损害的活动，包括个人和法人实体从事的活动。同时各国在其领土内或在其管辖或控制下进行或允许进行活动的自由并非不受限制。这一自由必须符合其在跨境环境损害方面对其他国家负有的任何法律义务和关于预防或尽量减少造成重大跨境环境损害之危险的一般义务。当然，在实践中，污染源国对由私人实体从事的造成跨境环境损害的活动并不总是单独承担责任，受害国往往可以利用司法途径追究损害活动行为人的责任，但是这种情况并不足以免除国家的责任。总之，在跨境环境损害责任制度中规定国家责任有助于国家针对其管辖或控制范围内进行的具有潜在跨境环境损害后果的活动采取预防措施。

与传统国家责任可能更强调赔偿的机制有所不同，跨界环境损害有其独特的一面，即更强调国家的预防义务并减少损害的发生这样的义务。国际法委员会 2001 年《预防危险活动的跨界损害条款草案》认为“适当注意”是国家的基本义务，它包括四个要素：采取适当措施防止和减少损害的风险；为此目的国家之间和有能力的国际组织之间要加强合作；国家采取必要的行政、立法和其他行动，包括建立适当的监督机制以预防损害；国家应建立对危险活动的事先核准以及对这项活动可能造成的跨界损害的环境影响评估制度。通过事先的“预防”以达到减少损害的发生。另外，在国际法不加禁止的行为所发生的跨界环境损害国家责任的承担方式上仅局限于损害赔偿，而不涉及国家责任的其他方式，比如道歉或限制主权等。其他由于违反国家所承担的国际义务造成他国或其国民的跨界环境损害所应承担的国家责任则可能是多样的。

二、与环境损害有关的国家责任的构成要件

联合国国际法委员会《关于国家责任的条文草案》第1条规定“一国对于该国的每一国际不当行为需负国际责任。”第2条规定：“每一国都有可能被认为违反了国际不当行为，而需负国际责任。”关于国际不当行为的构成要素问题，该草案第3条规定：“一国的国际不当行为在下列情况下发生：(1) 由于某一行动或不行动而构成的行为按照国际法规定可以归因于该国；(2) 该行为构成违背该国的国际义务”。《国际法未加禁止行为引起有害后果之国际责任条款草案》规定：“按照本条款，对于第1条所指活动引起的重大跨界损害需负责任并应予以赔偿或其他救济。”第6条规定：“有关国家应善意合作，……以预防重大跨界损害的风险或将其减轻至最低程度。如损害业已发生，……在受影响国和起源国将损害的影响减小至最低程度。”

根据上述规定，与环境损害相关的国家责任主要由主体要件、主观要件、客观要件及因果关系要件构成。

（一）主体要件

根据一般国际法规则，由国家承担责任的行为必须是可归咎于该国的行为，也就是说，行为的主体是代表国家行事的人，并且国家要对行为者的行为或不行为负责。具体到跨界环境损害，绝大多数国家对可能造成环境损害的活动一般需要进行事先批准或许可，对代表国家进行商务活动或生产活动的行为，一般也要进行授权或许可，并始终处于国家的监督与控制之下。因此，国家对跨界环境损害承担责任首先需要具备的要件就是该行为可归因于国家。

（二）主观要件

国家承担国际环境责任的前提条件一般有两个：一是国家因违背国际环境保护义务，作出国际不当行为，二是国家从事了国际法不加禁止行为造成损害性后果。第一种行为要求国家要有故意或过失的主观状态存在，一般采用过错责任的归责原则；第二种情况实质上也是对义务的违反，它是对环境法上“预防原则”和“国家资源开发不损害国外环境责任原则”的违反，是一种更为广义的义务的违法，与第一种情况所不同的是，这种义务的违反不需要国家有主观过错，绝大多数学者主张采用“严格责任”的归则原则。总之，跨界环境损害不以致害国的主观过错为构成要件，只要国家违背了国际环境义务就要承担相应的责任。

（三）客观要件

国际环境法律责任的客观要件包括两个方面，一般来说，国家对其未造成损害结果的行为承担国际责任的案例非常少见，最常见的是国家对其造成跨国界环境损害结果的

行为负责的现象。所谓客观要件是指某一国家行为客观上违背了该国的国际义务，即使是国际法不加禁止的行为也是对“损害预防义务”、“通报与协商义务”等义务的违反，无论此义务是基于国际条约还是国际习惯法，均引起国家责任。但是，哪些影响属于环境损害，环境损害严重到什么程度才引起国家赔偿责任等问题，国际环境条约到目前为止还没有给出一个统一的答案。一般的国际司法判决和国际法学家的著述只是笼统地要求环境损害必须达到“严重的”、“实质性的”程度。至于何为“严重的”、“实质性的”环境损害，要根据具体情况具体分析。条约中的环境质量标准的规定往往是判定环境损害程度的依据。1988 年《长程越界空气污染公约控制二氧化氮排放及其越界流动议定书》要求以临界负荷为依据消减二氧化氮的排放量。

（四）因果关系要件

同国内环境损害的构成要件一样，因果关系是承担赔偿责任的核心要件。相较于国内环境损害的因果关系，跨界的环境损害的因果关系更难证明。跨界污染范围更大，一果多因的情形更为突出，国内污染与外国污染的叠加使得判断更为困难。如 1979 年《长程越界空气污染公约》第 1 条 b 款认为：长程越界空气污染是指其物质起源完全地或部分地位于一国管辖之下的区域，在位于一般不可区别个别排放源或排放源群的促成作用的距离之外的另一国的管辖之下的区域发生有害作用的空气污染。基于此，许多国际法学家建议采用因果关系推定原则。

三、与环境损害有关的国家责任的条约和实践

国际法上只有极少数的条约具体规定国家应直接承担责任的规则，主要是 1972 年《空间责任公约》和 1982 年《联合国海洋法公约》。前者规定了国家从事国际法上不加禁止的行为和非法行为而产生的责任；后者规定了国家违背条约义务而产生的责任。

1972 年《空间责任公约》明确发射国在两种情况下承担赔偿的绝对责任，第一种情况是发射国对其空间物体在地球表面造成损害，第二种情况是发射国对飞行中的飞机造成损害。1978 年 1 月 24 日，前苏联发射了一颗由小型核反应器驱动的人造卫星，回收过程中在加拿大西北部爆炸。为此，加拿大政府在 1979 年依据 1972 年《空间责任公约》、1967 年《各国关于探索和利用外层空间包括月球及其他天体活动原则条约》以及国际法一般原则向苏联政府提出 60 万加元的损害赔偿。经过长时间的谈判，1981 年 4 月 2 日两国政府签署了《关于解决 1978 宇宙 954 号卫星解体有关所有事项的议定书》，加拿大政府接受苏联政府提供的 300 万美元作为在其潜在的污染区域所采取的清理行动的赔偿，并最终了解此案。

1982 年《联合国海洋法公约》有两个条款涉及国家损害责任，分别是第 139 条和第 235 条。第 139 条第 1 款规定：“缔约国应有责任确保‘区域’内活动，不论是由缔

约国、国营企业、或具有缔约国国籍的自然人或法人所从事者，一律依照本部分进行。国际组织对于该组织所进行的‘区域’内活动也应有同样义务。”第 2 款规定：“在不妨害国际法规则和附件三第 22 条的情形下，缔约国或国际组织应对由于其没有履行本部分规定的义务而造成的损害负有赔偿责任；共同进行活动的缔约国或国际组织应承担连带赔偿责任。”很显然，根据第 139 条，国家担任监督开发者的角色，以确保区域内的活动符合公约的规定，并采取适当的措施促使开发者履行保护环境的义务。如果国家履行了“适当注意”的义务，对因个人没有遵守条约规定而引起的损害就不承担赔偿责任，而由开发者承担赔偿责任。反之，国家要对开发者的损害活动承担国际法上的责任。第 235 条第 1 段则规定“各国有责任履行其关于保护和保全海洋环境的国际义务。各国应按照国际法承担责任。”

国际上关于跨界环境损害国家承担责任的案例最具代表性的是特雷尔冶炼厂案。特雷尔冶炼厂案对国际环境损害国家责任制度的发展产生了重大影响，该案为此后的跨界环境损害事件开创可借鉴的典范。

特雷尔是加拿大最大的冶炼厂，是位于英属加拿大哥伦比亚的一家私人冶炼厂。由于该厂提炼的矿物质中含有硫黄，烟雾喷入大气层中生成二氧化硫，随着生产规模的不断扩大，到 1930 年每年喷入大气层的二氧化硫达到 600 至 700 吨，大量二氧化硫气体向南越过美国加拿大边界，在华盛顿造成了严重的空气污染。该州的农作物、森林、草原、牲畜、建筑物遭到了大面积的损害。多年来，华盛顿的受害者以私人名义多次向加拿大索赔，但一直没有得到圆满解决。自 1927 年起美、加两国政府开始进行外交谈判，将该问题交给两国的边境问题委员会解决。该委员会在 1931 年的报告中称，至 1932 年 1 月 1 日加拿大冶炼厂所造成的损害将达 35 万美元。加拿大政府表示同意付给美国 35 万美元的赔偿，但美国拒绝了委员会的建议，争端未能解决。美加两国在国际联合委员会的建议下，于 1935 年 4 月 5 日签订“特别协议”，决定组织仲裁庭解决此项争端。仲裁庭最终裁定，特雷尔冶炼厂排放的二氧化硫在 1932 年 1 月 1 日到 1937 年 10 月 1 日间已在华盛顿造成了损害，对此加拿大应付给美国 7.8 万美元的补偿和赔偿。仲裁庭指出任何国家无权如此使用其领土，以致其污染在他国领土或对他国领土或其领土上的财产和生命造成损害，如果这种情况产生的后果严重且其损害被确凿的证据所证实。仲裁庭根据仲裁协议和国际法指出，加拿大无论在现在或将来都应对这个冶炼厂的活动负责，加拿大也有义务制止其造成的损害。此外，裁决没有强调加害国的主观意图和心理因素，即无论加害国出于“故意”还是“过失”心理，都要承担损害赔偿责任，仲裁庭对特雷尔冶炼厂案采取的是“严格的国家责任”。

特雷尔冶炼厂案对国际环境损害国家责任制度的发展产生了重大影响。1972 年人类环境会议将“尊重国家主权和不损害国外环境原则”引入了《人类环境宣言》，将其确立为现代国际环境法的一项基本原则。

第五节 国际民事赔偿责任

与环境损害相关的国家责任虽然在一定程度上解决了部分跨界的环境损害，但毕竟国家责任的承担规则尚不成熟，除了法律明确规定之外，更多的是一种补充和担保责任。真实的责任主体是实施环境危害行为的法人或自然人。所以，目前的处理机制更倾向于通过民事赔偿机制来平衡双方之间的权利和义务，解决的办法也从国际间转到个人之间，从国际公法转到国际私法，[①] 即不运用国际程序，而是使污染损害中的有关个人在国内法院直接面对面。这种国际民事赔偿责任的法律规范存在于各种具有高度危险性的活动的条约之中。当前的国际法中尚不存在一套统一的、适用于所有对环境有害的活动的国际民事赔偿责任规则。因此，国家通过缔结条约来解决这个问题，至少是部分地解决了这个问题。1969 年 11 月 29 日《关于国际油污损害民事责任的布鲁塞尔公约》是这方面最有创新的文件之一，但仅仅适用于特定的污染。1993 年 6 月 21 日欧洲理事会成员国在瑞士卢加诺签署了《环境危险活动造成损害的民事责任公约》；1996 年 5 月 3 日国际社会还通过了《海上运输有毒和危险物质损害责任与赔偿公约》。

国际民事赔偿责任的基本问题同样存在责任人、估计损害、因果关系、主观状态等要素。只是在这些问题之外，还有国际私法所特有的司法管辖权、准据法和对判决的执行等问题，因为这些问题与其他国际民事纠纷相比没有太多的特殊性，在此不做详述。

一、关于核设施的和平利用所致损害的国际民事责任

相关的条约主要是 1960 年经合组织的《核能领域第三方责任公约》及 1963 年的补充协议、1963 年《核能损害民事责任维也纳公约》、1962 年《关于核动力船舶操作者责任的布鲁塞尔公约》和 1971 年《海运核材料民事责任公约》。此外，1960 年《核能领域第三方责任公约》和 1963 年《核能损害民事责任维也纳公约》的缔约国在 1988 年又签订了一项《关于适用维也纳公约和巴黎公约的共同议定书》。该议定书协调了以上两个公约之间的关系，规定了适用以上两个公约的冲突规则，即两公约中任何一公约缔约国领土内的核装置经营者，应按照该公约对另一公约和本议定书缔约国领土内所受的损害负责；如果在核装置以外的运输途中发生核事故，则适用核装置所在地作为缔约国的那一公约；公约应适用于一次事故，并排除另一公约。

关于核事故的民事赔偿责任，以上四个公约大致有五项基本规定：（1）均规定绝

① ［法］亚历山大·基斯．国际环境法．张若思，译．北京：法律出版社，2000：375.

对责任或严格责任。这四项公约要求受害方证明致害方的过错，但战争、自然灾害和受害方的过失可作为经营者免责的理由。（2）赔偿责任都由核设施或核动力船舶的经营者承担，其他可能的被告都不承担此责任，但在一定条件下，核材料的运送或经手人可能被视为经营者。（3）均规定经营者的最大责任限额约为 1 500 万美元（每次事故），以后《核能领域第三方责任公约》的 1963 年补充协议将该限额增加到约 12 000 万美元（每次事故）。1963 年《核能损害民事责任维也纳公约》规定经营者的责任限额不得少于 500 万美元。同当时苏联的切尔诺贝利核电站事故相比，该公约规定的限额简直是微乎其微，为此，以后谈判修订了该公约，此项谈判持续到 1998 年 4 月。1960 年《核能领域第三方责任公约》、1962 年《关于核动力船舶操作者责任的布鲁塞尔公约》规定诉讼时效为 10 年。（4）赔偿的支付都由经营者所持有的强制保险或担保物支持并得到设施所在国或登记国的担保。此外，还有基于 1960 年《核能领域第三方责任公约》的公共基金的担保。（5）均对赔偿权利要求的国家管辖权作出了规定并排除其他地方的民事管辖权。

二、与废物有关的国际民事赔偿责任

（一）1989 年的《巴塞尔公约》

该公约第 12 条要求缔约国进行合作，以期尽早通过一项关于危险废物和其他废物的越境转移和处置的责任与赔偿的议定书。1992 年，一个特别工作组起草此项议定书，其中包括民事赔偿责任和国家赔偿责任。

（二）1991 年的《巴马科公约》

该公约要求缔约国对危险废物的产生者规定严格和无限责任，这是难能可贵的。另外，这一公约还制定了关于责任与赔偿的议定书。

此外，欧共体委员会于 1989 年建议制定一项关于废物所致损害的民事责任指令，根据这个建议，废物的产生者将为废物所致损害承担严格责任，并要购买有关保险。

三、与运输活动所致环境损害有关的国际民事赔偿责任

联合国欧洲经济委员会在 1989 年主持起草了一项公约《由道路、铁路和内陆航行船舶运送危险货物所致损害的民事责任日内瓦公约》。该公约将由危险货物污染环境所致损失和损害同人身伤害和财产损失并列为应予赔偿的损失和损害；规定承运人对危险货物所致损害承担赔偿责任；还规定了赔偿限额，并规定受害人可在事故发生地、损害或损失发生地、预防措施实行地或承运人住所地的法院提起索赔诉讼。然而在起草完成后，该公约迄今尚未生效。

此外，国际海事组织还在起草一项关于海上运送危险物质的责任和赔偿的公约。

四、海洋石油污染所致的国际民事赔偿责任

国际上关于海洋石油污染所致损害的国际民事赔偿责任的公约主要是国际海事组织主持缔结的1969年《国际油污损害民事责任公约》和1971年《建立国际赔偿油污损害基金公约》，其中1969年的《国际油污损害民事责任公约》在1976年、1984年和1992年共进行了三次修订。

1969年《国际油污损害民事责任公约》及其三次修正议定书的主要规定有五个方面：（1）关于严格责任的规定。公约规定船舶所有人对船舶溢出或排放油类所造成的污染负赔偿责任。（2）关于赔偿责任主体的规定。公约规定船舶所有人为赔偿主体。船舶所有人指的是登记人，在未登记的情况下，是指拥有船舶的人。（3）关于赔偿限额和追诉时效的规定。公约规定赔偿限额为按船舶吨位每吨不超过2千法郎计算的赔偿总额，但在任何情况下赔偿总额不得超过2亿1千万法郎，追诉时效为油污损害发生之日起3年，但在任何情况下不得在引起损害的事件发生之日起6年之后提起诉讼。（4）关于船舶保险的规定。公约规定在缔约国登记并载运2 000吨以上的散装货油的船舶所有人必须具有保险或其他财务保证。（5）关于赔偿诉讼管辖权的规定。公约规定拥有管辖权的法院为油污损害发生地或油污损害预防措施发生地国家的法院。1976年和1984年的议定书将赔偿的计算单位改为国际货币基金组织的特别提款权技术单位，并增加了赔偿额度。值得注意的是，当年并没有规定环境损害，但在1984年的议定书中提到了环境损害，但限定与已实际采取或行将采取的合理复原措施的费用。

1971年《建立国际赔偿油污损害基金公约》的目的主要是为按照1969年《国际油污损害民事责任公约》不能得到全部和充分的赔偿的受害人提供补偿，也为船舶所有人及其保证人按照上述1969年的公约所承担的赔偿提供一部分补偿。公约设立的基金由缔约国在其领土内的港口或油站接受海运石油15万吨以上的任何人摊款组成。该公约在1976、1984年和1992年得到三次修订。

推荐阅读

1. 陈致中．国际法案例．北京：法律出版社，1998.

2. 江伟钰．跨国污染的国家责任．法治论丛，1995（5）.

思考题

1. 何为国际环境争端？国际争端具有哪些特点？

2. 试分析国际环境资源法中的国家责任。

第二编

国际环境与资源的法律保护

第九章　国际大气环境的法律保护

核心提示

目前，国际大气环境的污染已经成为全球环境危机的一个重要方面，要解决这个问题，就不能拘泥于一国的大气环境和局部视野，否则不足以有效遏制国际大气环境的持续恶化。为了防治区域性和全球性的大气环境问题，国际社会作出了各种努力。本章就重点介绍国际社会在全球和区域上，通过合作和采取共同行动进行大气环境的国际法律保护所依据的公约、条约等法律基础。

包围在地球周围的空气层称为大气。由于人口增加、经济的发展，大气的组分发生变化，引起一系列影响人类正常生活、生产的现象。目前，全球变暖、臭氧层破坏、酸雨等成为全球性的大气环境问题，引起国际社会的广泛关注。许多国家已经通过立法来预防、控制、应对大气环境问题。大气在地球周围循环，其变化和影响具有全球共同性，有效解决大气变化，需要国际社会的共同努力，于是，国际社会签订一系列双边、区域和全球条约以应对大气环境问题。

第一节　国际大气和大气污染

一、国际大气的现状

（一）大气及其组成

大气是地球生命繁衍、人类发展的基本要素之一。

自然状态下，大气是由混合气体、水汽和杂质组成。除去水汽和杂质的空气称为干洁空气。干洁空气的主要成分为 78.09% 的氮，20.94% 的氧，0.93% 的氩。这三种气体占总量的 99.96%，其他各项气体含量总计不到 0.1%，这些微量气体包括氖、氦、氪、氙等稀有气体。

水汽在大气中含量很少，云、雾、雨、雪、霜、露等都是水汽的各种形态。水汽能强烈地吸收地表发出的长波辐射，也能放出长波辐射，水汽的蒸发和凝结又能吸收和放出潜热，这都直接影响到地面和空气的温度，影响到大气的运动和变化。

大气中除了气体成分以外，还有很多的液体和固体杂质、微粒。杂质是指来源于火山爆发、尘沙飞扬、物质燃烧的颗粒、流星燃烧所产生的细小微粒和海水飞溅扬入大气后而被蒸发的盐粒，还有细菌、微生物、植物的孢子花粉等。它们多集中于大气的底层。

液体微粒，是指悬浮于大气中的水滴、过冷水滴和冰晶等水汽凝结物。

大气的状态和变化时时刻刻影响着人类的活动与生存。大气中组分是不稳定的，无论是自然灾害还是人为影响，都可能使大气中出现新的物质，或某种成分的含量过多地超出了自然状态下的平均值，或某种成分含量减少，这些都会影响生物的正常发育和生长，给人类造成危害。

（二）大气污染

1. 大气污染的概念。按照国际标准化组织（ISO）的定义，“大气污染通常是指由于人类活动或自然过程引起某些物质进入大气中，呈现出足够的浓度，达到足够的时间，并因此危害了人体的舒适、健康和福利或环境污染的现象”。凡是能使空气质量变差的物质都是大气污染物。大气污染物目前已知的约有100多种，产生的原因有自然因素（如森林火灾、火山爆发等）和人为因素（如工业废气、生活燃煤、汽车尾气等）两种，并且以后者为主要污染因素，尤其是工业生产和交通运输所造成的污染较为严重。

2. 大气污染物。按其存在状态，大气污染物可概括为两大类：颗粒污染物和气态污染物。颗粒污染物包括粉尘、烟、飞灰、黑烟、雾等；气态污染物包括含硫化学物、含氮化合物、碳氧化物、有机化合物、光化学烟雾等。

3. 大气污染的危害。人类认识到的大气污染的危害，最初主要是对人体健康的危害，随后逐步发现了对工农业生产的各种危害以及对天气和气候产生的不良影响。

大气污染对人的危害大致可分为急性中毒、慢性中毒、致癌三种；大气污染对生物的危害体现在动物因吸入污染空气或吃含污染物食物而发病或死亡，也可使植物抗病力下降，从而影响生长发育，叶面产生伤斑或枯萎死亡；对物品的危害，如对纺织衣物、皮革、金属制品、建筑材料、文化艺术品等造成化学性损害和玷污损害；大气污染造成酸性降雨，对农业、林业、淡水养殖业等产生不利影响；破坏高空臭氧层，形成臭氧空洞，对人类和生物的生存环境产生危害；对全球气候产生影响，如二氧化碳等温室气体的增多会导致地球变暖，导致全球天气灾害增多，又如烟尘等气溶胶粒子增多，使大气混浊度增加，减弱太阳辐射，影响地球长波辐射，可能导致气候异常。

（三）国际大气污染的主要表现

1. 温室效应。温室效应（Greenhouse effect），又称“花房效应”，是大气保温效应的俗称。其产生的机理是大气能使太阳短波辐射到达地面，但地表向外放出的长波热辐射线却被大气吸收，这样就使地表与低层大气温度增高。二氧化碳气体具有吸热和隔热的功能。它在大气中增多的结果是形成一种无形的玻璃罩，使太阳辐射到地球上的热量无法向外层空间发散，对红外线进行反射，其结果是地球表面变热起来。因此，二氧化碳也被称为温室气体。

温室效应主要是由于现代化工业社会燃烧过多煤炭、石油和天然气，大量排放尾气，这些燃料燃烧后放出大量的二氧化碳气体进入大气造成的。人类活动和大自然还排放其他温室气体，它们是：氟氯烃、甲烷、低空臭氧和氮氧化物气体，地球上可以吸收大量二氧化碳的是海洋中的浮游生物和陆地上的森林，尤其是热带雨林。

温室效应带来全球变暖、冰川消融、干旱等问题，导致降水变得更加不可预测，海平面上升，热带传播的虫害和疾病向两极区域扩散等趋势，使经济、健康、安全、粮食生产等方面的危机日益加剧。

自工业革命以来，人类向大气中排放的二氧化碳等吸热性强的温室气体逐年增加，大气的温室效应也随之增强，导致全球气候变暖等一系列严重问题，引起了全世界各国的关注。

由联合国环境规划署和欧洲气候基金联合发布的最新《气体排放差距报告》强调：包括二氧化碳在内的全球温室气体的排放量自2000年以来增加了20%，比2020年所应达到的水平还高出了14%。①

2. 酸雨。酸雨（acid rain）是指PH值小于5.6的雨雪或其他形式的降水。酸雨正式的名称是酸性沉降，它可分为“湿沉降”与“干沉降”两大类，前者指的是所有气状污染物或粒状污染物随着雨、雪、雾或雹等降水形态而落到地面，后者则是指在不下雨的日子从空中降下来的落尘所带的酸性物质。

酸雨是工业高度发展而出现的副产物，是由人类大量使用煤、石油、天然气等化石燃料燃烧后产生的硫氧化物或氮氧化物，在大气中经过复杂的化学反应，形成硫酸或硝酸气溶胶，或为云、雨、雪、雾捕捉吸收，降到地面成为酸雨。如果形成酸性物质时没有云雨，则酸性物质会以重力沉降等形式逐渐降落在地面上，这叫做干性沉降，以区别于酸雨、酸雪等湿性沉降。干性沉降物在地面遇水时复合成酸。酸云和酸雾中的酸性由于没有得到直径大得多的雨滴的稀释，因此它们的酸性要比酸雨强得多。高山区由于经常有云雾缭绕，因此高山上酸雨区森林受害最重，常成片死亡。硫酸和硝酸是酸雨的主

---

① 卞晨光．联合国环境规划署：全球温室气体排放量仍在增加．科技日报，2012－11－23.

要成分，约占总酸量的90%以上。

酸雨给地球生态环境和人类社会经济都带来严重的影响和破坏。研究表明，酸雨对土壤、水体、森林、建筑、名胜古迹等自然和人文景观均带来严重危害，不仅造成重大经济损失，更危及人类生存和发展。

近一个世纪以来，人类社会的二氧化硫排放量一直在上升，尤其是二次世界大战后上升得更快，从1950年到1990年全球的二氧化硫排放量增加了约1倍，目前已超过1.5亿吨/年。全球氮氧化物的排放量也接近1亿吨/年。[①]

3. 臭氧层破坏。臭氧层是指大气层的平流层中臭氧浓度相对较高的部分，大多分布在距地面20km—50km的大气中，其主要作用是吸收短波紫外线。大气臭氧层主要有三个作用：其一为保护作用，臭氧层阻挡紫外线保护地球上的人类和动植物免遭短波紫外线的伤害；其二为加热作用，臭氧吸收太阳光中的紫外线并将其转换为热能加热大气；其三为温室气体的作用，在对流层上部和平流层底部，即在气温很低的这一高度，臭氧的作用同样非常重要，如果这一高度的臭氧减少，则会产生使地面气温下降的动力。

人类活动排入大气中的一些物质进入平流层与那里的臭氧发生化学反应，导致臭氧耗损，使臭氧浓度减少的现象被称作臭氧层破坏或臭氧层损耗。人们大多认为，人类过多地使用氯氟烃类化学物质（用CFCs表示）是破坏臭氧层的主要原因。另外，哈龙类物质（用于灭火器）、氮氧化物也会造成臭氧层的损耗。

臭氧层被大量损耗后，吸收紫外辐射的能力降低，导致到达地球表面的紫外线明显增加，给人类健康和生态环境带来多方面的危害。目前人们普遍关注的是臭氧层破坏后对人体健康、陆生植物、水生生态系统、生物化学循环、材料以及对流层大气组成和空气质量等方面的影响。已有研究表明，长期暴露于强紫外线的辐射下，会导致细胞内的DNA改变，人体免疫系统的机能减退，人体抵抗疾病的能力下降。

4. 城市大气污染。城市大气污染是在城市的生产和生活中，向自然界排放的各种空气污染物超过了自然环境的自净能力，给人类的身体、生产和生活带来危害。城市的空气污染主要是由于工业生产、建筑施工、垃圾堆放以及汽车尾气排放等原因引起。

城市主要空气污染物包括一氧化碳、氟及其化合物、氮氧化合物、硫氧化合物、颗粒物等。

目前，国际上对颗粒物评价标准是以颗粒物的直径为基准。如PM2.5是指大气中直径小于或等于2.5微米的颗粒物，也称为可入肺颗粒物，它的直径还不到人的头发丝粗细的1/20。虽然PM2.5只是地球大气成分中含量很少的组分，但它对空气质量和能

---

① 全球性环境问题之酸雨．[2011-5-17]．http://hky.njnu.edu.cn/newszw/2011-5/120633_269682.html.

见度等有重要的影响。与较粗的大气颗粒物相比，PM2.5 粒径小，富含大量的有毒、有害物质且在大气中的停留时间长、输送距离远，因而对人体健康和大气环境质量的影响更大。

城市大气污染后，由于污染物质的来源、性质、浓度和持续时间的不同，污染地区的气象条件、地理环境等因素的差别，甚至人的年龄、健康状况的不同，对人均会产生不同的危害。大气污染对人体的影响，首先是感觉上不舒服，随后生理上出现可逆性反应，再进一步就出现急性危害症状。大气污染对人的危害大致可分为急性中毒、慢性中毒、致癌三种。

第二节　国际大气环境保护法

目前，国际大气环境保护法的重点目标是控制和减少温室气体的排放，防止地球气候出现不可逆转的变化；控制、减少并最终消除耗损臭氧层物质的使用，保护臭氧层的完好以及控制并减少二氧化硫等各种空气污染物的排放，消除跨界空气污染。保护大气的条约主要有 1992 年《联合国气候变化框架公约》及其 1997 年《京都议定书》、1985 年《保护臭氧层维也纳公约》及其 1987 年议定书和 1979 年《远距离跨界大气污染公约》及其议定书。

一、《联合国气候变化框架公约》及其《京都议定书》

《联合国气候变化框架公约》（United Nations Framework Convention on Climate Change，简称《框架公约》，UNFCCC）是 1992 年 5 月 22 日联合国政府间谈判委员会就气候变化问题达成的公约，于 1992 年 6 月 4 日在巴西里约热内卢举行的联合国环境与发展大会（地球首脑会议）上通过。《联合国气候变化框架公约》是世界上第一个为全面控制二氧化碳等温室气体排放，以应对全球气候变暖给人类经济和社会带来不利影响的国际公约，也是国际社会在应对全球气候变化问题上进行国际合作的一个基本框架。

（一）《联合国气候变化框架公约》

1. 《联合国气候变化框架公约》产生的背景及发展。1898 年，瑞典科学家斯万·阿伦纽斯（Svante Ahrrenius）就警告说，二氧化碳排放量可能会导致全球变暖，然而直到 20 世纪 70 年代，随着科学家们逐渐深入了解地球大气系统，该言论才引起了大众的广泛关注。

联合国环境规划署（UNEP）和世界气象组织（WMO）于 1988 年成立了气候变化政府间会议（IPCC）。IPCC 在 1990 年发布了第一份评估报告，经过数百名顶尖科学家和专家的评议，该报告确定了气候变化的科学依据，它对国际社会产生了深远的影响，也影响了后续的气候变化公约的谈判。

1990 年，第二次世界气候大会呼吁建立一个气候变化框架条约。本次会议由 137 个国家加上欧洲共同体进行部长级谈判，主办方为世界气象组织、联合国环境署和其他国际组织。虽然在最后宣言中并没有指定任何国际减排目标，然而它确定的一些原则为以后的气候变化公约奠定了基础。这些原则包括：气候变化是人类共同关注的，公平原则，不同发展水平国家的“共同但有区别的责任”，可持续发展和预防原则。

1990 年 12 月，联合国常委会批准了气候变化公约的谈判。气候变化框架公约政府间谈判委员会（The Intergovernmental Negotiating Committee for a Framework Convention on Climate Change）在 1991 年 2 月至 1992 年 5 月期间进行了 5 次会议，参加谈判的 150 个国家的代表最终确定将于 1992 年 6 月在巴西里约热内卢举行的联合国环境与发展大会上签署公约。

公约为应对未来数十年的气候变化设定了减排进程，确定建立一个长效机制，促使政府间报告各自的温室气体排放和气候变化情况。此信息将定期检讨以追踪公约的执行进度。此外，发达国家同意推动资金和技术转让，帮助发展中国家应对气候变化。他们还承诺采取措施，争取 2000 年温室气体排放量维持在 1990 年的水平。

1997 年 12 月条约在日本京都通过《京都议定书》，并于 1998 年 3 月 16 日至 1999 年 3 月 15 日间开放签字，共有 84 国签署，条约于 2005 年 2 月 16 日开始强制生效，到 2009 年 2 月，一共有 183 个国家通过了该条约，但是美国没有签署该条约。发达国家从 2005 年开始承担减少碳排放量的义务，而发展中国家则从 2012 年开始承担减排义务。

2.《联合国气候变化框架公约》的目标和原则。《联合国气候变化框架公约》的目标是减少温室气体排放，减少人为活动对气候系统的危害，减缓气候变暖，增强生态系统对气候变化的适应性，确保粮食生产和经济可持续发展。

为实现上述目标，公约确立了五个基本原则：（1）代际公平原则和共同但有区别的责任原则的结合，它要求为人类当代和后代的利益保护气候系统，并要求发达国家缔约方率先采取行动对付气候变化及其不利影响；（2）要求充分考虑发展中国家的愿望和要求；（3）风险预防原则和成本效益原则，它规定当存在造成严重或不可逆转的损害的威胁时，不应当以科学上没有完全的确定性为理由推迟采取预防措施，它还要求应对气候变化的政策和措施应当讲求成本效益，确保以尽可能最低的费用获得全球效益；（4）坚持可持续发展原则，并承认经济发展对于采取措施应付气候变化的重要性；（5）国际合作原则，它强调这种合作的目的是促进建立有利于各国特别是发展中国家的可持续经济增长的国际经济体系。

3. 公约的主要内容

（1）有关定义。“气候变化的不利影响”指气候变化所造成的自然环境或生物区系的变化，这些变化对自然的和管理下的生态系统的组成、复原力或生产力、或对社会经济系统的运作、或对人类的健康和福利产生重大的有害影响。“气候变化”指除在类似时期内所观测的气候的自然变异之外，由于直接或间接的人类活动改变了地球大气的组成而造成的气候变化。

（2）缔约国的承诺。为实现公约的目的，缔约国在公约中作出一系列的“承诺”。承诺分为一般性承诺和具体承诺两类。

一般性承诺是所有缔约国，不论其是发展中国家还是发达国家，都要履行的共同的承诺。公约规定，一般性承诺要考虑到各国共同但有区别的责任和各国和区域发展的优先顺序、目标和情况。一般性承诺包括：编制、更新和公布关于《蒙特利尔议定书》未予管制的所有温室气体的各种源的人为排放和各种汇的清除的国家清单；制定、执行、公布和更新关于控制《蒙特利尔议定书》未予管制的温室气体的排放和汇的清除的国家方案和适当情况下的区域方案；在所有有关部门促进、开发、应用和传播关于控制、减少或防止《蒙特利尔议定书》未予管制的温室气体的排放的技术；促进可持续地管理和维护、加强《蒙特利尔议定书》未予管制的所有温室气体的汇和库，包括生物质、森林和海洋等；合作为适应气候变化的影响做好准备，制定关于沿海地区的管理、水资源、农业可能受旱灾、荒漠化和洪水影响地区的保护和恢复的计划；在社会、经济和环境的政策和行动中考虑气候变化问题，并制定措施防止为减缓或适应气候变化而采取的措施对经济、公共健康和环境质量产生的不利影响；促进和合作进行关于气候变化的起因、影响、规模、发生时间和对应战略的研究；在有关气候变化问题的科学、技术、工艺、社会经济和法律信息方面进行交流，包括宣传教育和向缔约国大会提供信息。

具体承诺不是所有缔约方的共同承诺，而仅仅是特定类型的缔约方的承诺。只有《联合国气候变化框架公约》附件一和附件二所列缔约方作出了具体承诺。附件一所列缔约方的具体承诺：制定国家政策并采取措施，通过限制人为温室气体排放和保护、增强温室气体库和汇，减缓气候变化；在公约对其生效后6个月内，通过公约秘书处，向缔约方大会提供关于控制温室气体的人为排放和保护、增强温室气体的库和汇的政策和措施的详细信息。附件二所列缔约方的具体承诺：为发展中国家缔约方提供新的和额外的资金，以支付它们的编制国家关于温室气体人为排放源和各种汇的清单的费用和它们为履行其一般性承诺所引起的增加费用；帮助特别易受气候变化不利影响的发展中国家缔约方支付适应这些不利影响的费用；采取一切实际可行的步骤、酌情促进、便利和资助向其他缔约方特别是发展中国家缔约方转让或使它们有机会得到无害环境的技术，以便它们能够履行公约。公约还规定，在此过程中，发达国家缔约方应支持开发和增强发展中国家缔约方的自生能力和技术。

（3）公约的机构。公约共设立了四个机构即缔约方会议、秘书处、附属科技咨询机构、附属履行机构和一个资金机制。缔约方会议是公约的最高机构，其职责是定期审评公约缔约方会议可能通过的任何法律文书的履行情况，并在其职权范围内作出有关公约的履行的决定。秘书处的职责包括安排缔约方会议和附属机构的会议并为之提供服务；汇编和传递报告及其他信息；与其他有关国际机构的秘书处保持联系和协调等。附属技术咨询机构的职责是就与公约有关的科学和技术事项向缔约方会议和其他附属机构提供信息和咨询，该机构开放供所有缔约方参加。附属履行机构的职责是协助缔约方会议评估和审议公约的履行情况，该机构也开放供所有缔约方参加。同时，公约决定创立一个在赠与或转让基础上提供资金、包括用于技术转让的资金的机制。公约规定该机制的经营委托一个或多个现有的国际实体负责。目前，公约的资金委托全球环境基金（GEF）负责。

（4）有关履行问题的多边协商程序。公约第 13 条规定缔约方会议应在其第一届会议上考虑设立一个解决与公约履行有关的问题的多边协商程序。但一直到 1996 年 7 月的第二届缔约方会议，这一程序仍在由一个特别工作组进行研究。

（5）争端解决程序。公约第 14 条对缔约方之间有关公约的争端规定了解决程序。争端应以和平方式解决。公约规定的解决争端的方式有谈判、提交国际法院裁决、仲裁和调解。

4. 公约的缔约方大会的历程

第一次缔约方大会于 1995 年 3 月 28 日至 4 月 7 日在德国柏林市举行。会议通过了 21 项决定，其中的重要决定有关于“柏林授权”的决定和关于试验阶段联合履约活动的决定。

第二次缔约方大会于 1996 年 7 月 8 日至 19 日在瑞士日内瓦举行。会议通过了 17 项决定，其中的第 8 项决定继续进行联合履约的试验。第二届缔约方大会发表一项《日内瓦部长宣言》。该宣言确认政府间气候变化专家组的第二次评价报告是当今关于气候变化科学、影响和现有应对措施的最全面和权威的评价。宣言指出，如不采取减缓气候变化的政策和措施，到 2100 年，地球表面平均温度将比 1990 年提高大约 2 摄氏度，海平面将上升大约 50 公分。宣言指出，为将大气中温室气体浓度维持在两倍于工业化前时代的水平，当前全球温室气体的人为排放需消减 50%。宣言要求各国加快关于制定具有法律约束力的削减温室气体人为排放的议定书的谈判。宣言重申该议定书应包括“柏林授权”的全部内容。

第三次缔约方会议于 1997 年 12 月 1 日至 11 日在日本京都举行。有 150 多个国家的代表团、20多个国家的观察员代表以及非政府组织的代表等共5 000余人出席了会议。会议各方经过激烈的谈判，通过了具有里程碑意义的《京都议定书》，使得公约的履行向前迈出了极其重要的一步。

第四次缔约方会议于1998年通过了《布宜诺斯艾利斯行动计划》。该计划对资金机制、技术开发和转让、考虑对发展中国家的不利影响、试验阶段共同执行的活动、《京都议定书》机制工作方案和《公约》缔约方会议兼《京都议定书》缔约方会议第一届会议的筹备工作等事项作出了安排。会议的第10/CP. 4号决定还通过了《多边协商程序》，并拟订了多边协商程序的案文，但会议并未就多边协商程序的案文达成最终协议。

第五次缔约方会议于1999年就议定书生效所需的具体细则进行磋商，主要议题包括发展中国家的参与、京都机制、履约程序、汇等。会议通过了公约附件一缔约方的《国家信息通报编制指南》、《温室气体清单技术审查指南》和《全球气候观测系统报告编写指南》等文件。

第六次缔约方会议于2000年在海牙举行。会议的主要目的是提出落实议定书的具体措施，以切实履行发达国家作出的减排温室气体的承诺，同时发展中国家期望通过这次会议得到发达国家向他们转让技术和资金的保证。第六次缔约方会议于2001年的波恩续会通过了《波恩协定》。《波恩协定》就执行《布宜诺斯艾利斯行动计划》达成一致。《波恩协定》的主要内容涉及《公约》下的供资；《京都议定书》下的供资；技术开发和转让；对发展中国家的不利影响；京都议定书的灵活机制；土地利用、土地利用的变化和林业活动；履约程序和机制等事项。然而，美国于2001年宣布退出《京都议定书》，给《京都议定书》的生效蒙上了巨大的阴影。

第七次缔约方会议于2001年举行，主要任务是完成和落实《波恩协定》的技术性谈判。经艰苦谈判，会议在《波恩协定》的基础上通过了一系列决定，统称《马拉喀什协议》。《协议》是由一系列决定所组成的国际法文件，内容十分庞杂，主要对技术的开发与转让，土地使用、土地使用的变化和林业，发展中国家的能力建设，经济转型国家的能力建设，对发展中国家的不利影响，京都机制，履约机制、资金机制等问题都有较为具体的规定。马拉喀什会议为促成议定书的早日生效进一步扫除了障碍，使得《气候变化框架公约》和《京都议定书》的发展进程开始进入到一个全新的阶段。《马拉喀什协议》体现了从理论到实践的转变，从制定《京都议定书》的规则到加以贯彻落实的转变。

第八次缔约方会议于2002年通过了《气候变化与可持续发展德里部长级宣言》（以下简称《德里宣言》）。《德里宣言》重申国际社会以往在气候变化问题上所达成的一系列共识。它的核心思想是着眼于在可持续发展战略的大框架下解决气候变化问题，并强调解决脆弱性和适应性问题的紧迫性。《德里宣言》强调加强能源领域的发展以应对气候变化问题；呼吁通过各种政策和方法以推动能源领域的投资；改善能源和资源的准入条件；促进能源供应的多样化；提高可更新能源在总能源中的比例。

第九次缔约方大会于2003年12月在意大利米兰举行。

第十次缔约方大会于2004年12月在阿根廷布宜诺斯艾利斯举行。本次大会期间，与会代表围绕《联合国气候变化框架公约》生效10周年来取得的成就和未来面临的挑战、气候变化带来的影响、温室气体减排政策以及在公约框架下的技术转让、资金机制、能力建设等重要问题进行了讨论。

第十一次缔约方大会于2005年11月在加拿大蒙特利尔市举行。来自全世界189个国家的近万名代表参加了此次会议，并最终通过了40多项重要决定。其中包括启动《京都议定书》第二阶段温室气体减排谈判，以进一步推动和强化各国的共同行动，切实遏制全球气候变暖的势头。本次大会取得的重要成果被称为“控制气候变化的蒙特利尔路线图”。

第十二次缔约方大会于2006年11月在肯尼亚首都内罗毕举行。这次大会取得了两项重要成果：一是达成包括“内罗毕工作计划”在内的几十项决定，以帮助发展中国家提高应对气候变化的能力；二是在管理“适应基金”的问题上取得一致，基金将用于支持发展中国家具体的适应气候变化活动。

第十三次缔约方大会于2007年12月在印度尼西亚巴厘岛举行，会议着重讨论“后京都”问题，即《京都议定书》第一承诺期在2012年到期后如何进一步降低温室气体的排放。15日，联合国气候变化大会通过了“巴厘岛路线图”，启动了加强《公约》和《京都议定书》全面实施的谈判进程，致力于在2009年年底前完成《京都议定书》第一承诺期2012年到期后全球应对气候变化新安排的谈判并签署有关协议。八国集团领导人于2008年7月8日在八国集团首脑会议上就温室气体长期减排目标达成一致。八国集团领导人在一份声明中说，八国寻求与《联合国气候变化框架公约》其他缔约国共同实现到2050年将全球温室气体排放量减少至少一半的长期目标，并在公约相关谈判中与这些国家讨论并通过这一目标。

第十四次缔约方大会于2008年12月在波兰波兹南市举行。

第十五次缔约方会议于2009年12月7日在哥本哈根举行，共有192个国家的环境部长和其他官员们出席，商讨《京都议定书》一期承诺到期后的后续方案，就未来应对气候变化的全球行动签署新的协议。这是继《京都议定书》后又一具有划时代意义的全球气候协议书。这是一次被喻为“拯救人类的最后一次机会”的会议。

（二）《京都议定书》

1.《京都议定书》的产生。根据《联合国气候变化框架公约》第一次缔约方大会的授权（柏林授权），缔约国经过近3年谈判，于1997年12月11日在日本东京签署了《京都议定书》。该《议定书》确定《联合国气候变化框架公约》发达国家（工业化国家）在2008—2012年的减排指标，工业化国家在1990年排放量的基础上减排5%，同时确立了三个实现减排的灵活机制，即联合履约、排放贸易和清洁发展机制。其中清洁发展机制同发展中国家关系密切，其目的是帮助发达国家实现减排，同时协助发展中国家实现可持续发展，是由发达国家向发展中国家提供技术转让和资金，通过项目提高发展中国家能源利用率，减少排放，或通过造林增加二氧化碳吸收，排放的减少和增加的二氧化碳吸收计入发达国家的减排量。根据《马拉喀什协议》的有关规定，发达国家通过清洁发展机制下造林和更新造林活动实现的年减排量不得超过其1990年排放量的1%。

2.《京都议定书》的主要内容。议定书包括28条条款和两个附件，其主要内容包括：

（1）定量减排目标。议定书对公约附件一国家的温室气体排放量作出了具有法律约束力的定量限制。议定书第3条第1款规定："附件一缔约方应个别地或共同地确保附件A所列温室气体的排放总量（以二氧化碳当量计）不超过按照附件B中所登记的其排放量限制、削减承诺和根据本条规定所计算的其分配数量，并使这类气体的全部排放量在2008年至2012年的承诺期间削减到1990年水平之下5%"。以1990年的排放水平为基准，议定书为附件一缔约方确定了具体的、有差别的减排指标，如欧盟8%，美国7%，日本、加拿大各6%，俄罗斯、乌克兰、新西兰维持零增长，澳大利亚、冰岛的排放量增长限制在8%和10%。另外，欧盟成员国作为一个整体参与减排行动。根据《公约》规定的共同但有区别的责任原则，议定书未对发展中国家规定温室气体减排的目标。议定书为附件一国家规定的温室气体减排指标，体现了共同但有区别的责任原则和对发达国家率先行动，采取措施减少温室气体排放的要求。

（2）灵活机制。基于发达国家，尤其是美国的坚持，议定书在上述硬性的减排指标以外，规定了三个灵活机制（又称"京都三机制"），即第6条所确立的公约附件一缔约方之间的联合履行机制（Joint Implementation，JI）、第12条所确立的附件一缔约方与非附件一缔约方之间的清洁发展机制（Clean Development Mechanism，CDM）和第17条所确定的附件一缔约方之间的排放贸易机制（Emission Trading，ET）。这三个机制体现了通过市场机制促进温室气体减排的主张。这些机制允许附件一国家通过相互之间及其同非附件一国家之间的合作，完成温室气体减排的承诺。其中，前两个灵活机制是以旨在减少温室气体排放的投资项目为基础，投资方可以得到相应的减排额度作为其实现议定书的减排指标的组成部分；第三个机制则是基于附件一缔约方之间温室气体排放限额的交易。为避免附件一国家利用这些灵活机制逃避对本国的温室气体排放量进行实质性削减的义务，议定书明确规定这三种灵活机制都是作为附件一缔约方国内减排行动的补充。

（3）森林的作用。议定书允许附件一缔约方以“汇”（例如森林）的活动所产生的温室气体的清除量，冲抵其所承诺的温室气体的减排量。议定书第3条第3款规定：“在自1990年以来直接由人引起的土地利用变化和森林活动——限于造林、重新造林和砍伐森林——产生的源的温室气体排放和汇的清除方面的净变化，作为每个承诺期间贮存方面可核查的变化来衡量，应用来达到附件一所列每一缔约方在本条中的承诺。”

（4）履约机制。议定书要求《公约》缔约方制定适当且有效的程序和机制用以断定和处理不遵守本议定书的情势。

二、《保护臭氧层维也纳公约》和《关于消耗臭氧层物质的蒙特利尔议定书》

《保护臭氧层维也纳公约》于1985年3月22日在奥地利维也纳签订。《公约》规定缔约国采取适当措施，避免遭受改变臭氧层的人类活动造成的或可能造成的不利影响。为执行《公约》，1987年9月16日又在加拿大蒙特利尔通过《关于消耗臭氧层物质的蒙特利尔议定书》。目的是确定控制消耗臭氧层物质的全球生产和使用的长期和短期战略。它也是一项“框架性”公约，并未对耗损臭氧层物质的限制和停止使用规定具体的目标和时间表。

（一）《保护臭氧层维也纳公约》

1.《保护臭氧层维也纳公约》的产生背景及发展过程。联合国环境规划署（UNEP）为了保护臭氧层采取了一系列国际行动。1976年4月UNEP理事会第一次讨论了臭氧层破坏问题；1977年3月召开臭氧层专家会议，通过了第一个《关于臭氧层行动的世界计划》；1980年UNEP理事会决定建立一个特设工作组来筹备制定保护臭氧层的全球性公约；经过几年努力，终于在1985年3月在奥地利首都维也纳召开的“保护臭氧层外交大会”上通过了《保护臭氧层维也纳公约》，该公约于1988年生效。

1987年9月16日，缔约方在蒙特利尔签订了以逐步停止生产和使用消耗臭氧层物质为目标的《蒙特利尔议定书》，9月16日也因此被联合国确定为国际保护臭氧层日。《蒙特利尔议定书》规定，从1990年起，各缔约方根据可以取得的科学、环境、技术和经济资料，至少每4年一次对《蒙特利尔议定书》的控制措施进行评估。根据作出的评估，缔约方可以对《蒙特利尔议定书》进行调整和修正。迄今为止，《蒙特利尔议定书》经过4次修正和6次调整，对保证缔约方履约起到了至关重要的作用。

其主要修正案包括：

《伦敦修正案》1990年6月29日签署，1992年8月10日生效。该修正案增加了四组受控物质，包括四氯化碳（CTC）、甲基氯仿（TCA）、10 种其他 CFCs 以及 34 种含氢氯氟烃（HCFCs），并定义 HCFCs 为过渡性物质。除 HCFCs 外，《伦敦修正案》还规定了其他几组新物质的淘汰时间表。另外一个重要成果是设立了临时多边基金作为议定书的财务机制以帮助合格的第 5 条缔约方执行控制措施。1991 年 6 月 14 日，中国正式签署加入该修正案。

《哥本哈根修正案》于 1992 年 11 月 25 日签署，1994 年 6 月 14 日生效。该修正案将发达国家 CFCs、CTC、TCA 的最终淘汰时间提前到 1996 年，将哈龙的最终淘汰时间提前到 1994 年，对发展中国家是否加速这些物质的淘汰将在考虑多边基金对他们提供的援助之后决定。《哥本哈根修正案》同时增加了三组受控物质，包括 40 种 HCFCs、含氢溴氟烃（HBFC）和甲基溴，并规定了这几种物质的淘汰时间表。比较特殊的是，对 HCFCs，修正案只规定了消费的最终淘汰时间而未涉及生产。对 HBFC，修正案规定发达国家和发展中国家到 1996 年必须停止这类物质的生产和消费，主要目的是防止将其作为哈龙的替代品应用。2003 年 4 月 22 日，中国签署加入该修正案。

《蒙特利尔修正案》于 1997 年 9 月 17 日签署，1999 年 11 月 10 日生效。该修正案主要规定了消耗臭氧层物质进出口的一些控制措施，要求缔约方对所有受控物质建立进出口许可证制度，同时规定了在缔约方和非缔约方之间禁止甲基溴贸易。中国加入该修正案的筹备工作正在进行中。

《北京修正案》于 1999 年 12 月 3 日签署，2002 年 2 月 25 日生效。《北京修正案》增加了一些受控物质如溴氯甲烷，要求从 2002 年起各缔约方禁止此种物质的生产和消费（必要用途除外）。《北京修正案》也第一次对 HCFCs 的生产规定了控制条款。此外，北京修正案增加了禁止缔约方和非缔约方之间进行 HCFCs 类物质贸易的条款。中国加入该修正案的筹备工作正在进行中。

除修正案外，另外一个对议定书的发展有重要影响的措施是对议定书的调整。调整主要是根据科学评估，对议定书的附件中所载的各种物质的消耗臭氧层潜能值进行调整，或对控制物质的生产量和消费量作进一步的调整。调整案和修正案的生效方式不同，在缔约方大会决议该项调整决定后 6 个月即生效，并对所有相关缔约方具有约束力。

2007 年 9 月，《蒙特利尔议定书》缔约方大会第 19 次会议通过了加速淘汰 HCFCs 生产和消费的调整案，即发展中国家 2013 年实现 HCFCs 生产和消费的冻结，2015 年削减 10%，2040 年全面停止生产和使用 HCFCs。

2.《保护臭氧层维也纳公约》的目的和宗旨。《公约》的目的是采取适当的国际间合作与行动措施，以保护人类健康和环境免受足以改变或可能改变臭氧层的人类活动所造成的或可能造成的不利影响。

《公约》的宗旨是要保护人类健康和环境免受由臭氧层的变化所引起的不利影响。《公约》要求各缔约国采取适当措施，避免人类对臭氧层的破坏，并要求各缔约国在其能力所及的范围内，通过有系统的观察、研究和资料交换进行合作。

3.《保护臭氧层维也纳公约》的主要内容。该《公约》由21个条文和“研究和有系统的观察”、“资料交换”等两个附件组成。规定了公约的实施机制、公约的解释、适用公约争端的解决、修正案、附件和议定书的通过及生效程序与条件。《公约》规定设立缔约国会议和秘书处，以解决《公约》实施中的问题。

具体内容如下：

（1）对公约名词的定义。指明“臭氧层”是指行星边界层以上的大气臭氧层；“不利影响”是指自然环境或生物区系内发生的，对人类健康或自然的和受管理的生态系统的组成、弹性和生产力或对人类有益的物质造成有害影响的变化，包括气候的变化。

（2）规定缔约国的一般义务与表决权。各缔约国应依照本公约以及他们所加入的并且已经生效的议定书的各项规定采取适当措施，以保护人类健康和环境，使其免受足以改变或可能改变臭氧层的人类活动所造成的或可能造成的不利影响。本公约或其任何议定书的每一缔约国应有表决权利。

（3）研究和有系统的观察。各缔约国斟酌情况直接或通过有关国际机构就下列问题发起并与有关国际机构合作进行研究和科学评价：各缔约国在充分考虑到国家立法和国家一级与国际一级进行中的有关活动的情况下，斟酌情况直接或通过有关国际机构推广或制定联合或补充方案，以有系统地观察臭氧层的状况及附件一里详细说明的其他有关的参数；各缔约国直接或通过有关国际机构从事合作，通过适当的世界数据中心保证定期并及时地收集、验证和散发研究和观察数据。

（4）法律、科学和技术方面的合作。各缔约国应促进和鼓励附件二里详细说明的、与本公约有关的科学、技术、社经、商业和法律资料的交换。各缔约国应从事合作，在符合其国家法律、条例和惯例及照顾到发展中国家的需要的情形下，直接或通过有关国际机构促进技术和知识的发展和转让。

（5）递交资料。各缔约国应依照有关文书的缔约国开会时所议定的格式和时间，就其执行本公约及其加入的本公约议定书所采取的措施，通过秘书处按照第6条规定向缔约国会议递交资料。

（6）缔约国会议。缔约国会议的首届会议应由第7条内临时指定的秘书处至迟于本公约生效后一年内召开。其后的会议常会应依照首届会议所规定的时间按期举行；缔约国会议可于其认为必要的其他时间举行非常会议。如经任何缔约国书面请求，由秘书处将这项请求转致各缔约国后六个月内至少有三分之一缔约国表示支持时，亦可举行非常会议；缔约国会议应以协商一致方式议定和通过其本身的和它可能设立的任何附属机构的议事规则和财务条例，以及适用于秘书处职务的财务规定；缔约国会议应继续不断地审查本公约的执行情况。

（7）秘书处的任务。为会议进行筹备工作并提供服务；根据相关收到的资料，编写和提交报告；承担的任务所进行的各项活动编写报告，提交缔约国会议；保证同其他有关的国际机构进行必要的协调，尤其要作出有效执行其任务所需的行政和合约安排。

（8）公约或议定书的修正、附件的通过和修正。修正案应由缔约国会议在一次会议上通过。对任何议定书的修正案应在有关议定书缔约国的会议上通过。对本公约或任何议定书提出的修正案，除非该议定书另有决定，应由秘书处至少在举行提议通过该议定书的会议以前六个月呈交给各缔约国。秘书处也应将提议的修正案呈交给本公约各签署国作为资料。各缔约国应尽量以协商一致方式对就本公约提出的任何修正案达成协议。如果尽了一切努力仍无法以协商一致方式达成协议，则应以出席并参加表决的公约缔约国四分之三多数票通过修正案，并应由保存者呈交给所有缔约国批准、核可或接受。对任何议定书的修正，亦应适用上述第 3 款提到的程序，不过只需要出席并参加表决的该议定书缔约国三分之二的多数票就可通过。本公约或议定书所增列附件的提出、通过和生效，使用公约或议定书的修正的相关程序；本公约附件或任何议定书附件的修正案的提出通过和生效，应适用本公约附件或议定书附件的通过和生效所适用的同一程序；如果一个增列附件或对任何附件的修正，涉及对公约或议定书的修正，则增列附件或修正后的附件，应于对公约或其有关议定书的修正案生效以后才能生效。

（9）争端的解决。万一缔约国之间在本公约的解释或适用方面发生争端时，有关的缔约国应以谈判方式谋求解决；如果有关的缔约国无法以谈判方式达成协议，它们可以联合寻求第三方进行斡旋或邀请第三方出面调停；在批准、接受、核可或加入本公约或其后任何时侯，缔约国或区域经济一体化组织可书面向保存国声明，就未根据相关条款解决的争端，它接受仲裁、届际法院的一种或两种争端解决办法；如果缔约国还没有按照相关条款的规定接受相同或任何程序，则应根据相关条款的规定提交调解，除非缔约国另有协议；若争端一方提出要求，则应设立一个调解委员会，调解委员会应由有关各方所指派的数目相同的成员组成，而主席则应由各方指派的成员共同选出，委员会将作出最后的建议性裁决，各方应诚恳地考虑定这一裁决。

（10）批准、接受或核可。本公约和任何议定书须由任何国家和区域经济一体化组织批准、接受或核可。任何组织如成为本公约或任何议定书的缔约组织而该组织没有任何一个成员国是缔约国，则该缔约组织应受按公约或议定书规定的一切义务的约束。如有这种组织，即在该组织的一个或更多个成员国是本公约或有关议定书的缔约国的情况下，该组织及其成员国应就执行其按照公约或议定书规定的义务的责任各自作出决定。在这种情况下，该组织和成员国不应同时享有行使按照公约或有关议定书规定的权利。

（11）加入与退出。本公约及任何议定书应开放供加入，任何国家和区域经济一体化组织自公约或有关议定书签署截止日期起均可加入；本公约对某一缔约国生效四年之后，该缔约国可于任何时间以书面通知保存者退出公约；任何议定书对某一缔约国生效四年之后，除非该议定书内另有规定，该缔约国可于任何时间以书面通知保存者退出该议定书。

（12）生效。本公约应于第二十份批准、接受、核可或加入文书交存之日以后第九十天生效；任何议定书，除非其中另有规定，应于第十一份批准、接受或核可这一议定书的文书交存之日或加入之日以后第九十天生效；对于在交存第二十份批准、接受、核可或加入文书后批准、接受、核可本公约或加入本公约的每一缔约国，本公约应于这些缔约国的批准、接受、核可或加入文书交存之日以后第九十天生效。

（二）《关于消耗臭氧层物质的蒙特利尔议定书》

该议定书是为实施《保护臭氧层维也纳公约》，对消耗臭氧层的物质进行具体控制的全球性协定。该议定书于1987年9月16日在加拿大的蒙特利尔通过，向各国开放签字，于1989年1月1日生效。该议定书在1990年经过了一次调整和修正，在1992年经过了一次调整和修正，在1995年经过了一次调整，在1997年经过了一次调整和修正，在1999年经过了一次调整和修正。

《议定书》由序言、20个条款和一个附件组成。其宗旨是：采取控制消耗臭氧层物质全球排放总量的预防措施，以保护臭氧层不被破坏，并根据科学技术的发展，顾及经济和技术的可行性，最终彻底消除消耗臭氧层物质的排放。

按照议定书的规定，各缔约国必须分阶段减少氯氟烃的生产和消费，在1990年使生产量和消费量维持在1986年的水平；到1993年，生产和消费量要比1986年减少20%；到1998年，保证使氯氟烃的年生产量和消费量减少到1986年的50%。《议定书》还规定在本议定书生效后一年内，每个缔约国应禁止从非本议定书缔约国的任何国家进口控制物质；从1993年1月1日起，任何缔约国都不得向非本议定书缔约国的任何国家出口任何控制物质。《议定书》还就控制量的计算、发展中国家的特殊情况、控制措施的评估和审查、数据汇报、不遵守情形的确定、资料交流、技术援助等作出了安排。但是，该《议定书》回避了发达国家破坏臭氧层的责任，包含有不利于发展中国家的歧视性条款，且科学论证不够，规定的限控物质范围太小，难以达到防止臭氧层继续恶化的目的，遭到了许多国家的批评。此外，《议定书》虽于1989年1月1日起生效，但直到当年5月130个发展中国家中只有10个国家加入议定书，再加上缔约国也普遍认为议定书存在明显缺陷，于是决定对议定书进行修改。经过1989年3月的“拯救臭氧层伦敦会议”、1989年5月的赫尔辛基第一次缔约国会议、1990年6月的伦敦第二次缔约国会议，终于在1990年6月29日通过了对《关于消耗臭氧层物质的蒙特利尔议定书》的修正。

修正后的《议定书》在许多方面有了重大改进，基本上反映了广大发展中国家的愿望和要求，并建立在更加科学的基础上。因此，保护臭氧层的步伐大大加快。我国于1991年6月13日加入修正后的《议定书》。

三、《远距离跨界大气污染公约》

（一）该公约的产生背景及发展

1979年由联合国欧洲经济委员会（United Nations Economic Commission for Europe, UNECE）主持签订的《远距离跨界大气污染公约》是国际社会第一部以控制跨界空气污染为目的的区域性多边公约，于1983年3月16日生效。

（二）该公约的目的

《远距离跨界大气污染公约》（以下称《公约》）签订的目的在于各缔约国尽力地去限制，尽可能、逐渐地减少和防止远距离跨界空气污染的排放，尤其在控制二氧化硫的排放和酸雨等方面。

（三）该公约机构设置

《公约》的执行机构由各缔约国的代表组成，每年开会一次，开会内容主要包括回顾正在进行的工作、未来的政策计划以及第二年的工作计划。其中包括三个附属机构：效应问题工作组（Working Group on Effects），欧洲空气污染物长程便宜检测和评价合作方案指导机构（Steering Body to EMEP），策略和检讨问题工作组（Working Group on Strategies and Review）以及会议的执行委员会，每年都要向执行机构做汇报。对于《公约》的执行机构来说，它们的职责包括采用具有缔约国具体义务的议定书以决定相关工作（包括未能履行议定书特定义务的缔约国其相关问题）以及同意每年工作计划并批准与工作计划相关活动的财务事项。执行机构期望发展相关的国际组织合作，并逐步与其他地区的关于大气污染的国际协议协调发展。

（四）该公约的主要内容

1. 定义解释。《公约》第1条对“远距离越境空气污染”进行了界定。所谓“远距离越境空气污染”是指其物质来源全部或部分处于一国管辖内的区域而对另一国管辖内的区域发生有害作用的大气污染，（由于）这两个国家之间的距离使得个别排放源或排放源群的促成作用不可区分。《公约》确定的这个定义，对后来的环境条约和国内环境法的发展具有重要的借鉴意义。

2. 关于控制远距离跨界大气污染基本原则的规定。《公约》规定了四项基本原则。其一是缔约国决心保护人类及其环境免受空气污染之危害并努力限制和最大限度地逐步减少和防止空气污染。其二是缔约国必须通过信息交流、磋商、研究和监测尽快制定控制空气污染物排放的政策和战略。其三是缔约国必须交流并审查它们有关控制空气污染物排放的政策、科学活动和技术措施。其四是受长程越界空气污染影响的缔约国与远距离跨界大气污染的起源地缔约国须应要求及早进行磋商。

3. 缔约方义务。要努力限制并尽可能逐步减少和防止空气污染，包括长程跨界污染；禁止缔约方无故拖延公约规定的义务；缔约各方为保持环境质量应对相关信息、技术等资源共享。

4. 关于研究和开发的规定。《公约》要求缔约国在以下方面开展合作研究：现有的和拟议中的减少硫的排放的技术及其技术的、经济的可行性和环境后果；监测和测量空气污染物的排放速率和浓度的技术和设备；硫和其他空气污染物对人体健康和环境的影响；实现环境目标的各种措施的经济、社会和环境评价；与硫和其他空气污染物有关的教育和培训项目。

5. 关于交换资料的规定。《公约》要求缔约方通过公约执行机构或双边交换以下方面的资料：二氧化硫和其他空气污染物的排放数据；可能引起长程越界空气污染的重大变化的国家政策和工业发展的重大改变；削减空气污染物的控制技术；国家控制硫和其他空气污染物的排放的代价；有关长程越界空气污染的物理化学的和生物学的资料；控制硫和其他空气污染物的国家的、次区域的和区域的政策和战略。

6. 关于监测和评价欧洲长程越界空气污染的规定。《公约》强调实施现有的监测和评价欧洲长程越界空气污染的合作项目的必要性。《公约》要求在以下方面发展现有的监测和评价项目：缔约国参加并全面实施监测和评价欧洲长程越界空气污染合作项目的必要性；在可能情况下应用可比的或标准的监测程序的必要性；将监测建立在国家的和国际的框架基础上的必要性；建立合作环境监测项目的必要性；交换排放资料的必要性；缔约国在交换国家空气污染物排放总量方面的资料的意愿；监测其他媒体如水、土壤和37物中的化学成分的必要性；将国家监测和评价项目扩大到控制和监督的必要性。

（五）1979年《远距离跨界大气污染公约》的议定书

1979年《远距离跨界大气污染公约》的缔约国迄今为止共签订了八项议定书。这些议定书在公约的框架内对一些具体问题作出规定。

1. 1984年《关于长期资助远距离跨界大气污染监测和评价的议定书》。该议定书决定对长期越界空气污染监测和评价合作项目予以长期资助。资金主要来自各缔约国按比例摊派的捐款和自愿捐款。联合国环境规划署也提供一部分资助。

2. 1985年《关于至少削减硫排放或其越界流动30%的议定书》。该议定书要求各缔约国以1980年的排放水平为基线，将其全国年度硫排放或其越界流动至少减少 30%。

3. 1988 年《关于氮氧化物排放及其越界流动的议定书》。该议定书要求各缔约国采取有效措施削减氮氧化物及其越界流动的年度排放量，使其至少在 1994 年 12 月 31 日时不超过其 1987 年的排放水平。各缔约国必须对所有的新流动排放源适用国家排放标准，并对主要的现有固定排放源采取污染控制措施。国家排放标准必须以经济上可行的最佳可行控制技术为基础。议定书还对技术资料的交流、监测和进一步削减等事项做了规定。

4. 1991 年《关于挥发性有机物及其越界流动的议定书》。该议定书要求各缔约国控制和削减挥发性有机物的排放。议定书为缔约国提供了三种选择方案。缔约国可根据本国的情况选择其中之一。

其一是以 1988 年排放水平或 1984 年至 1990 年间的任一年度排放水平为基线，到 1999 年将挥发性有机物的排放量削减 30%。

其二仅适用于在其管辖之下的对流层管理区域内的年度挥发性有机物的排放增加了在其他缔约国管辖之下的地区的对流层中的挥发性有机物浓度的缔约国。它要求此类缔约国到 1999 年时在 1988 年的排放水平或 1984～1990 年间任一年的排放水平的基础上，将挥发性有机物的年度排放量削减 30%，或者保证其挥发性有机物年度排放总量到 1999 年时不超过 1988 年的水平。

其三仅适用于挥发性有机物 1988 年的年度排放量低于 50 万吨、每居民 20 公斤和每平方公里 5 吨的水平的缔约国。这类缔约国应采取措施保证其 1999 年的挥发性有机物年度排放量不超过 1988 年的水平。议定书要求在议定书生效两年后，各缔约国对新的固定源适用以经济上可行的最佳可得控制技术为基础的国家或国际排放标准。在议定书生效五年后，缔约国须对违反国际对流层标准的区域内的所有主要固定源适用以经济可行的最佳可得控制技术为基础的排放标准。各缔约国必须采取措施减少汽油分配源和汽车加油过程中的挥发性有机物的排放。在议定书生效半年后，缔约国必须就进一步削减挥发性有机物的排放开始谈判。

5. 1994 年《关于进一步减少硫排放的议定书》。该议定书在拟订的过程中注意考虑影响各国履约的多方面因素，重视各国执行议定书的实际效果，最终形成的议定书对各缔约方规定了不同的硫排放量削减义务。该议定书通过的同时，一个重要的新的机制被引入《长程越界空气污染公约》体系，即实施委员会的成立。该实施委员会由 8 个缔约方组成，负责定期分析和评价与缔约方履约相关的信息，从而确保在缔约方未能履约的情况下，提出建设性的解决方案。

6. 1998 年《关于重金属的议定书》。该议定书主要控制三种特别有害的金属：镉、铅和汞。议定书要求缔约国将这三种金属的排放量减少至低于 1990 年的水平或者是低于 1985 年到 1995 年之间某一年的水平。议定书还要求缔约国逐步淘汰含铅汽油。

7. 1998 年《关于持久性有机污染物的议定书》。该议定书根据物质的风险标准，列出了一个含有 16 种物质的清单。这些物质构成了 11 种杀虫剂、2 种工业化学品和 3 种副产品或污染物。该议定书的最终目标是要清除持久性有机污染物的排放和丢失。议定书规定立刻禁止部分产品的生产和使用，对另外一些产品规定逐步清除，严格限制三种产品的使用。该议定书还要求缔约国将 4 种物质的排放量减少至低于 1990 年的水平或者低于 1985 年到 1995 年之间某一年的水平，对城市废物、危险废物和医疗废物的焚烧作出了特殊规定。

8. 1999 年《关于减轻酸化、富营养化和地面臭氧的议定书》。该议定书规定了四种污染物（硫、氮氧化物、挥发性有机化合物和氨）2010 年的最高排放限值。议定书规定如果一缔约国的污染物排放对环境和健康影响较大，并且减少排放量的成本较低，那么该缔约国将承担削减较多污染物排放量的义务。议定书还对特定的排放源规定了严格的排放限值，要求使用最佳可得技术使污染物排放量保持在排放限值之下。

推荐阅读

1. 联合国环境规划署. 全球环境展望 3. 北京：中国环境出版社，2002.

2. 龚向前. 气候变化背景下能源法的变革. 北京：中国民主法制出版社，2008.

思考题

1. 简述《联合国气候变化框架公约》的目标和原则。

2. 简述《保护臭氧层维也纳公约》规定的缔约方一般义务。

第十章 国际淡水资源的法律保护

核心提示

由于国际水污染的加剧和水资源的不当利用，加之人类对水资源需求的不断攀升，使本已稀缺的全球水资源短缺问题更加突出，这势必会加剧淡水资源的国际利益冲突。因此，面对全球水资源的日渐匮乏和水污染，加强淡水资源的国际法律保护就显得极其必要。鉴于国际淡水系统复杂而相互关联的特性，国际淡水保护应当从整体出发，采用综合方法。有鉴于此，本章着重介绍全球淡水资源和区域淡水资源的利用和保护制度。

第一节 国际淡水资源利用和全球水危机

淡水是人类生命之源，而全世界的淡水资源却极其有限。在我们赖以生存的地球上，水的总储量约为 14 亿立方千米，但淡水资源仅占地球总水量的 2.50%，而在这一有限数量的淡水资源中，又有绝大部分被冻结在南极和北极，加上难以利用的高山冰川和永冻积雪，人类能够真正利用的淡水资源是江、河、湖泊及地下水中的一部分，仅占地球总水量的 0.26%，然而随着人口数量和经济活动的增加，人类对淡水资源的需求却在不断增长。根据 1997 年 9 月联合国秘书长关于淡水综合估计的报告，人类现在直接或间接利用着世界供水量的一半以上，全球人均淡水可用量从 1950 年的 17 000 立方米下降到 1995 年的 7 000 立方米。① 联合国在 2004 年 3 月 16 日“第三届水资源论坛”召开前最新发表的《世界水资源开发报告》中发出警告，鉴于许多发展中国家和地区的供水资源日趋匮乏，全球范围内的供水危机将在未来几年里达到前所未有的水平。

全球淡水资源不仅短缺而且地区分布极不平衡。按地区分布，巴西、俄罗斯、加拿

---

① ［法］亚历山大·基斯．国际环境法．张若思，译．北京：法律出版社，2000：186.

大、中国、美国、印度尼西亚、印度、哥伦比亚和刚果9个国家的淡水资源占了世界淡水资源的60%。约占世界人口总数40%的80个国家和地区严重缺水。21世纪水资源正在变成一种宝贵的稀缺资源，水资源问题已不仅仅是资源问题，更成为关系到国家经济、社会可持续发展和长治久安的重大战略问题。

全球淡水资源不仅存在着数量危机，而且质量状况也日趋恶化。20世纪50年代以后，全球人口急剧增长，工业发展迅速。一方面，人类对水资源的需求不断增加；另一方面，水资源的浪费和污染也达到惊人程度。据《世界水资源综合评估报告》显示，全世界每天有200吨垃圾倒进河流、湖泊和小溪，每升废水会污染8升淡水；所有流经亚洲城市的河流均被污染；美国40%的水资源流域被加工食品废料、金属、肥料和杀虫剂污染；欧洲55条河流中仅有5条水质差强人意。不仅如此，目前全球水污染的总体状况还在恶化，很多水体因污染而降低或丧失了使用价值，更加剧了世界面临着的淡水资源匮乏的危机。淡水资源的质量危机带来的生态系统恶化和生物多样性破坏，也将严重威胁人类生存。1994年，世界卫生组织估计，发展中国家大约12亿人缺少安全的水供应，而30亿人得不到卫生服务。联合国在其《世界水资源开发报告》中还指出，目前全世界大约有20%的人口无法获得洁净饮水，每年有220万人死于与水或恶劣卫生条件相关的疾病。

面对全球化的水资源短缺和水污染，加强淡水资源的国际统一保护刻不容缓。国际淡水资源是全球淡水资源的重要组成部分，是全球可持续发展的重要方面。根据2000年3月在荷兰海牙召开的“21世纪水安全”部长级会议公布的数字，目前地球上有260多条重要河流流域和众多地下水体跨越国境，由两个或两个以上的国家所共有。这些贮存于国际河流（湖泊）的跨境淡水资源，流经200多个国家和地区，约占地球淡水资源总量的一半，养育着世界40%以上的人口。这足以说明国际淡水资源的利用和保护问题的重要性和迫切性。

关于国际淡水资源的概念，[①] 现代国际法和国际环境法尚未给出一个确切的定义。然而，我们可以明确的是，淡水是一个相对于海洋的概念，它指的是内陆的淡水资源，如河流、湖泊、运河和地下水体等；国际淡水资源既不包括内海，也不包括陆地领土上仅处于一国管辖之下的河流、湖泊、运河和地下水体等。国际淡水资源是指陆地上的那些处于两个或更多的国家的领土之上或管辖之下的淡水水体，包括界河、多国河流、国际河流、跨国湖泊和跨国地下水体。

---

① 王曦．国际环境法．北京：法律出版社，1998：187.

第二节 国际淡水资源保护法

一、国际淡水资源利用和保护的全球性法律文件

(一) 1966 年《国际河流利用规则》

1966 年，国际法协会第 52 届大会通过了在国际淡水资源利用和保护发展中具有里程碑性质的《国际河流利用规则》(Helsinki Rules on the Use of the Waters International Rivers，又称《赫尔辛基规则》)。《赫尔辛基规则》虽属国际法学术团体——国际法协会制定的文件，不具国际法上的约束力，但由于其不仅对国际法中关于国际河流利用的规则做了系统的编纂，而且其规定的各种规则所依据的原则可用于指导各国对其他形式国际淡水资源的利用，因而对国际淡水资源开发、利用和保护的法律制度的发展起到了承前启后的作用。

该规则的主要内容包括以下几个方面：(1) 它宣告了国际水域利用的国际法一般规则，除流域国之间有条约、协定或有约束力的习惯另行规定外，该规则各章所宣告的国际法一般规则适用于国际流域内水域的利用。(2) 它(《赫尔辛基规则》第 2 条) 明确指出，“国际流域指跨越两个或两个以上国家，在水系的分水线内的整个地理区域，包括该区域内流向同一终点的地表水和地下水。”(3) 它 (第 4 条) 确认了国际流域的公平享用或利用原则，即“每个流域国在其境内有权公平合理分享国际流域内水域利用的水益”。(4) 它 (第 9 条) 提出并界定了流域的水的自然成分、结构和水质的恶化变质。(5) 它 (第 10 条) 规定国家有责任防止和减轻对国际流域水体的污染，国家有责任停止其引起污染的行为并对同流域国所受的损失提供赔偿。此外，它还规定了防止与和平解决国际争端的程序，如关于信息交流的规定①；关于实现通知的规定；关于通过国际联合机构的调查和建议，第三国或国际组织或人士的斡旋、调停、调查规定；关于调节和仲裁等规定等。

(二) 1997 年《国际水道非航行使用法公约》(简称《国际水道公约》)

1997 年 5 月 21 日，第 51 界联合国大会通过了联合国国际法委会制定的《国际水道非航行使用法公约》，并开放签署。这是非航行利用国际水道法的最新发展，也是第一个在全球范围内调整国际淡水资源利用关系的公约，是国际淡水资源利用和保护法律制度发展史上继 1966 年《赫尔辛基规则》之后的又一具有里程碑意义的重大事件。该公约除序言部分外，共有 7 部分 37 条和 1 个附件，其目的是“保障国际水道的利用、

① 《赫尔辛基规则》第 29 条第 1 项。

开发、保存、管理和保护，并为当代人及后代而促进对国际水道的最佳和可持续利用”。作为一项框架性公约，它对有关国际水道的非航行使用的基本法律问题做了规定，其适用范围几乎包括了除航行之外与利用国际水道相关的保护、保存和管理措施等所有的事项。《国际水道公约》不仅对相关习惯法进行了编纂，还充分吸收了关于国际淡水资源利用的区域性或双边性条约的内容，并且在许多方面都有突破。

《国际水道公约》的主要内容包括：

1. 对“水道”、“国际水道”和“水道国”等概念予以界定。“水道”（watercourse）指的是“河流和地下水体系统”。“国际水道”（international watercourse）指的是“国际水道的部分位于其领土之上的区域经济一体化组织”。国际水道是一个水道系统，其组成部分位于两个或两个以上国家。在一个国家水域的水部分不受另一国家水域的使用（影响）的范围内，它们不应被视为包括在国际水道之中。因此，在对该水域系统的使用对另一国家有影响的范围内，该系统是国际的，但是仅仅是在这个范围内才是国际的，意味着水道没有绝对的而只有相对的国际性。也就是说，水道的国际性并非它的各部分位于不同的国家领土之上，而是基于水道的流动性，上游水道国对水道的利用可能损害下游水道国的利益，这才具有了国际性。因此，沿岸国不引起水道的流向、流量、水质的化学和生物特性发生不良变化的利用，是国家基于国际法享有的主权权利；只有利用在引起严重损害的情形下，各沿岸国对水道的利用才应置于国际水法的调整之下。以“水道”概念代替“流域”一词中的“领土”含义，采用“水道”概念使得协调上下游国家长期的用水矛盾成为可能。

2. 规定《国际水道公约》与水道协定（watercourse agreement）的关系。根据《国际水道公约》第3条的规定：如不存在相反的协定，本公约不影响水道国依据已生效的协定所享有的权利和应承担的义务；如有必要，上述缔约国可考虑将对其已生效的协定与本公约的基本原则相协调；处于某一流域的水道国之间可订立水道协定，以根据国际水道或其部分的特点适用和调整本公约的规定。

3. 规定国际水道非航行利用的一般原则。除了国际合作原则外，该《国际水道公约》还规定了以下三个原则：

第一，平等、合理利用和参与原则。《国际水道公约》第5条规定，各水道国应在其领土上以平等的和合理的方式利用国际水道，并应以平等的和合理的方式参与国际水道的利用、开发和保护。关于平等和合理利用所应考虑的因素，《国际水道公约》做了如下列举：一是地里的、水文的、气候的、生态的和其他的自然因素；二是水道国的社会、经济需要；三是依赖于水道的人口；四是位于一水道国的水道利用对其他水道国的影响；五是水道的现有和潜在的用途；六是水道水资源的保存、保护、开发、节约和有关措施的代价；七是对于计划中的或现有替代方案的可得性。

第二，不引起严重损害原则。按照《国际水道公约》第7条的规定，不引起严重损害原则是指水道国在本国领土上利用国际水道应采取一切适当措施防止该利用对其他水道国造成严重损害。在上述严重损害已经发生的情况下，除非该引起损害的利用得到受害国的同意，致害国应与受害国就采取一切适当措施消除或减轻损害予以磋商，并在适当的情况下，与受害国讨论赔偿的问题。根据《国际水道公约》第7条第二款的规定，在严重损害的情况下，应根据第5、6条有关“消除或减轻损害”的规定处理。《国际水道公约》第21条规定：“水道国应单独地和在适当情况下共同预防、减轻和控制可能对其他水道国或其环境造成重大损害——包括对人的健康或安全、对水的任何有益目的的使用或对水道的生物资源造成损害的国际水道污染。水道国应采取步骤协调它们在这方面的政策。”第27条规定：“水道国应单独地和在适当情况下共同采取一切措施，预防或减轻与国际水道有关的可能对其他水道国有害的状况。”《公约》同时还提出：“经任何水道国请求，各水道国应进行协商，以期商定彼此同意的预防、减少和控制国际水道污染的措施和方法”。

第三，不同用途之间的关系原则。该原则实质上是公平、合理利用原则及应考虑相关因素的补充内容。《国际水道公约》第10条规定，在不存在相反协议或惯例的情况下，国际水道的任何一项用途都不对其他用途享有固有的优先权。国际水道的用途冲突应根据上述平等、合理利用和参与原则及（或）不引起严重损害原则，并特别注意按照人类不可缺少的需要来加以解决。《国际水道公约》包含的一般原则还有合作原则、定期交流数据和信息原则等。

4. 关于计划中措施的规定。《国际水道公约》第11、12条规定：“各水道国应就计划采取的措施对国际水道状况可能产生的影响交换资料和相互协商，并在必要时进行谈判。对于计划采取的可能对其他水道国造成重大不利用影响的措施，一个水道国在予以执行或允许执行之前，应及时向那些国家发出有关通知。这种通知应附有可以得到的技术数据和资料，包括任何环境影响评估的结果，以便被通知国能够评价计划采取的措施可能造成的影响。”《国际水道公约》还规定，拟采取计划措施的水道国应事先通知可能受影响的水道国，在等待答复期间，没有被通知国的同意，不能实施或允许实施计划中的措施6个月，除非另有协定。由此，公约确立了事先知情同意程序。该《国际水道公约》还强调，“水道国应经常地交换关于水道状况，特别是属于水文、气象、水文地质和生态性质的和与水质有关的便捷可得的数据和资料以及有关的预报。如果一个水道国请求另一个水道国提出不是便捷可得的数据或资料，后者应尽力满足请求，但可附有条件，即要求请求国支付收集和在适当情况下处理这些数据或资料的合理费用。水道国应尽力以便于获得数据和资料的其他水道国利用的方式收集和在适当情况下处理这种数据和资料”。

5. 关于国际水道的保护、保存和管理的规定。这部分的特点是注重生态系统的保护，强调个别与联合保护相结合。主要的规定有：保护和保存国际水道的生态系统的规定；预防、减少和控制污染；防治对国际水道的生态系统引进外来的或新的对该生态系统有害，并对水道国造成严重损害的物种；通过磋商建立国际水道联合管理机制；安全操作和保养国际水道的各种工程设施等。

6. 关于争端解决方式的规定。《国际水道公约》除规定了谈判、斡旋、调停、和解等外交方法外，还规定了水道国可以在批准、接受、核准、加入公约时或在此之后的任何时候，向公约保存国书面声明接受国际法院和（或）按公约附件规定的程序建立的仲裁庭的强制管辖。这些规定与其他国际环境条约的争端解决条款并无显著区别。此外，还规定了其相关条约鲜有的强制调查程序。《公约》第 33 条第 7 款是关于强制性事实调查程序的规定，要求缔约国在解决有关公约的适用和解释的争端的6个月后，如果缔约国仍未进入谈判或其他争端解决程序，经任一缔约国要求，都可设立一个事实调查委员会，并赋予调查委员会进入缔约国领土视察任何有关的设施、工厂、设备、建筑物或自然特征的权力，并由委员会提出调查报告和建议，争端当事国应对此慎重考虑。

《国际水道公约》是一个存在重大争议的公约。正如公约通过当天的联合国大会新闻稿所指出的，投反对票和弃权票的国家认为在若干关键性条款如争端解决条款上各国没有达成一致意见；有些国家认为公约的规定没有平衡上游国和下游国的有关权利和义务；还有的国家认为公约的有些规定背离了公约的框架性。[①] 从总体上看，公约对于上游水道国在其管辖范围内的国际水道的主权权利没有得到充分的承认。在国际舞台上，上游水道国的数量大大小于下游水道国和非流域国的数量，处于少数。因此，如何承认和保护属于少数地位的上游水道国的合法权利和利益，是《国际水道公约》这样的公约必须全面考虑的问题。

二、国际淡水资源利用和保护的区域性或双边条约

1. 北美洲。美国和加拿大之间签订的有关边界水域的条约和有关大湖水质的协定以及美国和墨西哥之间签订的有关边界水域的条约和协定，构成北美洲国际淡水资源利用和保护的国际法基本框架。

（1）1909 年《英国（加拿大）美国边界水域条约》。这项条约的全名是《关于边界水域和美加边界有关问题的华盛顿条约》，简称《英（加）美边界水域条约》。[②] 它

---

① 联合国大会新闻稿：大会通过《国际水道非航行使用法公约》. GA/9248. 1997 - 05 - 21.

② 《1909 年英国（加拿大）美国边界水域条约》的中文译本，参见盛愉，周岗．现代国际水法概论．北京：法律出版社，1987：443 - 450.

的宗旨是“防止在利用边界水域方面发生争议，解决目前在美国和加拿大自治领共同边界地区有关双方之间以及同对方居民之间的权利、义务和利益（有关）的一切悬而未决的问题，并作出规定以调整和解决今后可能发生的问题”。[①] 它的内容比较广泛，涉及有关边界水域的利用和保护的很多问题，如边界水域的通航问题、分洪问题、工程设施建设问题、引水问题、水量分配问题、污染问题和国际联合机构问题。1909 年《英（加）美边界水域条约》中与国际淡水资源保护关系最密切的是其关于条约的地理适用范围的规定、污染的规定和关于国际联合委员会的规定。

《英（加）美边界水域条约》的序规定“本条约所指的边界水域是美国和加拿大自治领的国际边界沿线两岸之间的湖泊、河流及其相连的水道和有关部分，包括一切港湾，但不包括其天然水道流入或流出上述湖泊、河流和水道的支流，或流经边界的河流”。这一条款确定了该条约地理适用范围。

《英（加）美边界水域条约》的第 4 条规定“双方还同意，边界水域和流经边界的河再起两侧都不应受到污染，而损害对方居民的健康和财产”。这一条款使得该条约成为国际社会对污染问题作出规定的早期条约之一。

《英（加）美边界水域条约》的第 7 条规定设立一个美加国际联合委员会。该委员会由 6 名委员组成，两国政府首脑各任命 3 名。委员会以多数表决作出决定。如委员会对问题有不同意见而票数相等时，各方委员会应分别向本国政府报告。双方政府将力求对分歧意见达成协议。双边协议将采取议定书形式并通知各委员会加以实行。委员会的权力包括对两国或其居民有关边界水域的权利、义务或利益的问题或分歧意见进行研究提出报告（包括有关的结论、建议和咨询意见）和作出决定或调查结论。

条约为此赋予委员会一定的行政权，其中包括调查权和在必要时要求证人宣誓和取证的权力以及传审和强制证人向委员会作证的权力。[②]《英（加）美边界水域条约》赋予国际联合委员会审批有关边界水域的利用、封闭或分洪和有关影响水流和水位的工程设施（如堤坝）的申请的权力。[③] 在委员会的历史上，防止污染一直未成为委员会工作的重点。委员会于 1970 年发表题为“关于伊利湖、安大略湖和圣劳伦斯河国际段的污染”的报告。该报告促使两国于 1972 年签订了《美国加拿大关于大湖水质的协定》。

（2）《美国加拿大关于大湖水质的协定》（简称《美加大湖水质协定》）。1972 年美、加两国签订一项《美加大湖水质协定》。1978 年，两国以一项新的《大湖水质协定》取代 1972 年的协定，1978 年的协定至今有效。[④]《美加大湖水质协定》是美加两

---

① 公约的开始语，参见盛愉，周岗．现代国际水法概论．北京：法律出版社，1987：443.

② 1909 年《英（加）美边界水域条约》，第 12 条。

③ 1909 年《英（加）美边界水域条约》，第 3－4 条。

④ 它经过了 1983 年和 1987 年两次修订。

国控制和减轻大湖的污染，改善大湖水质的基本法律依据。它为大湖污染的防治规定了基本的法律制度。它的内容很全面，从宗旨、目标到标准、措施和机构，都有切实的规定。在国际淡水资源利用和保护方面的国际法文件中，这样的法律文件的例子并不多见。

《美加大湖水质协定》（以下简称《协定》）包括协定正文和附件两大部分。协定正文共 15 条，对大湖水质的保护和改善做了全面规定。附件共有 17 个，系对正文某些条款的进一步规定和补充。附件与正文有同等的法律效力。

《协定》的宗旨是“恢复并保持大湖流域生态系统的水体的化学的、物理的和生物学的完善性”。[①] 为实现宗旨，双方在《协定》中同意以最大的努力采取措施以实现最大限度地削减对大湖排放的污染物。为此，双方在《协定》中宣布三项政策：其一，禁止以有害的数量对大湖排放有毒的物质并最终消除任何或所有具有持续毒性的物质的排放；其二，地方、州、省和联邦政府合作，为建设公共废物处理厂提供财政援助；其三，各方发展并实施协调的规划过程和最佳管理惯例，以保证对各种污染源的充分控制。

《协定》为大湖水体保护规定了五个与“无”的一般目标相应的具体目标。五个“无”的一般目标指的是大湖系统的水体中，无人类活动引起的形成污泥和损害水生生物和水禽的物质；无有碍观瞻或有害的漂浮物；无改变水体的颜色、气味、味道或其他条件并干扰对水体的有益利用的营养成分。[②] 与一般目标相应的具体目标在《协定》的附件一中列出，其中有关于水质的化学的、物理学的、微生物学的和放射学的具体指标，这些具体指标是对水质的最低要求。《协定》对影响大湖水质的各种污染源的控制都以附件分别做了专门的详细规定，其中包括对城市污水、工业污染源、富营养化、土地利用活动（如农业、林业等）的污染、船舶污染、疏浚活动的污染、岸边和岸外设施的污染、危险物质、持续性有毒物质、经空气传输的有毒物质、污染沉积物的污染、污染了的地下水和地下层的规定。

《协定》规定由根据《英（加）美边界水域条约》设立的国际联合委员会协助《协定》的实施。国际联合委员会除有权行使《英（加）美边界水域条约》第 9 条规定对两国或两国居民之间与边界水域有关的权利、义务或利益的问题进行研究并提出研究报告的权力外，还负有以下责任：核验、分析和散发双方提交的有关大湖水质的数据和资料；收集、分析和散发《协定》规定的有关一般目标和具体目标的各种控制项目和措施的有效性资料；对双方政府提供关于大湖水质问题的意见和建议，包括关于一般目

---

① 《美加大湖水质协定》，英文版，第 2 条。

② 《美加大湖水质协定》，英文版，第 3 条。

标和具体目标、立法、标准和其他管理措施、项目、政府间协定等方面的建议。[①]

《协定》还规定设立一个大湖水质委员会和一个大湖科学顾问委员会协助国际联合委员会工作。大湖水质委员会是国际联合委员会的主要顾问机构。大湖科学顾问委员会为国际联合委员会提供关于科学与研究方面的咨询。《协定》还规定在国际联合委员会中设立一个大湖区域办公室，该办公室的职责是为大湖水质委员会和大湖科学顾问委员会提供行政和技术支持。《协定》规定双方应向国际联合委员会提供其所要求的资料，双方也应向对方提供其所要求的资料。国际联合委员会应对双方开放它所拥有的资料。国际联合委员会在提供资料时必须遵守资料获取地国家关于保密的规定。

《协定》要求双方就国际联合委员会的有关报告进行磋商并考虑采取适当的行动，包括修订现行目标和制定新的目标、修改现行项目措施以及修订本协定及其附件等。

（3）《美国墨西哥关于国际河流的利用和保护的协定》。在美国和墨西哥边界地区的河流主要有两条，一条是流经边界的科罗拉多河，一条是作为界水的格兰德河。1944年11月，美国和墨西哥签订《美国墨西哥关于利用科罗拉多河、提华纳河和格兰德河（布拉沃河）从得克萨斯州奎得曼堡到墨西哥湾水域的条约》（以下简称《美墨利用科罗拉多河条约》）。[②] 该条约对格兰德河、科罗拉多河和提华纳河的水域分配、水流量分配、水利工程的修建、防洪等问题分别做了规定。

该条约最重要的规定之一是关于设立国际边界和水委会的规定。该国际边界和水委会负责该条约的实施，执行两国政府的权利和义务的调整，解决在条约实施过程中的一切争议。[③] 该条约承认国际边界和水委会的国际机构的地位。委员会由美国和墨西哥两个分组组成。每个分组由工程师专员任主席。两国政府给予对方专员以外交待遇。专员和各分组主要成员由两国政府委派。各分组保留对其本国境内的工程部分的管辖权。国际边界和水委会的权力包括提出建议；进行调查；制定工程计划；承担或监督其管理和维修；对完全坐落在其境内的工程在有关或直接影响条约的执行时行使管辖权；负责条约的实施，各方委员会在必要时可要求本国法院或其他机关给予协助；以协议解决双方政府对条约的解释和实施监督时出现的分歧；建立、管理和维持水流测量站；每年对双方政府提交一份共同报告等等。[④]

国际边界和水委会的成立为美、墨两国利用和保护边界水域和国际河流的法律机制提供了组织保证。

---

① 《美加大湖水质协定》，英文版，第7条。

② 该条约的中文本，参见盛愉，周岗．现代国际水法概论．北京：法律出版社，1987：450－469.

③ 《美墨利用科罗拉多河条约》，第2条、第24条。

④ 《美墨利用科罗拉多河条约》，第24条。

1973 年，墨西哥与美国签署《关于永久彻底解决科罗拉多河含盐量的国际问题的协定》。美国亚利桑那州在 20 世纪 50 年代大量抽取科罗拉多河河水并将灌溉渠中含盐量的水引入该河，造成该河含盐量增高，使墨西哥的农业受到严重损失。根据该协定，美国承诺修建河水淡化工程和补充水量，保证流入墨西哥的科罗拉多河的水量及其正常的含盐量。

2. 南美洲。南美洲有两项关于国际淡水资源的利用和保护的条约：一项是 1969 年《银河流域条约》;[①] 另一项是 1978 年《亚马孙河合作条约》。

(1) 1969 年《银河流域条约》。银河流域由巴拉那河、乌拉圭河、巴拉圭河和银河四条河流组成，面积约 322 万平方公里，是世界上第二大流域，在南美洲占有重要地位。整个流域拥有丰富的水力资源和森林资源，阿根廷和巴西主要工业区位于流域之内，南美主要大城市也在流域之内。整个流域人口达 8 000 万人，占南美洲总人口数量的 1/3。

早在 1941 年的银河流域国家会议上，银河流域 5 国即阿根廷、玻利维亚、巴西、巴拉圭和乌拉圭就提出了区域合作的设想。1967 年银河流域 5 国应阿根廷政府的倡议召开了银河流域国外长会议，并在会议上通过了指导全面开发银河流域的《银河流域开发大纲》。1969 年，在该大纲的基础上，银河流域 5 国签订了《银河流域条约》。该条约的签订加速了银河流域各国合作的体制化，为银河流域的国际联合开发和保护奠定了国际法基础。

《银河流域条约》的成员国在《银河流域条约》的序言中宣布，它们"相信通过联合行动将使本地区的巨大自然资源得到协调和均衡的发展并获得最高效益，将通过对自然资源的合理使用为后代保护这些资源"。[②] 它们"同意通过联合努力以促进银河流域及其直接影响下的有关地区实现和谐的发展和实质一体化"。[③]《银河流域条约》为这种合作提出以下具体目的：① 便利和改善航运；② 合理利用水资源；③ 保护和培育动植物；④ 改善交通条件；⑤ 推动本流域工业的发展和区域协作；⑥ 在边境地区实行经济合作；⑦ 在教育、卫生和防治疾病方面进行合作；⑧ 推进其他共同有利的项目，特别是对本地区自然资源的核查、评估和利用；⑨ 增进对银河流域的全面了解。[④]

《银河流域条约》决定设立一个流域常设机关——政府间协调委员会。该委员会的任务是"负责促进、协调和关注旨在全面发展银河流域的多国活动和在国际组织支持

---

① 1969 年 4 月 23 日签于巴利西亚，条约中译本参见盛愉，周岗．现代国际水法概论．北京：法律出版社，1987：424－436.

② 盛愉，周岗．现代国际水法概论．北京：法律出版社，1987：425.

③《银河流域条约》，第 1 条。

④《银河流域条约》，第 1 条。

下提供适当的技术和财政援助，以及执行外交部长会议的决定”。[①] 该条约决定银河流域国的外交部长每年举行一次会议，以便制定共同政策，评估工作成果，对流域的多国综合开发范围内各国政府的工作提供咨询，并指导政府间协调委员会的工作。[②]

为实施《银河流域条约》，该条约缔约国签订了一项《银河流域开发基金公约》。该公约的宗旨是“为实现有利于促进银河流域的和谐发展及实质一体化而制定的研究计划项目、规划和工程提供资金”。[③] 该公约设立银河流域开发基金。该基金的自有资金为1亿美元，由《银河流域条约》成员国分摊。基金的管理机构是董事会和执行委员会，董事会和执行委员会分别由5名董事和5名执行委员组成。各国各任命一名董事和一名执行委员，董事会和执行委员会实行一国一票表决制。

（2）1978年《亚马孙河合作条约》。亚马孙河是南美洲最大的河流，长6 400公里，1 000公里以上的支流有20多条。亚马孙河是世界上流域面积最大的河流，其流域面积705万平方公里，占南美洲大陆总面积的39%，包括巴西、委内瑞拉、秘鲁、哥伦比亚、厄瓜多尔、玻利维亚、圭亚那、苏里南8个国家的大部分领土。亚马孙河是世界上水量最大的河流，水深河宽，有很大的航运价值，流域资源极丰富，包括大片的荒漠和原始森林。流域的开发和保护，不仅对流域国具有极大的经济和环境价值，而且是一个举世瞩目的热点问题。

《亚马孙河合作条约》的缔约国[④]在公约的序言中宣布它们的共同目标是“在各国的领土范围内以及相互间为促进亚马孙区域的和谐发展，并在各缔约国之间公平分配发展所得的利益，以提高各国人民的生活水平和使亚马孙地区与本国经济相融合而联合努力”。《公约》的第1条进一步指出：“各缔约国愿采取共同行动和努力以使环境受到保护，使这些地区的自然资源得到保护和合理利用。”

在亚马孙河的资源利用和保护方面，《亚马孙河合作条约》有比较全面的、原则性的规定。公约规定的事项包括航运、环境与生态保护、卫生、科技研究、基础设施建设、边界地区的商品零售业、旅游业和人类考古学财富的保护等。

关于环境问题，《公约》的规定有：① 各缔约国声明对其本国领土范围内的自然资源的独享使用是各国主权的固有权利，除国际法规定的限制外，不受其他任何限制。[⑤] ② 努力使水资源得到合理利用。③ 对开发亚马孙河区域的动植物资源进行合理规划，

---

① 《银河流域条约》，第3条。

② 《银河流域条约》，第2条。

③ 《银河流域开发基金公约》，第2条。参见盛愉，周岗．现代国际水法概论．北京：法律出版社，1987：428.

④ 巴西、委内瑞拉、秘鲁、哥伦比亚、厄瓜多尔、玻利维亚、圭亚那、苏里南。

⑤ 盛愉，周岗．现代国际水法概论．北京：法律出版社，1987：436.

以维护区域内的生态平衡和保护生物种类。为此，公约规定促进各缔约国在这方面的科学研究，交换情报和开展有关机构间的人员交流，以便更深入地了解流域的动植物资源和防止、控制病害，并要求各国就其保护性措施提出年度报告。④ 合作发展旅游业，但不能违反各国保护当地文化和自然资源的规定。⑤ 合作保护流域的人类考古学财富。

《公约》倡议研究制定共同开发亚马孙地区的计划。[①] 这一规定表明公约与《银河流域条约》相比，仍处于各国合作的初级阶段。《银河流域条约》是以各缔约国先前制定的《银河流域开发大纲》为基础，并为实施大纲而制定的。亚马孙河流域各国在签订《亚马孙河合作条约》之前尚未就亚马孙河流域的开发和保护形成像《银河流域开发大纲》所表现的那种程度的合作意愿。

关于机构安排，《亚马孙河合作条约》仅规定各缔约国的外长“在适当时间”举行会议，并未像《银河流域条约》那样规定定期的外长会议。《条约》规定设立一个亚马孙合作理事会，该理事会由高级外交代表组成，每年召开一次会议。《条约》没有规定一个常设的理事会秘书处，秘书工作由各缔约国轮流承担。《条约》规定各缔约国成立常设委员会以在其国内执行公约的规定和外长会议及亚马孙合作理事会的决定。

3. 欧洲。在欧洲，莱茵河流域有比较完备的关于保护河流环境的区域和双边条约。莱茵河全长 1 320 公里，流域面积 22.5 万平方公里。莱茵河流域包括法国、瑞士、荷兰、德国等 8 个国家。关于莱茵河流域的利用和保护的区域性条约，主要有 1963 年的《关于莱茵河防止污染国际委员会的伯尔尼协定》、1976 年《保护莱茵河不受化学污染公约》和 1976 年《保护莱茵河不受氯化物污染公约》。此外，联合国欧洲经济委员会于 1992 年主持制定了一项《跨界水道和国际湖泊保护和利用公约》。

（1）莱茵河诸条约。1963 年《关于莱茵河防止污染国际委员会的伯尔尼协定》（以下简称《伯尔尼协定》）[②] 要求设立一个莱茵河防止污染国际委员会。该委员会的职责是对莱茵河污染进行研究并提出有关建议。委员会成立以后，曾一度工作进展缓慢，直到 1972 年莱茵河沿岸国的部长会议责成委员会起草有关防治污染的文件，委员会的工作才有起色。[③] 委员会的成立为莱茵河沿岸国保护莱茵河不受污染提供了组织保证。

1976 年《保护莱茵河不受化学污染公约》[④] 的宗旨是保护莱茵河不受化学污染，以改进饮用水、工业用水和航行等用途的水质。公约严格管制排入莱茵河的污染物，并以附件一和附件二分别列举受管制的物质。公约要求缔约国消除附件一所列物质的排

① 《亚马孙河合作条约》，第 17 条。

② 1963 年 4 月 29 日签订于瑞士伯尔尼，于 1965 年 5 月 1 日生效，于 1976 年 12 月 3 日修订。

③ 盛愉，周岗．现代国际水法概论．北京：法律出版社，1987：230.

④ 1976 年 12 月 3 日签订于波恩，于 1979 年 2 月 1 日生效。

放，并限制附件二所列物质的排放。公约要求缔约国建立国家排放目录并将其报告给莱茵河防止污染国际委员会。公约要求该委员会提出关于污染物的排放限值的建议。公约还有关于信息交流、监测和紧急情况方面的规定。

1976 年《保护莱茵河不受氯化物污染公约》[①] 的宗旨是改善莱茵河水质，保护其不受氯化物的污染。公约有两项具体目标，一项是要求缔约国减少氯化物的排放，另一项是要求法国修建一座控制并削减阿尔萨斯钾矿排放物的处理厂。公约规定法国承担修建该厂的主要费用，另外由德国、瑞士和芬兰分担 1.32 亿法郎。公约要求缔约国采取措施防止莱茵河中氯化物数量的增加。公约规定对所有大于每秒 1 公斤氯化物的排放予以控制。公约以附件二列举各缔约国排放的氯化物的浓度数字。公约要求缔约国每年向莱茵河防止污染国际委员会报告其氯化物排放情况，该委员会可对其氯化物排放的增加提出意见，并要求其采取措施停止这种增加。公约还有关于安装和运行监测设施和对付氯化物的突然增加情况的规定。[②]

1986 年发生的三都兹（Sandoz）公司化学工厂污染事故[③]促使莱茵河沿岸国于同年制定了一项《莱茵河行动计划》，旨在恢复莱茵河的水质和生态系统。该计划要求莱茵河沿岸国到 1995 年将 30 种主要污染物的排放削减到 1985 年的水平，即削减 1986 年排放水平的 50%。为实施该计划，1976 年签定《保护莱茵河不受氯化物污染公约》的缔约国于 1991 年 9 月 25 日在布鲁塞尔签订一项关于公约的议定书。该议定书要求进一步降低莱茵河中氯化物的含量并将该河的水质恢复到可饮用的水平。议定书要求法国采取进一步措施削减氯化物的排放，要求荷兰采取措施限制对爱沙米尔湖排放氯化物和对华顿海排放盐水。

（2）1992 年《跨界水道和国际湖泊保护和利用公约》。1992 年的《跨界水道和国际湖泊保护和利用公约》（以下简称《跨界水道公约》）[④] 目前虽然尚未生效，但它却代表着国际淡水资源利用和保护法律制度的最新发展。该公约最引人注目的是它吸收了近 20 多年来国际环境法领域里的很多重要的新原则、新思想和新方法，试图将它们应用于保护欧洲的国际淡水资源。该公约的另一特点是它适用于所有的联合国欧洲经济委员会成员国的跨界水体，它试图为欧洲地区所有的跨界水体的利用和保护提供一套普遍适用的原则、规则和方法。

---

① 1976 年 12 月 3 日签订于波恩，于 1985 年 7 月 5 日生效。

② 飞利普·桑兹. 国际环境法原理. 英文版. 曼彻斯特大学出版社，1995：355－356.

③ 三都兹公司在瑞士巴塞尔的一家化学工厂因发生火灾而导致大量有毒物质流入莱茵河，严重污染莱茵河，法国、德国和荷兰因此受害。三都兹公司于 1987 年 9 月同意对法国赔偿 1 000 万美元，瑞士因未及时通知有关国家该事故的发生而受到谴责。

④ 1992 年 3 月 17 签订于赫尔辛基，目前尚未生效。

公约将“跨界影响”界定为“人类活动引起的改变跨界水体条件的对环境的任何重大的不利影响”，包括“对人类健康和安全、植物、动物、土壤、空气、水、气候、景观和历史纪念物或其他物质结构以及这些因素的相互作用；还包括改变这些因素所致对文化遗产或社会经济条件的影响”。[①] 这一定义清楚地表明公约所着眼的是与跨界水体的利用和保护有关的全部的影响，它不仅包括对自然环境的影响，而且包括对社会环境的影响。

公约为所有的缔约国设立一项一般义务，即必须采取一切适当的措施以预防、控制和减少任何跨界影响。[②] 公约将此一般义务具体化为四个方面的义务，即预防、控制和减少产生或可能产生跨界影响的水污染；保证对跨界水体的利用以生态完善和合理的水管理、保护水资源和环境保护为目标；保证跨界水体以合理而平等的方式得到利用；保证保护和在必要情况下恢复生态系统。[③] 公约要求对水污染的预防、控制和减少应尽可能在源上进行。公约规定预防、控制和减少污染的措施不得直接或间接地导致污染在环境中转移。

《公约》规定各缔约国在预防、控制和减少水污染的时候应遵循风险防范原则、[④] 污染者负担原则、代际公平原则。[⑤] 《公约》规定缔约国应在相互平等的基础上进行合作，以开发有关的“协调的”政策、项目和战略。

《公约》要求缔约国开发、制定、实施和提出具有兼容性的法律的、行政的、经济的、财政的和技术的措施，以预防、控制和减少跨界水体的污染。这些措施包括应用在源上预防、控制和减少污染物的排放的低废或无废技术；点源废水排放的国家许可证和对被允许排放的检测和控制；以最佳可得技术作为确定排放许可证中规定的废水排放限度的依据；基于受纳水体或生态系统的需要的更严格的要求和在个别情况下的禁止排放；对城市污水至少必须进行生物处理或同等水平的处理；开发和应用适当措施或最佳环境惯例以减少散源（diffuse source），如农业活动所排放的营养物质和有害物质；环境影响评价；促进可持续水资源管理，如应用生态系统的方法；制订应急计划；预防污染地下水和污染事故风险的最小化措施。[⑥] 另外，公约要求缔约国合作研究和开发预

---

① 《跨界水道公约》（英文版），第1条第2款。

② 《跨界水道公约》（英文版），第2条。

③ 《跨界水道公约》（英文版），第2条第2款。

④ 避免有害物质的排放所致潜在跨界影响的行动不得以科学研究尚未充分证明这些物质与潜在跨界影响之间的联系为由予以推迟，《公约》第2条第5款a项。

⑤ “水资源的管理须满足当代人的需要同时不损害后代人满足其需要的能力”，载《公约》第2条第5款c项。

⑥ 《跨界水道公约》，第3条第1款a－i项。

防、控制和减少跨界影响的技术，并且对缔约国之间就预防、控制和减少跨界影响进行信息交流做了规定。

对于作为跨界水体的沿岸国的缔约国，《公约》有专门的具体规定。这一部分规定试图对先前条约和仲裁决定中查明的有关国际淡水资源利用和保护的区域性规则予以编纂。《公约》要求它们在平等的基础上签订双边的或多边的协议，以确定它们之间有关预防、控制和减少跨界影响的关系。沿岸国应明确其参与这种合作的汇水区域。[①]《公约》要求沿岸国在上述合作协议中规定建立有关跨界水体的联合机构。这种联合机构的任务主要有为查明可能引起跨界影响的污染源而收集、整理和评价有关数据；制定联合检测计划；建立污染源目录并交流此类信息；制定废水排放限度并评价其有效性；制定水质目标和基准；制定减少点源和散源的污染负荷的协调行动方案；建立预警和警报程序；为有关可能引起跨界影响的现有的或计划中的水的利用的信息交流提供服务；促进有关最佳可得技术方面的信息交流；参加有关跨界水体的环境影响评价。[②]《公约》规定，如有一沿岸国缔约国要求，有关沿岸国缔约国应本着对等、善意和睦邻的精神通过联合机构进行磋商。[③]《公约》要求沿岸国对公众公开有关水质目标、许可证及其规定的条件和排放检测的数据。[④]《公约》对有关缔约国会议及其秘书处等机构方面的问题做了规定，并规定了争端解决办法。[⑤]

4. 亚洲。在亚洲，有关国际淡水资源的利用和保护的条约主要有1960年《印度巴基斯坦关于印度河的条约》、1977年《孟加拉国印度关于分享恒河水和增加径流量的协定》和1995年《湄公河流域可持续发展合作协定》。

(1) 1960年《印度巴基斯坦关于印度河的条约》和1977年《孟加拉国印度关于分享恒河水和增加径流量的协定》。1960年《印度巴基斯坦关于印度河的条约》(以下简称《印度河条约》)和1977年《孟加拉国印度关于分享恒河水和增加径流量的协定》(以下简称《恒河水协定》)的主旨是河水的分享和分配。[⑥]

1960年《印度河条约》的签订结束了印度和巴基斯坦之间长期的水争端。世界银行为寻找解决方案和该条约的签订做了大量的工作并起到很重要的作用。该条约确定了印巴两国在印度河的用水范围，决定将该流域东部的三条河流划归印度使用，将该流域

---

① 《跨界水道公约》，第9条第1款.

② 《跨界水道公约》，第9条第21款a－i项。

③ 《跨界水道公约》，第10条。

④ 《跨界水道公约》，第16条。

⑤ 《跨界水道公约》，第17－19条、22条。

⑥ 这两项条约的中译本，参见盛愉，周岗. 现代国际水法概论. 北京：法律出版社，1987：481－495、537－540.

西部的三条河流划归巴基斯坦使用。[①] 这种划分在不变动边界线的前提下，按照双方的用水需要划分水域。该条约同时规定双方在其境内的用水或与用水有关的活动不得对对方的用水或其他有关利益造成损失。该条约规定尽可能防止因过度污染河水而影响其原来的用途，并采取一切合理措施以保证下水道污水及工业废物在流入河中之前经过必要的处理。条约要求双方经常交换关于用水和水流的情报。条约决定成立一个印度河常设委员会，印度河常设委员会每年举行一次例会，该委员会由印、巴双方各派一名水文方面的高级工程师担任专员。专员代表本国处理一切有关本条约的问题，专员享有外交豁免权。该条约还规定了解决分歧与争端的程序。1997 年，《恒河水协定》对印度和孟加拉两国分享恒河河水做了安排，其目的是确保上游国印度向下游国孟加拉提供协定规定流量的河水。协定规定由两国的代表组成联合委员会监督和测量孟加拉提供点的河水的流量并提出年度报告。协定还规定由两国代表组成的联合委员会进行调查，寻求在旱季增加恒河径流量的长期方案。

（2）1995 年《湄公河流域可持续发展合作协定》。湄公河发源于中国的唐古拉山脉，在中国境内称澜沧江，长 1 612 公里，流域面积 15. 39 万平方公里。该河出中国国境流经缅甸、老挝、泰国、柬埔寨、越南，在越南南部注入南海。湄公河在中国境外的部分长约 2 888 公里，有支流 16 条，流域面积 65. 5 万平方公里。湄公河流域包括老挝和柬埔寨全境、泰国总面积的 1/3 和越南的主要产米区。湄公河的主要功能是灌溉农田。开发和利用水资源、控制洪水、开发和利用流域丰富的森林资源和矿产资源，是湄公河流域开发的主要目标。[②]

联合国亚洲和远东经济委员会[③]从 20 世纪 50 年代中期开始推动、指导和主持湄公河下游流域的全面开发。[④] 1957 年 9 月，经亚洲和远东经济委员会建议，湄公河下游四国（柬、老、泰、越）成立"湄公河下游流域调查协调委员会"（简称湄公河协调委员会）。该委员会既是政府间组织，又直接接受联合国亚洲和远东经济委员会的领导和监督。在过去 40 年里，湄公河流域地区受战争和政局动荡的影响，在流域开发方面进展不大。20 世纪 80 年代以后，随着越南战争的结束和冷战的结束，湄公河下游流域国加强了流域开发的合作，于 1995 年签订了《湄公河流域可持续发展合作协定》。该协定的签署标志着该流域开发的一个新阶段的开始。

1995 年《湄公河流域可持续发展合作协定》（以下简称《湄公河协定》）[⑤] 是国际

---

① 《印度河条约》，第 2 – 3 条。

② 盛愉，周岗．现代国际水法概论．北京：法律出版社，1987：106 – 107.

③ 1974 年 8 月改名为亚洲及太平洋经济社会委员会。

④ 湄公河的两个上游国，中国和缅甸，没有参加湄公河流域的开发。

⑤ 1995 年 4 月 5 日柬埔寨、老挝、泰国和越南签订于泰国清莱，自签订之日起生效。

淡水资源利用和保护领域里最新的一部条约。它的“新”不仅是时间上的“新”，而且是内容上的“新”。它在内容上的最大特点是将国际环境法中可持续发展的原则贯穿于有关湄公河流域开发和保护的各个方面。

《湄公河协定》共有6章42条。[①] 第一章是协定的序言。在序言中缔约国重申继续合作和促进湄公河流域可持续发展的决心。第二章规定有关术语的定义。

在第三章中，协定规定了合作的目标和原则。关于合作领域，协定规定各缔约国在可持续开发、利用、管理和保护湄公河的水资源和有关资源的一切领域里进行合作。这种合作包括灌溉、水电、航运、防洪、渔业、木材漂流、娱乐和旅游业。[②] 协定规定保护湄公河流域使其不受污染或其他开发计划和水资源利用的有害影响。[③] 协定宣布合作应在主权平等和领土完整的基础上进行。[④] 协定确认关于国际淡水资源的合理和平等利用原则，并分别规定在雨季和旱季的流域内和流域外水资源利用必须遵守的通知和磋商程序。[⑤] 协定规定保持湄公河主流的流量和预防与停止对河流产生有害影响的活动，[⑥] 按照国际法有关国家责任的原则决定对湄公河造成有害影响的沿岸国的国家责任。[⑦] 协定宣布航行自由原则。协定规定缔约国在发现有关水质的紧急情况时，必须立即通知并与有关缔约国和联合委员会磋商。[⑧]

第四章对湄公河流域合作的机构做了安排。协定决定成立湄公河委员会。湄公河委员会由缔约国各派一名代表政府的部长级或内阁级（副部长级以上）官员组成。委员会主席由各委员轮流担任，任期一年。委员会由理事会、联合委员会和秘书处三个常设机构组成。湄公河委员会取代湄公河下游流域调查协调委员会，并继续该委员会的全部资产、权利和义务。[⑨] 在委员会的三个机构中，理事会是决策机构，联合委员会是执行机构，秘书处是理事会和联合委员会的辅助执行机构和服务机构。协定对三个机构的职责、议事程序等做了明确规定。

协定的第五章规定解决分歧和争端的程序。协定规定在缔约国就有关协定的事项发生分歧或争议时，湄公河委员会及其联合委员会应首先尽力解决该分歧或争议。如湄公

---

① 《湄公河协定》的英文版，见甘瑟·汉德主编．国际环境法年鉴．英文版．牛津大学出版社，1996：968－982.

② 《湄公河协定》，第1条。

③ 《湄公河协定》，第2条。

④ 《湄公河协定》，第4条。

⑤ 《湄公河协定》，第5条。

⑥ 《湄公河协定》，第6－7条。

⑦ 《湄公河协定》，第8条。

⑧ 《湄公河协定》，第10条。

⑨ 《湄公河协定》，第13条。

河委员会或其联合委员会不能解决分歧或争议，则由各缔约国以谈判方式解决之。协定的第六章规定一些一般条款，如协定的生效方式，协定的修改、取代或终止，协定的登记事项。协定的第39条规定协定对其他沿岸国开放，即对中国和缅甸开放。

5. 非洲。在非洲，很早就有关于国家淡水资源的区域性或双边协定。如1959年《苏丹共和国阿拉伯联合共和国关于充分利用尼罗河水的协定》、1963年《尼泊尔河流域国际关于航行和经济合作条约》、1964年《乍得湖流域开发公约和规约》以及1987年《关于共同赞比兹河系统的环境完善管理行动计划的协定》。其中对淡水资源的开发、利用和保护做了比较全面规定的是《乍得湖流域开发公约和规约》以及《关于共同赞比兹河系统的环境完善管理行动计划的协定》。

（1）1964年《乍得湖流域开发公约和规约》。乍得湖位于乍得、尼日尔、尼日利亚、喀麦隆四国交界处，雨季面积2.7万平方公里，旱季面积1万平方公里，跨越7个国家。《乍得湖流域开发公约和规约》（以下简称《乍得湖公约》）所指乍得湖流域是公约附件地图上标出的区域，只包括湖面及其附近地区，面积为42.7万平方公里。乍得湖是非洲撒哈拉沙漠以南最干旱地带的主要生活和灌溉水源。

《乍得湖公约》包括公约、规约和关于建立乍得湖流域委员会开发基金的协议三大部分。

《乍得湖公约》的宗旨是开发和保护乍得湖的水资源。为此，缔约国即喀麦隆、乍得、尼日尔和尼日利亚在公约部分决定成立乍得湖流域委员会。

《乍得湖公约》的规约部分对乍得湖的开发和保护做了比较具体的规定。缔约国在规约中承诺在征求乍得湖流域委员会的意见之前不采取任何可能导致大量水土流失、影响流域的水文和湖水构成及水位、影响其他沿岸国的用水和影响水域的卫生条件或生物学特征的措施。① 缔约国承诺对在其管辖下的水域部分，在通告和征询委员会意见之前，不进行任何可能对流域的地表水和地下水的水流造成重大影响的水利工程和土地开发计划。② 在不损害乍得湖自然状态的前提下，缔约国可继续执行正在进行中的计划和项目，或在签署公约后3年内可开始的项目。③

《乍得湖公约》规定成立的乍得湖流域委员会由8人组成，每个成员国各派2人，委员会至少每年举行一次会议。委员会以多数票从成员国提出的候选人名单中选出执行秘书，执行秘书任期3年，可以连任。委员会的职责包括起草有关的实施规则；收集、评估和散发成员国的建议，并对乍得湖流域的共同项目和联合研究计划提出规划和设

---

① 《乍得湖公约》，规约，第5条。
② 《乍得湖公约》，规约，第5条。
③ 《乍得湖公约》，规约，第5条。

想；保持成员国之间的联系；了解乍得湖的测量和工程进展并向成员国通报；制定共同的航行和交通规则；制定人事条例；研究申诉意见，促进争议和分歧的解决。[①]

《乍得湖公约》的关于建立乍得湖流域委员会开发基金的协议决定设立乍得湖流域委员会开发基金。[②] 各成员国每年将其国家预算的1‰拨给该基金。该拨款最高不超过75万记账单位，最低不少于3万记账单位。[③] 基金专用于委员会批准的重要专门项目的设计、施工、维修和还贷事项。

（2）1987年《关于共同赞比兹河系统的环境完善管理行动计划的协定》。赞比兹河是非洲南部的一条主要河流，流经赞比亚、津巴布韦、莫桑比克等国。1987年5月28日，在南部非洲发展协调会议的主持下，八个有关的非洲国家签署《关于共同赞比兹河系统的环境完善管理行动计划的协定》。协定规定了一项旨在促进环境上完善的方式开发赞比兹河的水资源和保障成员国的可持续发展的行动计划，该计划分为环境评价、环境管理、环境立法和支持措施四大部分，还规定了具体的项目类别和项目，确定了工作计划和时间表，规定了机构和财金方面的安排，其中包括建立一个信托基金。该计划由南部非洲发展协调会议负责实施。[④]

推荐阅读

1. 盛愉，周岗．现代国际水法概论．北京：法律出版社，1987.

2. 何艳梅．国际水资源利用和保护领域的法律理论与实践．北京：法律出版社，2007.

思考题

1. 保护淡水资源的全球性条约有哪些？主要内容是什么？

2. 保护淡水资源的区域性条约有哪些？主要内容是什么？

---

① 《乍得湖公约》，第8条。

② 《乍得湖公约》，基金协议部分，第2条。

③ 每个账单位相当于0.81851265克纯金。《乍得湖公约》，基金协议部分，第3条第5款。

④ 菲利普·桑兹著．国际环境法原理．英文版．曼彻斯特大学出版社，1995：363.

第十一章　国际海洋环境的法律保护

核心提示

海洋环境对人类的生存和发展至关重要，然而海洋环境的污染和生态破坏，却在威胁着人类对海洋环境的正常利用和整个地球环境的生态平衡。由于人类对海洋的依赖，保护海洋环境也就成为全球环境保护中的一个极为重要的组成部分。为了防止海洋环境的不断恶化，保护和改善海洋环境，维护人类共同的生存环境和利益，国际社会开始用国际法手段来保护海洋环境。目前，有关国际海洋环境保护的法律文件已具备相当的规模和质量，在国际法中享有一定的地位和影响。本章主要介绍有关海洋环境保护的全球性和区域性国际公约的主要内容。

第一节　海洋与海洋资源

一、海洋

海洋是指地球表面广大连续水域的总称，它由“海”和“洋”组成。其中，离大陆较近，深度在 2 000 ~ 3 000 米以下，无独立的潮汐和海流系统、水文状况有显著季节变化，为岛和半岛分割的大陆边缘部分称为“海”。海的面积约占海洋面积的 11%，海临近大陆，受大陆、河流、气候和季节的影响较大。远离大陆，深度在 2 000 ~ 3 000 米以上，有独立的潮汐和海流系统，湿度、盐度、密度、水色、透明度等水文状况比较稳定的部分称为“洋”。世界大洋的总面积约占海洋面积的 89%，大洋离陆地遥远，不受陆地的影响。海洋总面积约为 3.6 亿平方公里，约占地球表面积的 71%。海洋中含有十三亿五千多万立方千米的水，约占地球上总水量的 97%，而可用于人类饮用的只有 2%。

二、海洋资源

海洋资源是海洋中所蕴涵的各种物质资源的总称，通常指在海洋内外应力的作用下形成并分布在海洋地理区域内的、可供人类开发利用的自然资源。海洋资源是地球自然资源的有机组成部分。作为人类物质生产活动的基本前提之一，海洋资源也是人类社会生存与发展的重要基础，具有重要的自然价值、经济价值和社会价值。[①]

海洋资源种类繁多，既有有形的，又有无形的；既有有生命的，又有无生命的；既有固态的，又有液态和气态的。按照海洋资源的性质、特点以及存在形态，可分为海洋生物资源、海洋矿产资源、海洋空间资源、海洋化学资源、海洋新能源、海洋旅游资源六大类。[②]

（一）海洋生物资源

海洋生物资源包括海洋动物资源、海洋植物资源和海洋微生物资源等。海洋动物资源是指海洋鱼类、海洋软体动物、海洋甲壳类动物及海洋哺乳类动物；海洋植物资源包括了海洋藻类、海洋种子植物和海洋地衣；海洋微生物资源包括海洋原核微生物、真核微生物和无细胞生物。海洋渔业资源蕴藏量丰富，估计达 10 ~ 20 亿吨，其中包括生活在海洋中的须鲸类、中华白海豚、儒艮、小须鲸、西太平洋斑海豹、文昌鱼、海龟等珍稀物种资源。

（二）海洋矿产资源

海洋矿产资源包括滨海矿砂、海底石油、海底天然气、海底煤炭、大洋多金属结核、海底热液矿床和可燃冰多种矿产资源。滨海砂矿主要来源于陆上的岩矿碎屑，经河流、海水（包括海流与潮汐）、冰川和风的搬运与分选，最后在海滨或大陆架区的最宜地段沉积富集而成，如砂金、砂铂、金刚石、砂锡与砂铁矿及钛铁石与锆石、金红石与独居石等共生复合型砂矿。

海底除蕴藏着丰富的石油、天然气、煤炭资源外，科学家还发现了一种新型能源——可燃冰。可燃冰被认为是下一代的清洁能源之一。它的形成与海底石油、天然气的形成过程相仿，而且密切相关，全球大洋底蕴藏着丰富的“可燃冰”。

深海矿产资源主要包括大洋多金属结核矿、铁锰结壳矿、深海磷矿和海底热液矿等。多金属结核是一种结核状的铁锰矿，又称为大洋锰结核，具有很高的经济价值，是一种重要的深海矿产资源，广泛分布于水深 4 000 ~ 6 000 米深海平原、丘陵和深海深水区。

---

① 鞠德峰．我国海洋资源管理的现状与问题．经济师，2002（10）：58.

② 孙悦民，宁凌．海洋资源分类体系研究．海洋管理与开发，2009（5）：45.

（三）海洋空间资源

海洋空间资源包括海岸带区域、海岛、海洋水体空间和海底空间。海岸带是指海陆之间相互作用的地带。海岸带资源丰富，区位优势最明显，生态脆弱、灾害较多。海洋水体空间是指海洋水面空间和海洋水层空间，合理开发利用海洋空间资源可以缓解陆域资源和环境压力。因此，海洋交通运输空间具有连续性强、成本低廉、适宜对各种笨重的大宗货物做远距离运输的优点，但是速度慢，运输易腐食品需要辅助设备，航行受天气影响大。海上生产空间可大大节约土地，能免除道路等基础设施建设费用，冷却水充足，取排方便，但是基础投资较大，技术难度高，风险大。

海底空间由上至下依次是陆架海底、半深海底、深海海底和深渊海底。海底空间可以用作海底管道、海底隧道、海底电缆、海底贮油库、海底仓库等。多年以来，人类已探索的海底只有5%，还有95%的海底是未知的。

（四）海洋化学资源

从海水中可以直接提取稀缺的元素、化合物和核能物质，而从海洋生物体中提取具有生理活性的天然有机物是海洋化学资源开发利用的主要途径。海水制盐历史悠久，世界上镁的年产量近60万吨，大部分来自海水制镁，还有海水制溴、提铀、提钾等；对海水本身的利用，如海水淡化，也是海洋开发的重要部分。

（五）海洋能量资源

海洋能量资源包括海洋潮汐能、波浪能、海流能、海水温差能、盐度差能和海上风能资源。潮汐能是一种不消耗燃料、没有污染、不受洪水或枯水影响、用之不竭的再生能源。在海洋各种能源中，潮汐能的开发利用最为现实、最为简便。波浪能是指海洋表面波浪所具有的动能和势能，是由风把能量传递给海洋而产生的，它实质上是吸收了风能而形成的。波浪能是海洋能源中能量最不稳定的一种能源。海流能是指海水流动的动能，主要是指海底水道和海峡中较为稳定的流动以及由于潮汐导致的有规律的海水流动所产生的能量，是另一种以动能形态出现的海洋能，海流能的利用方式主要是发电。海洋温差能是指不同深度海水水温之差的热能，海洋温差能的主要用途是发电，即利用海水表层与深层温差进行发电。

（六）海洋旅游资源

海洋旅游资源主要是指海洋自然景观旅游资源、娱乐与运动旅游资源、人类海洋历史遗迹旅游资源、海洋科学旅游资源、海洋自然保护区旅游资源等。包括海洋地文景观、海洋水域风光、海洋生物景观、海洋天象与气候景观及海洋遗址遗迹等旅游资源。随着现代旅游业的兴起，各沿海国家和地区纷纷重视开发海洋空间的旅游和娱乐功能，利用海底、海中、海面进行娱乐和知识相结合的旅游中心综合开发建设。如日本东京附近的海底封闭公园，游人可直接观赏海下的奇妙世界。美国利用海岸、海岛开发了集游览和自然保护为一体的保护区公园。

海洋蕴含的丰富的资源为人类提供了重要的生活资料和工业原料，促进了人类的发展。海洋也是人类互相交往的重要通道，是政治、经济、文化、科学活动的重要场所。生命起源于海洋，面对今天陆地资源短缺的压力，人类又把目光转向海洋，提出了“重返海洋”、“21 世纪是海洋世纪”的说法。因此，海洋始终是人类生活中必不可少的一部分。

第二节　海洋环境污染与资源破坏

长期以来，海洋被认为是“取之不尽，用之不竭”的资源宝库，但是现代人类无节制的开采和不科学的开发活动，不仅使海洋资源的再生能力遭到破坏，而且使海洋污染已达到了很严重的程度。

一、海洋环境污染

海洋环境污染通常是指污染物质进入海洋，超过海洋的自净能力，损坏海水质量，损害海洋生物资源，危害人类健康，妨碍海洋渔业和人类在海上的其他活动，损害海洋环境质量的现象。海洋环境污染的原因或者污染物的来源是多种多样的，但大部分是人类故意造成的。其中，有向海洋倾废造成的污染，有来自船舶和海底开发活动造成的污染，也有陆地地表径流带来的污染及来自大气层的污染等。

（一）海洋污染的特点

由于海洋的特殊性，海洋污染与大气、陆地污染有很多不同，其突出的特点：一是污染源广，不仅人类在海洋的活动可以污染海洋，而且人类在陆地和其他活动方面所产生的污染物，也将通过江河径流、大气扩散和雨雪等降水形式，最终都将汇入海洋；二是持续性强，海洋是地球上地势最低的区域，不可能像大气和江河那样，通过一次暴雨或一个汛期，使污染物转移或消除；一旦污染物进入海洋后，很难再转移出去，不能溶解和不易分解的物质在海洋中越积越多，往往通过生物的浓缩作用和食物链传递，对人类造成潜在威胁；三是扩散范围广，全球海洋是相互连通的一个整体，一个海域污染了，往往会扩散到周边，甚至有的后期效应还会波及全球；四是防治难、危害大，海洋污染有很长的积累过程，不易及时发现，一旦形成污染，需要长期治理才能消除影响，且治理费用大，造成的危害会影响到各方面，特别是对人体产生的毒害，更是难以彻底清除干净。

（二）海洋污染的类型

海洋污染主要有石油污染、有机质和营养盐污染、重金属污染及放射性污染等。

1. 石油污染。石油及其产品包括原油和从原油中分馏出来的溶剂油、汽油、煤油、柴油、润滑油、石蜡、沥青等，都是造成海洋石油污染的主要污染物。目前每年排入海洋的石油污染物约1千万吨，主要是由工业生产，包括海上油井管道泄漏、油轮事故、船舶排污等造成的。海洋石油污染常发生于世界主要港湾、主要航线、海上油井周围。

石油在海面形成的油膜能阻碍大气与海水之间的气体交换，影响海面对电磁辐射的吸收、传递和反射。长期覆盖在极地冰面的油膜，会增强冰块吸热能力，加速冰层融化，对全球海平面变化和长期气候变化造成潜在影响。油膜减弱了太阳辐射透入海水的能量，会影响海洋植物的光合作用。油膜沾污海兽的皮毛和海鸟羽毛，溶解其中的油脂物质，使它们失去保温、游泳或飞行的能力。石油污染物会干扰生物的摄食、繁殖、生长、行为和生物的趋化性等能力。受石油严重污染的海域还会导致个别生物种丰度和分布的变化，从而改变群落的种类组成。高浓度的石油会降低微型藻类的固氮能力，阻碍其生长，终而导致其死亡。特别是一些突发性的事故，一次泄漏的石油量可达10万吨以上，会使大片海水被油膜覆盖，使海洋生物大量死亡，严重影响海产品的价值及其他海上活动。

2. 有机质和营养盐污染。有机质污染主要来源于工业废水和生活废水，营养盐污染的主要来源包括随陆地地表径流进入海洋的农药、化肥及含磷洗涤剂。这类物质比较繁杂，包括工业排出的纤维素、糖醛、油脂；生活污水的粪便、洗涤剂和食物残渣以及化肥的残液等。这些物质进入海洋，造成海水的富营养化，能促使某些生物急剧繁殖，大量消耗海水中的氧气，易形成赤潮，继而引起大批鱼虾贝类的死亡。

3. 重金属污染。重金属元素包括汞、铜、锌、钴、镉、铬等，它们主要是工矿企业的废水、化学农药及含铅汽油。由人类活动而进入海洋的汞，每年可达万吨，已大大超过全世界每年生产约9千吨汞的记录，这是因为煤、石油等在燃烧过程中会使其中含有的微量汞释放出来，逸散到大气中，最终归入海洋，估计全球在这方面污染海洋的汞每年约4千吨。镉的年产量约1.5万吨，据调查镉对海洋的污染量远大于汞。随着工农业的发展，通过各种途径进入海洋的某些重金属和非金属以及酸碱等的量呈增长趋势，加速了对海洋的污染。

4. 放射性污染。放射性核素是由核武器试验、核工业和核动力设施释放出来的人工放射性物质，主要是锶—90、铯—137等半衰期为30年左右的同位素。据估计目前进入海洋中的放射性物质总量为2~6亿居里，这个量的绝对值是相当大的。由于海洋水体庞大，放射性物质在海水中的分布极不均匀，在较强放射性水域中，海洋生物通过体表吸附或通过食物进入消化系统，并逐渐积累在器官中，通过食物链作用传递给人类，达到一定剂量时，人会出现头晕、头疼、食欲不振等症状。如果超剂量的放射物质长期作用于人体，就能使人患上肿瘤、白血病或遗传障碍。当水中含有大量放射性物质时，它们的辐射作用会导致水生生物大量死亡，破坏海洋中生物的多样性，甚至造成海洋生态系统的瘫痪。

5. 其他污染。工业和城市垃圾、船舶废弃物、工程渣土和疏浚物等固体废物也成为海洋环境污染源。据估计，全世界每年产生各类固体废弃物约百亿吨，若1%进入海洋，其量也达亿吨。这些固体废弃物严重损害近岸海域的水生资源，破坏沿岸景观。

此外，电力、冶金、化学等工业生产中排放的冷却尾水是海洋热污染的来源，会破坏生态平衡和减少水中溶解氧。

二、海洋生态破坏

海洋生物群落与非生物群落之间相互联系、相互作用，彼此间形成物质不断循环和能量连续流动的统一整体，构成海洋生态系统。海洋生态系统有重要的净化环境功能，如吸收二氧化碳，产生大量氧气，海洋植物通过光合作用产生的氧气，占全球氧气产生总量的70%；蒸发水蒸气，为陆地补充大量的淡水；吸收大量的热量，调节全球的气候；容纳和降解陆源的大量污染物。同时，海洋生态系统为人类生存提供了宝贵的资源，如食物、工业原料、药材等。

海洋生态破坏主要是指人为原因造成的海洋生态失调。由于海洋污染和对海洋生物资源的无节制开采，打破了海洋生态系统的平衡，使海洋生物生存环境恶化，海洋生物多样性减少，对人类海洋资源利用产生不良影响。

（一）海洋生物资源严重减少

1. 传统经济种类种群破坏严重。联合国粮农组织在其一份有关“全球渔业和水产养殖状况”报告中指出，分布在全球各个角落的可捕捞鱼类的种群数量正在日益减少，最常见的鱼类品种如大西洋鲱鱼、日本鲥鱼、中国鲭鱼等，都面临着过度捕捞或者超强度捕捞的状况，这会带来严重的生态和经济后果。此外，沿岸盐场、电厂等纳潮水也严重损害鱼虾幼体。

2. 资源结构严重失衡。传统优质经济鱼类越来越少且小型化、低龄化；经济价值较低的鱼类、竞食植物上升，为主要渔获种类。

3. 优势资源更替频繁。严重的过度捕捞，使受捕的资源很快减少，目标转移到另一种资源。

（二）典型海洋生态系统的破坏

1. 珊瑚礁生态系统的破坏。珊瑚礁是由石珊瑚目的珊瑚虫的骨骼组成的，是生产力最高、生物多样性最丰富的生态系统之一。珊瑚礁错综复杂的结构为许多鱼和无脊椎动物提供了多样的生活环境，礁中生物十分密集，种类多样，有些珊瑚早已被用作药材，同时礁区具有丰富的渔业、水产资源。珊瑚礁能防止海岸侵蚀和风暴损伤，珊瑚岛也是永久居住、种植、海上避难的基地、娱乐区域和各种生物的庇护场所。

对于珊瑚礁来说，人类是其生存的唯一的巨大威胁，尤其陆地上的污染和过渡捕捞对这些生态系统造成了严重威胁。此外气候现象如厄尔尼诺现象和全球变暖造成的过高的水温也会导致珊瑚白化。按照大自然保护协会的数据，目前全球珊瑚礁破坏速度不断加快，在50年内全球70%的珊瑚礁会消失。2004年全球珊瑚礁状况报告显示，全球三分之二以上的珊瑚礁遭到严重破坏或处于进一步退化的险境，而气候变暖是珊瑚礁所面临的最大的长期威胁。

2. 红树林生态系统的破坏。红树林是热带、亚热带（低盐、高温、淤泥质）潮间带特有的木本植物群落，生长于陆地与海洋交界带的滩涂浅滩，是陆地向海洋过渡的特殊生态系统。热带海滩阳光强烈，潮起潮落，经过海水不断淹没和冲刷，土壤富含盐分。在此独特的环境下，产生了红树林独特的生命史和结构，如种子“胎生现象”、革质的叶和众多的气根。

红树林是一种森林资源，可用作木材、薪材、纸浆原料；林中鸟类、昆虫众多，林下鱼、虾、蟹、贝丰富；红树林能够美化环境，景观奇异多姿，是良好的旅游胜景；能防风抗浪、固堤护岸、防止侵蚀、保护沿岸设施，是具有自我修复能力的天然沿海防护林；能过滤陆源入海污染物，净化海水，减少海域赤潮发生，防治污染。

随着沿海工业发展、城市扩张和倾废，红树林区被侵占，红树林被砍伐后改造成稻田、种植场、鱼虾池、盐田等。由于人类活动，世界的红树林仍然在不断地减少和消失。1980年以来，红树林覆盖面积减少20%，大约360万公顷，尤其近来以每年多至1%的速度消失。①

3. 滩涂湿地生态系统的破坏。1993年《关于特别是作为水禽栖息地的国际重要湿地公约》对湿地定义为：“不问其为天然或人工，长久或者暂时性的沼泽地、湿草原、泥滩地或水域地带，带有或静止或流动，或为淡水、半咸水体者，包括低潮时不超过6米的水域”。一般理解的湿地包括沼泽、泥滩地、河流、湖泊、水库、稻田、滩涂（潮间带）以及低潮时水深不超过6米的海水区。

滩涂湿地是人类重要的资源库，是许多有商业价值生物的产卵场和育幼地，也是两栖类、爬行类、鸟类甚至哺乳类等众多野生动物繁衍地，为水产养殖、盐业发展提供有利条件。滩涂湿地植物还可以作为饵料、燃料、工业原料。在环境意义上，它能储水、泄洪、抗御风暴潮，防止海浪冲击、保护海岸；吸收大量二氧化碳，调节气候；降解附近海域污染；也是旅游观光的好场所。

为满足工业发展、城市扩张等工业用地的需要，人类大规模地盲目围垦湿地；修建

① 全球湿地百年消失半数 红树林面积30年减两成．北京日报，2012－10－18.

堤坝、开辟盐田、虾田、农场和堆场等也破坏了很多湿地。此外环境污染加剧，泥沙淤积严重和海岸侵蚀不断扩展等也进一步加剧了对湿地的破坏。联合国环境规划署执行主任阿希姆·施泰纳说："过去100年，我们破坏了全球50%的湿地。这是惊人数字。"

4. 海洋生物物种多样性丧失及其他生态破坏。由于人口增加、城市化和工业化的快速发展，造成大量环境污染；人类对生物资源掠夺性开发利用，严重破坏各种生境；由船底带进或者人工引进，导致外来物种的侵入，压迫和降低当地生物物种的多样性。由于环境污染和生境破坏，珍稀、濒危海洋生物数量锐减，加之河口环境急剧破坏，海岸自然度明显降低，临岸渔场严重破坏，使海洋生态环境破坏异常突出。

第三节　国际海洋环境保护法

海洋对人类生存和社会发展的重要意义以及日益加剧的海洋环境污染和生态破坏，促使整个国际社会认识到保护海洋环境的重要性和迫切性。在沿海各国加速完善本国海洋环境保护立法的同时，国际社会先后在全球和区域范围内召开了一系列关于海洋环境保护的国际会议，并制定了一系列保护海洋环境的公约。

一、国际海洋环境保护的立法进程

纵观国际海洋环境保护法的产生和发展历程，可以清楚地看到，它经历了由个别到一般、由局部到全部、由单项文件到综合性文件的发展过程。[①]

早在1926年针对航行水道的石油污染问题，应美国的邀请国际社会在华盛顿召开了一次专家会议，目的是对航行水域石油污染问题的技术事项交换意见并考虑制定一项国际协定。尽管本次会议未达成任何实质性协议，但却揭开了海洋环境保护的序幕。

第二次世界大战后，船舶造成的海上石油污染日趋严重。1954年4月在伦敦召开了关于防止船舶造成海洋石油污染的第一次外交会议。经过42个国家与会代表的反复协商，会议通过了世界上第一个海洋保护的全球性公约——《国际防止海洋石油污染公约》。公约要求倾废尽可能远离陆地，一般应距岸50公里，并建立禁止倾废的特别区。这是为保护海洋环境最早制定具体措施的一个公约。

1958年第一次联合国海洋法会议召开，通过了《公海公约》、《领海和毗连区公约》、《大陆架公约》，这些公约都对海洋环境污染做了规定。此后，在不断发生的海损事故的刺激下，1969年国际社会通过了《对公海上发生油污事故进行干涉的国际公约》、《国际油污损害民事责任公约》和1971年《建立国际油污损害赔偿国际基金公

---

① 蔡守秋，常纪文. 国际环境法学. 北京：法律出版社，2004：150.

约》等一系列国际性文件。[①] 1972年斯德哥尔摩人类环境会议召开，通过了《人类环境宣言》和《人类环境行动计划》，会议呼吁各国尽可能采取措施防止海洋环境污染，使海洋环境的国际法保护进入了一个新的阶段。

进入20世纪70年代以来，有关海洋污染方面的条约日益增多，这方面的条约可以分为四类：一是一般性多边条约，二是区域性条约，三是双边条约，四是以《联合国海洋法公约》为代表的全球性公约。[②] 1982年作为海洋宪章的《联合国海洋法公约》诞生，为人类管理、保护海洋提供了法律依据。

1992年里约热内卢环境与发展大会通过了《21世纪议程》，议程提出了综合管理沿海区域的原则和技术手段及保护海洋环境的原则。

这些国际海洋环境法律文件已有相当的规模，在国际法中形成了一定的地位和影响，成为国际社会海洋环境保护的主要法律文件。

二、国际海洋环境保护法的体系

（一）全球性国际公约

1.《联合国海洋法公约》。1982年的《联合国海洋法公约》是关于海洋制度的法典，针对世界海洋环境受到来自各方面不同程度的污染和破坏，公约的第12部分“海洋环境的保护和保全”对防止海洋环境污染的法律问题做了详尽的规定，是迄今最全面的关于海洋环境保护的国际法律制度。

（1）一般规定。《海洋法公约》开始就规定了海洋环境污染是指“人类直接或间接把物质或能量引入海洋环境，其中包括河口湾，以致造成或可能造成损害生物资源或海洋生物、危害人类健康、妨碍包括捕鱼和海洋的其他正当用途在内的各种海洋活动、损坏海水使用质量和减损环境优美等有害影响。”

公约规定各国有保护和保全海洋环境的义务，应采取一切必要措施，包括制定国内法律、规章和在专属经济区内设立特别区域，制定特别法律、规章，以防止、减少和控制任何来源的海洋环境污染，并且不能给其他国家造成污染。公约强调沿海国家“在环境保护政策条件下的、符合其环境保护义务的自主利用权”。

（2）海洋污染防治的具体规定。各国应在适当情形下个别或联合地采取一切符合公约的必要措施，防止、减少和控制任何来源的海洋环境污染。为此目的，各国按照其能力使用其所掌握的最切实可行的方法，并应在这方面尽力协调他们的政策。各国应采取一切必要措施，确保在其管辖或控制下的活动的进行不致使其他国家及其环境受到污

---

① 蔡守秋，常纪文．国际环境法学．北京：法律出版社，2004：150－151.

② 周忠海．国际海洋法．北京：中国政法大学出版社，1987：221.

染损害，并确保在其管辖和控制范围内的事件或活动所造成的污染不致扩大到其按照本公约行使主权权利的区域之外。按照公约要求所采取的防止、减少和控制海洋环境污染的措施，应针对海洋环境污染的一切来源。由于在其管辖和控制下使用技术而造成海洋环境污染，或由于故意或偶然在海洋环境某一特定部分引进外来的或新的物种致使海洋环境可能发生重大或有害变化的，各国应采取一切必要措施予以防止、减少和控制。

（3）海洋环境污染的管辖制度。海洋环境污染的管辖是一个涉及在不同海域发生不同污染行为应由哪个国家管辖和以什么标准进行管辖的问题。《海洋法公约》明确了海洋环境污染的管辖权，打破了传统的船旗国独自管辖的原则，确立了沿海国、港口国、船旗国平行管辖的体制。

沿海国在其领海内行使管辖权是习惯国际法所承认的，行使海洋污染管辖权是其中的一项内容。1958 年《领海及毗连区公约》第 17 条就规定："行使无害通过权的外国船舶，应遵守沿海国根据本条款和国际法其他规则制定的法律规章，尤其应遵守运输和航行的法律和规章。"因此，沿海国对其领海实施管辖权是理所当然的。① 对领海内海洋环境污染的管辖权。公约规定，沿海国在其领域内行使主权，可制定法律和规章，以防止、减少和控制外国船只，包括行使无害通过权的船只对海洋的污染。② 对专属经济区海洋环境污染的管辖权。公约规定，在一定条件下，沿海国家可以在专属经济区的"特别划定区域"颁布法令"防止船舶污染"；如果"在第 1 款[①]所指的国际标准和规则不足以适应特殊情况，又如果沿海国有合理根据认为其专属经济区某一明确划定的特定区域，因其与海洋学和生态条件有关的公认技术理由以及该区域的利用或其海洋资源的保护及其在航运上的特殊性质，要求采取防止来自船舶的污染的特别强制性措施，该沿海国……即可对该区域制定防止、减少和控制来自船舶的污染的法律和规章，实施通过主管国际组织使其适用于各特别区域的国际规则和标准或航行办法"。该意义在于，如果沿海国认为"国际规则和标准"不足以适应该国专属经济区域内实行特殊的管辖权，可以要求采取特殊措施，这是对以往国际防污公约的一个新发展，是沿海国为自己争取的一项意义重大的特殊权利。③ 船旗国的管辖权。各船旗国应制定法律和规章，以防止、减少和控制其船只对海洋环境的污染。这种法律和规章至少应具有与一般接受的国际规则和标准相同的效力。船旗国既拥有管辖本国的权力，同时它又应该承担保护海洋环境的义务，公约以船旗国义务的方式规定了船旗国的执行权。公约第 217 条规定，船旗国应对悬挂其旗帜的船舶的违法行为进行调查并提起司法程序，不论违法行为发生何处，也不论这种违法行为所造成的污染在何处发生或发现。④ 港口国的管辖权。《海洋法公约》确认港口国有一定程度的管辖权，但同时又规定了很多限制条件。第

---

① 指《联合国海洋法公约》第 211 条第 1 款。

311 条第 3 款规定，港口国可以制定关于防止、减少和控制海洋污染的特别规定，作为外国船只进入港口或内水或在其岸外码头停靠的条件。港口国如果作出特别规定，通知主管国际组织并妥为公布。同时公约对港口国的这种权力做了限制规定，即外国船只在驶入作出特别规定的国家的港口时，应作出是否遵守该国有关进入港口规定的通知。

在执行方面，公约第 218 条规定：当船只自愿位于一国港口或岸外设施时，该国可以对该船违反通过主管国际组织或一般外交会议制定的可适用的国际规则和标准在该国内水、领海或专属经济区外的任何排放进行检查，并可在有充分证据的情形下，提起司法程序；对于在另一国内水、领海或专属经济区内发生的违章排放行为，除非经该国、船旗国或受违章排放行为损害或威胁的国家请求，或者违反行为已对或可能对提起司法程序的国家的内水、领海或专属经济区造成污染，不应依据第 1 款提起司法程序；当船只自愿位于一国港口或岸外设施时，该国应在实际可行范围内满足任何国家因认为第 1 款所指的违章排放行为已在其内水、领海或专属经济区内发生，对其内水、领海或专属经济区已造成损害或有损害的威胁而提出的进行调查的请求，并且应在实际可行范围内，满足船旗国对这一违反行为所提出的进行调查的请求，不论违反行为在何处发生；港口国依据本条规定进行的调查记录，如经请求，应转交船旗国或者沿海国；在第 7 节[①]限制下，如果违反行为发生在沿海国的内水、领海或专属经济区，港口国根据这种调查提起的任何司法程序，经该沿海国请求可暂停进行；案件的证据和记录，连同交港口国当局的任何保证书或其他财政担保，应在这种情形下转交沿海国。转交后，在港口国即不应进行司法程序。

2. 针对特定类型的海洋污染的全球性公约。除了 1982 年的《联合国海洋法公约》以外，国际社会针对海洋倾倒、陆源污染、船舶污染和海洋污染事故等特定来源的海洋污染和特定海洋污染问题签订了一些全球性的公约和议定书，成为国际海洋环境保护法体系的重要组成部分。

(1)《防止因倾弃废物及其他物质而引起海洋污染的公约》。1972 年的《防止因倾弃废物及其他物质而引起海洋污染的公约》(简称《伦敦倾倒公约》)，适用除各国内水以外的所有区域，是唯一的一项关于海洋倾倒问题的全球公约。该公约所称的“倾倒”是指“任何从船舶、飞机、平台或其他海上人工构造物上有意的在海上倾弃废物及其他物质的行为”和“任何有意的在海上弃置船舶、飞机、平台及其他海上人工构造物的行为”。该公约以三个附件列举了三大类受管制的物质，即附件一黑色名单所列举物质、附件二灰色名单所列举物质的倾倒需事先获得特别许可证，附件三所列举物质的倾倒需事先获得一般许可证。该公约缔约国应当设立主管当局来审批许可证、保存记录、

① 即指《联合国海洋法公约》第 12 部分第 7 节“保障办法”。

监督倾倒活动和监测海洋情况。缔约国的执行权适用于在其领土上登记的或悬挂其国旗的所有船舶和飞机、在其领土或领海装载行将倾倒物质的所有船舶和飞机、在其管辖下的被认为是从事倾倒活动的所有船舶和飞机以及固定或浮动平台。公约还规定了举行会议的具体事项、会议的职责、召开的时间等。

（2）《国际防止船舶污染公约》。1973年签订于伦敦的《国际防止船舶污染公约》及其1978年议定书的目的是“彻底消除有意排放油类和其他有毒物质而污染海洋环境并将这些物质的意外排放减至最低限度”。该公约规定的适用范围是“有权悬挂一缔约国国旗的船舶”和“无权悬挂一缔约国的国旗但在一缔约国的管辖下进行营运的船舶”，不适用于“任何军舰、海洋辅助船舶或其他国有或国营并暂时只用于政府非商业性服务的船舶”。关于对违章排放有害物质的船舶的执行权，该公约规定“任何违反本公约要求的事件，不论其发生在何处，根据有关船舶主管机关的法律应予禁止，并有相应的制裁措施。如果该主管机关获悉该项违章事件，并确信有充分证据对被声称的违章事件提出诉讼，则应按照法律使这种诉讼尽速进行”，即船旗国执行。公约还规定了港口国缔约国对停靠该港或近海装卸站的船舶的检查权，包括检查船舶的证书和检查船舶是否违章排放有害物质。要求缔约国向国际海事组织尽快报告船舶向海洋排放或可能排放有害物质的事件（即公约所称的“事故”）。国际海事组织在收到报告后应尽快通知有关方面，如船旗国和可能受影响的国家。

（3）《防止陆源污染海洋公约》。1974年在巴黎通过的《防止陆源污染海洋公约》是国际社会第一个专门针对陆源污染海洋的国际公约。该公约的成员国仅为欧洲国家，它适用于东北大西洋、部分北冰洋，不包括地中海和波罗的海。该公约将陆源物质造成的污染界定为“通过下列途径造成的海域的污染：经由水道；来自海岸，包括通过下水管道或其他管道；来自设置在本公约所适用的区域并受某一缔约国管辖的人工建筑；通过从陆地或从本条第3项所界定之人工建筑散发到大气层”。该公约和1972年的《防止在东北大西洋和部分北冰洋倾倒废物污染海洋的公约》共同构成了1992年《保护东北大西洋海洋环境公约》的基础。

1992年《保护东北大西洋海洋环境公约》对陆源污染物的控制更为严格，扩大了陆源定义的外延，并规定所有的污染物质的排放必须事先得到许可。

（4）关于海洋污染事故的国际条约。20世纪60年代发生的一些石油污染事件对海洋环境造成了极大的破坏，因此国际社会对海洋石油运输过程中发生的石油污染事故及其危害予以特别关注。为了控制海洋污染事故的发生或减少事故所带来的负面影响，国际社会对这种污染源的治理制定了相当数量的国际公约。1969年签订于布鲁塞尔的《对公海上发生油污事故进行干涉的国际公约》规定，缔约国可以在公海上采取必要措施，防止、减轻或消除由于海上事故或同事故有关的行动所产生的海险。1973年在国际海事组织的主持下在伦敦签订了这一公约的议定书——《关于油类以外物质造成污染时在公海上进行干涉的议定书》，该议定书对这类物质以附件形式予以列举，并于1991年、1996年和2002年先后3次被修订。1989年国际海事组织主持签订了《国际救援公约》，目的是鼓励为保护海洋环境而救援失事的船舶。1990年签订的《关于石油污染的准备、反应和合作的国际公约》，目的是促进各国在应对重大石油污染事故方面的合作。该公约适用于由船舶、近海设施、海港和石油处理设施引起的石油污染事故。

（二）区域性公约或条约

1. 联合国环境规划署区域海洋项目及其区域海洋环境保护公约。联合国环境规划署区域海洋项目始于1975年2月制定的《地中海行动计划》，该计划包括环境评价、环境管理、机构安排、财政安排和法律文件五个部分。按照该计划，地中海沿岸国于1976年签订了一系列有关保护地中海海洋环境的公约和议定书，在1976年10月设立了区域海洋法律工作组。联合国环境规划署理事会于1978年批准成立区域海洋环境项目，到2004年为止，联合国环境规划署区域海洋项目扩大到14个区域，其中13个区域已制定议定书，有8个区域已制定关于区域海洋环境保护的区域性框架公约和有关的议定书。

联合国环境规划署区域海洋项目主持并帮助各区域制定的区域海洋环境保护法律包括两个层次：一是区域海洋环境保护框架公约，如1976年的《保护地中海免受污染公约》、1978年的《关于合作防止海洋环境污染的科威特区域公约》、1981年的《合作保护和开发西非和中非区域海洋和沿海环境公约》等；二是为实施区域框架公约的有关内容而制定的各种议定书，如1980年的《保护地中海免受陆源污染议定书》、1990年的《保护和开发大加勒比区域海洋环境公约关于特别保护区和受特别保护的野生生物的议定书》等。

八个区域性海洋环境保护框架公约的内容和结构大致相同，主要有关于区域海洋环境保护的一般义务、对各有关领域内的合作的一般要求和机构安排方面的规定。联合国环境规划署的区域海洋项目极大地促进了区域海洋环境保护法的发展和各区域内海洋沿岸国在海洋环境保护方面的合作，但其实施大都面临着财政和技术资源方面的困难，有的还由于局部战争或政局的动荡而影响其有效实施。

2. 其他区域性海洋环境保护条约

（1）《保护波罗的海区域海洋环境公约》

波罗的海沿岸包括丹麦、瑞典、德国、芬兰、爱沙尼亚、拉脱维亚、立陶宛、俄罗斯、波兰等国。1974年，丹麦、瑞典、东德、西德、芬兰和苏联签订了《保护波罗的海区域海洋环境公约》，目的是减少、防止和消除各种形式的污染，成立了波罗的海委员会作为公约实施机构。1992年上述各国签订了新的《保护波罗的海区域海洋环境公约》取代了1974年公约，扩大了公约的适用范围，使其制度更加完善更具有操作性。

（2）《保护东北大西洋海洋环境公约》

1992年东北大西洋沿岸国签订了《保护东北大西洋海洋环境公约》，试图为东北大西洋海洋环境保护提供一个全面的法律框架。它试图以一个公约管制所有来源的海洋污染，采用了全面的生态系统保护方法来对付该区域的海洋环境污染问题，因此它吸收了1992年联合国环境与发展大会所倡导和确认的原则，设立东北大西洋环境保护委员会监督公约的实施。

综观上述国际海洋环境保护立法，重点放在了海洋环境污染的防治上，这固然与立法时海洋环境污染的严峻形势密切相关，但以发展的眼光看，国际社会在解决已有的海洋环境问题时，对新出现的海洋生态环境问题重视不够。海洋生态环境的保护也需要国际社会共同努力，人类才能获得可以持续利用的海洋资源。

推荐阅读

1. 欧阳鑫，窦玉珍．国际海洋环境保护法．北京：海洋出版社，1994.

2. 蔡守秋，何卫东．当代海洋环境资源法．北京：煤炭工业出版社，2001.

思考题

1. 简述国际海洋环境保护法的体系。

2. 《联合国海洋法公约》对国际海洋环境保护做了哪些规定？

第十二章 国际土地资源的法律保护

核心提示

土地资源的国际法律保护主要涉及两方面的问题，一是水土流失的治理，二是荒漠化的防治。关于水土流失，国际社会仅有一些不具法律约束力的指导性文件。关于土地荒漠化问题，目前《防治荒漠化公约》是有关土地的国际法律保护中级别和规格最高的法律文件，也是解决荒漠化问题的有效法律工具，显示了国际社会治理土地荒漠化的决心。

第一节 土地资源与土地退化

一、土地资源

（一）土地资源的含义

土地资源指已经被人类所利用和可预见的未来能被人类利用的土地。土地资源既包括自然范畴，即土地的自然属性，也包括经济范畴，即土地的社会属性，是人类的生产资料和劳动对象。土地资源是在目前的社会经济技术条件下可以被人类利用的土地，是一个由地形、气候、土壤、植被、岩石和水文等因素组成的自然综合体，也是人类过去和现在生产劳动的产物。

（二）全球土地资源概况

据联合国粮农组织（FAO）的统计，2003 年，世界上土地总面积为 130.64 亿公顷，其中耕地 14.04 亿公顷，占 10.5%；牧场 34.85 亿公顷，占 26.0%。全球五大洲中，亚洲土地面积最大，为 30.85 亿公顷；非洲次之，为 29.78 亿公顷；欧洲 22.60 亿公顷；北美和中美洲为 21.37 亿公顷；南美洲 17.55 亿公顷；大洋洲为 8.49 亿公顷。

1900 年全世界人口为 15 亿左右，平均每人占有的陆地面积约为 150 亩；1975 年世界人口增至约 40 亿，平均每人占地 55 亩；1987 年世界人口达 50 亿，平均每人占地 44 亩。仅从上述数字上看土地资源是能满足人类需要的，然而如果考虑土地质量属性，即陆地总面积中 20% 处于极地和高寒地区，20% 处于干旱地区，20% 处于山地陡坡，10% 为缺乏土壤的露岩，这四类陆地占陆地总面积的 70%，属不宜于利用的区域，称为“限制性环境”，其余 30% 才属于“适居地”，则这一数字并不乐观。

二、全球土地资源退化

（一）土地资源退化

土地资源退化是指在各种自然因素，特别是人为因素的影响下，所发生的土地质量及其可持续性下降，甚至完全丧失物理、化学和生物学特征的过程。

土壤退化问题早已引起国内外土壤学家的关注，但对于土壤（地）退化的定义，不同学者提出了多种不同的叙述。现在一般认为，土壤退化（soil degradation）是指在各种自然和人为因素影响下，导致土壤生产力、环境调控潜力和可持续发展能力下降甚至完全丧失的过程。简言之，土壤（地）退化是指土壤数量减少和质量降低。数量减少表现为表土丧失、或整个土体毁坏、或被非农业占用，质量降低表现为物理、化学、生物方面的质量下降。

为了正确理解土壤（地）退化的概念，我们可从以下三个方面进行认识：

1. 土壤（地）退化的原因。虽然土壤退化是一个非常复杂的问题，但引起其退化的原因是自然因素和人为因素共同作用的结果。自然因素包括破坏性自然灾害和异常的成土因素（如气候、母质、地形等），它是引起土壤自然退化过程（侵蚀、沙化、盐化、酸化等）的基本原因，而人与自然相互作用的不和谐，即人为因素是加剧土壤（地）退化的根本原因。人为活动不仅直接导致天然土地的被占用，更危险的是人类盲目的开发利用土、水、气、生物等农业资源（如砍伐森林、过度放牧、不合理农业耕作等），造成生态环境的恶性循环。例如人为因素引起的“温室效应”，导致气候变暖和由此产生的全球性变化，必将造成严重的土地退化。水资源的短缺也导致土壤退化。

2. 土壤退化的本质。本质就是土壤（地）资源的数量减少和质量降低。土壤资源在数量上是有限而不是无限的。随着土壤退化的不断加剧，土壤（地）数量逐渐减少。对于人多地少的中国，潜在危险较大的是土壤质量的降低。从这个意义上来看，改良和培肥土壤，保持“地力常新”，提高土壤质量，是一项具有战略意义的重要工作。由此可见，土壤退化和土壤质量是紧密相关的一个问题的两个侧面。因此，要正确认识人与自然的关系，按照自然规律搞好生态环境建设、区域开发、兴修水利、合理耕作、培肥土壤，以防止土壤质量的退化。

3. 防治土壤退化的首要任务是保护耕地土壤。因为耕地土壤是人类赖以生存的最珍贵的土壤（地）资源，是农业生产最基本的生产资料，是农业增产技术措施的基础。耕地土壤退化虽然受不利自然因素的影响，但人类高强度的利用、不合理的种植、耕作、施肥等活动，是导致耕地土壤生态平衡失调、环境质量变劣、再生能力衰退、生产力下降的主要原因。因此，防治土壤退化，首先要切实保护好对农业生产有着特殊重要性的耕地土壤。

在讨论土地退化和土壤退化时，两者常常混为一谈。许多情形下，把土壤退化简单地作为土地退化来讨论，反之亦然。应该看到，土地是土壤和环境的自然综合体，它更多地强调土地属性，如地表形态（山地，丘陵等）、植被覆盖（林地，草地，荒漠等）、水文（河流，湖沼等）和土壤。而土壤是土地的主要自然属性，是土地中与植物生长密不可分的那部分自然条件。对于农业来说，土壤无疑是土地的核心。因此，土地退化应该是指人类对土地的不合理开发利用而导致土地质量下降乃至荒芜的过程，其主要内容包括森林的破坏及衰亡、草地退化、水资源恶化与土壤退化。

土壤退化是土地退化最集中的表现，是最基础和最重要的，且具有生态环境连锁效应的退化现象。土壤退化即是在自然环境的基础上，因人类开发利用不当而加速的土壤质量和生产力下降的现象和过程。这就是说，土壤退化现象仍然服从于成土因素理论。考察土壤退化一方面要考虑到自然因素的影响，但另一方面要关注人类活动的干扰。土壤退化的标志是对农业而言的土壤肥力和生产力的下降及对环境来说的土壤质量的下降。研究土壤退化不但要注意量的变化（即土壤面积的变化），而且更要注意质的变化(肥力与质量问题)。

（二）全球土壤退化概况

1. 世界土壤退化概况。当前，因各种不合理的人类活动所引起的土壤和土地退化问题已严重威胁着世界农业发展的可持续性。据统计，全球土壤退化面积达 1 965 万平方公里。就地区分布来看，地处热带亚热带地区的亚洲、非洲土壤退化尤为突出，约 300 万平方公里的严重退化土壤中有 120 万平方公里分布在非洲，110 万平方公里分布于亚洲；就土壤退化类型来看，土壤侵蚀退化占总退化面积的 84%，是造成土壤退化的主要原因之一；就退化等级来看，土壤退化以中度、严重和极严重退化为主，轻度退化仅占总退化面积的 38%。

全球土壤退化评价（Global Assessment of Soil Degradation）研究结果显示，土壤侵蚀是最重要的土壤退化形式，全球退化土壤中水蚀影响占 56%，风蚀占 28%。至于水蚀的动因，43% 是由于森林的破坏，29% 是由于过度放牧，24% 是由于不合理的农业管理；而风蚀的动因，60% 是由于过度放牧，16% 是由于不合理的农业管理，16% 是由于自然植被的过度开发，8% 是由于森林破坏。全球受土壤化学退化（包括土壤养分衰减、盐碱化、酸化、污染等）影响的总面积达240万平方公里，其主要原因是农业的不合理利用和森林的破坏；全球物理退化的土壤总面积约83万平方公里，主要集中于温带地区，可能绝大部分与农业机械的压实有关。

2. 我国土壤退化状况。首先，我国水土流失状况相当严重，在部分地区有进一步加重的趋势。据统计，1996年我国水土流失面积已达183万平方公里，占国土总面积的19%。仅南方红黄壤地区土壤侵蚀面积就达6 153万平方公里，占该区土地总面积的1/4。同时，对长江流域13个重点流失县水土流失面积调查结果表明，在过去的30年中，其土壤侵蚀面积以平均每年1.2%～2.5%的速率增加，水土流失形势不容乐观。

其次，从土壤肥力状况来看，中国耕地的有机质含量一般较低，水田土壤大多在1%～3%，而旱地土壤有机质含量较水田低，小于1%的就占31.2%。中国大部分耕地土壤全氮都在0.2%以下，其中山东、河北、河南、山西、新疆5省（区）严重缺氮面积占其耕地总面积的一半以上；缺磷土壤面积为67.3万平方公里，其中有20多个省（区）有一半以上耕地严重缺磷；缺钾土壤面积比例相对较小，约有18.5万平方公里，但在南方缺钾较为普遍，其中海南、广东、广西、江西等省（区）有75%以上的耕地缺钾，而且近年来，全国各地农田养分平衡中，钾元素均亏缺，因而，无论在南方还是北方，农田土壤速效钾含量均有普遍下降的趋势；缺乏土壤退化宏观检测量元素的耕地占63.3%。对全国土壤综合肥力状况的评价尚未见报道，就东部红壤丘陵区而言，选择土壤有机质、全氮、全磷、速效磷、全钾、速效钾、pH值、CEC、物理性粘粒含量、粉/粘比、表层土壤厚度11项土壤肥力指标进行土壤肥力综合评价的结果表明，其大部分土壤均不同程度遭受肥力退化的影响，处于中、下等水平，高、中、低肥力等级的土壤的面积分别占该区总面积的25.9%、40.8%和33.3%，在广东丘陵山区、广西百色地区、江西吉泰盆地以及福建南部等地区肥力退化已十分严重。此外，其他形式的土壤退化问题也十分严重。以南方红壤区为例，约20万平方公里的土壤由于酸化问题而影响其生产潜力的发挥；化肥、农药施用量逐年上升，地下水污染不断加剧，在部分沿海地区其地下水硝态氮含量已远远高于世界卫生组织建议的最高允许浓度；同时，在一些矿区附近和复垦地及沿海地区土壤重金属污染也相当严重。

（三）全球土地资源退化的主要表现

1. 土壤侵蚀。土壤侵蚀是指土壤或成土母质在外力（水、风）作用下被破坏剥蚀、搬运和沉积的过程。土壤侵蚀类型的划分以外力性质为依据，通常分为水力侵蚀、重力侵蚀、冻融侵蚀、风力侵蚀、人为侵蚀等。其中人为侵蚀是指人们在改造利用自然、发展经济过程中，移动了大量土体，而不注意水土保持，直接或间接地加剧了侵蚀，增加了河流的输砂量。目前主要表现在采矿、修建各种建筑、公路、铁路、水利等工程过程中毁坏耕地、废弃物乱堆放等方面，其中废弃物有的直接倒入河床，有的堆积成小山坡，再在其他营力作用下产生侵蚀。

在诸多的世界性资源和环境问题中，土壤侵蚀问题尤为普遍和突出。自然环境和人文环境是影响土壤侵蚀的基本因素，因侵蚀而造成的特殊环境又反过来影响周围环境，这种相互作用构成了当前全球变化的重要内容之一。国际科学联盟理事会（IESU）主持的国际地圈——生物圈计划（IGBP），其核心在于揭示人与地球系统之间的相互作用，提高人类对环境变化的预测及防御自然灾害的能力。1992 年在巴西里约热内卢举行的世界环境与发展大会指出，当前区域性和全球性的重大环境问题有八项，即：（1）臭氧层破坏；（2）全球气候变暖；（3）酸雨范围扩大；（4）淡水污染和短缺；（5）森林资源锐减；（6）野生动植物物种消失；（7）水土流失和沙漠化扩展；（8）有毒化学品和危险废物扩散。这八大环境问题相互联系、相互制约。例如，森林资源的破坏促使水土流失和土地荒漠化迅速发展，从而影响到生物多样性的消失；空气中二氧化碳含量的变化、尘暴的发生、水资源短缺、旱涝灾害加剧等一系列环境问题，又反过来促使全球环境恶化和土壤侵蚀的加剧。

世界各国都存在着程度不同的土壤侵蚀，尤其是人为加速侵蚀在一些地区和国家呈增长趋势。1934 年美国发生了震惊世界的黑风暴，这次黑风暴席卷美洲大陆，约 3 亿吨尘土运移了 2 400 公里的距离，千百年来积累的肥沃表土层遭侵蚀而丧失于旦夕之间，其原因即是人为过度砍伐森林，不合理耕垦所致。50 年代初，前苏联及欧洲部分地区也发生了类似的黑风暴，其原因也是大规模开垦黑土地、破坏生态平衡而导致水蚀风蚀的后果。日本在第二次世界大战期间森林破坏严重，1953 年发生了灾害性特大的洪水。自第二次世界大战结束以来，在全球农垦区约有 12 亿公顷土地遭受侵蚀，毁坏了 10.5% 的肥沃土地。地球上约 35% 的地区正处于沙漠化。非洲的森林覆盖率仅 7%，而沙漠占土地面积的 40%；索马里 90% 的农地遭受侵蚀，境内水资源濒于枯竭；撒哈拉大沙漠自第二次世界大战以来，每年向南扩展 1.5 ~ 10 公里。近期热带雨林地区森林砍伐的年均速率为现有森林面积的 0.6%，其中肯尼亚的森林年砍伐率为 1.5%，到 2040 年天然林将全部消失。世界性恶劣侵蚀环境的发展伴随着干旱、洪水灾害的加剧，使人类面临饥饿及丧失生存条件的威胁。

目前，我国土壤侵蚀状况也不容乐观。毁林毁草、不合理耕垦是人为加速侵蚀急剧发展的主要原因。历史上的黄土高原曾经草木茂盛，截然不同于现今的千沟万壑、光秃贫瘠的侵蚀地貌。随着人口和毁林毁草垦殖率的增加，黄土高原的土壤侵蚀、黄河泥沙及黄河流域的旱、洪灾害呈急剧发展的趋势。7 ~ 20 世纪黄河流域共发生大旱 95 次、洪水 110 次，其中前 7 个世纪大旱和洪水平均每百年的频率分别为 2.7 次和 3.7 次，后 7 个世纪分别达 10.8 次和 12 次。黄河下游决堤频率在 7 世纪前每百年不足 10 次，到

14 世纪达 67 次，到 19 世纪增至 172 次。

2. 土地资源盐碱化。土壤盐碱化是指土壤含盐量太高（超过 0.3%），而使农作物低产或不能生长。形成盐碱土要有两个条件：一是气候干旱和地下水位高（高于临界水位）；另一条件是地势低洼，没有排水出路。地下水都含有一定的盐分，如其水面接近地面，而该地区又比较干旱，上升到地表的水蒸发后，便留下盐分，日积月累，土壤含盐量逐渐增加，形成盐碱土；如是洼地，且没有排水出路，则洼地水分蒸发后，既留下盐分，也形成盐碱地。

土地盐碱化主要是由于地下水位上升，临近地表使土地表层盐分积累所致。如干旱、半干旱内陆地区较封闭，过度灌溉汇集后的水盐没有出路，导致下游平原的地下水位增高，地下水的矿化度加大，在地表蒸发的作用下，水散盐留，形成盐碱化。在海滨滩涂地区，则由于过度抽取地下水，使海水入侵而造成盐碱化。

盐碱化也是影响土质的重要问题。我国盐渍化土地约有 14.87 亿亩（包括目前盐渍土壤 5.54 亿亩和潜在盐渍化土壤 2.6 亿亩），全国耕地中受盐渍化制约的有 1 亿多亩，占耕地总面积的 5% 。

3. 土地沙化。土地沙化是指由于风蚀、水蚀等原因引起地面物质的颗粒部分（或）生物生长的营养物质的丧失，从而出现地表物质粗化的过程。防沙治沙法所称土地沙化，是指主要因人类不合理活动所导致的天然沙漠扩张和沙质土壤上的植被及覆盖物被破坏，形成流沙及沙土裸露的过程。任何破坏土壤水分的因素都会最终导致土壤沙化。土地沙化的大面积蔓延就是荒漠化，是最严重的全球环境问题之一。目前地球上有 20% 的陆地正在受到荒漠化威胁。

土地沙化的成因分自然的因素和人为的因素。从沙化的土地资源特征来看，造成沙漠化的自然因素（干旱、多风、暴雨、疏松的表土物质、坡度、植被等）仅仅是土地沙化的条件，而人类的活动以及对土地资源的不合理利用，才是土地沙化的诱发因子，也可以说人类的活动（过度开垦、放牧、乱砍滥伐等）和不合理利用加速了土地资源沙化的过程。

1996 年 6 月，联合国防治荒漠化公约秘书处发表公报指出：当前世界荒漠化现象仍在加剧。全球现有 12 亿多人受到荒漠化的直接威胁。到 1996 年为止，全球荒漠化的土地已达到 3 600 万平方公里，占到整个地球陆地面积的 1/4，相当于俄罗斯、加拿大、中国和美国国土面积的总和。全世界受荒漠化影响的国家有 100 多个，荒漠化仍以每年 5 万至 7 万平方公里的速度扩大，相当于爱尔兰的面积。到 20 世纪末，全球损失约 1/3 的耕地。在人类当今诸多的环境问题中，荒漠化是最为严重的灾难之一。土地资源沙漠化是当今世界影响生物生产的一个重要的土地资源问题，而我国是世界上受沙漠化危害最严重的国家之一。

4. 土壤贫瘠化。土壤由固相（矿物质、有机质）、液相（土壤水分或溶液）和气相（土壤空气）三相物质四种成分有机地组成。按容积计，在较理想的土壤中矿物质约占38% —45%，有机质约占5% —12%，孔隙约占50%。按重量计，矿物质占固相部分的90% ~95% 以上，有机质约占1% ~10%。土地贫瘠是因为土壤里的有机质含量低，而土壤盐碱化是指土壤含盐量太高（超过0.3%），而使农作物低产或不能生长。

5. 土壤遭受污染。土壤污染指由于人类活动产生的有害、有毒物质进入土壤，积累到一定程度，超过土壤本身的自净能力，导致土壤性状和质量变化，构成对农作物和人体的影响和危害的现象。即土地因受到采矿或工业废弃物或农用化学物质的侵入，从而污染了土壤原有的理化性状，使土地生产潜力减退、产品质量恶化并对人类和动植物造成危害的现象和过程。按污染源不同，可分为工业污染、交通运输污染、农业污染和生活污染四类。工业污染主要是工业排放的废渣、废水、废气造成大气、水体和土壤等环境的污染。

土地污染会产生严重的后果，对环境和对人体健康都有严重危害，具体表现在：（1）通过食物链途径危害人体健康。土壤生物直接从污染的土壤中吸收有害物质，这些有害物质通过土壤参与食物链最终进入人类食物链，所以土壤是污染物进入人体食物链的主要环节。作为人类主要食物来源的粮食、蔬菜和畜牧产品都直接或间接来自土壤，污染物在土壤中的富集必然引起食物污染，最终危害人体的健康。（2）有些污染的土地直接具有放射性的危害，对人类健康以及其他生物的生存造成影响。在切尔诺贝利事件受到污染的大面积的土地被迫闲置，其原因之一就在于此。（3）在生态环境效应方面，土地污染将直接导致土壤性质恶化，从而使植被减少，生物多样性降低。除此之外，土地污染还可能会引起大气、地表水、地下水污染和人畜疾病等次生环境问题，威胁着生态安全和生命健康。

第二节 国际土地资源保护法

一、概述

当今，人口的压力和对农产品需求的增长使得地球土壤面临前所未有的威胁，如土地资源的退化相当严重。尽管土地退化有自然的原因，如干旱、蝗灾等，但主要来自人类对土壤的过度干预。目前，关于土壤侵蚀和盐碱化的问题，国际社会仅有以下一些不具有法律约束力的指导性文件：

（一）《世界土壤宪章》

1981 年 11 月 25 日国际粮农组织制定了《世界土壤宪章》，该宪章首次对保护和改良土壤的规则做了全面规定，其内容包括关于改良土壤生产力、保护和合理利用土壤、促进土地的最佳利用和各国政府保持土壤的长期生产力等方面的规定。为了实施该宪章的规定，粮农组织还制定了《行动计划》。

（二）《世界土壤政策》

1982年5月，联合国环境规划署提出了《世界土壤政策》，其主旨是为各国制定国家政策提供指导。其中部分内容有意推动确立一个国际土壤分类体系，促使国际社会在收集和交换土地应用性研究信息方面取得一致，并为土壤管理经验和技术的交流提供便利。1993年，联合国规划署在经修订的《蒙特维亚方案》中规定“促进有效的执行，力求实现《世界土壤宪章》目的和目标而制定的《行动计划》，包括制定关于国内立法和有关制定机制的准则。

（三）《世界自然宪章》

1982年10月联合国大会通过的《世界自然宪章》明确提出，各国应采取措施保持土壤的长期肥力和有机分解作用，并防止侵蚀和一切其他形式的退化，以维持或提高土壤的生产率。①

（四）《关于土壤的建议》

1992年5月，欧洲理事会通过了《关于土壤的建议》，该建议提出了有关土壤保护和利用的四项原则：（1）土壤保护应被宣布为普遍公共利益，并纳入发展计划；（2）土壤应被承认为一种共同遗产和一种自然的不可更新资源，而且它的社区利益超越与它的利用相联系的私人利益；（3）土壤保护应在所有其他政策，如农业、工业、林业、交通和市镇规划中得到考虑；（4）公众应能获得有关土壤的情报资料，并被许可参加有关的程序。

（五）《21世纪议程》

1992年6月联合国环境与发展大会通过的《21世纪议程》提出了一个新的治理水土流失的方式，即通过综合规划和管理土地来加强对土壤的保护。②

二、1994年《防治荒漠化公约》

（一）防治荒漠化的国际文件

1977年第一届荒漠化的联合国会议在内罗毕举行，会议起草了一个行动计划，但是由于没有很好地体现各个国家的意愿，响应者很少。

1. 1992年《21世纪议程》第12章分析了荒漠化的原因，规定了行动原则和执行

---

① 蔡守秋，常纪文．国际环境法学．北京：法律出版社，2004：182.

② 蔡守秋，常纪文．国际环境法学．北京：法律出版社，2004：182.

方案，为防治荒漠化提供了技术基础和行动指南。该议程指出荒漠化的形势已经非常严峻，认为受荒漠化影响最严重的是发展中国家，特别是非洲国家。发展中国家的不合理的经济结构、快速增长的人口、巨大的粮食需求以及资金、技术的匮乏，都是加重荒漠化的不利影响。

2. 1994 年 6 月的《防治荒漠化公约》其全称是《联合国关于在发生严重干旱或荒漠化的国家，尤其是在非洲防治荒漠化的公约》，该公约是 1992 年联合国环境与发展大会之后出现的第一部重要的全球性环境公约。该公约的一个特别之处是从谈判到生效所花的时间很短。1994 年开放签署，1996 年 12 月 26 日生效。我国于 1996 年 12 月 30 日批准。公约内容除序言以外，还包括六大部分和五项附件。该公约通过之时，只有四项附件，2000 年的公约第四次缔约人会，为了使该公约的中欧和东欧观察员国家成为缔约方，通过了《中欧和东欧区域执行附件》，并将其作为附件 5。

（二）《防治荒漠化公约》的内容

1. 序言部分。在序言中，公约反映了国际社会对干旱和荒漠化问题的严重关注，并指出国际社会防治干旱和荒漠化的必要性。公约特别指出发展中国家面临的困境，并承认为防治干旱和荒漠化、促进国家计划和优先事项、改善国家合作及其有效性是紧急需要。公约决定为当代和后代人的利益而采取适当措施防治干旱和荒漠化。

2. 主体内容

第一部分导则。在这一部分，公约给出了一些术语的定义、宣布公约的目标和原则。

（1）定义。公约认为“荒漠化”系“由于气候变化和人类活动导致的干旱、半干旱和亚湿润干旱地区的土地退化”。此外公约还对“防治荒漠化”、“干旱”、“土地退化”等重要术语予以界定。

（2）目标。公约宣布其目标是为实现受干旱和荒漠化影响的地区的可持续发展，通过国际合作防止干旱和荒漠化，尤其是非洲的干旱和荒漠化。

（3）原则。公约确认了四项指导原则，第一，确保公众和地方社区参与关于防治干旱和荒漠化的项目设计和实施的决策；第二，以团结和伙伴精神在次区域、区域和国际层次上改善合作和协调，并将资金、人力、组织和技术资源更好地集中到所需要的地方；第三，以伙伴精神在所有层次上的政府、社区、非政府组织和土地持有者之间发展合作，更好的认识受影响地区土地资源和稀缺的水资源的性质和价值；第四，充分考虑所影响地区发展中国家，尤其是不发达国家的特殊需要和情况。

第二部分规定了三类义务，即所有缔约方的一般义务、受影响国家缔约方的义务和发达国家缔约方的义务。

（1）所有缔约国的一般义务。具体内容包括以综合的或一体化的方法对付干旱和荒漠化过程的物理学的、生物学的和社会经济学的各个方面的问题；适当注意受影响发展中国家缔约方在国际贸易、市场安排和债务方面的情况；建立一个有助于可持续发展的国际经济环境；将消除贫困同防治干旱和荒漠化相结合；促进受影响国家缔约方在环境保护领域的合作；加强次区域、区域和国际的合作；与有关政府间组织合作；决定机构安排并注意避免重复等。

（2）受影响国家缔约方的义务。受影响国家缔约方的义务除了一般义务外，还有特别义务，包括对防治干旱和荒漠化给予适当优先考虑并按照其情况和能力提供充分资源；在可持续发展的计划或政策框架内建立防治干旱和荒漠化的战略和优先事项；注意并对付荒漠化的潜在原因并特别注意有助于形成荒漠化的社会经济因素；在防治荒漠化的努力中促进地方人群的理解和参与；通过加强现有法律或新的立法提供有利的环境并建立长期政策和行动方案。

（3）发达国家缔约方的义务。发达国家缔约方的义务除了一般义务外，还有特别义务，包括按照协议积极支持受影响发展中国家缔约方，尤其是其中非洲国家和最不发达国家防治干旱和荒漠化的努力；为受影响发展中国家尤其是非洲国家发展和实施其防止干旱和荒漠化的长期计划和战略提供实质性的财政资源和额外资金以及其他形式的支持；鼓励并动员私人以及非政府的资金帮助受影响发展中国家；促进和便利受影响国家，尤其是其中的发展中国家取得适当技术、知识和技术诀窍。

第三部分主要是关于行动方案、科技合作和支持措施等规定。

（1）行动方案。受影响发展中国家缔约方应编制、公开并实施关于防治干旱和荒漠化的国家行动方案。发达国家缔约方的援助地或通过有关多边组织优先给予发展中国家缔约方，尤其是非洲国家的次区域、区域和国家的行动方案。同时公约对行动方案基本内容做了比较具体的规定，还规定了支持各种行动计划的编制和实施的措施和协调各种行动方案的措施。

（2）科技合作。关于科技合作，公约对情报的合作、分析和交流，对研究和开发以及对技术的转让、获得、改造和开发等都做了具体规定。

（3）支持措施。公约规定缔约方应加强能力建设、教育和提高公众觉悟。公约要求缔约方尽最大努力确保提供充分财政资源；要求发达国家缔约方动员实质性的财政资源，包括赠款和优惠贷款支持防治干旱和荒漠化方案的实施；要求发达国家缔约方便利技术、知识和技术诀窍的转让，受影响的发展中国家缔约方也承诺按其能力动员充分的财政资源用于实施其国家行动方案；要求缔约方对已经获得的资金加强管理并加以合理、有效地使用，评价使用的成功和缺点，消除妨碍有效使用资金的障碍。公约决定成立一个名为全球机制的机构以促进资金的动员和技术的提供。

第四部分是关于机构的规定。公约决定成立缔约方大会。缔约方大会是公约的最高权力机构，有权为促进公约有效实施做必要的决定。它的职责包括定期审查公约的执行和公约机构的运作，促进缔约方采取的措施的信息交流，审查它所属机构的报告，制定程序和财政的规则，通过公约的修正案，批准方案及其预算等。公约还设立一个常设秘书处，处理日常事务；同时还设立一个科学技术委员会，就科技事项向缔约大会提供咨询和建议。

第五部分是有关程序事项的规定。如要求缔约方通过常设秘书处向大会报告为执行公约所采取的措施，受影响国家缔约方报告所有制定的战略和行动方案，发达国家缔约方报告其援助措施及执行情况；并对争端解决办法、附件的地位、公约和附件的修订、表决权等都有具体规定。

第六部分是关于公约的签署、生效等事项。

3. 附件

公约的五个附件分别对公约在非洲、亚洲、拉丁美洲和加勒比海地区、北地中海地区、中欧和东欧地区的实施作出具体规定。附件和公约正文享有同等的法律效力。五个附件的共同内容有：宗旨、本区域关于干旱和荒漠化的特殊情况、国家行动规划、次区域和区域行动计划、财政资源极其机制、合作和协调机制等。

三、我国与国际土地资源保护法

我国是世界上受荒漠化影响最严重的国家之一，截止 2009 年，我国干旱、半干旱地区的面积占全国土地面积的 57.3% ,[①] 受荒漠化影响的国土大约有 362.13 万平方公里，主要受影响的地区集中在西北、华北和东北。全国约有 7 亿人口受到荒漠化影响，每年因荒漠化造成的经济损失约 72 亿美元[②]。

我国是 1994 年《防治荒漠化公约》的缔约国，也一直在积极地履行该公约，在防治荒漠化方面取得了比较大的成就。

（一）建立公约履行机构

为了实施公约，加强防治荒漠化的机构建设，我国在不同层面上建立了各种管理机构。“中国防治荒漠化协调小组”，对外称“联合国防治荒漠化公约中国执行委员会”(CCICCD)。该委员会由国务院林业、农业、水利、土地、环境保护等 18 个部门组成。国家林业局是委员会的牵头部门，负责公约的实施。该委员会主要的职责是指导、协调和监督防治荒漠化工作。地方层面，14 个受荒漠化影响的省（自治区、直辖市）也成立了防治荒漠化协调小组。因此，从中央到地方，都已经建立了荒漠化防治的管理体

---

① 中国国家统计局．中国统计年鉴．2010 (23)：5.

② 《中国防治荒漠化公约和防治荒漠化公约国家报告》，2009 年 4 月，第 6 页。

制。联合国防治荒漠化公约中国执行委员会还组织了咨询、研究、培训和检测组织，如1994年成立的高级专家顾问组、1995年组成的专家组、1995年成立的中国防治荒漠化研究与发展中心、中国防治荒漠化培训中心和中国荒漠化监测中心。

（二）制定、修订和实施国家战略和行动方案

我国根据公约和附件的要求，制定了防治荒漠化的国家战略和行动方案。

首先，我国制定了防治荒漠化的国家战略和优先领域，并将其纳入国民经济和社会发展计划。其次，中央和地方政府为防治荒漠化工作提供资金保障，并与消除贫困相结合。我国防治荒漠化工程的资金来源是中央政府和荒漠化土地所在地的地方政府，实行中央财政投入为主、地方财政投入为辅的原则。

（三）建立和完善相关法律体系

在国家层面，我国与防治荒漠化相关的法律有《环境保护法》（1989年）、《森林法》（1984年，1998年修订）、《草原法》（1985年）、《土地管理法》（1986年，1998年修订）、《水土保持法》（1991年）。这些法律都不是专门针对荒漠化的立法。荒漠化防治专门的立法是2001年九届人大常委会第二十三次会议通过的《防沙治沙法》，这是世界上第一部关于防治荒漠化的法律。在地方层面上，为了实施《防沙治沙法》，陕西省和甘肃省等受影响的省区还制定了地方性法规。

（四）积极参与国际合作

自从成为《防治荒漠化公约》的缔约国以来，我国在全球、区域和次区域的层面上积极参与国际合作，并通过积极参加和举办国际合作与交流会议的方式主动为履行公约争取国际资金援助。

推荐阅读

1. 《世界土壤宪章》。
2. 《联合国防治荒漠化公约》。

思考题

1. 简述防治水土流失的国际法律制度。
2. 简述荒漠化治理的国际法律制度。

第十三章　国际生物资源的法律保护

核心提示

虽然"生物多样性"的概念始于20世纪80年代，但是保护生物多样性的法律实践却在很久以前就开始了。早期的国际生物保护法对生物资源的保护范围有限，对生物物种和生态系统多样性本身的保护关注不够。20世纪70年代后出现的一些综合性公约显示生物保护思想发生了重大变化，已将对生物的保护扩大到生境。目前，国际生物保护法体系已基本形成，包括了全球性、区域性生物保护条约和其他的双边与多边条约。本章主要介绍有关生物保护的全球性公约和专门性生物资源保护公约的一些内容。

第一节　生物资源与生物资源危机

一、生物资源及其保护

生物资源是指对人类具有实际或潜在用途或价值的遗传资源、生物体或其部分、生物种群或生态系统中任何其他生物组成部分，包括在目前的社会经济技术条件下人类可以利用与可能利用的生物，即动植物资源和微生物资源等，还有的学者把生物群落与其周围环境组成的具有一定结构和功能的生态系统也称为生物资源。

目前，一些种类的生物资源由于人类的过度开采和栖息环境的改变而日趋减少，有的甚至濒于灭绝，为了永续利用，造福后代，各国政府和人民正在采取有效措施保护生物资源的可持续发展。

生物资源的保护具体包括：

(1) 特色生物的物种与遗传多样性：特色生物的基因多样性，物种演化和区系演变的规律及其与地理环境变化的关系；动物、植物与微生物协同进化的关系与规律；特色生物资源保护的策略。

（2）资源微生物利用的基础理论与关键技术：具有重要应用前景的微生物资源评估和生物学基础研究；微生物基因工程菌构建及产业化开发；植物寄生线虫微生物农药研究；具有活性的微生物次生代谢产物及先导化合物研究。

（3）生物多样性的生态功能与修复：污染及极端环境中植物、微生物的抗性、适应及多样性变化机制；山区土地植被变化与生物多样性维持；关键区域受损生态系统的退化机制与恢复。

二、全球生物资源现状与危机

当许多人考虑自然世界的威胁时，一般认为是对其他生物的威胁。然而，一些动物如熊猫、老虎、大象、鲸鱼和鸟类的数量正在下降，这引起世界对这些物种灭绝的担忧，物种已经以50倍于自然灭绝的速度消失，根据这个趋势，估计有34 000种植物、5 200种动物，其中包括1/8的鸟类面临绝种。几千年来，人类已经发展了大量重要的食用栽培植物和家养动物。但是当现代商品化农业只关注较少的几种谷物品种时，这些财富正在减少，并且，大约30%的主要农业家养动物高度濒危。当物种个体的丧失引起人类的关注时，森林、湿地、珊瑚礁和其他生态系统的碎化、退化和完全丧失也带给生物多样性毁灭性的威胁。森林是许多陆地生物多样性的大本营，但在上个世纪，约45%的原始森林已经消失。尽管某些森林得到了保护，但世界的森林总数仍在快速减少，尤其是在热带地区。珊瑚礁是包含最丰富生物多样性的生态系统，10%的珊瑚礁已经被毁坏，而且1/3的幸存部分将在未来的10到20年间面临崩溃。

海岸的红树林是关系到无数物种生死攸关的生命摇篮，现在已经变得脆弱并有一半已经消失。臭氧的减少和气候的改变等大气层的变化也给生物多样性带来压力，较稀薄的臭氧层使更多的紫外线到达地球表面损害了活体组织。全球变暖已经改变物种的栖息地和分布，科学家警告，即使全球平均气温仅上升1度，也会把许多物种推向死亡的边缘，人类的食物生产系统也可能被严重的毁坏。生物多样性的丧失常常会减少生态系统的生产力，因而减少自然界向人类提供物质和服务的能力，生物多样性的丧失严重影响着生态系统，弱化了生态系统抵御洪水、旱灾和暴风雨等自然灾害及污染、气候改变等人为压力的能力。人类已经花费了大量的金钱来抵御由于采伐森林而引起的洪水和暴风雨，这些损失被认为将随着全球变暖而增加。

生物多样性的减少也在其他方面损害了人类。人类的文化特征深深地扎根于生物环境中，植物和动物作为人类世界的一种符号，保留在旗帜、雕塑和其他形象中，以区分人类和人类社会。我们从自然的美丽和力量中汲取灵感，但物种灭绝的步伐却由于人类活动而急剧地加速了。生态系统正在碎化或消失，无数的物种数量正在减少或已经灭绝，我们正在制造自6 500万年前导致恐龙灭绝的自然灾难以来最大的灭绝危机，这种灭绝是不可逆转的，并且正降临在粮食作物、药品和其他生物资源上，给人类健康带来威胁。如果不明白人类生命的支持系统正在逐步地瓦解，那将是无知的；把其他的生命推向灭绝的边缘是不道德的，也剥夺了当代人和子孙的生存和发展。我们能够拯救世界的生态系统和那些我们珍视的物种及其他无数的物种吗？它们之中有的可能将在明天会成为人类的食品和药品，答案在于人类的能力，一种把人类对自然的需要与自然对人类的供给、自然安全地吸收人类排放物相统一的能力。

第二节 国际生物资源保护法

一、《生物多样性公约》

《生物多样性公约》是一项保护地球生物资源的国际性公约，于1992年6月1日由联合国环境规划署发起的政府间谈判委员会第七次会议在内罗毕通过，1992年6月5日，由签约国在巴西里约热内卢举行的联合国环境与发展大会上签署。公约于1993年12月29日正式生效，常设秘书处设在加拿大的蒙特利尔。联合国《生物多样性公约》缔约国大会是全球履行该公约的最高决策机构，一切有关履行《生物多样性公约》的重大决定都要经过缔约国大会的通过。截止到2010年10月，该公约的缔约方有193个。我国于1992年6月11日签署该公约，1992年11月7日得到批准，1993年1月5日交存加入书。2004年2月，《生物多样性公约》缔约方第七次部长级会议在吉隆坡举行，会议通过《吉隆坡宣言》。2010年10月，为期两周的《生物多样性公约》第十次缔约方会议在日本中部城市名古屋举行，会议通过了规定遗传资源利益分配的《获取与惠益分享名古屋议定书》，同时提出2010年至2020年保护生物多样性的数值目标。该公约是一项有法律约束力的公约，旨在保护濒临灭绝的植物和动物，最大限度地保护地球上的多种多样的生物资源，以造福于当代和子孙后代。公约规定，发达国家将以赠送或转让的方式向发展中国家提供新的补充资金以补偿它们为保护生物资源而日益增加的费用，应以更实惠的方式向发展中国家转让技术，从而为保护世界上的生物资源提供便利；签约国应为本国境内的植物和野生动物编目造册，制订计划保护濒危的动植物；建立金融机构以帮助发展中国家实施清点和保护动植物的计划；使用另一个国家自然资源的国家要与那个国家分享研究成果、盈利和技术。

生物多样性指的是地球上生物圈中所有的生物，即动物、植物、微生物以及它们所拥有的基因和生存环境。它包含三个层次：遗传多样性，物种多样性，生态系统多样性。生物多样性公约作为一项国际公约，认同了共同的困难，设定完整的目标、政策和普遍的义务，同时组织开展技术和财政上的合作，但是，达到这个目标的主要责任在缔约方自己。私营公司、土地所有者、渔民和农场主从事了大量影响生物多样性的活动，政府需要通过制定指导其利用自然资源的法规、保护国有土地和水域生物多样性等措施发挥领导职责。根据公约，政府承担保护和可持续利用生物多样性的义务，政府必须发展国家生物多样性战略和行动计划，并将这些战略和计划纳入更广泛的国家环境和发展计划中，这对林业、农业、渔业、能源、交通和城市规划尤为重要。公约的其他义务包括：识别和监测需要保护的重要的生物多样性组成部分；建立保护区保护生物多样性，同时促进该地区以有利于环境的方式发展；与当地居民合作，修复和恢复生态系统，促进受威胁物种的恢复；在当地居民和社区的参与下，尊重、保护和维护生物多样性可持续利用的传统知识；防止引进威胁生态系统、栖息地和物种的外来物种，并对外来物种予以控制或消灭；控制现代生物技术改变的生物体引起的风险；促进公众的参与，尤其是评价威胁生物多样性的开发项目造成的环境影响；教育公众，提高公众有关生物多样性的重要性和保护必要性的认识；报告缔约方如何实现生物多样性的目标。

本公约的目标是按照本公约有关条款从事保护生物多样性、持续利用其组成部分以及公平合理分享由利用遗传资源而产生的惠益；实施手段包括遗传资源的适当取得及有关技术的适当转让，但需顾及对这些资源和技术的一切权利以及提供适当资金。每一缔约国应按照其特殊情况和能力为保护和持续利用生物多样性制定国家战略、计划或方案，或为此目的变通其现有战略、计划或方案；这些战略、计划或方案除其他外应体现本公约内载明与该缔约国有关的措施；尽可能并酌情将生物多样性的保护和持续利用订入有关的部门或跨部门计划、方案和政策内。

每一缔约国应尽可能并酌情：建立保护区系统或需要采取特殊措施以保护生物多样性地区；于必要时，制定准则据以选定、建立和管理保护区或需要采取特殊措施以保护生物多样性地区；管制或管理保护区内外对保护生物多样性至关重要的生物资源，以确保这些资源得到保护和持续利用；促进保护生态系统、自然生境和维护自然环境中有生存力的种群；在保护区域的邻接地区促进无害环境的持续发展，以谋增进这些地区的保护；除其他外，通过制定和实施各项计划或其他管理战略，重建和恢复已退化的生态系统，促进受威胁物种的复原；制定或采取办法以酌情管制、管理或控制由生物技术改变的活生物体在使用和释放时可能产生的危险，即可能对环境产生不利影响，从而影响到生物多样性的保护和持续利用，也要考虑到对人类健康的危险；防止引进、控制或消除那些威胁到生态系统、生境或物种的外来物种；设法提供现时利用与生物多样性的保护及其组成部分的持续利用彼此相辅相成所需的条件；依照国家立法，尊重、保存和维持土著和地方社区体现传统生活方式而与生物多样性的保护和持续利用相关的知识、创新和实践并促进其广泛应用，并鼓励公平地分享因利用此等知识、创新和做法而获得的惠益；制定或维持必要立法或其他规范性规章，以保护受威胁物种和种群；在依照第7条确定某些过程或活动类别已对生物多样性造成重大不利影响时，对有关过程和活动类别进行管制和管理；进行合作，就以上各项所概括的就地保护措施，特别向发展中国家提供财政和其他支持与援助。

每一缔约国应尽可能并酌情，主要为辅助就地保护措施起见：最好在生物多样性组成部分的原产国采取措施移地保护这些组成部分；最好在遗传资源原产国建立和维持移地保护及研究植物、动物和微生物的设施；采取措施以恢复和复原受威胁物种并在适当情况下将这些物种重新引进其自然生境中；对于为移地保护目的从自然生境中收集生物资源实施管制和管理，以避免威胁到生态系统和当地的物种种群，除非根据前项必须采取临时性特别移地措施。进行合作，为以上各项所概括的移地保护措施以及在发展中国家建立和维持移地保护设施提供财政和其他援助。

每一缔约国应尽可能并酌情：在国家决策过程中考虑到生物资源的保护和持续利用；采取有关利用生物资源的措施，以避免或尽量减少对生物多样性的不利影响；保护并鼓励那些按照传统文化惯例而且符合保护或持续利用要求的生物资源习惯使用方式；在生物多样性已减少的退化地区支助地方居民规划和实施补救行动；鼓励其政府当局和私营部门合作制定生物资源持续利用的方法。

每一缔约国应尽可能并酌情：采取适当程序，要求就其可能对生物多样性产生严重不利影响的拟议项目进行环境影响评估，以期避免或尽量减轻这种影响，并酌情允许公众参加此种程序；采取适当措施，以确保其可能对生物多样性产生严重不利影响的方案和政策的环境后果得到适当考虑；在互惠基础上，就其管辖或控制范围内对其他国家或国家管辖范围以外地区生物多样性可能产生严重不利影响的活动促进通报、交流信息和磋商，其办法是为此鼓励酌情订立双边、区域或多边协议；如遇其管辖或控制下起源的危险即将或严重危及或损害其他国家管辖的地区内或本国管辖地区范围以外的生物多样性的情况，应立即将此种危险或损害通知可能受影响的国家，并采取行动预防或尽量减轻这种危险或损害；促进作出国家紧急应变安排，以处理大自然或其他原因引起即将严重危及生物多样性的活动或事件，鼓励旨在补充这种国家努力的国际合作，并酌情在有关国家或区域经济一体化组织同意的情况下制定联合应急计划。缔约国会议应根据所做的研究，审查生物多样性所受损害的责任和补救问题，包括恢复和赔偿，除非这种责任纯属内部事物。

确认各国对其自然资源拥有的主权权利，因而可否取得遗传资源的决定权属于国家政府，并依照国家法律行使。每一缔约国应致力于创造条件，便利其他缔约国取得遗传资源用于无害环境的用途，不对这种取得施加违背本公约目标的限制。为本公约的目的，所指缔约国提供的遗传资源，仅限于这种资源原产国的缔约国或按照本公约取得该资源的缔约国所提供的遗传资源。取得经批准后，应按照共同商定的条件并遵照规定进行。遗传资源的取得须经提供这种资源的缔约国事先知情同意，除非该缔约国另有决定。每一缔约国使用其他缔约国提供的遗传资源从事开发和进行科学研究时，应力求这些缔约国充分参与，并于可能时在这些缔约国境内进行。每一缔约国应按照公约有关技术取得与转让、生物技术处理及获益分配的规定，并于必要时利用公约设立的财务机制办理，酌情采取立法、行政或政策性措施，以期与提供遗传资源的缔约国公平分享研究和开发此种资源的成果以及商业和其他方面利用此种资源所获的利益。这种分享应按照共同商定的条件。

每一缔约国认识到技术包括生物技术，且缔约国之间技术的取得和转让均为实现本公约目标必不可少的要求，因此承诺遵照本条规定向其他缔约国提供和/或便利其取得并向其转让有关生物多样性保护和持续利用的技术或利用遗传资源而不对环境造成重大损害的技术。这里所指技术的取得和向发展中国家转让，应按公平和最有利条件提供给予便利，包括共同商定时，按减让和优惠条件提供或给予便利，并于必要时按照设立的财务机制办理。此种技术属于专利和其他知识产权的范围时，这种取得和转让所根据的条件应承认且符合知识产权的充分有效保护。就此应符合以下规定：每一缔约国应酌情采取立法、行政或政策措施，以其根据共同商定的条件向提供遗传资源的缔约国，特别是其中的发展中国家，提供利用这些遗传资源的技术和转让此种技术，其中包括受到专利和其他知识产权保护的技术，必要时遵照国际法，以符合以下规定的方式进行：每一缔约国应酌情采取立法、行政或政策措施，以期私营部门为第 1 款所指技术的取得、共同开发和转让提供便利，以惠益于发展中国家的政府机构和私营部门，并在这方面遵守以上规定的义务。缔约国认识到专利和其他知识产权可能影响到本公约的实施，因而在这方面遵照国家立法和国际法进行合作，以确保此种权利有助于而不违反本公约的目标。

缔约国应促进生物多样性保护和持久使用领域的国际科技合作，必要时可通过适当的国际机构和国家机构来开展这种合作。每一缔约国应促进与其他缔约国尤其是发展中国家的科技合作，以执行本公约，办法之中包括制定和执行国家政策。促进此种合作时应特别注意通过人力资源开发和机构建设以发展和加强国家能力。缔约国会议应在第一次会议上确定如何设立交换所机制以促进并便利科技合作。缔约国为实现本公约的目标，应按照国家立法和政策，鼓励并制定各种合作方法以开发和使用各种技术，包括当地技术和传统技术在内。为此目的，缔约国还应促进关于人员培训和专家交流的合作。缔约国应经共同协议促进设立联合研究方案和联合企业，以开发与本公约目标有关的技术。

每一缔约国应酌情采取立法、行政和政策措施，让提供遗传资源用于生物技术研究的缔约国，特别是其中的发展中国家，切实参与此种研究活动；可行时，研究活动宜在这些缔约国中进行。每一缔约国应采取一切可行措施，以赞助和促进那些提供遗传资源的缔约国，特别是其中的发展中国家，在公平的基础上，优先取得基于其提供资源的生物技术所产生成果和惠益。此种取得应按共同商定的条件进行。缔约国应考虑是否需要一项议定书，规定适当程序，特别包括事先知情协议，适用于可能对生物多样性的保护和持续利用产生不利影响的由生物技术改变的任何活生物体的安全转让、处理和使用，并考虑该议定书的形式。每一个缔约国应直接或要求其管辖下提供前述所指生物体的任何自然人和法人，将该缔约国在处理这种生物体方面规定的使用和安全条例的任何现有资料以及有关该生物体可能产生的不利影响的任何现有资料，提供给将要引进这些生物体的缔约国。

每一缔约国承诺依其能力为那些旨在根据其国家计划、优先事项和方案实现本公约目标的活动提供财政资助和鼓励。发达国家缔约国应提供新的额外的资金，以使发展中国家缔约国能支付它们因执行那些履行本公约义务的措施而承担议定的全部增加费用，并使它们能享受到本公约条款产生的惠益；上项费用将由个别发展中国家同公约所指的体制机构商定，但须遵循缔约国会议所制订的政策、战略、方案重点、合格标准和增加费用指示性清单。其他缔约国，包括那些处于向市场经济过渡进程的国家，可自愿承担发达国家缔约国的义务。为本条的目的，缔约国会议应在其第一次会议上确定一份发达国家缔约国和其他自愿承担发达国家缔约国义务的缔约国名单。缔约国会议应定期审查这份名单并于必要时加以修改。另将鼓励其他国家和来源以自愿方式作出捐款。履行这些承诺时，应考虑到资金提供必须充分、可预测和及时，且名单内缴款缔约国之间共同承担义务也极为重要。发达国家缔约国也可通过双边、区域或其他多边渠道提供与执行本公约有关的资金，而发展中国家缔约国则可利用该资金。发展中国家缔约国有效地履行其根据公约作出的承诺的程度将取决于发达国家缔约国有效地履行其根据公约就财政资源和技术转让作出的承诺，并将充分顾及经济和社会发展以及消除贫困是发展中国家缔约国的最优先事项这一事实。各缔约国在其就筹资和技术转让采取行动时应充分考虑到最不发达国家的具体需要和特殊情况。缔约国还应考虑到发展中国家缔约国、特别是小岛屿国家中由于对生物多样性的依赖、生物多样性的分布和地点而产生的特殊情况。发展中国家应包括环境方面最脆弱，例如境内有干旱和半干旱地带、沿海和山岳地区国家的特殊情况也应予以考虑。

为本公约的目的，应有一机制在赠与或减让条件的基础上向发展中国家缔约国提供资金，本条中说明其主要内容。该机制应为本公约目的而在缔约国会议权力下履行职责，遵循会议的指导并向其负责。该机制的业务应由缔约国会议第一次会议或将决定采用的一个体制机构开展。为本公约的目的，缔约国会议应确定有关此项资源获取和利用的政策、战略、方案重点和资格标准。捐款额应按照缔约国会议定期决定所需的资金数额，考虑到所指资金流动量充分、及时且可以预计的需要和列入资金所指名单的缴款缔约国分担负担的重要性。发达国家缔约国和其他国家及来源也可自愿提供捐款。该机制应在民主和透明的管理体制内开展业务。依据本公约目标，缔约国会议应在其第一次会议上确定政策、战略和方案重点以及详细的资格标准和准则，用于资金的获取和利用，包括对此种利用的定期监测和评价。缔约国会议应在同受托负责财务机制运行的体制机构协商后，就实行以上的安排作出决定。缔约国会议应在本公约生效后不迟于两年内，其后在定期基础上，审查依照本条规定设立的财务机制的功效，包括前述所指的标准和准则。根据这种审查，会议应于必要时采取适当行动，以增进该机制的功效。缔约国应审议如何加强现有的金融机构，以便为生物多样性的保护和持续利用提供资金。

缔约国之间在就公约的解释或适用方面发生争端时，有关的缔约国应通过谈判方式寻求解决。如果有关缔约国无法以谈判方式达成协议，它们可以联合要求第三方进行斡旋或要求第三方出面调停。在批准、接受、核准或加入本公约时或其后的任何时候，一个国家或区域经济一体化组织可书面向保管者声明，对按照以上规定未能解决的争端，它接受下列一种或两种争端解决办法作为强制性办法：按照规定的程序进行仲裁；将争端提交国际法庭。如果争端各方尚未按照以上规定接受同一或任何程序，则这项争端应按照附件规定提交调解，除非缔约国另有协议。上述规定适用于任何议定书，除非该议定书另有规定。

二、《卡塔赫纳生物安全议定书》

本议定书的目标是依循《里约宣言》原则 15 所订立的预先防范办法，协助确保在安全转移、处理和使用凭借现代生物技术获得的、可能对生物多样性的保护和可持续使用产生不利影响的改性活生物体领域内采取充分的保护措施，同时顾及对人类健康所构成的风险并特别侧重越境转移问题。本议定书应适用于可能对生物多样性的保护和可持续使用产生不利影响的所有改性活生物体的越境转移、过境、处理和使用，同时亦顾及对人类健康构成的风险。

每一缔约方应为履行本议定书之规定的各项义务采取必要和适当的法律、行政和其他措施。各缔约方应确保在从事任何改性活生物体的研制、处理、运输、使用、转移和释放时，防止或减少其对生物多样性构成的风险，同时亦应顾及对人类健康所构成的风险。本议定书的任何规定不得以任何方式妨碍依照国际法所确立的各国对其领海所拥有的主权以及国际法所规定的各国对其专属经济区及其大陆架所拥有的主权和管辖权，亦不得妨碍所有国家的船只和航空器依照国际法和有关国际文书所享有的航行权和航行自由。不得将本议定书中的任何条款解释作为限制缔约方为确保对生物多样性的保护和可持续使用采取比本议定书所规定的更为有力的保护行动的权利，但条件是此种行动须符合本议定书的各项目标和条款，并符合国际法为缔约方规定的各项其他义务。鼓励各缔约方酌情考虑到具有在人类健康风险领域内开展活动权限的各国际机构所掌握的现有专门知识、所订立的文书和所开展的工作。

提前知情同意程序应在拟有意向进口缔约方的环境中引入改性活生物体的首次有意越境转移之前予以适用。“有意向环境中引入”并非指拟直接用作食物或饲料或用于加工的改性活生物体。提前知情同意程序不应适用于经作为本议定书缔约方会议的缔约方大会的一项决定认定在亦顾及对人类健康构成的风险的情况下不太可能对生物多样性的保护和可持续使用产生不利影响的改性活生物体的有意越境转移。

一缔约方如已针对为供直接作食物或饲料或加工之用而拟予以越境转移的改性活生物体的国内用途、包括投放市场作出最终决定，则应在作出决定后15天之内通过生物安全资料交换所将之通报各缔约方。此种通知应至少列有附件二所规定的信息资料。该缔约方应将上述信息资料的书面副本提供给事先已告知秘书处它无法通过生物安全资料交换所交流信息资料的每一缔约方的国家联络点。此项规定不应适用于关于实地测试的决定。根据以上作出决定的缔约方应确保订有法律条文，规定申请者所提供的资料必须准确无误。任何缔约方均可从附件二第（b）段中指明的主管部门索要其他资料。缔约方可根据符合本议定书目标的国内规章条例，就拟直接作食物或饲料或加工之用的改性活生物体的进口作出决定。每一缔约方如订有适用于拟直接作食物或饲料或加工之用的改性活生物体的进口的任何国家法律、规章条例和准则，应向生物安全资料交换所提供此种资料的副本。发展中国家缔约方或经济转型国家缔约方如未订有如前所述的国内规章条例，可在行使其国内司法管辖权时通过生物安全资料交换所宣布，它已根据以上规定提供了相关资料的、并拟于意在直接作食物或饲料或加工之用的改性活生物体的首次进口之前作出的决定，将根据下列情况作出：根据附件三进行的风险评估；及在不超过270天的可预测的时间范围内作出决定。缔约方未能依照以上规定发出通知不应意味着该缔约方同意或拒绝进口某种拟直接作食物或饲料或加工之用的改性活生物体，除非该缔约方另有明确说明。在亦顾及对人类健康构成的风险的情况下，即使由于在改性活生物体对进口缔约方生物多样性的保护和可持续使用产生的潜在不利影响的程度方面未掌握充分的相关科学资料和知识，因而缺乏科学定论，亦不应妨碍进口缔约方酌情就拟直接作食物、饲料或加工之用的该改性活生物体的进口作出决定，以避免或尽最大限度减少此类潜在的不利影响。缔约方可表明它在拟直接作食物或饲料或加工之用的改性活生物体方面需要得到的财务和技术援助及其在相关的能力建设方面的需要。缔约方应相互合作以满足这些需要。

缔约方可在符合本议定书目标的前提下，与其他缔约方或非缔约方就有意越境转移改性活生物体问题订立双边、区域及多边协定和安排，但条件是此种协定和安排所规定的保护程度不得低于本议定书所规定的保护程度。各缔约方应通过生物安全资料交换所相互通报各自在本议定书生效日期之前或之后订立的任何此种双边、区域及多边协定和安排。本议定书的各项条款不得妨碍此类协定或安排的缔约方之间根据此种协定和安排进行的有意越境转移。任何缔约方均可决定其国内的规章条例适用于对它的某些特定进口，并应向生物安全资料交换所通报其所做决定。

依照本议定书进行的风险评估应按附件三的规定并以在科学上合理的方式作出，同时应考虑采用已得到公认的风险评估技术。此种风险评估应以根据第 8 条所提供的资料和其他现有科学证据作为评估所依据的最低限度资料，以期确定和评价改性活生物体可能对生物多样性的保护和可持续使用产生的不利影响，同时亦顾及对人类健康构成的风险。进口缔约方应确保为依照公约相关规定作出决定而进行风险评估。它可要求出口者进行此种风险评估。如果进口缔约方要求由发出通知者承担进行风险评估的费用，则发出通知者应承担此种费用。缔约方应参照《公约》第 8（g）条的规定，制定并保持适宜的机制、措施和战略，用以制约、管理和控制在本议定书风险评估条款中指明的、因改性活生物体的使用、处理和越境转移而构成的各种风险。应在必要范围内规定必须采取以风险评估结果为依据的措施，以防止改性活生物体在进口缔约方领土内对生物多样性的保护和可持续使用产生不利影响，同时亦顾及对人类健康构成的风险。每一缔约方均应采取适当措施，防止于无意之中造成改性活生物体的越境转移，其中包括要求于某一改性活生物体的首次释放之前进行风险评估等措施。在不妨碍以上情况下，每一缔约方均应作出努力，确保在把无论是进口的还是于当地研制的任何改性活生物体投入预定使用之前，对其进行与其生命周期或生殖期相当的一段时间的观察。缔约方应开展合作，以期确定可能对生物多样性的保护和可持续使用产生不利影响的改性活生物体或改性活生物体的某些具体特性，同时亦顾及对人类健康构成的风险；并为处理此种改性活生物体或其具体特性采取适当措施。

每一缔约方均应在获悉已发生下列情况时采取适当措施，向受到影响或可能会受到影响的国家、生物安全资料交换所并酌情向有关的国际组织发出通报：因在其管辖范围内发生的某一事件造成的释放导致了或可能会导致改性活生物体的无意越境转移，从而可能对上述国家内生物多样性的保护和可持续使用产生重大不利影响，同时亦可能对这些国家的人类健康构成风险。缔约方应在知悉上述情况时立即发出此种通知。每一缔约方应最迟在本议定书对其生效之日，向生物安全资料交换所提供有关其负责接收根据本条所发通知的联络点的详细情况。根据以上规定发出的任何通知应包括下列内容：所涉改性活生物体的估计数量及其相关特性和/或特征的现有相关资料；说明发生释放的具体情形和估计的释放日期以及所涉改性活生物体在起源缔约方内的使用情况；关于可能会对生物多样性的保护和可持续使用产生不利影响和对人类健康构成风险的任何现有资料，以及关于可能采取的风险管理措施的现有资料；任何其他有关资料；可供索取进一步资料的联络点。为尽可能减少其对生物多样性的保护和可持续使用的任何重大不利影响，同时亦顾及对人类健康所构成的风险，每一缔约方，如已在其管辖范围内发生以上所述改性活生物体的释放，应立即与受到影响或可能会受到影响的国家进行协商，使它们得以确定适当的应对办法并主动采取必要行动，包括采取各种应急措施。

为了避免对生物多样性的保护和可持续使用产生不利影响，同时亦顾及对人类健康构成的风险，每一缔约方应采取必要措施，要求对凡拟作属于本议定书范围内的有意越境转移的改性活生物体，均参照有关的国际规则和标准，在安全条件下予以处理、包装和运输。每一缔约方应采取措施，要求：拟直接作食物或饲料或加工之用的改性活生物体应附有单据，明确说明其中“可能含有”改性活生物体且不打算有意将其引入环境之中；并附上供进一步索取信息资料的联络点。作为本议定书缔约方会议的缔约方大会应在不迟于本议定书生效后两年就此方面的详细要求、包括对其名称和任何独特标识的具体说明作出决定；预定用于封闭性使用的改性活生物体应附有单据，明确将其标明为改性活生物体，并具体说明安全处理、储存、运输和使用的要求以及供进一步索取信息资料的联络点，包括接收改性活生物体的个人和机构的名称和地址；拟有意引入进口缔约方的环境的改性活生物体和本议定书范围内的任何其他改性活生物体应附有单据，明确将其标明为改性活生物体，具体说明其名称和特征及相关的特性和/或特点、关于安全处理、储存、运输和使用的任何要求以及供进一步索取信息资料的联络点，并酌情提供进口者和出口者的详细名称和地址及关于所涉转移符合本议定书中适用于出口者的规定的声明。作为本议定书缔约方会议的缔约方大会应与其他相关的国际机构协商，考虑是否有必要以及以何种方式针对标识、处理、包装和运输诸方面的习惯做法制定标准。

建立生物安全资料交换所，作为《公约》所规定的资料交换所机制的一部分，以便：便利交流有关改性活生物体的科学、技术、环境和法律诸方面的信息资料和经验；协助缔约方履行本议定书，同时顾及各发展中国家缔约方、特别是其中最不发达国家和小岛屿发展中国家、经济转型国家以及属于起源中心和遗传多样性中心的国家的特殊需要。生物安全资料交换所应作为为以上目的相互交流信息资料的一种手段，它应作为连接渠道，提供各缔约方所提交的有关本议定书履行情况的信息资料。它还应在可能情况下作为连接渠道，接通其他国际生物安全资料交流机制。在不妨碍对机密资料实行保密的情况下，每一缔约方应向生物安全资料交换所提供本议定书要求向生物安全资料交换所提供的任何信息以及下列方面的信息和资料：为履行本议定书而制订的任何现行法律、条例和准则，以及各缔约方为实施提前知情同意程序而要求提供的信息和资料；有关任何双边、区域及多边协定和安排的信息和资料；在其实行管制过程中根据第 15 条对改性活生物体进行风险评估或环境审查的结论摘要，其中应酌情包括有关其产品（即源于改性活生物体并经过加工的材料，其中含有凭借现代生物技术获得的可复制性遗传材料的可检测到的新异组合）的资料；其针对改性活生物体的进口或释放作出的最终决定；它依照公约提交的报告，包括有关提前知情同意程序实施情况的报告。作为本议定书缔约方会议的缔约方大会应在其第一次会议上审议并决定生物安全资料交换所的运作方式，包括关于其各项活动的报告，并于其后不断予以审查。

进口缔约方应准许发出通知者指明，在按照本议定书的程序所提交的或进口缔约方作为本议定书提前知情同意程序的一部分而要求提交的资料中，应将哪些资料视为机密性资料。在指明机密性资料时，应根据要求说明理由。进口缔约方如果决定，经发出通知者指明为机密性资料的资料不符合机密资料条件，则应就此与发出通知者进行协商，并应在公开有关资料之前将其决定通报发出通知者，同时根据要求说明理由，且在资料予以公开之前提供进行协商和对该决定进行内部审查的机会。缔约方应对其根据本议定书收到的机密性资料保密，包括对其在本议定书提前知情同意程序范畴内收到的任何机密资料保密。每一缔约方均应确保建立关于对此种资料实行保密的程序，而且对此种资料的保密程度不应低于其对国内制造的改性活生物体的有关机密资料的保密程度。除非发出通知者以书面形式表示同意，否则进口缔约方不得将此种资料用于商业目的。如果发出通知者撤回或已经撤回通知，进口缔约方仍应为商业和工业资料保密，其中包括关于研究和研制工作的资料以及该缔约方与发出通知者之间未能对其机密性取得一致看法的那些资料。在不损害以上规定的情况下，下述资料不得视为机密性资料：发出通知者的名称和地址；关于改性活生物体的一般性说明；关于在顾及对人类健康构成的风险的情况下对生物多样性的保护和可持续使用的影响作出的风险评估结果摘要以及任何应急方法和计划。

每一缔约方应在其国内采取适当措施，防止和酌情惩处违反其履行本议定书的国内措施的改性活生物体越境转移。此种转移应视为非法越境转移。在发生非法越境转移事件时，受到影响的缔约方可要求起源缔约方酌情以运回本国或以销毁方式处置有关的改性活生物体，所涉费用自理。每一缔约方应向生物安全资料交换所提供涉及本国的非法越境转移案件的信息和资料。

作为本议定书缔约方会议的缔约方大会应在其第一次会议上发起一个旨在详细拟定适用于因改性活生物体的越境转移而造成损害的赔偿责任和补救方法的国际规则和程序的进程，同时分析和参照目前在国际法领域内就此类事项开展的工作，并争取在四年时间内完成这一进程。每一缔约方应对本议定书为之规定的各项义务的履行情况进行监测，并应按作为本议定书缔约方会议的缔约方大会所确定的时间间隔，就其为履行本议定书所采取的措施向作为本议定书缔约方会议的缔约方大会作出汇报。作为本议定书缔约方会议的缔约方大会应在其第一次会议上审议并核准旨在促进对本议定书各项规定的遵守并对不遵守情事进行处理的合作程序和体制机制。这些程序和机制应列有酌情提供咨询意见或协助的规定。它们应独立于、且不妨碍根据《公约》订立的争端解决程序和机制。

本议定书所规定的风险评估的目标是确定和评价改性活生物体在可能的潜在接收环境中对生物多样性的保护和可持续使用产生的不利影响，同时亦顾及对人类健康构成的风险。风险评估的结果，除其他外，系供主管部门就改性活生物体作出知情决定。应以科学上合理和透明的方式进行风险评估，并可计及相关的国际组织的专家意见及其所订立的准则。缺少科学知识或科学共识不应必然地被解释为表明有一定程度的风险、没有风险、或有可以接受的风险。应结合存在于可能的潜在接收环境中的未经改变的受体或亲本生物体所构成的风险来考虑改性活生物体或其产品（即源于改性活生物体并经过加工的材料，其中含有凭借现代生物技术获得的可复制性遗传材料的可检测到的新异组合）所涉及的风险。风险评估应以具体情况具体处理的方式进行。所需资料可能会因所涉改性活生物体、其预定用途和可能的潜在接收环境的不同而在性质和详细程度方面彼此迥异。在风险评估进程中一方面可能会需要提供可在评估进程中予以确定和要求提供的关于具体对象的进一步资料；另一方面关于其他对象的资料在某些情况下则可能不相关。为实现其目标，有必要在风险评估工作中酌情采取下列步骤：鉴别与在可能的潜在接收环境中可能会对生物多样性产生不利影响的改性活生物体相关的任何新异基因型和表型性状，同时亦顾及对人类健康构成的风险；在顾及到所涉改性活生物体暴露于可能的潜在接收环境的程度和暴露类型的情况下，评价产生这些不利影响的可能性；评价一旦产生此种不利影响而可能会导致的后果；根据对所认明的产生不利影响的可能性及其后果进行的评价，估计改性活生物体所构成的总体风险；就所涉风险是否可以接受或可设法加以管理的问题提出建议，包括视需要订立此类风险的管理战略；在风险程度无法确定的情况下，可要求针对令人关注的具体问题提供进一步资料，或采用适宜的风险管理战略和/或在接收环境中对所涉改性活生物体进行监测。其中供考虑的要点包括：风险评估应视具体情况计及与以下诸项的特性相关的详细的科学技术资料：受体生物体或亲本生物体，受体生物体或亲本生物体的生物特性，如有有关生物分类状况、通用名称、起源、起源中心和遗传多样性中心诸方面的资料，应提供此种资料，并附上有关所涉生物体可赖以存活或增生的各种生境的说明；供体生物体，供体生物体的生物分类状况和通用名称、来源及有关的生物特性；媒体，媒体的特性，包括其可能的标识及其来源或起源以及其宿主范围；植入和/或改变的特点。所植入的核酸的遗传特性及其特定功能，和/或所引入的改变的特点；改性活生物体，改性活生物体的标识，以及有关改性活生物体的生物特性与受体生物体或亲本生物体的生物特性之间的差别；改性活生物体的发现和鉴别，建议采用的发现和鉴别方法及其特殊性、敏感性和可靠性；与预定用途相关的资料，与改性活生物体的预定用途相关的资料，其中包括与受体生物体或亲本生物体相比属于新的或经改变的用途；接收环境，关于所处位置、地理、气候和生态诸方面特点的资料，其中包括有关可能的潜在接收环境的生物多样性和起源中心的相关资料。

三、《野生动物迁徙物种保护公约》

公约认识到地球上种类繁多的野生动物是自然界一个不可替换的组成部分，为了人类的利益，这个组成部分必须得到保护。公约认为人类的每一代都要把地球上的资源留给下一代，他们有义务保护并在使用时合理地利用这份遗产。公约意识到从环境保护、生态学、遗传学、科学、美学、娱乐、文化、教育、社会和经济的观点来看，野生动物的价值都在不断增长。公约特别关注那些在迁徙时要穿过或越过国家管辖范围的野生动物的物种；认识到有关各国是而且必须是野生动物迁徙物种的保护者，无论这些物种是生活在这个国家的管辖范围之内，还是中途通过这个国家的管辖范围。公约坚信野生动物迁徙物种的保护和有效的管理，要求所有有关的国家采取一致的行动，不管这些物种在哪个国家的管辖范围内度过其生活周期的哪一部分。

（一）定义

"迁徙物种"是指野生动物的任何物种或者较低分类单元的全部种群或者种群由于地理分隔的任何部分，而且这个种群或种群中的重要部分周期性地和可预见地要穿越一国或几国的管辖范围。"迁徙物种的保护状况"是指影响迁徙物种长期分布和数量的因素的总和。在下列情况下，"保护状况"可认为"良好"：（1）种群动态资料表明，迁徙物种在生态系统中具有长期的生存基础；（2）迁徙物种的分布区域不仅目前没有被缩小，而且长期也不会被缩小；（3）为了长期保存迁徙物种的种群，不仅目前而且在可预见的将来有足够的栖息场所；（4）要有足够适宜的生态系统并要对野生动物进行长期的有效管理，以使迁徙物种的分布和数量接近历史最高水平。凡不符合上述条件中的任何一项者，"保护状况"就被认为是"不佳的"。所谓某一具体迁徙物种"濒危"，是指这种迁徙物种在所有的分布区域或主要部分分布区域内面临灭绝的威胁；"分布区域"是指某种迁徙物种长期栖息、临时停留或在其正常的迁徙路线上随时可能穿越或飞越的地面或水域；"栖息场所"是指某种迁徙物种分布区域内可以为这类物种提供适宜生存条件的区域；某种迁徙物种的"分布区域国"，是指对这类迁徙物种分布区域的一部分拥有管辖权的任一国家或在任何国家管辖范围以外从事捕捉迁徙物种的船只悬挂其国旗的国家；"捕捉"是指捕捉、狩猎、捕捞、捕获、扰乱、蓄意杀害或类似的行为。

（二）基本原则

成员国承认保护迁徙物种和分布区域国应在可能与适当的时候为此目的采取行动的重要性，对保护状况不佳的迁徙物种应给予特殊照顾，这也适用于单独或联合采取的适当与必要的步骤，来保护该类物种及其栖息场所。成员国承认有必要采取行动，防止迁徙物种濒临灭绝的危险。成员国应特别重视：（1）促进和支持有关迁徙物种的研究或在这方面进行合作；（2）立即采取行动，保护附件一中所列的迁徙物种；（3）应为缔结有关保护和管理附件二中所列的迁徙物种的协定而努力。

（三）公约成员国的责任

除极少例外情况，禁止取用（如狩猎、垂钓 、捕捉、骚扰和蓄意杀害）附录Ⅰ的动物；尽量保存和保护附录Ⅰ物种的重要栖息地，消除有碍迁徙的因素，控制可能使其濒危的其他因素；对于附录的每一物种，更经常的是一类物种，建立专门的区域性保护协议。在这方面，公约是框架公约，因为公约规定某些迁徙物种或一类物种的分布国之间单独的国际性合法的约束手段。这类协议的签署国不一定是母体条约的成员。为了报告公约执行情况，成员国应让公约秘书处了解他们自己认为是那些附录一和附录二物种的分布国；属于附录一和附录一分布的成员国，应通过秘书处向成员国大会通报为执行公约而采取的措施。有附录一物种分布的成员国应按下列要求努力提供直接保护：在可行和适宜的地方，保护并恢复迁徙物种所需的栖息地，这些措施对挽救处于绝灭危险的物种很重要；防止、迁出、改善影响野生动物迁徙的障碍，或以适当的方式，使不利迁徙的活动或严重阻止物种迁徙的障碍降低到最小；在可行和适宜的范围内，防止、减少或控制那些致危或可能进一步危害物种的因素，包括严格控制引进或控制或消灭已经引入的外来物种；凡属于其分布区域国的成员国应禁止捕捉附件Ⅰ中所列的迁徙物种。唯有下列情况不在禁止之列：（1）为了科研目的；（2）为了提高该物种的繁殖率和生存机会；（3）为了满足这类物种传统食用者生活的需要；（4）特殊情况下必须捕捉。但是，上述这类例外的先决条件是：情况必须确切，时间和空间要有限制，同时这种捕捉不应给此类物种带来不良影响。

四、《濒危野生动植物物种贸易国际公约》

该公司包括所有受到和可能受到贸易的影响而有灭绝危险的物种。这些物种的标本的贸易必须加以特别严格的管理，并且只有在特殊的情况下才能允许进行贸易，以防止进一步危害其生存。这些物种应包括：所有那些目前虽未濒临灭绝，但如对其贸易不严加管理，以防止不利其生存的利用，就可能变成有灭绝危险的物种；为了使前述指明的某些物种标本的贸易能得到有效的控制，而必须加以管理的其他物种；应包括任一成员国认为属其管辖范围内，应进行管理以防止或限制开发利用，而需要其他成员国合作控制贸易的物种。除遵守本公约各项规定外，各成员国均不应允许就公约附录一、二、三所列物种标本进行贸易。

附录一所列物种标本的贸易均应遵守下列各项规定，附录一所列物种的任何标本的出口，应事先获得并交验出口许可证。只有符合下列各项条件时，方可发给出口许可证：出口国的科学机构认为此项出口不致危害该物种的生存；出口国的管理机构确认，该标本的获得并不违反本国有关保护野生动植物的法律；出口国的管理机构确认，任一出口的活标本会得到妥善装运，尽量减少伤亡、损害健康或少遭虐待；出口国的管理机构确认，该标本的进口许可证已经发给附录一所列物种的任何标本的进口，均应事先获得并交验进口许可证和出口许可证或再出口证明书。只有符合下列各项条件时，方可发给进口许可证：进口国的科学机构认为，此项进口的意图不致危害有关物种的生存；进口国的科学机构确认，该活标本的接受者在笼舍安置和照管方面是得当的；进口国的管理机构确认，该标本的进口，不是以商业为根本目的。附录一所列物种的任何标本的再出口，均应事先获得并交验再出口证明书。只有符合下列各项条件时，方可发给再出口证明书：再出口国的管理机构确认，该标本系遵照本公约的规定进口到本国的；再出口国的管理机构确认，该项再出口的活标本会得到妥善装运，尽量减少伤亡、损害健康或少遭虐待；再出口国的管理机构确认，任一活标本的进口许可证已经发给。从海上引进附录一所列物种的任何标本，应事先获得引进国管理机构发给的证明书。只有符合下列各项条件时，方可发给证明书：引进国的科学机构认为，此项引进不致危害有关物种的生存；引进国的管理机构确认，该活标本的接受者在笼舍安置和照管方面是得当的；引进国的管理机构确认，该标本的引进不是以商业为根本目的。

附录二所列物种标本的贸易均应遵守以下各项规定，附录二所列物种的任何标本的出口，应事先获得并交验出口许可证。只有符合下列各项条件时，方可发给出口许可证：出口国的科学机构认为，此项出口不致危害该物种的生存；出口国的管理机构确认，该标本的获得并不违反本国有关保护野生动植物的法律；出口国的管理机构确认，任一出口的活标本会得到妥善装运，尽量减少伤亡、损害健康或少遭虐待。各成员国的科学机构应监督该国所发给的附录二所列物种标本的出口许可证及该物种标本出口的实际情况。当科学机构确定，此类物种标本的出口应受到限制，以便保持该物种在其分布区内的生态系中与它应有作用相一致的地位，或者大大超出该物种够格成为附录一所属范畴的标准时，该科学机构就应建议主管的管理机构采取适当措施，限制发给该物处标本出口许可证。附录二所列物种的任何标本的进口，应事先交验出口许可证或再出口证明书。附录二所列物种的任何标本的再出口，应事先获得并交验再出口证明书。只有符合下列各项条件时，方可发给再出口证明书。再出口国的管理机构确认，该标本的进口符合本公约各项规定；再出口国的管理机构确认，任一活标本会得到妥善装运，尽量减少伤亡、损害健康或少遭虐待。从海上引进附录二所列物种的任何标本，应事先从引进国的管理机构获得发给的证明书。只有符合下列各项条件时，方可发约证明书：引进国的科学机构认为，此项引进不致危害有关物种的生存；引进国的管理机构确认，任一活标本会得到妥善处置，尽量减少伤亡、损害健康或少遭虐待。上述所提到的证明书，只有在科学机构与其他国家的科学机构或者必要时与国际科学机构进行磋商后，并在不超过一年的期限内将全部标本如期引进，才能签发。

附录三所列物种标本的贸易，均应遵守本条约各项规定。附录三所列物种的任何标本，从将该物种列入附录三的任何国家出口时，应事先获得并交验出口许可证。只有符合下列各项条件时，方可发给出口许可证：出口国的管理机构确认，该标本的获得并不违反该国保护野生动植物的法律；出口国的管理机构确认，任一活标本会得到妥善装运，尽量减少伤亡、损害健康或少遭虐待。除下述涉及的情况外，附录三所列物种的任何标本的进口，应事先交验原产地证明书。如该出口国已将该物种列入附录三，则应交验该国所发给的出口许可证。如系再出口，由再出口国的管理机构签发有关该标本曾在该国加工或正在进行再出口的证明书，以此向进口国证明有关该标本的再出口符合本公约的各项规定。

根据以上各项规定签发的许可证和证明书必须符合下列各项规定：出口许可证应包括附录四规定的式样中所列的内容，出口许可证只用于出口，并自签发之日起半年内有效。每个出口许可证或证明书应载有本公约的名称、签发出口许可证或证明书的管理机构的名称和任何一种证明印鉴以及管理机构编制的控制号码。管理机构发给的许可证或证明书的副本应清楚地注明其为副本。除经特许者外，该副本不得代替原本使用。交付每批标本，均应备有单独的许可证或证明书。任一标本的进口国管理机构，应注销并保存出口许可证或再出口证明书以及有关该标本的进口许可证。在可行的适当地方，管理机构可在标本上盖上标记，以助识别。此类“标记”系指任何难以除去的印记、铅封或识别该标本的其他合适的办法，尽量防止无权发证者进行伪造。

以上各项规定不适用于在成员国领土内受海关控制的标本的过境或转运。出口国或再出口国的管理机构确认，某一标本是在本公约的规定对其生效前获得的，并具有该管理机构为此签发的证明书。则上述各项规定不适用于该标本。以上各项规定不适用于作为个人或家庭财产的标本，但这项豁免不得用于下列情况：附录一所列物种的标本，是物主在其常住国以外获得并正在向常住国进口；附录二所列物种的标本，它们是物主在常住国以外的国家从野生状态中获得，它们正在向物主常住国进口；在野生状态中获得的这些标本出口前，该国应事先获得出口许可证。但管理机构确认，这些物种标本是在本公约的规定对其生效前获得的，则不在此限。附录一所列的某一动物种的标本，系为了商业目的而由人工饲养繁殖的，或附录一所列的某一植物物种的标本，系为了商业目的，而由人工培植的，均应视为附录二内所列的物种标本。当出口国管理机构确认，某一动物物种的任一标本是由人工饲养繁殖的，或某一植物物种的标本是由人工培植的，或确认它们是此类动物或植物的一部分，或是它们的衍生物，该管理机构出具的关于上述情况的证明书可以代替按上述各项规定所要求的许可证或证明书。上面各项规定不适用于在本国管理机构注册的科学家之间或科学机构之间进行非商业性的出借、馈赠或交换的植物标本或其他浸制的、干制的或埋置的博物馆标本以及活的植物材料，但这些都必须附以管理机构出具的或批准的标签。任何国家的管理机构可不按照以上各项规定，允许用作巡回动物园、马戏团、动物展览、植物展览或其他巡回展览的标本，在没有许可证或证明书的情况下运送，但必须做到以下各点：出口者或进口者向管理机构登记有关该标本的全部详细情况；这些标本系属于前述所规定的范围；管理机构已经确认，所有活的标本会得到妥善运输和照管，尽量减少伤亡、损害健康或少遭虐待。

成员国应采取相应措施执行本公约的规定，并禁止违反本公约规定的标本贸易，包括下列各项措施：处罚对此类标本的贸易，或者没收它们，或两种办法兼用；规定对此类标本进行没收或退还出口国。除前述所规定的措施外，违反本公约规定措施的贸易标本予以没收所用的费用，如成员国认为必要，可采取任何办法内部补偿。成员国应尽可能保证物种标本在贸易时尽快地通过一切必要的手续。为便利通行，成员国可指定一些进出口岸，以供对物种标本进行检验放行。各成员国还须保证所有活标本，在过境、扣留或装运期间得到妥善照管，尽量减少伤亡、损害健康或少遭虐待。在某一活标本由于本规定而被没收时：该标本应委托给没收国的管理机构代管；该管理机构经与出口国协商后，应将标本退还该出口国，费用由该出口国负担，或将其送往管理机构认为合适并且符合本公约宗旨的拯救中心或类似地方；管理机构可以征询科学机构的意见，或者在其认为需要时与秘书处磋商，以加快实现根据本款第 2 项所规定的措施，包括选择拯救中心或其他地方。这里所指的拯救中心，是指由管理机构指定的某一机构，负责管活标本，特别是没收的标本。各成员国应保存附录一、附录二、附录三所列物种标本的贸易记录，内容包括：出口者与进口者的姓名、地址；所发许可证或证明书的号码、种类；进行这种贸易的国家；标本的数量、类别；根据附录一、附录二、附录三所列物种的名称。如有要求，在可行的情况下，还包括标本的大小和性别。各成员国应提出执行本公约情况的定期报告，递交秘书处：包括所要求的情况摘要的年度报告；为执行本公约各项规定而采取的立法、规章和行政措施的双年度报告。上述提到的情况，只要不违反有关成员国的法律，应予公布。

推荐阅读

1. 韦贵红. 生物多样性的法律保护. 北京：中央编译出版社，2011.
2. 史学瀛. 生物多样性法律问题研究. 北京：人民出版社，2007.

思考题

1. 《生物多样性公约》规定了哪些保护生物的原则？
2. 《濒危物种贸易公约》规定的保护物种的主要措施是什么？

第十四章 国际湿地的法律保护

核心提示

湿地是一种独特而又重要的自然生态系统，具有巨大的经济、社会和环境价值。面对湿地急剧消失所导致的严重后果，国际社会开始研究保护湿地的问题。《湿地公约》是一个政府间公约，是关于湿地保护及资源合理利用，促进国家行动和国际合作框架的公约。

第一节 湿地和世界湿地的丧失

一、湿地的概念

湿地一词最早出现于1956年美国鱼和野生动物管理局《39号通告》，通告将湿地定义为"被间歇的或永久的浅水层覆盖的土地"。1979年，美国为了对湿地和深水生态环境进行分类，该局对湿地内涵进行了重新界定，认为"湿地是陆地生态系统和水生生态系统之间过渡的土地，该土地水位经常存在或接近地表，或者为浅水所覆盖……"。1971年在拉姆萨尔通过了《关于特别是作为水禽栖息地的国际重要湿地公约》（简称《湿地公约》），该公约将湿地定义为：不问其为天然或人工、长久或暂时之沼泽地、湿原、泥炭地或水域地带，带有或静止或流动、或为淡水、半咸水或咸水水体者，包括低潮时水深不超过六米的水域。

尽管湿地的概念目前尚未统一，但它们有一共同特点：从不同的角度认为湿地是一种特殊的生态系统，该系统不同于陆地生态系统，也有别于水生生态系统，它是介于两者之间的过渡生态系统。

湿地与森林、海洋并称全球三大生态系统。由于湿地兼具陆地生态系统和水生生态系统的特点，是地球上生产力最高的特殊生态类型，具有保持水源、净化水质、蓄洪防旱、调节气候、美化环境和维护生物多样性等重要生态功能，湿地也因此被誉为"地球之肾”、“天然水库” 和 “天然物种库”。联合国环境署2002年的权威研究数据显示，1公顷湿地生态系统每年创造的价值高达1.4万美元，是热带雨林的7倍，是农田生态系统的160倍。

由于湿地是陆地与水体的过渡地带，因此它同时兼具丰富的陆生和水生动植物资源，形成了其他任何单一生态系统都无法比拟的天然基因库和独特的生境。它特殊的水文、土壤和气候提供了复杂且完备的动植物群落，对于保护物种、维持生物多样性具有难以替代的生态价值。湿地水文、土壤、气候相互作用，形成了湿地生态系统环境主要素。每一因素的改变，都或多或少地导致生态系统的变化，特别是水文，当它受到自然或人为活动干扰时，生态系统稳定性受到一定程度破坏，进而影响生物群落结构，改变湿地生态系统。

湿地是地球上淡水的主要蓄积地，人类生活用水、工业生产用水和农业灌溉用水除少量开采地下水外，均来源于湿地，湿地也是地下水的主要来源。湿地由于其特殊的生态特性，在植物生长、促淤造陆等生态过程中积累了大量的无机碳和有机碳，由于湿地环境中，微生物活动弱，土壤吸引和释放二氧化碳十分缓慢，形成了富含有机质的湿地土壤和泥炭层，起到了固定碳的作用。湿地是自然生态系统中自净能力最强的生态系统。湿地水流速度缓慢，有利于污染物沉降。在湿地中生长的植物、微生物和细菌等通过湿地生物地球化学过程的转换，包括物理过滤、生物吸收和化学合成与分解等，将生活和生产污水中的污染物和有毒物质吸收、分解或转化，使湿地水体得到净化。

二、世界湿地资源的现状与问题

目前，全世界有湿地面积5.14亿平方米。加拿大湿地面积居世界首位，为1.27亿平方米，占全球世界湿地面积的24%；美国1.11亿平方米，之后为俄罗斯。我国湿地面积约3 848万平方米，约占全球世界湿地面积的7%，居世界第4位、亚洲第1位。全球湿地面积虽然只有地球表面积的6%，但全球湿地的碳素含量却占陆地生物圈碳素总含量的35%，约为770亿吨，超过农业生态系统的150亿吨、温带森林生态系统的159亿吨以及热带雨林生态系统的428亿吨。河流、湖泊、沼泽等淡水生态系统面积虽然只占地球表面积的0.8%，却拥有全球12%的动物物种，有记载的淡水水生物达44 000种，占全球全部已知物种的2.4%。全世界有记载的鱼类22 000多种，其中淡水鱼8 400多种；全世界有记载的淡水藻类25 000多种；全世界自由生活的原生动物中，淡水生活种类全球约5 000—6 000种。包括咸水湿地在内的我国全部内陆湿地中，仅高等植物就超过2 200种（含变种），哺乳动物65种，爬行动物50种，两栖类45种，鱼类1 040种，湿地鸟类约300种。据国际研究表明，全球生态系统每年能提供环境服务价值达33.3亿美元，其中湿地提供的服务价值达4.9亿美元，占生态系统的14.7%。

世界自然基金会（WWF）近日警告说，人类的急功近利正在使全球价值700亿美元的湿地资源面临严重威胁，人类对湿地的侵蚀已经导致了洪水泛滥、严重水污染和全球的水资源匮乏。报告指出人们对湿地的价值缺乏了解，导致他们不重视保护湿地。人们每年花费数十亿美元排干湿地用于种植庄稼或者土地征用，他们根本没有考虑到湿地的消失带给整个人类的潜在威胁。在过去的半个世纪，全球的湿地面积缩小了一半，导致了许多自然物种的灭绝以及日益频繁的自然灾害。

第二节 《湿地公约》

一、目的

公约承认人类同其环境的相互依存关系；考虑到湿地的调节水分循环和维持湿地特有的动植物特别是水禽栖息地的基本生态功能，相信湿地为具有巨大经济、文化、科学及娱乐价值的资源，其损失将不可弥补；期望现在及将来阻止湿地的被逐步侵蚀及丧失；承认季节性迁徙中的水禽可能超越国界，因此应被视为国际性资源；确信远见卓识的国内政策与协调一致的国际行动相结合能够确保对湿地及其动植物的保护。

二、湿地名册

各缔约国应指定其领域内的适当湿地列入由所设管理局保管的国际重要湿地名册。每一湿地的界线应精确记述并标记在地图上，并可包括邻接湿地的河湖沿岸、沿海区域以及湿地范围的岛屿或低潮时水深不超过六米的水域，特别是当其具有水禽栖息地意义时。选入名册的湿地应根据其在生态学上、植物学上、湖沼学上和水文学上的国际意义。首先应选入在所有季节对水禽具有国际重要性的湿地；选入名册的湿地不妨碍湿地所在地缔约国的专属主权权利。各缔约国按公约规定签署本公约或交存批准书或加入书时，应至少指定一处湿地列入名册。任何缔约国应有权将其境内的湿地增列入名册，扩大已列名册的湿地的界线或由于紧急的国家利益将已列入名册的湿地撤销或缩小其范围，并应尽早将任何上述变更通知负责执行局职责的有关组织或政府。各缔约国在指定列入名册的湿地时或行使变更名册中与其领土内湿地有关的记录时，应考虑其对水禽迁移种群的养护、管理和合理利用的国际责任。缔约国应制定并实施其计划以促进已列入名册的湿地的养护并尽可能地促进其境内湿地的合理利用。如其境内的及列入名册的任何湿地的生态特征由于技术发展、污染和其他人类干扰而已经改变、正在改变或将可能改变，各缔约国应尽早相互通报。有关这些变化的情况，应不延迟地转告负责执行局职责的组织或政府。

三、设置湿地自然保护区

缔约国应设置湿地自然保护区，无论该湿地是否已列入名册，以促进湿地和水禽的养护，并应对其进行充分的监护。缔约国因其紧急的国家利益需对已列入名册的湿地撤销或缩小其范围时，应尽可能地补偿湿地资源的任何丧失，特别是应为水禽及保护原栖息地适当部分而在同一地区或在其他地方设立另外的自然保护区。缔约国应鼓励关于湿地及其动植物的研究及数据资料和出版物的交换。缔约国应努力通过管理增加适当湿地上水禽的数量。缔约国应促进能胜任湿地研究、管理及监护人员的训练。

四、关于召集养护湿地和水禽的会议

缔约国应就履行本公约的义务相互协商，特别是当一片湿地跨越一个以上缔约国领土或多个缔约国共处同一水系时，同时应尽力协调和支持有关养护湿地及其动植物的现行和未来政策与规定。

缔约国应在必要时召集关于养护湿地和水禽的会议。这种会议应是咨询性的，并除其他外，有权：讨论本公约的实施情况；讨论名册之增加和变更事项；审议关于依第三条第 2 款所规定的列入名册湿地生态学特征变化的情况；向缔约国提出关于湿地及其动植物的养护、管理和合理利用的一般性或具体建议；要求有关国际机构就影响湿地、本质上属于国际性的事项编制报告和统计资料。缔约国应确保对湿地管理负有责任的各级机构知晓并考虑上述会议关于湿地及其动植物的养护、管理和合理利用的建议。缔约国出席这种会议的代表，应包括以其科学、行政或其他适当职务所获得知识和经验而成为湿地或水禽方面专家的人士。出席会议的每一缔约国均应有一票表决权，建议以所投票数的简单多数通过，但须不少于半数的缔约国参加投票。

五、公约执行局的职责

保护自然和自然资源国际联盟应履行本公约执行局的职责，直至全体缔约国三分之二多数委派其他组织或政府时止。执行局职责除其他外，应为：协助召集和组织第六条规定的会议；保管国际重要湿地名册并接受缔约国根据第二条第五款的规定对已列入名册的湿地增加、扩大、撤销或缩小的通知；接受缔约国根据第三条第二款规定对已列入名册的湿地的生态特征发生任何变化的通知；将名册的任何改变或名册内湿地特征的变化通知所有的缔约国，并安排这些事宜在下次会议上讨论；将会议关于名册变更或名册内湿地特征变化的建议告知各有关缔约国。

六、公约的修正

公约可在召开的缔约国会议上予以修正。修正建议可以由任何缔约国提出，所提修正案文及其理由应提交给履行执行局职责的组织或政府（以下称为执行局）并立即由执行局转送所有缔约国。缔约国对案文的任何评论应在执行局将修正案转交缔约国之日3个月内交给执行局。执行局应于提交评论最后一日后立即将至该日所提交的所有评论转交各缔约国。审议按照前款所转交的修正案的缔约国会议应由执行局根据三分之一缔约国的书面请求召集。执行局应就会议的时间和地点同缔约国协商。修正案以出席并参加投票的缔约国三分之二多数通过。通过的修正案应于三分之二缔约国向保存机关交存接受书之日后第4个月第一天对接受的缔约国生效。对在三分之二的缔约国交存接受书之后交存接受书的缔约国，修正案应于其交存接受书之日后第4个月第一天生效。

推荐阅读

1. 朱建国，王曦．中国湿地保护立法研究．北京：法律出版社，2004.
2. 张蕾．中国湿地保护和利用法律制度研究．北京：中国林业出版社，2009.

思考题

1.《湿地公约》的主要内容是什么？
2. 世界湿地资源的现状如何？

第十五章 极地环境的法律保护

核心提示

相对于地球上其他地区，极地环境受人类活动影响较小，但鉴于其特殊的自然条件也使其较其他地区更为脆弱，故而应予以特殊保护。目前，南、北两极环境的法律保护主要依据南极条约体系以及北极地区国家的区域性合作机制。

第一节 极地与极地的环境保护

一、南极及其环境概况

南极地区，在地理学上是指南纬 66.32 度，即南极圈以南地区。它是南大洋及其岛屿和南极大陆的总称，总面积约 6 500 万平方千米。南极地区由围绕南极的大陆、陆缘冰和岛屿组成，其中大陆面积 1 239.3 万平方千米，陆缘冰面积 158.2 万平方千米，岛屿面积 7.6 万平方千米，平均厚度为 2 000 ~ 4 800 米。南极大陆的气候特征是酷寒、烈风和干燥。在国际法上，南极地区指 1959 年《南极条约》第 6 条所规定的南纬 60 度以南地区，其范围大于南极圈为界的范围。南极地区终年冰封，人类所测量到的南极绝对最低温度为摄氏零下 88.3 度。南极地区除了少数科学观察站中有科学家进行科学考察外，没有人类居住。南极地区拥有丰富的矿产资源、海洋生物资源、水资源，拥有世界上 90% 的冰和 70% 的淡水。其恶劣的气候条件和与其他大洋隔绝，使得南极的生态系统特别脆弱和独特，一些地区有低等植物生长，少量哺乳动物和鸟类得以生存。南极是巨大的冰原，生命集中于沿海的几片绿洲。人类在南极的科学考察、后勤保障、旅游和运输活动增加了南极的污染，引起了动物栖息地的退化和破坏。南极在维持地球气候平衡稳定方面起到了关键作用。南极的陆地、海洋和大气是地球气温的天然制冷剂。南极冰层反射了 70% 的太阳光，使该地区维持低温，正是因为极地的低温和赤道的高温形成强烈反差，才形成了地球上的大气环流和洋流。保护南极地区的环境，对于保护地球环境和人类的生存具有极为重要的意义。

二、北极及其环境概况

北极是指北纬66度34分（北极圈）以北的广大区域，也叫做北极地区。北极地区包括极区北冰洋、边缘陆地海岸带及岛屿、北极苔原和最外侧的泰加林带。如果以北极圈作为北极的边界，北极地区的总面积是2 100万平方公里，其中陆地部分占800万平方公里。也有一些科学家从物候学角度出发，以7月份平均10℃等温线（海洋以5℃等温线）作为北极地区的南界，这样，北极地区的总面积就扩大为2 700万平方公里，其中陆地面积约1 200万平方公里。而如果以植物种类的分布来划定北极，把全部泰加林带归入北极范围，北极地区的面积就将超过4 000万平方公里。

与南极不同的是，北极地区具有包括土著居民在内的永久居民。在法律上，北极地区的陆地（包括岛屿）已为环绕北极的8个沿海国家美国、加拿大、冰岛、挪威、瑞典、丹麦、芬兰和俄罗斯划分完毕，但在北极海域的管辖权方面，北极国家之间仍存在分歧和争议。

北极作为一个统一的区域性生态系统，主要的特征是脆弱性和较弱的自我修复能力。北极自然条件恶劣，生态资源匮乏，人口承载力低，在受到外界干扰时，极易发生生态变化。由于北极地区对于全球其他地区的气候变化具有放大作用，北极变暖的速度比全世界平均变暖的速度快两倍。北极生态系统发生变化，对北极的大气、海洋、海冰、冰盖、积雪、永冻土以及当地的物种种类和数量、食物链、生态系统及人类社会都产生影响。如北极的海洋冰层萎缩、冰川融化、植被发生变化，冰层融化造成海平面上升，而不易分解的有机物质长久存在于环境中，并堆积在寒冷的区域，从那里进入海洋和陆地生态系统，进而进入食物链。

总之，两极地区不但对环境发展有重大影响，而且直接关系到全球生物多样性及人类的生存。有迹象表明，北大西洋洋流带的深层冷水环流可能已经减慢，这可能会促成全球气候体系发生突变。

第二节　南极地区环境保护法

一、与南极地区环境保护有关的国际条约

与南极地区环境保护有关的条约主要有1959年《南极条约》、1964年《保护南极动植物议定措施》、1972年《养护南极海豹公约》、1980年《南极海洋生物资源保护公

约》和1991年《南极条约环境保护议定书》。

（一）1959年《南极条约》

《南极条约》1959年12月1日签订于华盛顿，1961年6月生效。《南极条约》的第6条规定了南极为南纬60度以南地区，包括该地区的所有冰架。它的主要规定有：

1. 宣布南极只为和平目的，禁止在南极从事一切具有军事性质的活动，但为了科学研究或任何其他和平目的而使用军事人员或军事设备除外。

2. 促进在南极科学调查方面的国际合作。

3. 冻结任何国家对南极地区的领土主权权利或领土要求。

4. 实行国际监督。缔约国有权指派观察员随时视察南极的任何地区，并随时对南极任何地区进行空中视察。

5. 建立协商会议制度，定期举行南极协商会议。

从订立过程和主要内容来看，《南极条约》的主要目标是确保南极的和平利用使之不致成为国际纷争的场所和对象，保护南极大陆免予武装冲突，保障科学研究的国际合作的畅通无阻。因此，《南极条约》本身没有严格意义上的关于环境保护的规定，只有在第9条涉及《南极条约》的协商会议范围时提及“南极生物资源的保护与养护”，规定禁止核爆炸和废弃物处置。然而《南极条约》的根本宗旨在于保护南极，尽管“环境”一词并未在该条约中出现过。

（二）《南极条约》体系

在《南极条约》之后，《南极条约》的协商国为保护南极环境，通过了一系列公约。

1. 1964年《保护南极动植物议定措施》。1964年《保护南极动植物议定措施》由《南极条约》第三届大国协商会议制定，其宗旨是促进并实现保护、研究和合理利用南极动植物资源。该协议宣布南极地区为特别自然保护区，并规定了一系列议定措施和相关的4个附件。议定的措施包括：（1）参加国政府应禁止在南极地区未经许可猎杀、伤害、捕捉、骚扰任何本地的哺乳动物和鸟类或企图作出此类行为。（2）上述许可应尽可能具体明确并只有在符合为人和狗提供必不可少的和有限数量的食物或为科研、博物馆、动物园和其他文化教育机关提供标本的目的的条件下才能颁发。（3）各参加国政府应限制此类许可的颁发，以最大可能地确保不致过量捕猎本地哺乳动物和鸟类并保护南极地区的生态平衡。（4）以附件一列举特别保护物种。（5）对捕猎特别物种的许可，只为迫不得已的科学研究的目的和不损害生态系统的平衡和该物种的生存情况下才可以颁发。（6）除为建立、供应和运输考察站所必须为，各参加国应采取适当措施尽量减少对南极地区本地哺乳动物和鸟类正常生活条件的干扰，如释放狗、飞行器的飞行降落、车辆的驾驶、使用炸药、打枪等行为。（7）以附件B列举具有突出科学价值的特别保护区以保护其独特的自然生态系统。(8) 特别保护区内除使用其他保护措施外，还禁止未经许可采集本地植物和行驶车辆。(9) 未经许可，不得将非本地动物或植物带入南极地区。(10) 以附件 C 列举可以带入南极地区的动物或植物。(11) 带入的非本地动、植物如可能对南极自然系统造成危害，则应将其置于可控制之下，并在利用之后将其带出南极地区或将其销毁。(12) 以附件 D 列举应采取措施防止对南极地区意外地引进寄生虫或疾病。

2. 1972 年《养护南极海豹公约》。1972 年《养护南极海豹公约》适用于南纬 60 度以南的地区，该公约的目的在于保护南极地区的 5 种海豹和所有的南方海狗，公约规定捕杀受保护的海豹和海狗必须得到许可。公约要求缔约国为其国民和悬挂其国旗的船舶制定有关捕猎上述海豹和海狗的许可证制度。公约以一个附件详细规定了保护措施，其中主要有关于许可的捕获量、受保护的和未受保护的物种和禁猎区、禁骚扰海豹的特别区域，对物种的性别、大小和年龄的限制，对捕猎的时间、方法和器具的限制，捕获记录、便利科学情报审查和评估的程序等规定。此外，公约还有关于特别许可证、缔约国之间的协商以及公约的修订、签署、批准、生效等方面的规定。

3. 1980 年《南极海洋生物资源保护公约》。该公约适用于南纬 60 度以南和自该纬度与构成海洋生物系统一部分的南极辐合带之间水域的南极生物资源。因此该公约的适用范围大于《南极条约》的适用范围。此外，该公约的缔约国既包括《南极条约》缔约国又包括非《南极条约》缔约国。

该公约保护的资源包括鱼类、软体动物、甲壳动物和包括鸟在内的其他各种生物。鉴于磷虾的经济价值与大量的过度捕获，限捕磷虾为该公约的主要内容之一。该公约的目的是保护南极海洋生物资源。公约规定的“保护”一词包含资源的合理利用。公约规定了关于保护的三项原则，即：(1) 强调防止受捕获种类的数量的减少；(2) 维护南极海洋生物被捕获的种群之间的生态平衡，使枯竭种群恢复到能稳定补充的水平；(3) 考虑到各种人类活动对海洋环境的可能影响，防止和尽量减少发生不可逆转危险的可能性。

该公约要求建立南极海洋生物资源保护委员会，委员会由参加公约缔约国会议的成员国和加入公约的成员国以及加入公约的地区性经济一体化组织组成。委员会具有法人资格，总部设在澳大利亚塔斯马尼亚的霍巴特，每年举行一次例会。委员会的职责包括：促进对南极海洋生物资源和南极海洋生态系统的广泛调查；汇编南极海洋生物资料；统计被捕获种群的捕获量；查明保护的必要性和分析保护的有效性；制定、通过和修改保护措施；落实观察和检查制度等。委员会还有其他的相关权利。

此外，公约决定设立一个科学委员会和一个秘书处，公约要求各缔约国尽其所能，采取措施实施公约，并将这些措施报告南极海洋生物资源保护委员会，每个缔约国应将其发现的任何违反公约的活动报告委员会。

4. 1988 年《南极矿物资源活动管理公约》。根据 1981 年第 11 次协商会议所确定的原则，第 4 次特别协商会议于 1982 年 6 月正式在惠灵顿开幕，专门讨论南极矿物资源制度。会议历时 6 年，最后于 1988 年 6 月通过了《南极矿物资源活动管理公约》。该公约包括序言、67 项条款和一个附件，是迄今南极体系内最为复杂、最为庞大的公约。

该公约的生效要求以参加制定该公约会议的全体 16 个南极条约协商国的批准为条件，澳大利亚和法国的拒签使它无法生效。1991 年的《南极环境议定书》禁止在南极地区从事除科学研究以外的任何与矿产资源有关的活动。由于该议定书规定南极条约协商国只能在该议定书生效 50 年后举行审查和修订议定书的会议，因此它的上述规定将在它生效后 50 年内得不到修改的机会，这实际上排除了自它生效后 50 年内在南极地区从事任何矿产资源开发利用活动的可能性。1988 年《南极矿物资源管理公约》因此在事实上被冻结了。[①]

5. 1991 年《南极条约环境保护议定书》。《南极条约环境保护议定书》由第 11 届南极条约特别协商会议于 1991 年 6 月 23 日在马德里签署。议定书共有 27 条，并有 5 个附件。

议定书对南极地区的环境保护做了全面的规定，生效后《南极条约环境保护议定书》成为保护南极环境的最主要的法律文件，也是迄今为止内容最全面和最严格的环境条约。

《南极条约环境保护议定书》除序言部分之外，有 27 个条款，1 个关于仲裁程序的计划和 5 个附件。在序言部分，议定书申明加强对南极环境及以来和与之联系的生态系统的保护和需要，重申《南极条约》关于南极只得用于和平目的不得成为国际纷争的对象和场所的规定，确认 1964 年《保护南极动植物议定措施》关于将南极区划定为特别自然保护区的规定和 1980 年《南极海洋生物资源保护公约》关于南极环境保护的 3 项原则。议定书特别指出建立一个全面保护南极环境及其附属生态系统的体制符合全人类的利益。

议定书将南极地区定为贡献给和平和科学的自然保护区，并为之规定了全面的保护措施。议定书规定保护南极环境及其附属生态系统符合南极的固有价值，包括其荒野价值、美学价值和科学研究价值，必须是规划和在南极条约区域从事任何活动的基本考虑。为此，在南极条约区域的一切活动必须遵守以下 5 项原则：（1）规划和从事南极条约区域内的活动必须限制对南极环境及其生态系统的不利影响；（2）规划和从事南极区域内的活动必须避免对气候模式的不利影响和对空气和水质量的严重影响，避免引起大气、陆地、冰川和海洋环境的重大改变，避免引起动植物种群的分布、丰富性和生

---

① 王曦．国际环境法．北京：法律出版社，2005：265.

产力的不利变化，避免进一步损害濒危物种及其种群，避免减损或严重危及具有生物学的、科学的、历史的、美学的或荒野的重要性区域；（3）南极条约区域内的活动的规划和从事必须建立在足以事先评价和知情判断该活动对南极环境及其生态系统的可能影响的资料的基础上，该资料主要是关于活动的范围、累积影响、对其他活动的有害影响、环境安全技术的可得性及其程序、检测能力、应急能力等事项的资料；（4）通过定期和有效的监测以便评价现行的活动；（5）通过定期和有效的监测早期发现在南极条约区域内或外进行的活动的未预见的影响。

此外，议定书规定：在南极条约地区规划和从事活动时，应优先考虑科学研究并且维护南极作为从事此类研究，包括认识全球环境所必需的研究的一个地区的价值；根据科学研究计划在南极条约地区从事的活动、在南极条约地区的旅游及一切其他政府性和非政府活动，均须事先通知并遵循有关原则；除科学研究外，任何有关矿产资源的活动都应予以禁止；进行科学研究、旅游及其他政府性和非政府性活动，包括与此相关的后勤支援之前要进行环境影响评价；成立环境保护委员会，其职责是解决南极环境及生态系统的保护问题，包括环境保护的措施，环境影响评价程序，减轻或消除环境影响的方法，向成员国提供与公约和附件的执行有关的咨询、建议；缔约国应制订应急计划以及应对在南极地区突发的环境紧急状况；议定书还制定了缔约国和平解决议定书争议的和平解决手段和程序。

除了关于环境影响评价制度的附件一外，议定书的附件二、三、四、五分别对南极动植物保护、废物处置以及预防海洋污染、南极保护区制度作出了规定。议定书第 9 条规定，附件及任何可能增加的附件应成为议定书的组成部分，也就是议定书的附件和议定书具有同等的法律效力。此种灵活的机制，使环境保护南极条约的环境保护体系及时得以完善。[①]

第三节 北极地区环境保护法

一、与北极环境保护相关的国际条约

面对北极地区由于过度捕捞等造成的生物种群减少、退化、自然资源的过度开发、石油、放射性物质污染、水下噪音污染等环境问题，国际社会和北极陆地的沿海国家都颁布了一系列条约、法律，成立了一系列相关组织，国家之间组织了合作性研究来保护、改善北极地区生态环境。

---

① 林灿铃．国际环境法．北京：人民出版社，2004：456.

（一）保护大气和气候的国际公约

1.《保护臭氧层维也纳公约》及《关于消耗臭氧层物质蒙特利尔议定书》。1985年28个国家在维也纳外交会议上通过的《保护臭氧层维也纳公约》作为框架性公约，它奠定了系统合作的基础，标志着保护臭氧层国际统一活动的开始。缔约方几乎包括所有国家，我国也是缔约国之一。

1987年根据《保护臭氧层维也纳公约》设立的缔约国大会通过了《关于消耗臭氧层物质的蒙特利尔议定书》。该议定书是《保护臭氧层维也纳公约》的实施细则。议定书确定了减少和消除一系列物质生产的时间表的目标，由缔约国自由选择实施这些目标的方式，首次对消耗臭氧层物质的消费和生产作出限制。目前该议定书可适用于北极环境保护的制度包括：一是采取风险预防的原则；二是规定了停止生产和消费的污染物及其期限；三是对发展中国家提供资金和延缓某些义务的期限，缔约方每年必须提交一次数据报告等；四是缔约方监督实施机制等；五是控制缔约国与非缔约国的有关受控产品的贸易，从而对非成员国进行间接调整等。

2.《远距离跨界大气污染公约》及其议定书。由联合国欧洲经济委员会主持制定，于1979年在日内瓦通过，1983年生效。该公约是国际社会在大气污染防治方面加强合作的一个突出标志。其对北极生态环境有着积极影响的措施有：一是制定了有关控制大气污染物排放的政策和战略；二是交换关于控制污染风险的国内政策、科学活动和技术措施的信息；三是协商原则，在可能造成越境污染的情况下，通过协商、谈判或其他双方接受的方式解决；四是开展广泛合作，尤其是缔约国在科研开发领域的合作。

3.《联合国气候变化框架公约》及其《京都议定书》。《联合国气候变化框架公约》是第一个全球性应对气候变暖问题的公约。公约并未涉及所有气候变化问题，只涉及全球气候变暖问题，目标是将大气中的温室气体的浓度稳定在防止气候系统受到危险的人为干扰的水平上。公约确认发达国家对温室气体的排放负有主要责任，要求发达国家向发展中国家提供经济上的援助。

《联合国气候变化框架公约》第三次缔约国大会上通过的《京都议定书》，被认为是国际环境外交的里程碑，是第一个通过减少温室气体排放来减缓全球气候变暖的国际公约，也是第一个用市场弹性来解决全球环境问题的国际公约。[①] 其对北极生态保护的贡献在于：一是对附件一所列缔约方的温室气体排放进行总量控制；二是承认“汇”和“库”的作用，并将它们纳入到目标中；三是建立排放贸易制度；四是建立了清洁发展机制。

---

① 刘慧荣．北极生态保护法律问题研究．北京：知识产权出版社，2010：55.

（二）保护海洋生态的公约

保护海洋环境的公约包括《联合国海洋法公约》的特别及一般性规定、《防止船源污染的国际公约及1978年议定书》、《防止倾倒废物污染及其他物质污染海洋公约》、《公海捕鱼和生物资源保护公约》、《国际捕鲸管制公约》等。此外还有关于生物多样性保护的公约。

二、以北极国家为主制定的保护北极物种的条约和其他国际法文件

北极有丰富的物种，如北极熊、海豹、各种各样的候鸟。为了保护这些物种，遏制在北极开发过程中对北极物种带来的伤害，国际社会签订了一系列保护条约和协议。这些条约和协议主要包括以下几个方面：

1. 1976年《苏联和美国签订的保护北极候鸟及其生存环境协议》。此协议的附件列举所保护的候鸟种类，其中包括北冰洋明鸟和北冰洋燕鸥。公约适用于两国统治下的所有区域。第2条规定了应采取的养护候鸟措施及其例外。当事国应当禁止捕获候鸟、采集鸟巢和鸟蛋、扰乱筑巢区。此外，应禁止或交换这些鸟类——无论死活，或它们的巢或蛋；禁止购买或交换它们的制品或器官；禁止出口、进口候鸟以及它们的鸟巢、鸟蛋、器官和制品。另外此协议还规定了例外情况。

2. 1973年签订的《北极熊保护协定》。北极熊是生活在北极地区、人类了解不多的一种野生动物。20世纪50年代以来，北极熊的数量急剧减少。为了保护北极熊，加拿大、丹麦、美国、挪威和前苏联于1973年11月15日在奥斯陆签署了《北极熊保护协定》。

该协定认为“北极地区的国家在保护该地区动植物方面有着特殊的职责和利益；北极熊是一种重要的资源，应受到特殊措施的保护”。该协定要求“保护北极熊生存的生态系统，对其生境给予特别关注”，并将北极熊的生境定义为“北极熊冬眠和获取食物的区域以及迁徙的路线”。该协定认为遵循以最佳科学数据为基础的保护惯例管理北极熊的种群也是缔约国的一项义务。

该协定规定“禁止捕猎、屠宰北极熊”，但为“科学目的善意进行的捕猎、土著居民行使其传统权力使用传统方法进行捕猎，以及为防止严重影响对其他资源的管理和为养护的目的”可以进行捕猎，协定同时规定“禁止任何非法捕获的北极熊的国际贸易”。

3. 1991年《北极环境保护宣言》和《北极环境保护战略》。1991年6月14日，八个北极地区国家在芬兰举行第一届北极部长会议，签署了《北极环境保护宣言》并通过了《北极环境保护战略》。该宣言和战略不具有法律约束力，却标志着北极国家保护环境的合作进入了一个新时期。1996年，北极国家在加拿大举行会议，宣布成立北极理事会，理事会于1997年6月开始履行监督、协调《北极环境保护战略》各项活动的

职责。

1991 年《北极环境保护宣言》的签署国承诺为保护北冰洋制定保护战略和实施七点共同行动计划进行合作，具体内容包括保护科学研究、发展活动影响评价、减少污染措施、控制和监督污染物积聚的计划、保护海洋环境、对紧急情况的准备和共同保护北冰洋的动植物及其生境。

《北极环境保护战略》的目标是“保护北极生态系统，包括人类；保护、增强和恢复自然资源，包括北极当地人民和土著居民对他们的利用；承认并在可能的范围内寻求容纳由土著居民自己决定的有关保护北极环境的传统的和文化的需要以及有关的习惯和价值；定期审查北极环境状况；查明、减少并最终消除污染”。

该战略规定了实施该战略的十项原则：（1）为当代人和后代人的利益和享用而保护和可持续利用北极环境；（2）考虑生态系统组成部分的价值和相互依赖性；（3）评价活动对环境的可能影响，包括累积影响；（4）保护生态系统和生物多样性；（5）重视与全球气候的关系；（6）注意科学调查和传统知识；（7）发展并共享情报和知识；（8）发展保护区网络；（9）促进国际合作；（10）确保在履行国家和国际的责任方面的合作，包括利用、转让和交易有效的和适当的技术。

此外，该战略建立了如下 5 个项目：北极监测和评价项目、保护北极海洋环境项目、紧急预防准备和反应项目、保护北极动植物项目、可持续发展和利用项目。

三、北极八国国内有关保护北极环境的法律

1. 俄罗斯的《俄罗斯联邦宪法》。俄罗斯 1993 年的《俄罗斯联邦宪法》第 9 条中，对作为国民生活的基本要件的土地及自然资源的保护和使用作出了规定。第 42 条对在享受舒适的环境和对获得享受舒适环境信息进行规定，也同时规定了对因环境破坏而遭受损失的赔偿。

俄罗斯的环境保护法于 1991 年由苏联政府制定，在 1992 年和 1993 年进行了部分修改。环境保护法在规定了环境保护的概念的同时，也确定了为达到此目的的机构设置、保护对象、由事故造成的环境破坏和损害的赔偿、环境基准的设定、环保技术、对企业规制的原则等。该法最后规定了遵守国际法，并明确了经俄罗斯批准的国际法对国内法的优先性。

2. 美国的《阿拉斯加国家重要土地保护法案》、《石油污染法》、《保护栖息地的紧急法令》等。根据《阿拉斯加国家重要土地保护法案》的规定，包括美国国家地质勘探局在内的任何人在北极国家野生动物保护区滨海平原进行探测活动都必须向部长提交一个或多个探测计划，并获得批准。

《北极荒野法案》也规定了对北极避难沿海平原的保护，划定北极国家野生动物保

护区作为正式荒野区，永久保护这一原始的野生动物以及文化避难所，使得沿海平原完全摆脱石油钻井设备和管道的破坏。

3. 加拿大《北极船舶污染防治法》、《北极海域污染条例》、《北极水域污染防治法》。《北极船舶污染防治法》于1978年颁布，共11部分29条和9个附表。该法主要规定了进入北极的船舶的限制条件如型号、吨位、北极地区污染防治证书；还规定了航行的时间、区域及如何取得污染防治证书；此外对污水处理、石油储备、燃料和水、冰海领航员等方面也做了详细的规定。除《北极海洋污染条例》、《北极水域污染防治法》外，加拿大还制定了《北极环境污染防治法》。

4. 挪威的第63号《自然保护法案》。《自然保护法案》于1970年6月19日公布，于1995年8月修订，包括8章25个部分，主要对动物栖息地、自然环境、野生动植物的保护提供了法律支持。北极有着特殊的地理地貌、独特的动植物生态资源，该法案对高北地区等相关区域的保护具有指导意义。

另外，挪威还制定了针对渔业资源进行保护的挪威经济区法令和《限制渔区和禁止外国在渔区内钓鱼法案》等，来保护划定区域内的鱼类资源。

5. 瑞典的《瑞典环境法》。北极生态的变化直接影响到瑞典，瑞典生态环境脆弱，瑞典境内北极圈的生态保护受《瑞典环境法》规制。《瑞典环境法》将15部重要的环境立法纳入环境法典中，如《禁止海洋倾倒法》、《自然环境保护法》、《水法》等。《瑞典环境法》的立法宗旨是贯彻可持续发展的原则，该法由7部分组成：总则、自然保护、有关特定活动的特别规定、案件和事项的考虑、监督、处罚、赔偿。其中对北极生态保护"有害活动"必须在取得许可证的前提下才能进行。此外，瑞典还制定了相关的国内法来保护北极的动植物，保护北极的生态多样化，比如，《驯鹿管理法令》来保护驯鹿的生存；《森林法》主要针对瑞典北极圈内覆盖的森林，采取针对性的保护措施保护森林资源，防止水土流失，禁止乱砍滥伐破坏北极生态。

6. 芬兰《荒地保护法令》。芬兰的《荒地保护法令》的立法目的是保护野生区域、保护土著居民的生活方式和文化，以便更好地促进自然资源多样性的发展。

芬兰极为重视北极的气候环境变化，在国内制定了《芬兰北极研究战略》，全方位介绍芬兰对北极研究战略政策。芬兰还加入了一系列国际公约，如气候公约、保护臭氧层国际公约、生物多样性公约。芬兰希望通过对北极气候的科学考察和参与国际合作来改变北极气候的变化，改善周边生态。芬兰因为对北极具有较高的科研水准成为国际合作中一个受欢迎的合作伙伴。

八国内的另外两个国家丹麦和冰岛都有自己的国内立法或者政策，对北极的生态环境进行保护，为北极地区的可持续发展作出了贡献。

四、关于北极地区环境保护的立法思考

国际社会通过全球性公约、北极环境保护的区域性法律以及北极环境保护的国内立法这三个层次的立法构建，来保护和改善北极的生态环境。这三个层次的立法构建来自不同法域、不同体系，对北极地区的环境保护在一定程度上起到积极作用。不足之处是：

（一）目前还不存在一个专门为保护北极生态环境而制定的国际条约

北极环境保护的某些方面虽然也有国际公约的支持，如《联合国海洋法公约》、《防止海域污染的保护条约》，但是这些公约文件没有一个是专门针对北极整个生态环境保护作出的，大都为了解决在全球出现的环境问题而制定。在涉及治理北极环境问题时只能从中寻找相关文件加以适用。

（二）北极八国国内有关保护北极环境的法律有其局限性

虽然各国条约和法律都覆盖到了北极，但由于北极地区所有的陆地被八个独立地在北极拥有领土的国家控制，各国的政治独立导致了这些法律在适用上的局限性。偶尔这些北极国家组织建立关于生态保护的双边或多边的条约，例如 1911 年美国、俄国、日本和英国共同签署了一项关于保护海豹的条约以及 1973 年由加拿大、丹麦、挪威、前苏联和美国共同签订《北极熊保护协议》，但基本上类似的专门针对北极生态进行的立法活动并不常见，并且条约形成的约束作用也只限于签订协约的国家。现阶段国际上对北极进行生态保护的法律体系由一系列软法组成，如 1991 年签订的《北极环境保护宣言》和 1991 年正式签署的《北极环境保护战略》共同文件。虽然这些区域性条约和原则在对北极地区的生态保护中发挥着越来越重要的作用，但是由于这些条约的约束力有限，导致其适用效果受到一定的影响。

综上所述，北极地区尚不存在专门规定其法律地位的公约，也没有像南极地区那样较为完整的多边环境条约体系。北极地区的国际合作事务主要由北极地区的国家推动，在环境保护方面也是如此。20 世纪 90 年代前在这些国家之间达成的条约保护对象单一，1991 年签署和通过的《保护北极环境宣言》和《北极环境保护战略》表明，北极地区国家已经对从整体上保护北极环境达成了共识，同时认识到了自己所肩负的责任，因此它们通过建立北极理事会加强相互间的合作，并将欧盟也列入合作伙伴。从广义上讲，这种区域合作有利于区域和全球的稳定与安全，其方式、方法也可为其他地区所借鉴。与全球其他地区一样，保护北极生态环境和促进该地区的可持续发展，仍将是北极环境保护的两大主题。

推荐阅读

1. 刘慧荣. 北极生态保护法律问题研究. 北京: 知识产权出版社, 2010.
2. 邹克渊. 南极矿物资源与国际法. 北京: 现代出版社, 1997.

思考题

1. 简述《南极条约》的主要规定。
2. 试分析南、北极环境保护制度的不同。

第十六章　外层空间的法律保护

核心提示

外层空间作为一类特殊的国际区域，其资源和环境问题也都十分特殊。虽然人类已经意识到外空环境保护的重要性，但因认识和科技水平的局限，迄今为止，国际社会尚未制定专门保护外层空间环境的公约，已有的一些有关外层空间环境保护的法律规定，仅散见于规范外空活动的条约中。本章主要介绍了一些与外空环境保护有关的条约、公约和协定的法律规定。

第一节　外层空间的环境问题

外层空间是指大气层以外的空间。由于各种原因，在国际法上目前还未能就空气空间与外层空气的界限做一个明确的划定。但是外层空间与空气空间一样，同样存在着环境问题。特别是最近几十年来，随着人类对地球以外空间领域的探索和活动的增多，外空的环境问题渐渐提上议事日程。外层空间与空气空间作为环绕地球点的空间区域，虽然从法律地位上看来有很大差异，但就环境而言，则是一个不可分割的整体。①

人类对外层空间的探索活动自20世纪50年代以来（以前苏联于1957年发射第一颗人造卫星为标志）得到了突飞猛进的发展，取得了辉煌的业绩。人类对地球周围、月球及太阳系和宇宙深处的探索取得了许多成果，为此也展开了宇宙生命科学、天文学、天体物理学、地球物理学、太阳系等各领域的具体研究。当然，这些科学活动是伴随着美、苏两个超级大国的军备竞赛而逐渐展开的。现在，一些有实力的国家包括欧洲国家、日本、中国等也都参与到外空探索活动中来。频繁的外空探索活动在带来外空领域成果和收获的同时，也带来了不少环境问题。

---

① 万霞．国际环境保护法律理论与实践．北京：经济科学出版社，2005：188.

外空环境问题集中体现在以下几个方面：

一、空间碎片的危害

早在1965年科学家就曾指出空间碎片可能引起潜在危险。随着人类外空科技的迅速发展，外空活动日益增加，在此过程中，由于各种各样的原因，地球卫星轨道上积累的碎片越来越多，从而增加了这些碎片与空间物体碰撞的可能性。这里的碎片指报废的空间物体、火箭遗弃的各级装置、分离装置、护罩以及空间物体解体后的大小零部件和颗粒等，甚至包括航天员扔出飞船舱外的垃圾，这些都是人类外空活动的产物。另外，自然界的流星也经常飞入到围绕地球的空间范围内，只是后者的数量有限，进入大气层的流星基本保持在平均每日10 000公斤，而空间碎片的数量则不断增加，据联合国外空委科技小组委员会1994年提供的报告，在外层空间约有3 000吨这类空间碎片。可见，空间物体同人为“碎片”的碰撞率大大超过同自然流星的碰撞率。

空间物体的爆炸和碰撞是“碎片”的主要来源。这种爆炸和碰撞可能是意外的或有意的行为所造成。碰撞和爆炸是有联系的，据估计，一次剧烈的碰撞和爆炸可能产生10 000颗直径大于1厘米的微粒和10 000颗直径大于1毫米的微粒以及成千上万颗粒子。

空间碎片的危害性主要表现在它对空间飞行和运输的破坏作用。比如在地球轨道上正常运行的卫星突然失灵，其原因可能就是被碎片击中。明显的例子就是美国“挑战者”号在1983年6月的飞行中，它的第5号窗就是被一小块脱落的漆片所击中，为更换这个损坏的窗口，美国宇航局支出了一笔可观的费用。而当时撞击航天机5号窗的颗粒的直径估计仅为0.008寸，足见它的破坏威力。1987年4月27日，原苏联宇航员也曾冒生命危险去搬开舱外一个妨碍飞船与“和平”号轨道站对接的大塑料袋。1997年7月，法国塞里斯微型卫星与1986年发射的阿里亚娜火箭碎片相撞，进一步造成了碎片扩散。上述事例充分说明，空间碎片不仅对空间环境造成了污染，而且还对进行空间活动的空间物体和人员造成了严重危害，保护宇宙环境已成为刻不容缓的问题。

二、空间活动本身对宇宙环境的污染

外空活动需要使用空间存在的元素并排出废弃物质，从而使空间环境遭到不同程度的污染。由外空活动本身带来的污染是指由于外空活动而对空间（包括空气空间和外层空间）或其中某一部分带来过多的物质、成分、电波、辐射等，造成空间环境结构和空间活动的不利改变、影响和障碍。这些影响和改变有的是有形的、直接的，有的是无形的、间接的，有的是可以从科学数据上直接反映的，有的是可预见性的，但由于科技水平所限人类尚未准确探明。

这种污染一般又可分为以下几类：

（一）化学污染

航天器在从地面上发射时排出大量的由废气、冷却水、沙子和尘土构成的“地面云”。如果发射活动急剧增加，这种“地面云”将会对发射场周围的空气和水造成短期内的污染。

大气层的高空部分空气极为稀薄，最易受航天活动的污染，即使排出的废气、废物极少，也不易通过互相混合，冲散消除这些排出物的污染。而这些排出物主要有氧化氮、二氧化碳、氯、氯化氢和废水等，排出后在高空的水平面散开并长期存在，其中氯和氯化物对离地16～48公里的臭氯层产生不利影响，其危害程度还有待进一步研究。

航天器的这些排出物对位于80公里以上的电离层有着重要影响。即使排出的是无毒的水蒸气，进入电离层后也能降低其中电子的密度。这种变化将干扰无线电通信，因为无线电通信必须靠电离层传递信号。

另外，外空物体重返大气层时，由于空气的阻力，在高温中迅速烧毁，产生金属蒸汽，大量的金属蒸汽对电离层和无线电通信也是有不利影响的。

（二）生物污染

人类外空活动的生物污染有“向外污染”和“返回污染”两种。所谓“向外污染”是指航天器所载的地球上的微机体对外空环境和其他星球造成的污染。而所谓“返回污染”是指航天器将地球领域以外的微机体带回地球后对地球造成的污染。

这两种生物污染曾引起空间科学界的很大关注。但实际情况是，迄今未发现其他星球具备存在生物的条件，所以，尚未发现“返回污染”；而另一方面，美国空间实验室的实验表明，细菌类在外空环境中比在地球上生长得快，同时人在空间环境的抵抗力相对减弱。科学家为了空间生命学的研究，在外空设置生物实验室，对细菌进行研究，这就有可能将菌类引入空间环境而造成所谓“向外污染”的生物污染。

（三）放射性污染

外空活动的放射性污染来自放射性物质和电磁波的辐射。核动力卫星发射失败以及失控的核动力卫星在重返大气层时解体，都可能对空间和地面造成放射性污染。如1978年1月24日的原苏联核动力卫星“宇宙——954号”失事坠入加拿大造成核污染事故就是典型事例。迄今此类事件多次发生，已引起国际社会的巨大关注。

另外，在外层空间进行核爆炸同在大气层一样，其放射性尘埃将在高空中广泛散开，不仅会改变高空的环境结构，还会破坏在轨道上运行的卫星上的电子设施。

还有一个潜在威胁，这就是随着各国核电站的日益增加，引起尖锐的处理核废料问题，可能选择的处理办法很多，其中一种是设想将核废料运往外层空间，以解决地球免遭污染。显然，这种办法就有可能产生对空间的放射性污染问题。

从地球和卫星上（特别是后者）发出的高频和深高频电波所形成的远距离磁场，对其他卫星的无线电通信会产生不同程度的干扰，还对射电天文观察产生妨碍作用。

此外，航天器排出的废气和化学物质对红外天文观察会产生不利影响。人类从地面和空间发射激光，对宇宙环境和外空活动也都将产生巨大影响，尤其在宇宙空间军事化的形势下，高能激光武器和离子束武器的发展对宇宙环境的和平利用将构成严重威胁。

三、外空环境问题对地球表面所致的环境损害

外空环境问题除了直接存在于外层空间并影响外空区域外，也影响着地球的环境，如外空物体坠落地面环境所致的损害、外空空间成分变化导致的地球大气层成分的改变、外空各类污染对地球生命体的不利影响及对地球气候、臭氧层的不利影响等。虽然在一些领域，由于人类认知的局限，还不可能作出精确的科学结论，但是，可以想象的是，外空环境问题看起来虽然遥远，但人类对其的担忧绝不是杞人忧天，外空环境问题与地球的环境问题息息相关，必须尽早采取措施，积极防范，才能将可能的环境损害降低到最低程度。

第二节　外层空间环境保护法

迄今尚无专门的保护外层空间环境的条约。有关外层空间环境保护的规定散见于一些有关空间探索和利用活动的条约之中。例如，1963 年《禁止在大气层、外层空间和水下进行核武器试验条约》（以下简称《部分禁止核武器试验条约》）、1967 年《关于各国探索和利用外层空间包括月球和其他天体的活动的原则条约》（以下简称《外空条约》）、1972 年《空间实体造成损失的国际赔偿责任公约》（以下简称《空间实体国际赔偿责任公约》）、1975 年《关于登记射入外层空间物体的公约》（以下简称《空间物体登记公约》）和 1979 年《指导各国在月球和其他天体上活动的协定》（以下简称《月球协定》）。此外，联合国大会于 1992 年通过一项《关于在外空利用核动力源的原则》的决议。

一、1963 年《部分禁止核武器试验条约》

1963 年《部分禁止核武器试验条约》[①] 规定，“缔约各国保证在其管辖或控制下的下列任何地方禁止、防止并且不进行核武器试验爆炸或其他任何爆炸：（一）在大气层；在它的范围以外，包括外层空间；或水下，包括领海或公海；或者（二）在任何

---

① 1963 年 8 月 5 日签订于莫斯科，1963 年 10 月 10 日生效。

其他环境中，如果这种爆炸所产生的放射性尘埃出现于在其管辖或控制下进行这些爆炸的国家领土范围以外。”该公约进一步规定，各缔约国还保证，不在可能对大气层、外层空间和水下产生影响的任何地方，引起、鼓励或者以任何方式参与核武器试验爆炸或任何其他爆炸。[①] 目前，在5个核国家和印度、巴基斯坦、以色列3个接近掌握核武器技术的“核门槛”国家中，英国、美国、俄罗斯、印度、以色列都是缔约国，巴基斯坦也成为签署国。我国政府于1986年发表声明，宣布“我们多年未进行大气层核试验，今后也将不进行大气层核试验”。[②] 可见，该公约基本防止了核爆炸对外层空间的污染。我国政府于1996年9月24日签署《全面禁止核试验条约》。

二、1967年《外空条约》

1967年《外空条约》[③] 是国际社会关于各国探索和利用外层空间包括月球和其他天体的活动的基本条约，它规定各国从事此类活动所必须遵守的基本原则，为各国从事此类活动提供了一个基本的法律框架。该条约规定，探索和利用外层空间，包括月球和其他天体，应为所有国家谋福利和利益，而不论其经济或科学发展程度如何，并为全人类的开发范围。[④]

《外空条约》有关外层空间环境保护的规定主要有：（1）禁止在外层空间布置大规模杀伤性武器和天体的非军事化。各缔约国保证，不在绕地球旋转轨道放置任何携带核武器或其他类型大规模毁灭性武器的物体，不在天体上配置这些武器，也不以任何其他方式在外层空间部署此种武器。本条约所有缔约国应专为和平目的使用月球和其他天体。禁止在天体上建立军事基地、军事设施和工事，试验任何类型的武器和进行军事演习。[⑤]（2）各缔约国对其本国在外层空间，包括月球和其他天体从事的活动，不论是由政府部门、还是非政府实体进行，均应承担国际责任，并应负责保证本国活动的实施，符合本条约的规定。[⑥]（3）凡进行发射或促成把物体射入外层空间包括月球和其他天体的缔约国以及为发射提供领土或设备的缔约国，对该物体及其组成部分在地球、空气空间或外层空间，包括月球和其他天体，使另一缔约国或自然人或法人受到损害，应负国际赔偿责任。[⑦]（4）各缔约国从事研究、探索外层空间，包括月球和其他天体的活动

① 《部分禁止核试验条约》，第1条。

② 载《人民日报》，1986年3月22日。

③ 1967年1月27日签订于伦敦、莫斯科、华盛顿，1967年10月10日生效，1983年12月30日对我国生效。

④ 《外空条约》，第1条。

⑤ 《外空条约》，第4条。

⑥ 《外空条约》，第6条。

⑦ 《外空条约》，第7条。

时，应避免使其遭受污染，并避免地球以外的物质使地球发生不利的变化。如有必要，各缔约国应为此采取适当的措施。如缔约国有理由相信该国或其国民在外空，包括月球和其他天体计划进行的活动或实验会对其他缔约国和平探索和利用外层空间，包括月球和其他天体，造成潜在的有害干扰，该国应于实施该活动或实验之前进行适当的国际磋商。其他缔约国亦可就此种活动或实验要求进行磋商。①

三、1972 年《空间实体国际赔偿责任公约》

1972 年《空间实体国际赔偿责任公约》首先界定了“发射国”和“损害”的概念。“发射国”指“发射或促使发射空间物体的国家和从其领土或设施发射空间物体的国家”。②“损害”指“生命丧失、身体受伤或健康的其他损害；国家或自然人、法人的财产，或国际政府间组织的财产的损失或损害”。③缔约国探索和利用外层空间，包括月球和其他天体的损害以及对国家管辖范围以外的地球环境，如公海、南极、大气层的损害，不在此“损害”概念的范围之内。

该公约规定了“绝对责任”的责任形式和免责条件。发射国的空间物体在地球表面，或给飞行中的飞机造成损害，发射国承担赔偿的绝对责任。④同时公约还规定了发射国免除绝对责任的例外情况，即受害国的过错。如果发射国能证明全部或部分损害是由于求偿国，或其所代表的自然人或法人的重大疏忽，或因其采取行动或不采取行动而蓄意造成的该发射国对损害的绝对责任，应以发射国的证明程度予以免除。但是，如果发射国因进行不符合国际法，特别是不符合联合国宪章及《外空条约》的活动，造成损害的，即使求偿国对损害有过错，其责任也不能免除。⑤如果发射国的空间物体在地球表面以外的其他地方，对另一发射国的空间物体，或其所载人员或财产造成损害时，只有损害是因前者的过失，或其负责人的过失而造成的条件下，该发射国才对损害负有责任。⑥

对于两个或两个以上的发射国，在第三国的地球表面，或给第三国飞行中的飞机造成损害时，这些发射国对给第三国的损害承担连带绝对责任，即受害国有权向一个或者所有发射国求偿，并且，不区分两个或两个以上的发射国共同造成的损害，还是一个发

---

① 《外空条约》，第 9 条。

② 《空间实体国际赔偿责任公约》，第 1 条第 3 款。

③ 《空间实体国际赔偿责任公约》，第 1 条第 1 款。

④ 《空间实体国际赔偿责任公约》，第 2 条。

⑤ 《空间实体国际赔偿责任公约》，第 6 条。

⑥ 《空间实体国际赔偿责任公约》，第 3 条。

射国给另一个发射国的空间物体造成损害后，又共同给第三国造成损害。[①] 该公约还具体规定了赔偿程序。

四、1975 年《空间物体登记公约》

1975 年国际社会签署《空间物体登记公约》的目的是为了帮助缔约国辨认外空物体而制定的一项强制性的登记射入外层空间物体的制度。鉴于空间碎片的巨大危害性，建立这项制度是非常必要的。

公约规定，发射国在发射空间物体（包括空间物体的组成部分以及核物体的运载工具及运载工具的部件）进入或越出地球轨道时，应向联合国秘书长保存的登记册登记该物体。[②] 登记项目包括：发射国或各发射国的国名；空间物体的适当标志或其登记号码；发射日期、地区或地点；基本的轨道参数，包括周期、倾斜角、远地点、近地点；空间物体的一般功能。[③] 每一登记国应在切实可行的最大限度内，尽速将其前曾提供情报的远在地球轨道上但现已不复在地球轨道上的空间物体通知联合国秘书长。[④] 如公约各项规定的实施不能使一个缔约国辨认对该国或其所辖自然人或法人造成损害或可能具有危害性或毒性的空间物体时，其他缔约国，特别包括拥有空间检测和跟踪设备的国家，应在可行的最大限度内响应该国提出的在公允和合理条件下协助辨认该物体的请求。[⑤]

五、1979 年《月球协定》

1979 年《月球协定》规定关于月球的条款不仅适用于月球和环绕月球的轨道或其他飞向或飞绕月球的轨道，也适用于太阳系内地球以外的其他天体，[⑥] 从而使该协定的适用范围将随着人类探索和利用宇宙天体的事业的发展而扩大。这一特点，使该协定的意义更为重大。

《月球协定》规定，月球应供全体缔约国专用于和平目的。[⑦] 月球的探索和利用应是全体人类的开发范围并应为一切国家谋福利，不问它们的经济或科学发展程度如何。应依照联合国宪章，充分注意这一代与后代人类的利益以及提高生活水平与促进经济和

---

① 《空间实体国际赔偿责任公约》，第 4 – 5 条。

② 《空间物体登记公约》，第 2 条。

③ 《空间物体登记公约》，第 4 条。

④ 《空间物体登记公约》，第 5 条。

⑤ 《空间物体登记公约》，第 6 条。

⑥ 《月球协定》，第 1 条。

⑦ 《月球协定》，第 3 条。

社会进步与发展的需要。[①] 月球及其自然资源均为人类的共同继承财产。[②] 月球不得由国家依据主权要求，通过利用和占领，或以任何其他方法据为己有。协定缔约国承诺一旦月球自然资源的开发即将可行时，建立指导该开发的国际制度，包括适当程序在内。该国际制度的主要宗旨是：(1) 有秩序地和安全地开发月球的自然资源；(2) 对这些资源做合理的管理；(3) 扩大使用这些资源的机会；(4) 所有缔约国公平分享这些资源所带来的惠益，而且应当对发展中国家的利益和需要以及各个直接或间接对探索月球作出贡献的国家所做的努力给予特别的照顾。《月球协定》规定各缔约国在探索和利用月球时，应采取措施，防止月球环境的现有平衡遭到破坏，不论这种破坏是由于在月球环境中导致不利变化，还是由于引入境外物质使其环境受到有害污染，或由于其他方式而产生。各缔约国还应采取措施防止地球环境由于引入地球外物质或由于其他方式而受到有害影响。缔约国还应该将这些措施通知联合国秘书长，如果拟议在月球上放置放射性物质，应尽一切可能事先将这一情况及其目的通知联合国秘书长。[③] 另外，公约禁止缔约国在月球上或月球内及其轨道上放置大规模杀伤性武器，并进一步规定了月球的非军事化原则。[④] 这些规定与《外层空间》的相关规定基本是一致的。该协定还规定当一个缔约国获悉并非其本国所发射的空间物体在月球上坠毁、强迫着陆或其他非出自本意着陆时，应迅速通知发射该物体的缔约国和联合国秘书长。[⑤]

六、1992 年《关于在外空利用核动力源的原则》的决议

在 1992 年，联合国大会以第 47/68（1992 年）号决议通过了联合国和平利用外层空间委员会制定的《关于在外空利用核动力源的原则》。和平利用外层空间委员会在该文件中提出了 11 项原则。该文件规定，尽量减少在外层空间中的核材料的数量，在外层空间使用核动力源的飞行任务。为此该原则进一步规定放射性保护和安全的一般目标，其中包括将可预见的运行或事故情况下的危害控制在可接受水平之下的要求、关于核材料不得严重污染外层空间的要求、关于在外层空间使用核反应堆限于星际飞行任务并位于足够高的轨道上的要求、关于在近地轨道使用的核反应堆必须在后来存放在足够高的轨道上的要求、关于只能用高浓缩铀 235 作燃料的要求[⑥]以及关于放射性同位素装

---

① 《月球协定》，第 4 条第 1 款。

② 《月球协定》，第 11 条第 1 款。

③ 《月球协定》，第 7 条。

④ 《月球协定》，第 3 条。

⑤ 《月球协定》，第 13 条。

⑥ 《关于在外空利用核动力源的原则》，原则 3。

置只能被用于星际飞行和其他脱离地球引力的飞行的要求。[①] 该文件还规定，在必须使用核动力的情况下，发射国要事先进行安全评价，并在发射前公布安全评价的结果，并通过联合国秘书长，以便使各国知悉获得此种评价结果的方法。该文件还对载有核动力源的空间物体重返地球时的通知以及援助问题做了与《空间物体登记公约》相似的规定。关于载有核动力源的空间物体造成的损害问题，该文件重申了《空间实体国际赔偿责任公约》的相关规定。另外，由于该决议规定，和平利用空间委员会应该在该原则通过的2年之前，审查和修订该原则。[②] 目前，和平利用空间委员会已经制定了几个多年工作计划，宗旨是根据该决议制定一项外空利用核动力源的国际安全技术标准。[③]

推荐阅读

1. 贺其治．外层空间法．北京：法律出版社，1992.
2. 李寿平，赵云．外层空间法专论．北京：光明日报出版社，2009.

思考题

1. 外空环境问题包括哪几个方面？
2. 简述《外空条约》的主要内容。

---

① 《关于在外空利用核动力源的原则》，原则4。

② 《关于在外空利用核动力源的原则》，原则11。

③ 和平利用外层空间委员会：《联合国系统内空间相关活动的协调：2004至2005年的方针和预期成果，2004年1月26日，载联合国大会文件第A/AC. 105/822号文件，第16页第52段。

第十七章　世界文化和自然遗产的法律保护

核心提示

自20世纪30年代起，国际社会就开始通过制定保护文化与自然遗产的国际性文件来确定各国的相关义务。在目前国际社会制定的众多国际法律文件中，《保护世界文化和自然遗产公约》是迄今为止影响最为深远，在全球性保护世界遗产方面最重要的国际公约。而《非物质文化遗产公约》是继《保护世界文化和自然遗产公约》之后在人类文化遗产保护领域内又一个具有里程碑意义的世界公约。本章主要介绍了这两个全球性公约以及有关文化和自然遗产保护的区域性公约的一些内容。

第一节　文化遗产与自然遗产

一、文化遗产与自然遗产的概念

伴随社会的发展，人类在世界各地留下了珍贵的人文遗迹。地球在整个演化过程中也形成了稀有、独特的自然景观、动植物生境和天然名胜等。这些文化遗产和自然遗产，是文明的标志，人类智慧的结晶。它们不仅是所在国家和民族的宝贵财富，也是全人类的宝贵资源；不仅是当代人的财产，而且也是后代人的财产。

根据遗产的珍贵和稀缺程度，文化遗产和自然遗产可被分为：（1）世界遗产，即由国家申报的，被世界遗产委员会批准通过的文化遗产和自然遗产；（2）国家遗产，即由地方政府申报的，被国家遗产管理机构批准通过的文化遗产和自然遗产；（3）地方遗产，即由地方政府自行对有价值的文化遗产和自然遗产进行论证，并加以保护的遗产，地方遗产可根据级别不同报上级政府备案。①

根据遗产的表现方式，文化遗产和自然遗产可被分为：（1）文化遗产，包括物质文化遗产（或称为有形文化遗产）和非物质文化遗产（或称为无形遗产）。物质文化遗产是指具有历史、艺术和科学价值的历史文物、历史建筑和人类文化遗址。非物质文化遗产是指各种以非物质形态存在的与群众生活密切相关、世代相承的传统文化表现形式，包括口头传统、传统表演艺术、民俗活动和礼仪与节庆、有关自然界和宇宙的民间传统知识和实践、传统手工艺技能以及与上述传统文化表现形式相关的文化空间等。它最大的特点是不脱离民族特殊的生活生产方式，是民族个性、民族审美习惯的“活”的显现。它依托于人本身而存在，以声音、形象和技艺为表现手段，并以身口相传作为文化链而得以延续，是“活”的文化及其传统中最脆弱的部分。因此，它也曾被誉为历史文化的“活化石”、“民族记忆的背影”。（2）自然遗产，是指来源于人类社会以外的，可以被全人类继承的、具有某种普遍价值的自然环境的产物，包括自然景观、动植物生境、天然名胜、动植物物种、湿地、地质遗迹和古生物化石等。② 自然遗产独特的地质地貌、丰富的生物多样性和特殊的生态系统，具有重要的生态标识作用，记录并保存了特定的生态特征，为生态科学研究和科学实验提供了最好的天然本底。它们分布在世界各地，都具有极强的自然美学价值，能给人带来独特的、丰富多彩的感官享受与心灵体验，是人们观光旅游休闲的首选之地，并能激发民族自豪感和爱国主义热情，成为增强一个国家、一个民族凝聚力和亲和力的动力。（3）文化和自然双重遗产，是指在历史、艺术、科学以及审美、人种学、人类学方面有着世界意义的纪念物、建筑物、遗迹等内涵的文化遗产，和在审美、科学、保存形态上特别具有世界价值的地形或生物、包括景观在内的地域等内容的自然遗产，即同时含有文化和自然两个方面因素的文化与自然遗产。（4）文化景观，即人类在地表活动的产物，是自然风光、田野、建筑、村落、厂矿、城市、交通工具和道路以及人物和服饰等所构成的文化现象的复合体，反映了文化体系的特征和一个地区的地理特征。

二、文化遗产和自然遗产的现状

世界各地的文化遗产和自然遗产正在遭受着不同程度的破坏，其主要是自然力作用和人力所为的结果。自然力的作用，如火灾、地震、山崩、洪水、海啸、雷电、飓风、冰雹等对文化遗产和自然遗产的吞噬与破坏。人力所为，如人类的污染行为、旅游资源的开发、城市化、战争、暴乱、公共工程、现代农业等加速了文化遗产和自然遗产的

① 黄德林．自然遗产保护法研究．北京：中国社会科学出版社，2006：17.

② 黄德林．自然遗产保护法研究．北京：中国社会科学出版社，2006：5.

毁灭。

第一，战争使世界濒危遗产不断增多。战争尤其是近代大规模区域战争、全球战争对文化遗产和自然遗产的威胁和破坏非常巨大。如位于前南斯拉夫的科托尔的自然保护区和文化历史区，战争是其成为首个入选《濒危世界遗产目录》的原因之一。位于柬埔寨的吴哥窟因受越战、内乱等等影响，使得吴哥庙宇群也遭到破坏和盗窃，1992 年被列入世界濒危遗产之中。耶路撒冷的古城及城墙也因战争受损毁，在 1982 年被列入世界濒危遗产中。阿富汗战争中，那些无数神奇的文物遗产——由希腊文化、佛教文化、伊斯兰文化沉淀数千年积累而成的艺术瑰宝，经历战火洗礼后荡然无存，巴米扬大佛这样的艺术珍品被阿富汗塔利班武装组织摧毁，被誉为阿富汗“西方明珠”的赫拉特省遭受重创，穆萨拉城堡地区和赫拉特城堡受到了不同程度的破坏，喀布尔国家博物馆大多数藏品在战争中遭到掠夺和破坏。海湾战争的爆发，伊拉克南部和北部的 13 座博物馆中有 9 座被哄抢，大约有 3 000 件文物流失，2003 年美英发动伊拉克战争，仅被联合国教科文组织列为世界第 11 大博物馆的巴格达国家博物馆就丢失了 15 000 件文物，古巴比伦文明蒙受了重大损失。

第二，旅游资源的过度开发加速了遗产地的生态破坏。文化遗产和自然遗产是人类休息、娱乐、探古访史的重要场所，是人类重要的旅游资源。然而，文化遗产和自然遗产所在地的许多国家，为了发展国家经济，盲目开发、过度利用，使遗产遭到严重破坏。特别是一些文化遗产和自然遗产被列入世界遗产后，纷纷成为当地的“金字招牌”和开发商的“摇钱树”。此种重开发、轻保护的做法，造成了不可挽回的损失。如我国敦煌莫高窟，由于超量的游客呼出的二氧化碳以及光线的影响造成壁画变色脱落，短短 20 年的人为损坏超过了过去几百年的自然侵蚀。

第三，人类的无知和人工化破坏了文化遗产和自然遗产的真实性和完整性。由于人类认识不足和重视程度不够，对文化遗产和自然遗产缺乏有效的保护，造成很多人为破坏。还有一些遗产地大兴土木建筑、游览索道等，破坏了原有的景观和生态环境。

文化遗产和自然遗产首先是受到国内立法的保护，如法国 1913 年的《保护历史古迹法》，英国 20 世纪 20 年代制定了《古迹与考古地区法》，美国国会 1906 年通过的《古迹法》、1935 年的《历史地段法》和 1936 年的《公园、风景路和休闲地法》等。但这些主权国家的立法，无法保护其他国家的文化遗产和自然遗产。

两次世界大战对人类文明、自然和文化遗产带来的空前浩劫，特别是第二次世界大战期间以及战后复兴建设时期，存在大量破坏、损毁自然遗产和文化遗产的现象，这些现象真正引起了国际社会对其保护的广泛关注。第一次世界大战后，国际联盟提出并倡导了一种思想，即应通过国际合作来保护人类共有的遗产。1948 年联合国教科文组织开始保护世界“不能移动”的文化遗产，当时只是进行了一些关于设立国际基金、对遗迹进行保护和恢复的讨论，但这是第一次通过国际合作的方式提出了保护遗迹的决议。1959 年，埃及修建阿斯旺大坝事件引起了国际社会对保护遗产的广泛关注。为了发展当地经济、消除水患、发挥水电效能，埃及政府决定在埃及南部修建阿斯旺大水库，该项目将淹没孕育古埃及文明的阿布·辛拜勒神庙。在埃及和苏丹政府的强烈呼吁下，联合国教科文组织决定开展国际游说，最终阿布·辛拜勒神庙和菲莱神庙被妥善切割、异地重建。该遗产的保护耗资 8 000 万美元，其中一半来自 50 多个国家的捐赠，成为国际社会保护典型文化遗产的成功范例，引发了其他一些保护运动，如意大利的威尼斯、巴基斯坦的莫享朱达罗和印度尼西亚的婆罗浮屠等。在国际社会拯救神庙的影响下，对文化遗产的立法保护成为了联合国教科文组织的工作议程之一。

为了更加切实有效地保护文化遗产和自然遗产，有关国家和国际组织先后通过了一些国际文件。如有关国家在 1963 年 4 月通过了《国际文化遗产保护与修复研究中心章程》，国际古迹遗址理事会于 1964 年 5 月在威尼斯通过了《国际古迹保护与修复宪章》，欧洲 17 国在 1969 年签订了《关于被盗或者非法进出口文化财产和非法转让其所有权的方法的公约》，联合国教科文组织大会 1972 年 11 月 16 日在巴黎通过了《保护世界文化和自然遗产公约》，中美洲国家 1976 年签订了《保护美洲国家考古历史和艺术文化遗产公约》，1987 年 10 月在华盛顿通过的《保护历史城镇和城市地区宪章》，1990 年在洛桑通过的《考古遗产保护与管理宪章》，1995 年的《关于被盗或者非法出口文物的公约》，2003 年 10 月 17 日在巴黎通过了《保护世界非物质文化遗产公约》。此外，还有一些有关文化遗产和自然遗产保护的宣言和建议等，如《奈良宣言》、《苏州宣言》、《关于在国家一级保护文化和自然遗产的建议》、《关于保护历史建筑及其现实意义的建议》、《关于文化遗产国际交流的建议》和《关于历史地区的保护及其当代作用的建议》等。

第二节 世界文化和自然遗产的国际保护

目前已经有不少保护文化和自然遗产的国际法律文件，但《保护世界文化和自然遗产公约》和《保护非物质文化遗产公约》是该领域内影响最为深远的全球性公约。

一、《保护世界文化和自然遗产公约》及其主要内容

1972 年 11 月 16 日联合国教科文组织第十七届会议通过了《保护世界文化和自然遗产公约》，该公约于 1975 年 12 月 17 日生效，是近一个世纪以来人们对留存于世的珍贵自然与文化遗产结合起来保护的立法典范。将文化遗产与自然遗产合并起来保护的思

想源于美国，1956 年在华盛顿召开了“世界遗产保护”白宫会议，这次会议鼓励全世界人民通过国际合作保护世界的自然风景区和历史遗产。1968 年国际自然保护联盟向其成员国同样建议将保护自然遗产和文化遗产放在同一个法律文件之中。1972 年在瑞典斯德哥尔摩召开的联合国人类环境大会对提议进行了讨论，决定由联合国教科文组织正式拟定一个公约，将文化遗产和自然遗产的保护放在同一个法律文件中。目前，有 187 个国家和地区加入该公约，成为缔约方，截止 2011 年 6 月，世界遗产总数 936 项，其中 183 项自然遗产，725 项文化遗产，28 项文化和自然双重遗产，该公约已成为一个里程碑式的国际法律文件，使文化和自然遗产的保护成为一项全球性的事业。

该公约主要规定了文化和自然遗产的定义，文化和自然遗产的国家保护和国际保护措施等条款。公约并规定了各缔约国可自行确定本国领土内的文化和自然遗产，并向世界遗产委员会递交其遗产清单，由世界遗产大会审核和批准。凡是被列入世界文化和自然遗产的地点，都由其所在国家依法严格予以保护。其具体内容包括以下几个方面：

（一）公约的序言

公约序言写到了公约产生的背景，其产生基于如下现实：第一，文化遗产和自然遗产受到破坏的威胁；第二，任何文化或自然遗产的坏变或丢失都有使全世界遗产枯竭的有害影响；第三，国家保护遗产存在的不足，如经济、科学和技术力量的缺乏等；第四，联合国教科文组织基于《组织法》的规定，维护、增进和传播文化和自然遗产的保护；第五，部分具有突出重要性的文化或自然遗产需作为全人类世界遗产的一部分加以保护；第六，集体性援助参与保护具有突出的普遍价值的文化和自然遗产的必要性；第七，为集体保护具有突出的普遍价值的文化和自然遗产，建立一个根据现代科学方法制定永久性的有效制度。

（二）世界遗产的概念和标准

1. 世界文化遗产的概念和标准。《保护世界文化和自然遗产公约》第 1 条对文化遗产做了明确界定。文化遗产包括古迹、建筑群和遗址。古迹（或文物），是指从历史、艺术或科学角度看具有突出的普遍价值的建筑物、碑雕和碑画、具有考古性质成分或结构、铭文、窟洞以及联合体；建筑群，是指从历史、艺术或科学角度看在建筑式样、分布均匀或与环境景色结合方面具有突出的普遍价值的单立或连接的建筑群；遗址，是指从历史、审美、人种学或人类学角度看具有突出的普遍价值的人类工程或自然与人联合工程以及考古地址等地方。

《执行世界遗产公约的操作规则》第 1 条规定，列入《世界遗产名录》的文化遗产项目必须符合下列一项或几项标准：（1）代表一种独特的艺术成就，一种创造性的天才杰作；（2）能在一定时期内或世界某一文化区域内，对建筑艺术、纪念物艺术、城镇规划或景观设计方面的发展产生重大影响；（3）能为一种已消逝的文明或文化传统提供一种独特的、至少是特殊的见证；（4）可作为一种建筑、建筑群或景观的杰出范例，展示出人类历史上一个或几个重要阶段；（5）可作为传统的人类居住地或使用地的杰出范例，代表一种或几种文化，尤其在不可逆转之变化的影响下变得易于损坏；（6）与具有特殊普遍意义的时间或现行传统、思想、信仰、文学艺术作品等有着直接或实质的联系。

2. 世界自然遗产的概念和标准。《保护世界文化和自然遗产公约》第 2 条规定的自然遗产包括三类，即从审美或科学角度看具有突出的普遍价值的、由物质和生物结构或这类结构群组成的自然面貌；从科学或保护角度看具有突出的普遍价值的地质和自然地理结构以及明确划为受威胁的动物和植物生境区；从科学、保护或自然美角度看具有突出的普遍价值的天然名胜或明确划分的自然区域。

根据《执行世界遗产公约的操作规则》第 24 条的规定，只有符合一项或几项标准才能入选《世界遗产名录》：（1）构成代表地球演化史中重要阶段的突出例证；（2）构成代表进行中的重要地质过程、生物演化过程以及人类与自然环境相互关系的突出例证；（3）独特、稀有或绝妙的自然现象、地貌或具罕见自然美的地带；（4）尚存的珍惜或濒危动植物种的栖息地。此外，每项提名自然遗产还必须符合该操作规则规定的“整体环境”条件，包括（1）必须包含自然生态关系必备要素的全部内容或者绝大部分内容；（2）必须有相当充分的地域面积，能够自我维持生态平衡；（3）必须具有维持物种延续的生态系统；（4）濒危物种遗址应具有维持濒危物种生存所需的生活条件，特别要保护迁徙性物种种群。

3. 世界文化和自然双重遗产。《保护世界文化和自然遗产公约》并没有规定文化和自然双重遗产，但是在《执行世界遗产公约的操作规则》中有关于文化和自然双重遗产的认定。文化遗产和自然遗产，是指在历史、艺术或科学及审美、人种学、人类学方面有着世界意义的纪念物、建筑物、遗迹等内涵的文化遗产，和在审美、科学、保存形态上具有世界价值的地形或生物，包括景观在内的地域等内容的自然遗产融合起来形成的遗产，即同时含有文化与自然两个方面因素的文化和自然混合遗产。

关于文化和自然双重遗产的标准，《执行世界遗产公约的操作规则》没有重新具体确定，只是规定：只有同时部分满足或完全满足《公约》第 1 条和第 2 条关于文化和自然遗产定义的财产才能认为是“文化和自然混合遗产”。

（三）文化和自然遗产的权利归属

公约第 6 条第 1 款规定了世界文化和自然遗产的权利归属，主要包含两层含义。第一，文化和自然遗产的所在国可通过国内立法规定其权利归属。这意味着公约不涉及国家基于主权来确定文化和自然遗产的归属，即国家可以通过国内立法将文化和自然遗产归于国家、法人、或个人等。第二，缔约国应当承认这些遗产是世界遗产的一部分。该规定并不是意在使该类遗产归于所有国家，而是旨在让整个国际社会都有责任合作保护这类遗产。如在有关国家的请求下，其他缔约国应帮助该国确定、保护、保存和展出世界遗产和世界濒危遗产。同时，缔约国也不得故意采取任何可能直接或间接损害其他缔约国领土内的文化遗产和自然遗产的措施。

（四）公约的主要实施机构

为了落实世界遗产公约的规定，1976 年联合国教科文组织成立了世界遗产委员会。目前，该委员会成员国有 21 个，委员会委员的选举须保证均衡地代表世界的不同地区和不同文化，每届任期 6 年，每两年改选其中的三分之一。委员会每年召开一次会议。委员会内由 7 名成员构成世界遗产委员会主席团，主席团每年举行两次会议，筹备委员会的工作。

作为一个保护具有突出的普遍价值的文化和自然遗产政府间委员会，其职能主要是负责世界遗产公约的执行。具体职能包括：（1）制订、更新和出版一份《世界遗产目录》和《处于危险的世界遗产目录》；（2）确定属于文化或自然遗产的财产可被列入上述两项目录所依据的标准；（3）接受或拒绝缔约国关于将其领土内的文化遗产和自然遗产列入两项目录的申请；（4）接受并研究缔约国就已经列入或可列入两项目录的本国文化遗产和自然遗产要求国际援助的申请；（5）制定、更新和发表已给予国际援助的财产目录；（6）决定保护世界文化遗产和自然遗产基金的使用。

（五）缔约国的权利和义务

该公约规定，缔约国对其领土内的文化和自然遗产的确定、保护、保存、展出和遗传后代负有主要的责任，应尽最大能力履行此种责任。缔约国应视该国具体情况尽力做到以下几点：（1）通过一项旨在使文化和自然遗产在社会生活中起一定作用并把遗产保护纳入全面规划计划的总政策；（2）如该国尚未建立负责文化和自然遗产的保护、保存和展出的机构，则建立一个或几个此类机构，配备适当的工作人员和为履行其职能所需的手段；（3）发展科学和技术研究，并制订出能够抵抗威胁该国自然遗产的危险的实际方法；（4）采取为确定、保护、保存、展出和恢复这类遗产所需的适当的法律、科学、技术、行政和财政措施；（5）促进建立或发展有关保护、保存和展出文化和自然遗产的国家或地区培训中心，并鼓励这方面的科学研究；（6）承认列入《世界遗产目录》的遗产是世界遗产的一部分；（7）不得故意采取任何可能直接或间接损害本公约其他缔约国领土内世界遗产的措施；（8）设立为保护世界遗产募捐的国家、公共或私立基金会；（9）通过一切手段，特别是教育和宣传，努力增进本国人民对公约确定的世界遗产的赞赏和尊重，应使公众广泛了解对这类遗产造成威胁的危险和依据本公约进行的活动。

（六）公约确定的保护文化和自然遗产的法律制度

为了更好地保护公约中规定的文化和自然遗产，公约规定了基金制度、国际合作与援助制度、报告制度等。

1. 世界遗产基金。《保护世界文化和自然遗产公约》决定设立一项保护有突出的普遍价值的世界文化和自然遗产基金，即“世界遗产基金”。作为一项信托基金，其资金的来源有：（1）本公约缔约国义务捐款和自愿捐款；（2）其他国家、联合国教育、科学及文化组织、联合国系统的其他组织或其他政府间组织、公共或私立机构或个人的捐款、赠款或遗赠；（3）基金款项所得利息；（4）募捐的资金和为本基金组织的活动的所得收入；（5）世界遗产委员会拟订的基金条例所认可的所有其他资金。公约规定，对基金的捐款和向委员会提供的其他形式的援助只能用于委员会限定的目的，对基金的捐款不得带有政治条件。

2. 国际合作与援助制度。《保护世界文化和自然遗产公约》规定整个国际社会有责任合作保护《世界遗产目录》中的遗产，同时规定缔约国可要求对列入《世界遗产目录》和《处于危险的世界遗产目录》的文化遗产和自然遗产提供国际援助。世界遗产委员会提供的援助可采取下述形式：（1）研究在保护、保存、展出和恢复本公约第11条第2和4段所确定的文化和自然遗产方面所产生的艺术、科学和技术性问题；（2）提供专家、技术人员和熟练工人，以保证正确地进行已批准的工作；（3）在各级培训文化和自然遗产的鉴定、保护、保存、展出和恢复方面的工作人员和专家；（4）提供有关国家不具备或无法获得的设备；（5）在例外和特殊情况下提供无偿补助金。此外，世界遗产委员会还可向培训文化和自然遗产的鉴定、保护、保存、展出和恢复方面的各级工作人员和专家的国家或地区中心提供国际援助。但是，国际社会只担负必要工程的部分费用，除非该国资源不许可，受益于国际援助的国家承担的费用应构成用于各项计划或项目的资金的主要份额。

3. 缔约国报告制度。缔约国应当按照联合国教科文组织大会确定的日期和方式向该组织递交报告，其内容主要是有关缔约国为实行本公约而在所在地通过法律和其他方式采取行动的情况，并详述在这方面获得的经验。

二、《保护非物质文化遗产公约》及其主要内容

非物质文化遗产是与物质文化遗产相对的一个概念，与物质文化遗产一样，反映了一个民族和国家对自身特性的认同和自豪感以及被世界认可的程度。它不仅是一个国家和民族历史成就的标志，也是反映今天文明的标志。但其非物质载体性，决定了它更容易受到破坏，更需要法律的保护。20世纪90年代以来，非物质文化遗产的保护开始引起各国的普遍关注，联合国教科文组织也意识到随着经济全球化带来的社会变革和人类

生存环境的改变，非物质文化遗产比物质文化遗产更加脆弱，更容易遭到自然的或人为的损害。因此，1989 年的《关于保护传统和民间文化的建议》、2001 年的《教科文组织世界文化多样性宣言》和 2002 年第三次文化部长圆桌会议通过的《伊斯坦布尔宣言》均强调了非物质文化遗产的重要性。20 世纪 90 年代，联合国教科文组织的两项新的计划使非物质文化遗产的重要性与日俱增：一项是 1993 年启动的“人类活瑰宝”体系，另一项是宣布“人类口头和非物质遗产代表作”项目。这些项目中取得的经验表明，我们需要有新的规范性工具来保护非物质遗产。联合国教科文组织认为可以通过新的公约来保证实现最妥善的保护。1999 年联合国教科文组织第 30 届大会决定，设立《人类口头与非物质遗产代表作名录》。2003 年 10 月 17 日，联合国教科文组织第 32 届大会通过了《保护非物质文化遗产公约》，这是人类历史上非物质文化遗产保护事业的重要里程碑。公约于 2006 年 4 月生效，目前有 100 多个缔约国。

（一）公约的序言

公约的序言主要写到公约产生的背景。该公约的形成基于以下事实：第一，结合了有关国际人权文书的内容，特别是 1948 年的《世界人权宣言》以及 1966 年的《经济、社会及文化权利国际公约》和《公民权利和政治权利国际公约》；第二，非物质文化遗产的重要性，即它是文化多样性的熔炉，又是可持续发展的保证；第三，非物质文化遗产面临损坏、消失和破坏的严重威胁，而保护人类非物质文化遗产是普遍的意愿和共同关心的事项；第四，联合国教科文组织制定保护文化遗产的准则性文件方面具有重要意义，而有约束力的保护非物质文化遗产的多边文件缺乏；第五，国际社会互助合作对保护非物质文化遗产来说作用不可估量。

（二）公约的宗旨

该公约第 1 条明确规定公约的宗旨包括四项内容，即：保护非物质文化遗产；尊重有关社区、群体和个人的非物质文化遗产；在地方、国家和国际一级提高对非物质文化遗产及其相互欣赏的重要性的意识；开展国际合作及提供国际援助。

（三）非物质文化遗产的定义和表现方式

依据本公约第 2 条第 1 款的规定，“非物质文化遗产”，是指被各社区、群体、有时是个人，视为其文化遗产组成部分的各种社会实践、观念表述、表现形式、知识、技能以及相关的工具、实物、手工艺品和文化场所。这种非物质文化遗产世代相传，在各社区和群体适应周围环境以及与自然和历史的互动中，被不断地再创造，为这些社区和群体提供认同感和持续感，从而增强对文化多样性和人类创造力的尊重。在本公约中，只考虑符合现有的国际人权文件，各社区、群体和个人之间相互尊重的需要和顺应可持续发展的非物质文化遗产。

公约第 2 条第 2 款规定，“非物质文化遗产”有口头传统和表现形式，包括：作为非物质文化遗产媒介的语言；表演艺术；社会实践、仪式、节庆活动；有关自然界和宇宙的知识和实践；传统手工艺。

（四）公约的实施机构

公约第4条规定，缔约国大会是本公约的最高权力机关，每两年举行一次常会，但如若它作出此类决定或政府间保护非物质文化遗产委员会或至少三分之一的缔约国提出要求，可举行特别会议。大会应通过自己的议事规则。

政府间保护非物质文化遗产委员会是公约的主要机关，有24个委员国。委员会对大会负责，向大会报告自己的所有活动和决定；委员会以其委员的三分之二多数通过自己的议事规则；委员会可临时设立它认为对执行其任务所需的咨询机构；委员会可邀请在非物质文化遗产各领域确有专长的任何公营或私营机构以及任何自然人参加会议，就任何具体的问题向其请教。委员会的职能主要包括：宣传公约的目标，鼓励并监督其实施情况；就好的做法和保护非物质文化遗产的措施提出建议；按照第25条的规定，拟订利用基金资金的计划并提交大会批准；按照25条的规定，努力寻求增加其资金的方式方法，并为此采取必要的措施；拟订实施公约的业务指南并提交大会批准；根据29条的规定，审议缔约国的报告并将报告综述提交大会；根据委员会制定的、大会批准的客观遴选标准，审议缔约国提出的申请并就以下事项作出决定：列入第16条、第17条和第18条述及的名录和提名；按照第22条的规定提供国际援助。

秘书处是委员会的协助机构，主要负责起草大会和委员会文件及其会议的议程草案和确保会议决定的执行。

（五）缔约国的义务

公约第11条要求，缔约国应采取必要措施确保其领土上的非物质文化遗产受到保护；采取第2条第三款规定的措施时，应由各社区、群体和有关非政府组织参与，确认和确定其领土上的各种非物质文化遗产。这些“保护”措施，指确保非物质文化遗产生命力的各种措施，包括这种遗产各个方面的确认、立档、研究、保存、保护、宣传、弘扬、传承（特别是通过正规和非正规教育）和振兴。

缔约国建立“清单”的义务。缔约国应根据自己的国情拟订一份或数份关于这类遗产的清单，并应定期加以更新。缔约国在定期向委员会提交报告时，应提供有关这些清单的情况。

确保领土上的非物质文化遗产得到保护、弘扬和展示的义务。缔约国应制定一项总的政策，使非物质文化遗产在社会中发挥应有的作用，并将这种遗产的保护纳入规划工作；指定或建立一个或数个主管保护其领土上的非物质文化遗产的机构；鼓励开展有效保护非物质文化遗产，特别是濒危非物质文化遗产的科学、技术和艺术研究以及方法研究；采取适当的法律、技术、行政和财政措施，以便促进建立或加强培训管理非物质文化遗产的机构，确保对非物质文化遗产的享用，建立非物质文化遗产文献机构。

缔约国的教育、宣传和能力培养义务。第一，缔约国主要通过下列措施，使非物质文化遗产在社会中得到确认、尊重和弘扬：向公众，尤其是向青年进行宣传和传播信息的教育计划；有关社区和群体的具体的教育和培训计划；保护非物质文化遗产，尤其是管理和科研方面的能力培养活动；非正规的知识传播手段。第二，不断向公众宣传对这种遗产造成的威胁以及根据本公约所开展的活动。第三，促进保护表现非物质文化遗产所需的自然场所和纪念地点的教育。

最后，缔约国在开展保护非物质文化遗产活动时，应努力确保创造、延续和传承这种遗产的社区、群体，有时是个人的最大限度的参与，并吸收他们积极地参与有关的管理。

（六）公约中的目录制度

为了在国际层面保护好非物质文化遗产，公约建立了人类非物质文化遗产代表作名录和急需保护的非物质文化遗产名录制度。人类非物质文化遗产代表作名录，由委员会根据有关缔约国的提名编辑、更新和公布，其标准由委员会拟定并提交缔约国大会批准。急需保护的非物质文化遗产名录，由委员会根据有关缔约国的提名编辑、更新和公布，并由委员会拟定此类遗产的标准，提交缔约国大会批准，在极其紧急的情况下，可与有关缔约国协商将有关的遗产列入该名录。为确保上述制度得以实施，《人类口头与非物质遗产申报指南》对申报方式、评选办法、评选程序等做了具体规定。

（七）国际合作与援助机制

公约中的国际合作，主要是交流信息和经验，采取共同的行动，以及建立援助缔约国保护非物质文化遗产工作的机制。同时公约要求，在不违背国家法律规定及其习惯法和习俗的情况下，缔约国承认保护非物质文化遗产符合人类的整体利益，保证为此目的在双边、分地区、地区和国际各级开展合作。

国际援助要由缔约国或者两个以上的缔约国向委员会递交国际援助的申请，委员会对其申请进行审议并作出决定。国际援助可以采用如下形式：对保护这种遗产的各个方面进行研究；提供专家和专业人员；培训各类所需人员；制订准则性措施或其他措施；基础设施的建立和营运；提供设备和技能；其他财政和技术援助形式，包括在必要时提供低息贷款和捐助。

（八）基金制度

为确保非物质文化遗产保护的资金来源，公约设立“保护非物质文化遗产基金”。该基金是一项信托基金，其资金来源主要有：缔约国的纳款；教科文组织大会为此所拨的资金；其他国家、联合国系统各组织和各署（特别是联合国开发计划署）以及其他国际组织、公营或私营机构和个人的捐款、赠款或遗赠；基金的资金所得的利息；为本基金募集的资金和开展活动之所得；委员会制定的基金条例所许可的所有其他资金。

（九）报告机制

公约中规定了两种形式的报告机制，一是缔约国报告机制，即缔约国按照委员会确定的方式和周期向其报告它们为实施本公约而通过的法律、规章条例或采取的其他措施的情况，这种报告由委员会进行审查。二是委员会报告机制，即委员会在其开展的活动和缔约国报告的基础上，向每届大会提交报告，并应向教科文组织大会提交。

第三节　世界文化和自然遗产的区域保护

除了全球性保护世界文化和自然遗产的公约外，国际区域层面也有一些专门保护文化和自然遗产的法律文件，主要是《保护考古遗产的欧洲公约》、《美洲国家保护考古历史和艺术遗产公约》。

一、《保护考古遗产的欧洲公约》及其内容

1969 年 5 月 6 日，比利时、法国、希腊等 17 个欧洲国家在伦敦签订了一项《保护考古遗产的欧洲公约》。该公约于 1970 年 12 月 20 日生效。其产生主要是基于如下考虑：欧洲理事会的目的在于为特别是捍卫并实现作为其共同遗产的理想与原则而取得更大团结；1954 年签订的欧洲文化公约，特别是第五条的规定；考古遗产对于了解各文明的历史至为重要；保护受到严重毁坏威胁、作为欧洲历史最早起源的欧洲考古遗产的道义责任首先在于直接有关的国家，同时亦为欧洲国家共同所关心；保护该遗产的第一步应将最严格的科学方法运用于考古研究或发现，以保存其完整的历史意义，并使因非法发掘而造成科学情报资料不可弥补损失成为不可能；如此予以保障的对考古物的科学保护：（1）符合特别是公共收藏的利益；（2）并会推进在考古发掘物方面极为需要的市场改革；有必要禁止私自发掘并建立对考古物的科学管制，以及力求通过教育来赋予考古发掘以完整的科学意义。

（一）考古物的定义

公约第 1 条规定了考古物的定义，即由于其发掘或发现为科学情报资料的主要来源或主要来源之一而作为时代和文明见证的所有遗存和实物或人类存在的任何其他遗迹，应视为考古物。

（二）缔约国对埋藏有考古物的堆积层和遗址的保护义务

为保证对埋藏有考古物的堆积层和遗址的保护，缔约国应当划定并保护具有考古意义的遗址和地域；建立保留区域以保存由后代考古学家发掘的实物证据；禁止并制止非

法发掘；采取必要措施，以确保通过特别许可将发掘仅委托给合格人员进行；保证对发掘所获结果的控制与保护。

（三）缔约国的信息收集和传播义务

为研究并散发关于考古掘获物的情报资料的目的，缔约国应采取为保证科学出版物中关于发掘和发现的情报资料最迅速与最完整传播所必需的一切可行措施。缔约国还应考虑建立一份公共拥有考古物并如可能包括私人所有考古物的国家目录；编制公共拥有并如可能包括私人所有考古物的科学分类。

（四）缔约国在实现公约的科学、教育及文化目的方面的义务

为实现公约在科学、教育及文化的目的，缔约国应当：（1）便利考古物为科学、文化及教育目的的流通；（2）鼓励科学机构、博物馆同国家主管部门间进行关于考古物、经许可的和非法的发掘之情报资料交流；（3）尽其权限所及，以保证为本公约缔约国的来源地国主管当局获知任何被怀疑是来自非法发掘的、或非法来自官方发掘的出售物以及与此相关的必要细节；（4）努力通过教育手段，在公众舆论中建立并推进对考古发掘物于了解文明历史方面的价值以及由未加控制的发掘对该遗产所造成威胁的认识。

（五）缔约国确保考古物国际流通方面的义务

缔约国以最适当的方式进行合作，以确保考古物的国际流通丝毫不妨碍对这些物件所具有文化与科学意义的保护。特别应采取如下措施：（1）对于收藏政策受国家控制的博物馆及其他类似机构，采取必要措施以避免其取得因特定理由而被怀疑为源自私自发掘或非法来自官方发掘的考古物；（2）对于位于一缔约国领土内，但其收藏政策不受国家控制的博物馆及其他类似机构转送本公约文本，并竭尽全力以获得上述博物馆及机构对前款所规定原则的支持；（3）尽可能通过教育、信息情报、治安保卫及合作来限制因特定理由而被怀疑为来自非法发掘或非法来自官方发掘的考古物的流动。

（六）国际合作的义务

为了确保适用作为本公约基础的为保护考古遗产而进行合作的原则，每一缔约国承允在其依本公约条款所接受义务的范围内，考虑任何其他缔约国提出的关于鉴别和鉴定的任何问题，并在其国家立法许可的范围内进行积极合作。

此外，本公约在适用时应注意到两个问题，一是公约所规定措施不能限制对考古物的合法贸易或所有权，亦不能影响适用于这些物品转让的法律规则。二是每一缔约国应将其在适用本公约规定方面所已采取的措施适时通知欧洲理事会秘书长。

二、《美洲国家保护考古历史和艺术遗产公约》及其内容

1976 年 6 月 16 日，哥斯达黎加、巴拿马等 9 个中美洲国家在圣地亚哥签订了《美

洲国家保护考古历史和艺术遗产公约》（或称为《圣萨尔瓦多公约》）。该公约的产生主要是基于如下考虑：第一，美洲国家，特别是拉丁美洲各国的文化遗产遭到持续不断地掠夺和侵吞；第二，这种劫掠行为破坏并损减各国民族特性由以表现的考古、历史及艺术财富；第三，各国有向后代传送其文化遗产的基本义务；第四，这类遗产只有在美洲各国间最成功合作范围内，通过对这些财产的相互欣赏与尊重方能得到保护和保存；最后，各成员国已反复表明其愿意建立保护并管理考古、历史及艺术遗产的标准。

（一）公约的宗旨

本公约第1条规定，本公约的宗旨为鉴别、登记、保护并保卫构成美洲各国文化遗产的财产，以便防止文化财产的出口或进口，并促进美洲各国间为相互认识和欣赏其文化财产而进行的合作。

（二）文化遗产的种类

公约第2条明确规定文化遗产包括下列形式的遗产：（1）存在于同欧洲文化接触以前的纪念物、物品、遭毁坏建筑物的块片及属于美洲文化的考古材料以及与该文化有关的人类、动物和植物的遗存；（2）自殖民时期和19世纪以来的具有艺术、实用或人种学性质的完整的或成块的纪念物、建筑物和物品；（3）图书馆和档案馆，古版书籍和手稿，1850年以前出版的书籍及其他出版物、图解、地图和文件；（4）源自1850年以后为各缔约国登录为文化财产的所有物品，但须该等缔约国已将上述登录通知本条约其他各方；（5）任何缔约国特别宣布为包括于本公约范围内的所有文化财产。

（三）文化遗产非法贸易的禁止

文化财产应受到最大程度的国际级保护，并且除非文化财产所有国为促进对其民族文化的了解而准许出口，其出口和进口应被视为非法。为防止文化遗产的非法贸易，缔约国应鼓励对受保护文化财产的收藏和转让予以登记；对从事此等财产销售和购买的部门所进行交易予以登记；禁止从其他国家进口未经适当核证和许可的文化财产。

（四）缔约国在履行鉴别、登记等职责方面的义务

缔约国为履行鉴别、登记、保护、保存并保卫其文化遗产的职责，应当鼓励采取如下措施：（1）根据其各自宪法标准，拟订为有效保护该遗产免于因疏忽或保存工作不当而产生的毁坏所需规则和立法规定；（2）建立专门负责保护和保卫文化财产的技术机构；（3）建立并保存文化财产目录和案卷，以便能够予以鉴别并确定其所在；（4）建立并发展博物馆、图书馆、档案馆及保护和保存文化财产的其他中心；（5）划定并保护考古遗址及历史或艺术意义的场所；（6）由科学机构在负责考古遗产的国家机构的合作下勘探、发掘、调查及保存考古遗址和物品。

（五）缔约国之间的合作机制

公约第11条规定了文化遗产出口国和移往国之间的合作义务。当一缔约国政府获

知一项文化财产非法出口时，可提请财产已被移往国政府注意，要求该政府采取措施以收回并返还该财产。此应经外交途径进行，请求应附以根据请求国法律证明非法转移有关财产的证据，该证据应由被请求国予以考虑。被请求国应使用一切可用合法手段以找到、收回并返还经请求的并为于公约生效后已被转移的文化财产。如果被请求国的法律要求为收回被非法进口或转移的外国文化财产进行法律诉讼，该法律诉讼应由该国主管当局在适当法院提起。请求国亦有权在被请求国内提起适当法律诉讼，以便得以收回被转移的财产并对负有责任者施以相应惩罚。被请求国应将被转移的文化财产返还给请求国。返还此等财产的费用应由被请求国支付，但不妨碍该国为使上述支出得到偿付而采取的措施或行动。

同时，公约第 15 条规定缔约国有义务通过采取下列措施在相互了解与欣赏其文化价值方面进行合作，一是经相关政府机构许可，促进来自其他国家的文化财产和其在国外的文化财产为教育、科学及文化目的的流通、交流和展览；二是促进关于文化财产及考古发掘和发现的情报交流。

（六）公约的实施机构

为保证公约的有效实施，公约规定美洲国家组织总秘书处的职责，具体包括：（1）确保本公约的实施并行之有效；（2）促进采取旨在保护和保存属于美洲各国文化财产的集体措施；（3）建立具有特别价值、包括可移动和不可移动文化财产的泛美登记册；（4）促进此方面国家立法的协调；（5）给予并安排各缔约国所可能要求的任何技术性合作；（6）传播关于各缔约国文化财产及本公约目标的情报资料；（7）促进各缔约国间文化财产的流通、交通及展览。

推荐阅读

1. 黄德林．自然遗产保护法研究．北京：中国社会科学出版社，2006.
2. 徐嵩龄．第三国策：论中国文化与自然遗产保护．北京：科学出版社，2005.

思考题

1. 简述《保护世界文化和自然遗产公约》的主要内容。
2. 简述保护世界文化和自然遗产的区域性条约的主要内容。

第十八章　国际危险废物、物质和活动的法律管制

核心提示

危险废物、物质和活动蕴含着很高的环境风险，必须得到国际法的控制和管理。随着科技的发展，人类活动可能会产生更多对环境和人体健康有潜在危险的物质，因此国际危险物质和活动管制法也将会不断拓展其调整范围。本章主要介绍与危险物质和活动管制有关的国际以及区域性公约的主要内容。

第一节　危险废物的国际法律管制

一、危险废物概述

（一）危险废物的定义

关于危险废物的定义，不同的国家和组织各有不同的表述。联合国环境署把危险废物定义为："除放射性以外的那些废物（固体、污泥、液体和利用容器的气体），由于它的化学反应性、毒性、易爆性、腐蚀性和其他特性引起或可能引起对人体健康或环境的危害。不管它是单独的或与其他废物混在一起，不管是产生的或是被处置的或正在运输中的，在法律上都称危险废物"。而世界卫生组织的定义是："危险废物是一种具有物理、化学或生物特性的废物，需要特殊的管理与处置过程，以免引起健康危害或产生其他有害环境的作用"。1989 年的《控制危险废物越境转移及其处置巴塞尔公约》把对人类健康和环境有害的废物区分为" 危险废物"和"其他废物"。"危险废物"指该公约具体载明的或者缔约国的国内确定的具有爆炸性、易燃性、腐蚀性、化学反应、急性或慢性毒性、生态毒性、传染性等有害特征的主要在生产、开发、经营、教学研究过程中产生的固体、液体或气体废物，那些已经为出口国、进口国或过境国的国内立法所确

定的或视为危险的废物也是危险废物。“具他废物”指从住家搜集的废物和从焚化废物中产生的残余物。

（二）危险废物的性质及危害

通常危险废物具有高危险性。这是由危险废物本身具有的爆炸性、易燃性、腐蚀性、化学反应、急性或慢性毒性、生态毒性、传染性等有害特征所决定的。如果不适当利用、存放和处置，极有可能导致空气、水体、土壤等环境要素污染，损害人体健康，引发严重污染事故。危险废物可能导致短期急性危害，诸如通过摄食、吸入或皮肤吸收引发皮肤或眼睛受损，不当接触导致燃烧、爆炸等。

（三）危险废物的管制

危险废物具有急性毒性、易燃性、反应性、腐蚀性、爆炸性、传染性和浸出毒性等特性。根据危险废物所具有的不同特性，对不同种类的危险废物，必须采取不同的污染防治措施。其一，对危险废物进行分类管制包括两方面内容，一个是分类收集、分类贮存；另一个是禁止将危险废物混入非危险废物中贮存。对危险废物进行分类管制，并非单纯地、绝对地将各类危险废物在任何条件下、在任何环节中都截然分开管制。实际上，有些危险废物是可以同其他危险废物混合在一起收集、贮存、运输或处置的，以利用其各自不同的特性，使危险废物转化为一般固体废物，或使危险特性减小，或使危险废物的体积减小等。这种混合是有利于危险废物污染防治要求的，也是简便和成本较低的污染防治措施之一。但是，这种混合不能盲目进行，并不是所有的危险废物都可以进行混合。混合应当符合科学的原理，应当在安全、不污染环境的前提下进行。对于性质不相容的危险废物，进行混合收集、贮存、运输或处置前，必须经过安全性处理、处置；未经过安全性处置的，不得混合收集、贮存、运输或处置。其二，全过程控制，即对危险废物的产生、运输、经营、储存、处理以及处置各个环节都应当进行控制。

二、预防和处理、处置危险废物的有关条约和法律文件

（一）危险废物预防

从源头控制危险废物的产生是预防其危害的重要方法。目前，涉及危险废物的预防只是在一些国际法律文件中做了原则性规定，主要是《21世纪议程》和《巴塞尔公约》。

《21世纪议程》第二十章“对危险废料实行无害环境管理，包括防止在国际上非法贩运危险废料”，“由于产生的危险废料越来越多，人类健康和环境质量在不断退化。在危险废料的产生、处理和处置上，社会和个人直接和间接开支不断增加。因此，至关重要的是，增进有关危险废料的防止和管理的经济学方面的知识和信息，其中包括对就业和环境效益的影响，以确保通过经济奖励使发展方案可获得必要的资本投资。在危险

废料管理方面，当务之急之一是通过防止污染和洁净生产战略尽量减少废料，作为改变工业生产过程和消费模式的更广泛的方法的组成部分。”①

《21世纪议程》第二十一章“固体废物的无害环境管理以及同污水有关的问题”中规定：废物的无害环境的管理绝不能只是安全处理或回收废物，而是应当争取从根本上解决问题，改变不能持续的生产和消费方式；② 尽量减少废物，③ 并把“尽量减少废物”作为固体废物的无害环境管理的主要方案之一。④

《巴塞尔公约》在序言中指出“本公约缔约国，意识到危险废物和其他废物及其越境转移对人类和环境可能造成的损害，铭记着危险废物和其他废物的产生、其复杂性和越境转移的增长对人类健康和环境所造成的威胁日趋严重，又铭记着保护人类健康和环境免受这类废物的危害的最有效方法是把其产生的数量和（或）潜在危害程度减至最低限度”和“意识到必须继续发展和实施无害于环境的低废技术、再循环方法、良好的管理制度，以便尽量减少危险废物和其他废物的产生。”⑤

（二）危险废物的处理、处置

危险废物的处理主要是回收利用，《巴塞尔公约》定义“处置”是指本公约附件四所规定的任何作业，即不能导致资源回收、再循环、直接再利用或其他用途的作业方式；可能导致资源回收、再循环、直接再利用或其他用途的作业方式。前者主要包括：置放于地下或地上；土地处理；地表存放；特别设计的填埋；排入海洋之外的水体；排入海洋包括埋入海床；未在本附件他处指明的生物处理，产生的最后化合物或混合物以A节的任何作业方式弃置；未在本附件他处指明的物理化学处理，产生的最后化合物或混合物以A节的任何作业方式弃置，例如，蒸发、干燥、焚化、中和、沉淀，陆上焚化，海上焚化，永久储存（例如，将容器放置于矿井），在进行A节的任何作业之前先加以掺杂混合，在进行A节的任何作业之前先重新包装，在进行A节的任何作业之前暂时储存。

1. 危险废物的处理。有关危险废物回收利用的国际法律文件主要是《21世纪议程》。《21世纪议程》第二十章“对危险废料实行无害环境管理，包括防止在国际上非法贩运危险废料”要求“对危险废料的产生、贮存、处理、再循环和再使用、运输、回收以及处置的有效管制，对于人的健康、环境保护和自然资源管理以及持续发展，具

---

① 《21世纪议程》，第20章方案领域A。
② 《21世纪议程》，第21章第4条。
③ 《21世纪议程》，第21章第5条。
④ 《21世纪议程》，第21章方案领域A。
⑤ 《巴塞尔公约》序言。

有头等重要意义。这将需要国际社会、各国政府和工业界积极合作与参与。"[①]《21世纪议程》第二十一章"固体废物的无害环境管理以及同污水有关的问题"中规定：根据废物重量、体积与成分定出目标，在商定的时限内稳定或减少产生要最后处理的废物，并动员分类以便利废物的回收和再利用；[②] 提倡无害环境的废物处理和处置办法；[③] 扩大废物处理服务范围。[④]

2. 危险废物的处置。有关危险废物的处置的国际法律文件主要有《防止船舶和飞机倾废造成的海洋污染公约》、《防止倾倒废物及其他物质污染海洋的公约》、《奥斯陆公约》、《保护东北大西洋环境公约》、《巴马科公约》、《跨界环境影响公约》、《南极条约》和《保护南太平洋区域自然资源和环境公约》等。

为保护海洋环境，使人类能安全地利用海洋空间，政府间海事组织和各国政府制定了一些海洋倾废法。海洋倾废是指利用船舶、航空器、平台及其他载运工具，向海洋处置废弃物和其他物质的行为；向海洋弃置船舶、航空器、平台和其他海上人工构造物，以及向海洋处置由于海底矿物资源的勘探开发及与勘探开发相关的海上加工所产生的废弃物和其他物质。1972年12月29日，79个国家的代表在伦敦签署了《防止倾倒废物及其他物质污染海洋的公约》（以下简称《伦敦公约》）。该公约要求：缔约当事国应单独和集体地保护和保全海洋环境，使其不受一切污染源的危害，应按其科学、技术和经济能力采取有效措施防止、减少并在可行时消除倾倒或海上焚烧废物或其他物质造成的海洋污染。1993年，《伦敦公约》缔约国会议通过了关于禁止倾倒工业废弃物、禁止倾倒放射性废物和终止有毒液体海上焚烧三项决议。1982年的《海洋法公约》要求各国应制定法律和规章，以防止、减少和控制倾倒对海洋环境的污染。明确关于倾倒造成污染的执行情况，为了防止、减少和控制倾倒对海洋环境的污染而按照本公约制定的法律和规章以及通过主管国际组织或外交会议制订的可适用的国际规则和标准，应依下列规定执行：对于在沿海国领海或其专属经济区内或在其大陆架上的倾倒，应由该沿海国执行；对于悬挂旗籍国旗帜的船只或在其国内登记的船只和飞机，应由该旗籍国执行；对于在任何国家领土内或在其岸外设施装载废料或其他物质的行为，应由该国执行。[⑤]

《巴马科公约》禁止海上焚烧危险废物。[⑥]《跨界环境影响公约》要求可能引起重大跨界环境影响的填埋有毒和危险废物活动应遵守环境影响评价和通知可能受影响国家

① 《21世纪议程》，第20章第1条.
② 《21世纪议程》，第21章方案领域A。
③ 《21世纪议程》，第21章方案领域C。
④ 《21世纪议程》，第21章方案领域D。
⑤ 《海洋法公约》，第216条。
⑥ 《巴马科公约》，第4条第2款。

的程序。[①]《南极条约》禁止在南极处置放射性废物。[②]

三、控制危险废物跨境转移的有关国际公约

其中全球性的《巴塞尔公约》和区域性的《巴马科公约》是控制危险废物越境转移的代表性公约。有关危险废物管理的最重要的一个国际公约是《巴塞尔公约》，该公约是联合国环境规划署于1989年在瑞士巴塞尔召开的世界环境保护会议上通过的。《巴塞尔公约》规定了45类危险废物和2类特别危险废物名录，旨在遏止越境转移危险废料，特别是向发展中国家出口和转移危险废料。中国于1990年3月22日在该公约上签字，1992年5月5日该公约对中国生效。

(一)《巴塞尔公约》

1.《巴塞尔公约》的目的。《巴塞尔公约》序言提出，危险废物的越境转移应当减少至与环境无害管理相符合的最低限度。这与危险废物的源头削减以及环境无害管理一起构成公约的最基本宗旨。《巴塞尔公约》是国际社会第一个旨在控制和管理危险废物越境转移及其处置的纲领性文件，对保护各国环境，特别是发展中国家的环境起到了积极的作用。该公约的目的是：减少有害废弃物之产生，并避免跨国运送时造成的环境污染；提倡就地处理有害废弃物，以减少跨国运送；妥善管理有害废弃物之跨国运送，防止非法运送行为；提升有害废弃物处理技术，促进无害环境管理之国际共识。

2.《巴塞尔公约》的主要内容。《巴塞尔公约》由序言，29个条款和6个附件组成，内容包括公约的适用范围、定义、缔约国的一般义务、指定主管当局和联络点、缔约国之间危险废物越境转移的管理、防止非法运输、国际合作、交流资料和情报等。

(1) 公约的适用范围。公约列出了45类应加控制的废物类别和2类需加特别考虑的废物类别以及这些废物的14种危害特性。公约在第2条第1款将废物定义为处置的或打算予以处置的或按照国家法律规定必须加以处置的物质或物品。公约适用于其所界定的两大类废物。第一类“危险废物”是指公约附件一中所列举的45类易爆物、易燃的液体或固体、有机过氧化物、有毒或易传染废物和缔约国国内立法视为危险废物但不包括在公约附件一中的危险废物。第二类“其他废物”是公约附件二所列明的从住家收集的废物以及焚烧住家废物产生的残余物。但受其他国际法律文件约束的放射性废物和船舶正常作业而产生的废物被《巴塞尔公约》排除在外。

(2) 控制越境转移。《巴塞尔公约》规定的事先知情同意机制是公约的核心。为了严格控制危险废物的越境转移，出口危险废物必须事先得到进口国和过境国主管当局的

---

① 《跨界环境影响公约》，第2、3、5条。

② 《南极条约》第5条。

同意。为此，公约建立了危险废物越境转移的通知制度。公约规定，出口国应将危险废物拟议的越境转移书面通知进口国和过境国，在出口国收到进口国和过境国的书面同意之前，应不允许开始废物的越境转移。公约强调了对危险废物的环境无害管理，要求各缔约国采取适当的措施，保证提供充分的处置设施以从事危险废物和其他废物的环境无害管理。公约规定除非有多边或双边协议缔约国应不许可将危险废物从其领土出口到非缔约国，反之亦然；不允许将危险废物出口到禁止进口危险废物的国家；不允许将危险废物出口到南纬60°以南的区域处置。危险废物的越境转移仅仅在下列特定情况下才被允许：① 为能够以环境无害的和有效的方式处理争议中的废物，在缔约国缺乏技术能力和必需的设备、能力或适合的处理地点时；② 当废物被进口国需要用作循环或复原工业的原材料时；③ 当越境转移同缔约国之间达成的其他标准相一致时，只要这些标准并未有别于公约的目标。同时，出口危险废物的缔约国还应确保废物在进口国或其他地方以一种对环境无害的方式予以管理。

3.《巴塞尔公约》的发展。《人类环境宣言》第 21 条就已原则性规定：“根据联合国宪章和国际法原则，各国享有根据它们自己的环境政策开发其资源的主权权利，各国也有义务使其管辖范围内或控制下的活动不对其他国家的环境和任何国家管辖范围以外的地区造成损害”。公约要求各国对其管辖范围内出口的危险废物和留在其境内的危险废物应该实行同样严格的控制，并有义务确保危险废物的越境转移符合对危险废物良好管理的需要。1985 年，联合国环境规划署执行理事会将有毒和危险废物的处置和国际运输问题列入联合国环境规划署法律行动计划的优先议题中，并得到了为此问题组成的专家组的同意，在开罗通过了指导原则文件（指南）。1987 年 6 月 7 日联合国环境规划署的理事会议批准了这一指南，该文件承认世界不同国家存在差异，要求建立一个行动框架，对危险废物进行有效管理，特别是在发展中国家。1987 年，联合国环境规划署的环境规划理事会在这一年通过了“关于对危险废物进行环境无害管理的开罗准则和原则”。关于危险和有害废物越界转移的全球性公约全权代表会议于 1989 年 3 月 20 日在瑞士的巴塞尔举行，两天之后，与会的 116 个国家缔结了《控制危险废物越境转移及其处置巴塞尔公约》，其中 105 个国家和欧洲经济共同体签署了公约的最后文件，该公约于 1992 年生效。1995 年 9 月 22 日在日内瓦该公约经缔约国大会修改，进一步禁止向发展中国家转移废物，并增加了禁止出口的废物清单。1999 年 12 月 9 日《巴塞尔公约》第 5 次缔约方会议通过了《危险废物越境转移及其处置所造成损害的责任和赔偿问题议定书》，首次在国际法上对于越境转移所引起的国际责任加以详细的规定。

《巴塞尔公约》缔约国会议原则上每一年半召开一次，主要讨论和处理在实施《巴塞尔公约》中的有关的重大问题，落实公约中提出的各项措施和规定，并作出相应决议。《巴塞尔公约》缔约国大会至今已召开了 10 次。

第一次缔约国大会于1992年11月30日—12月4日在乌拉圭皮里亚利斯召开，出席会议的有包括我国在内的29个缔约国、28个非缔约国、8个联合国专门机构以及7个其他组织的代表。会议通过了危险废物越境转移及管理的国家法律范本、巴塞尔公约缔约国议事规则等23项决议，重要的内容包括：决定禁止经济合作与发展组织（OECD）国家把危险废物运往非OECD国家；考虑到公约执行困难以及实施没有保障的问题，大会决定成立技术和法律两个工作小组。技术工作组主要研究适合废物回收再利用操作的标准，提供哪些废物从发达国家到发展中国家的越境转移是适当的，并符合公约所规定的条件（回收包括资讯回收、再利用、再制、直接再使用和改变使用）；法律工作组则根据公约第12条的规定，研究危险废物跨界运送及处置发生意外所造成的责任和赔偿方面的草案，并且考虑设立一个赔偿基金和紧急基金。

第二次缔约国会议于1994年3月21日—25日在瑞士日内瓦召开，出席会议的有包括我国在内的51个缔约国、41个非缔约国、7个联合国专门机构、7个政府间组织和10个其他组织的代表。会议通过了关于防止危险废物和其他废物的非法运输、关于建立危险废物管理区域培训和技术转让中心等28项决议。修正案规定，作为经合组织、欧盟成员国的缔约国和列支敦士登应立即禁止所有旨在向其他国家进行最后处置的危险废物越境转移。

第三次缔约国会议于1995年9月18日—22日在瑞士日内瓦召开，出席会议的有包括我国在内的83个缔约国、20个非缔约国、22个联合国专门机构以及17个非政府组织的代表。会议通过了巴塞尔公约所辖废物的无害环境管理的技术准则、关于全面禁止经合组织、欧盟成员国、列支敦士登向其他国家出口危险废物的巴塞尔公约修正案等29项决议。

第四次缔约国会议于1998年2月23日—27日在马来西亚古晋市召开，出席会议的有包括我国在内的92个缔约国、19个非缔约国、11个联合国专门机构以及14个非政府组织的代表。会议通过了关于技术工作组提出的废物名录A和B、关于建立巴塞尔公约信息管理系统等23项决议。此次会议真正的亮点是关于附件七的修正。公约第二次缔约国大会曾将经合组织国家、欧盟和列支敦士登列为“附件七国家”，危险废物在附件七国家之间进行运送与处理，不受公约管制。

第五次缔约国会议于1999年12月在瑞士巴塞尔召开，会议讨论和通过关于危险废物越境转移造成损害的责任和赔偿议定书和建立应急基金等决议，并庆祝巴塞尔公约制定十周年纪念。会议通过并公布“关于无害环境管理的宣言草案和决议草案”、“关于危险废弃物越境转移及其处置所造成损害的责任与赔偿问题议定书”、“2000年至2002年宣言与决议的执行之优先活动表”等多项决议，其中“关于危险废弃物越境转移及其处置所造成损害的责任与赔偿问题议定书”提供了紧急协助以及伤害补偿，但部分国家对于赔偿金额上限与计算方式仍有意见，同时需要20个缔约国批准后方可生效。

第六次缔约方大会于2002年12月在瑞士日内瓦举行。会中通过于塞内加尔、南太平洋、阿拉伯地区分别设立训练与技术移转区域中心，并通过了促进缔约国遵守公约执行机制；其次大会也通过了公约秘书处所提出的巴塞尔公约十年发展策略，并通过区域中心法律定位文件，使区域中心功能明确并具适法性。此外，此次大会还通过了《非法运送纲领》草案、《生化及医疗废弃物环境无害管理技术纲领》、《塑胶废弃物及其处理环境无害管理技术纲领》、《废铅酸电池环境无害管理技术纲领》、《整体及部分拆船环境无害管理技术纲领》等多项文件。

第七次缔约方会议于2004年10月在瑞士日内瓦举行，共有114个缔约方、8个联合国机构和政府间组织、24个非政府组织与会。会议讨论了财务预算、修正案生效等问题。本次大会通过宣示了公约范围扩大至废弃物的产生、整体管理与处理处置，不单局限于废弃物的越境转移。在拆船议题上，正式承认废船上含有众多属于巴塞尔公约管制的有害废弃物，执行细节与法律规范将持续与相关国际组织相协调。

第八次缔约国大会于2006年11月在肯尼亚首都内罗毕召开，鉴于大量的电子产品更新周期越来越短，电子废弃物（e-waste）每年多达五千万吨，所以本次大会重点议题在探讨不断增多的电子废弃物的处理与管理策略。最后大会除作出数项决议外，并发表宣言如下：提升电子废弃物清洁生产技术、绿色设计以及减少电子产品的有害物质含量；鼓励发达国家将技术转移给发展中国家，区域以及国际间的电子废弃物无害化管理行动，支持巴赛尔公约的伙伴关系计划；经由建立国家政策、法律以及严格执行、改善废弃物的管理；防止电子废弃物非法运输。

第九次缔约方大会于2008年6月在印度尼西亚巴厘岛举行。此次会议的主题是“废物管理对人类健康和生活的影响”，此次会议要考虑的关键问题包括：2009至2010年的工作计划；2009至2010年巴塞尔公约信托基金的预算；一项关于改善巴塞尔公约、鹿特丹公约和斯德哥尔摩公约之间的合作与协调的建议；为2010年战略计划的后续安排，制定一个流程；针对公约第5段第17条（以及修正案的生效），为达成对该条的一致意见而应采取的措施；按照公约第7款第15条制定程序，对气候变化框架公约的第十一次会议的有效性实施评估。

第十次缔约方大会于2011年10月在南美洲哥伦比亚共和国位于加勒比海岸的港口城市喀他赫纳（Cartagena）举行。大会重点讨论了公约十年战略框架文件的进展和现状，鼓励各缔约方展示成功经验并积极参与到战略框架文件的开发过程中。本次会议达成多项决议，包括：2012至2021新十年策略架构，以加强废弃物环境友善化管理作为目标并纳入废弃物管理层次（源头减量、产生量极小化、再使用、再利用及最终处置）；提高巴塞尔公约成效倡议，推动《巴塞尔公约禁令修正案》，修正案若生效，发达国家将不能输出有害废弃物至发展中国家；通过旧（废）电脑设备修复再使用/再利用及越境转移、含汞废弃物管理、水泥窑处理有害废弃物及废轮胎再利用等技术准则；加强巴塞尔公约、鹿特丹公约及斯德哥尔摩公约之整合等。

（二）《巴马科公约》

1.《巴马科公约》的产生。1988年，尼日利亚的官员在当地一户居民的后院发现了800个未密封的装有800万磅的工业废物和核废料的大桶，发现时危险废物早已经被泄漏到附近的河里，有的桶被倾倒后用来装饮用水，它们使当地的老百姓遭受了瘟疫、灼烧、瘫痪、早产等灾难。这个事件对非洲国家震动很大，很多人认识到了危险废物的危害。非洲统一组织部长理事会1988年的决议谴责该事件是对“非洲和非洲人民的犯罪”。该决议号召非洲国家坚持开罗准则，并引进危险废物的进口禁止。《巴塞尔公约》通过后不久，在非洲统一组织的支持下，关于危险废物的非洲公约的谈判被启动。

1991年1月30日在马里首都巴马科召开的关于环境和可持续发展的泛非洲会议上，《禁止向非洲进口危险废物并在非洲内管理和控制危险废物越境转移的巴马科公约》（简称《巴马科公约》）终于获得了通过。参加会议的有29个非洲国家的代表，联合国环境规划署、世界计量组织、联合国粮农组织和国际绿色和平组织作为观察员也参加了会议。在这次会议上，25个非洲国家签署了该公约。公约对非洲统一组织的所有成员国开放签字或批准，并在第10个批准文件提交后的第90天，该公约生效。该公约已经于1998年4月22日在第10个国家批准后生效。截至2002年3月28日已经有18个非洲国家批准了该公约。

2.《巴马科公约》的主要内容。（1）公约的目标：《巴马科公约》的目标就是保护非洲，避免非洲成为工业化国家危险废物的倾倒场。公约序言明确：“为了环境和人类健康，国家有禁止危险废物和物质进口、过境的主权权利”，“非洲日益盼望禁止危险废物越境转移及其在非洲国家处置”，并“深信危险废物应尽量在符合对环境无害的有效管理下，在危险废物产生国的国境内处置”。（2）在非洲产生的危险废物的越境转移。对于《巴马科公约》国家缔约方内部产生的危险废物的越境转移，其施加的限制与《巴塞尔公约》的相关规定几乎是相同的，如“事先知情同意”程序就几乎照搬了《巴塞尔公约》的条款，但是在某些程序方面要比《巴塞尔公约》更加严格些。例如，公约要求“各缔约国在符合其国家法律和法规的情况下，应保证将关于危险废物的任何越境转移的每一份通知及其答复的副本送交秘书处”。（3）危险废物越境转移的控制与禁止。每一缔约国均有权禁止危险及其他废物的进口。同样，其他缔约国有义务确保危险及其他废物不被出口至已经禁止此类废物进口的国家。（4）责任和补偿机制。《巴马科公约》和《巴塞尔公约》一样规定了违反进口合同的国家缔约方应承担进口的义务以及对危险废物的非法运输进行惩罚。《巴马科公约》在危险废物退运方面的规定稍微比《巴塞尔公约》严格一些，因为它要求在每一种情况下均要退回出口国，并且每一缔约国应采取适当的国内立法，对所有策划、实施或帮助非法运输的人员进行刑事惩罚，此类惩罚应既足以惩罚非法运输行为又足以阻止此类行为。这些条款的规定与其他相关的环境协议中的条款相比，由于其前瞻性而受到了人们的表扬，但是《巴马科公约》本身并没有建立一个责任机制，而且到目前为止，并没有一个像《巴塞尔公约》的责任与补偿议定书的存在。

第二节 危险化学品的国际法律管制

危险化学品是指具有毒害、腐蚀、爆炸、燃烧、助燃等性质，对人体、设施、环境具有危害的剧毒化学品和其他化学品。目前有关危险化学品的国际规则和法律文件主要体现在分类、运输、贸易和持久性有机污染物四个方面。

为了加强化学品的管理，减少化学品尤其是有毒有害化学品引起的危害，国际社会达成了一系列的多边环境协议和国际机制，如政府间化学品安全论坛（IFCS）和国际化学品管理战略方针（SAICM）等化学品管理的国际机制。政府间化学品安全论坛（IFCS）由1994年召开的国际化学品安全会议（ICCM）成立，主要功能是咨询和建议，属于非机构性安排。IFCS在2000年通过巴伊亚宣言。这份宣言重申对里约宣言的承诺以及执行1992年里约大会所提出的化学品安全问题的要求。IFCS设立了以论坛会长为主席的常务委员会，负责在论坛会议的准备和管理方面提供建议和帮助，监督论坛工作的进展，并作为论坛的一种机制迅速而有效地对新的发展和问题作出反应。2006年2月，在国际化学品管理大会上，100多个国家的环境和卫生部长采纳和通过了国际化学品管理战略方针（SAICM）。SAICM的目的是以最大限度减少对健康和环境的负面影响的方式来生产和使用化学品（IISD，2006）。SAICM包括一个高层次的宣言，即国际化学品管理杜拜宣言（Dubai Declaration），一个总体性政策方针（OPS）和全球行动计划（GPA）。杜拜宣言确认有效地管理化学品对于实现可持续发展是非常必要的。这份高层次的宣言从政治上加强了政策方针和行动计划的重要性（IISD，2006）。有关危险化学品的主要的国际法律文件包括：《斯德哥尔摩宣言》、《里约宣言》、《21世纪议程》、《联合国新千年宣言》、《约翰内斯堡执行计划》、《巴伊亚化学品安全宣言》、《蒙特利尔公约》、《巴塞尔公约》、《鹿特丹公约》、《斯德哥尔摩公约》等。这些文件主要对危险化学品进行分类和分环节控制。

一、危险化学品评估

《21世纪议程》第19章“有毒化学品的无害环境管理包括防止在国际上非法贩运

有毒的和危险产品”中建议：扩大和加速对化学品风险的国际评估；进一步促进联合国机构与从事化学品评估和管理的其他国际组织加紧协调。

扩大和加速对化学品风险的国际评估的方案要求：各国政府在同有关国际组织和工业界合作下，应加强并扩大化学品危险评估方案，促进和协调研究活动，以增进对有毒化学品作用机制的了解，鼓励制订程序，使各国可以与其他国家交换化学品评估报告，以便在本国化学品评估方案中加以利用；工业界应提供所生产物质的数据，以专门用于评估其对人类健康和环境的潜在危险。应当使参与危险和风险评估的有关国家主管当局、国际机构以及其他有关方面获得这种数据，并应在考虑到合理的保密要求的情况下，尽可能使公众可以索取这些数据；应作出重大的研究努力，为制定共同的危险评估纲要，改进化学品评估方法和改进利用毒理学及流行病学数据预测化学品对人体健康及环境所产生作用的程序，从而使决策者能够采用适当的政策和措施，减少化学品造成的危险；各国际组织应以过去、现在和将来的评估工作为基础，支援各国，特别是发展中国家，建设和增强在国家一级和区域一级进行风险评估的能力，以尽量减少，并酌情控制和防止在制造和使用有毒和危险化学品过程中的危险。①

二、危险化学品分类

国际法律文件对危险品有着系统的分类，《21 世纪议程》第 19 章中指出，“有毒化学品的无害环境管理包括防止在国际上非法贩运有毒的和危险产品”，它把化学品分类和标签的一致化作为无害环境管理的六个方案领域之一。该方案认识到“化学品对健康和环境的危险评定而加上适当的标签和传播，例如国际化学品安全卡之类的安全数据单以及类似的书面资料，是说明如何安全装卸、利用化学品的最简单、最有效的办法”，并指出“现在还没有全世界统一的危害分类和标签制度可用于包括在工作场所、家庭等地方促进化学品的安全使用。化学品可按照不同的用途进行分类，这是制订标签制度的一项特别重要的手段。有必要在现有工作的基础上制定统一的危害分类和标签制度。”② 该方案要求国际机构，特别包括化学品安全方案（环境规划署、劳工组织和卫生组织）、粮农组织、国际海事组织（海事组织）、联合国危险货物运输问题专家委员会和经合组织应与已制订分类和标签制度和其他资料分发制度的区域和国家当局合作建立一个协调小组，对现有危害分类和资料系统作出评价和适当时进行研究，制订和执行建立全球统一危害分类制度的工作计划，制定统一的危害分类制度，草拟关于使危害用

---

① 《21 世纪议程》第 19 章方案领域 A。

② 《21 世纪议程》第 19 章方案领域 B。

语和符号标准化的建议，制定统一的标签制度。[①]

国际机构制定的主要规则包括：由联合国环境规划署、国际劳工组织和世界卫生组织制定的《国际化学品安全方案》，世界卫生组织制定的《按危险性质分类的农药建议分类—分类指南》。

关于化学品分类及标记的制度还有全球协调制度（GHS）。GHS 主要针对各国政府用于化学品危险公示建立的普遍的和一致的分类国际体系。包括：（1）为根据化学物质和混合物的健康、环境和物理危害分类一致的标准；（2）一致的危害公示要素，包括标签和安全数据页。GHS 覆盖了化学品所有的危害，危害公示内容的模式随产品种类或所处化学品生命周期的阶段而变化。全球统一分类制度专家小组委员会负责维持该制度并促进执行，按 2002 年约翰内斯堡可持续发展问题世界首脑会议《行动计划》，在 2008 年该制度全面运转。通过提高从事化学品贸易者必须达到各国有关化学品危险分类和公示要求的一致性，促进化学品国际贸易并降低此过程中的安全、环境管理成本。GHS 文件共分三部分，对 GHS 制度的目的、使用范围、化学品分类标准、危险公示要素、评判程序等进行了说明。目前，GHS 制度针对化学品物理危险、健康环境危险两大类特性共制定了 26 项分类标准，其中物理危险特性 16 项，包括爆炸物、易燃气体、易燃气溶胶、氧化气体、高压气体、易燃液体、易燃固体、自反应化学品、自燃液体、自然固体、自热化学品、遇水放出易燃气体的化学品、氧化性液体、氧化性固体、有机过氧化物、金属腐蚀剂；健康环境危险特性 10 项，包括急性毒性、皮肤腐蚀/刺激、严重眼损伤/眼刺激、呼吸或皮肤敏化作用、生殖细胞致突变性、致癌性、生殖毒性、特定目标器官系统毒性——单次接触、特定目标器官系统毒性——重复接触、危害水生环境。

三、危险化学品运输

国际法对危险品有着系统的分类，同时对危险品包装、标签等也作出规定，这些规定是在各国家和国际组织危险品管理成功经验基础上产生的，加之国际贸易的不断发展，因此有关危险品的规定已被国际社会广泛接受。关于危险品的规则主要有：联合国危险货物运输专家委员会编写的《关于危险货物运输的建议书·规章范本》（橘皮书）、国际海事组织（IMO）制定的《国际海运危险货物规则》（IMDG Code）、国际航空组织（ICAO）制定的《空运危险货物安全运输技术》、欧洲铁路运输中心局（OCTI）制定的《国际铁路运输危险货物技术规则》（RID）、欧经会（ECE）制定的《国际公路运输危险货物协定》（ADR）和《国际内河运输危险货物协定》（ADN），这六部规则都简称

---

① 《21 世纪议程》第 19 章方案领域 B。

为《国际危规》，其对危险品的分类、包装和标签等基本一致，但是由于运输方式和运载工具的不同，对于运输作业程序的要求也不同。六部《国际危规》最常用的是橘皮书、《国际海运危规》和《国际空运危规》，其中橘皮书最具有权威性。[①]

四、危险化学品贸易规则

该方面主要是《关于在国际贸易中对某些危险化学品和农药采用事先知情同意程序的鹿特丹公约》（以下简称《鹿特丹公约》），其宗旨是保护包括消费者和工人健康在内的人类健康和环境免受国际贸易中某些危险化学品和农药的潜在有害影响。

《鹿特丹公约》由 30 条正文和 5 个附件组成。该公约的核心内容是要求各缔约方对公约管制的化学品未来是否同意进口作出决定，并要求各缔约方通报本国因人类健康和环境的原因而禁止或严格限制使用的化学品，在出口这些化学品前要通知进口方，出口时附带相关健康安全和环境的最新数据资料。缔结公约的目标是控制某些危险化学品和农药在国际贸易中可能的健康和环境影响，加强各国在国际贸易中对危险化学品的技术、经济和法律等信息的交流，促进缔约方在此类化学品的国际贸易中分担责任和开展合作。公约以附件三的形式公布了第一批 27 种极危险的化学品和农药清单。公约的 PIC 清单是开放的，规定了向清单中增加化学品和删除化学品的程序。公约还规定了出口化学品应附的资料以及资料交流、技术援助等方面的措施。公约还就不遵守情事、争端的解决、公约的修正、附件的通过和修正、表决权、签署、加入和退出等方面作出了规定。

五、有关持久性有机污染物的规则

持久性有机污染物是指高毒性的、持久的、易于生物积累并在环境中长距离转移的化学品。《关于持久性有机污染物的斯德哥尔摩公约》又称《POPs 公约》，是有关持久性有机污染物控制的主要公约。该公约旨在减少和消除持久性有机污染物（POPs）的排放，保护人类健康和环境免受危害。

《公约》分前言、正文和附件三部分。前言中阐述了共同而有区别的责任原则、预先防范等原则。正文包括目的 1 条、定义 1 条、实质性条款 14 条和常规性条款 14 条，规定了通过控制生产、进出口、使用和处置等措施减少并最终消除有意生产的 POPs 的排放。对于某种 POP，各国只有经过特定豁免申请，才能在规定的时间内继续生产或使用这种 POP。政府应采取包括促进最佳可行技术和最佳实践在内的措施，尽可能消除无意产生的 POPs，以安全、有效和环境无害化的方式管理 POPs 库存和处置含 POPs 的废

① 于群利．有关危险化学品管理的国际规章介绍．化工标准·计量·质量．2004（7）．

物，通过制订并实施行动计划等方法执行公约的有关规定。公约同时规定了增补 POPs 的标准和程序，还规定了公约的资金资源和机制、公约的临时资金安排和技术援助，要求发达国家提供新的额外的资金资源，提供技术援助。此外，公约包括了关于信息交换、公众宣传认识和教育、研究开发和监测、报告、成效评估等方面的条款。6 个附件对公约正文的规定有着更为详尽的说明。

《公约》的主要要求和机制有以下三个方面：

（一）消除 POPs 的生产和使用及贸易限制机制

对于有意性生产和使用 POPs 的，缔约国应当禁止或者消除这些化学品的生产和使用；对于生产无意性释放的 polychlorinated dibenzo-p-dioxins、benzofurans（PCDD/PCDF）、六氯（双）酚和多氯联苯等化学品的排放，缔约国应当采取措施，减少每一类化学物质来自人为因素的排放总量，并最终消除它们。缔约国应当促进最佳可行技术和最佳环境实践的应用；缔约国有义务制订计划，查明 POPs 的库存量及有关废物，并采用环境无害化方式进行管理；对于新型的农药和工业化学品，缔约国应当采取措施，以预防为目的，对具有 POPs 特性的此类化学品的生产和使用进行管制；缔约国应当对公约所定义的滴滴涕和多氯联苯采取特别的措施；对 POPs 的进出口仅限于特定的案例，如以环境无害处置为目的的进出口。

（二）特定豁免机制

一旦成为公约的成员国，任何国家有权利注册一种或几种有意生产和使用所排放的 POPs 的特定豁免。缔约国也可以在任何时候书面通知秘书处，撤销特定豁免。一般来说，所有的特定豁免注册在公约在某一项特定化学品的注册生效之日起五年后过期。缔约国有义务采取措施，确保在此种豁免之下的任何生产和使用，都以防止或最大限度减少人类接触和释放到环境中去的方式进行。

（三）资金筹措机制

目前，全球环境基金（作为临时措施）是受委托负责斯德哥尔摩公约资金机制运作的主要机构，在缔约方大会和全球环境基金理事会之间通过了理解备忘录。

六、交流关于有毒化学品和化学品危险的资料

《21 世纪议程》第 19 章“有毒化学品的无害环境管理包括防止在国际上非法贩运有毒的和危险产品”中建议：要求“政府和有关国际组织在工业界的合作下，加强负责有毒化学品资料交流工作的国家机构，并且促请那些没有这种机构的国家建立国家中心；加强负责有毒化学品资料交流的国际机构和网络，如化学品登记中心；与其他国家，特别是向缺乏技术知识的国家提供资料和开展技术合作。这包括培训能解释有关数据的人员，诸如《环境卫生准则文件》、《健康和安全指南》和《国际化学品安全卡》

（由化学品安全方案出版），《化学品对人类的癌害》（由国际癌症研究机构出版）和决定指导文件（由粮农组织/环境规划署知情同意联合方案提供数据）以及由工业界或其他来源提供的数据；尽速执行知情同意程序，并根据所获得的经验，请有关国际组织如环境规划署、总协定、粮农组织、卫生组织和其他组织在其各自主管领域考虑尽速缔结有法律约束力的文书。”①

《关于国际贸易中化学品资料交流伦敦准则》是一套旨在通过化学品资料交流来增进化学品安全的准则。该准则由联合国环境规划署理事会第14届会议于1987年6月17日在伦敦通过，1989年5月25日经第15届理事会议修订。该文件确定的规则一直是在化学品国际贸易中交换资料的国际公认准则，事实上已成为该领域的习惯国际法，并为以后有关国际环境立法奠定了国际实践基础。我国实际上也遵守了该准则。

该准则的一般原则包括：出口国和进口国均应通过关于化学品国际贸易的情报交换，保护人类健康及环境，使免受潜在的危害；涉及化学品的活动方面，各国应尽可能依照联合国人类环境会议宣言的第二十二条原则行事；各国在采取化学品管制措施以保护人类及动植物或环境时，应保护为此目的适用的法规和标准，以不在国际贸易方面造成不必要的障碍；各国应保证在接到出口国按照本准则提供资料之后，政府的管理措施能对进口化学品和本国化学品具有同样的限制性；具有对化学品进行安全管理先进系统的国家应把他们的经验介绍给需要改善管理系统的国家；进口国和出口国应通过下述方式来加强他们现存的基础和机构，即建立和加强立法和法规系统和改善控制和管理化学品的国家登记，建立包括工业化学品和农药的有毒化学品的其他机制，编制和修订手册、名录和文献以便更好地利用在国家水平上的情报收集和散发的工具及区域水平上的联机。

事先知情同意程序（PIC程序）是该准则的主要内容，其要点主要有：1. 管制行动的通知，即对化学品采取管制行动的国家主管当局应尽快通过化学品登记中心向其他国家提供被控制化学品的特性、管制行动及其理由以及其他有关资料，以便其他国家的主管当局有机会对有关化学品的危险性进行评价，并及时作出知情的决定；2. 每一参加知情同意程序的国家主管当局应在收到关于对纳入知情同意程序的化学品的管制行动通知后90天内，对通知做出答复，包括允许使用和进口、禁止使用和进口、仅在具体规定条件下允许进口的最终决定，或一份关于正在积极审议进口问题但尚未做出最终决定的声明；3. 如果进口国不做答复，或只作出关于临时决定的答复但未解答进口问题，有关该化学品的进口现状应维持不变；4. 提供出口化学品的资料，即出口一种在出口国被禁止的或严格限制的化学品，出口国应保证采取必要步骤，向进口国的主管当局提

① 《21世纪议程》第19章方案领域C。

供有关资料，包括发出管制行动通知时提供的资料的副本，说明有关的化学品即将出口或正在出口，估计的年输出量和可得到的具体运输资料；5. 管制行动通知书应交由化学品登记中心转交各国主管当局，出口资料应寄给进口国的主管当局；6. 国家主管当局应将其关于收到的管制行动通知和出口资料的行动以简报报告化学品登记中心；7. 关于机密和具有专利权的资料的交流，成员国应订立内部程序来接收、处理和保护。

第三节 放射性物质的国际法律管制

环境中的放射性的来源分天然放射源和人工放射源，天然放射源主要来自宇宙辐射、地球和人体内的放射性物质，这种辐射通常称为天然本底辐射。对公众造成自然条件下原本不存在的辐射的辐射源称为人工辐射源，主要有核试验造成的全球性放射性污染，核能生产、放射性同位素的生产和应用导致放射性物质以气态或液态的形式释放而直接进入环境，核材料贮存、运输或放射性固体废物处理与处置和核设施退役等则可能造成放射性物质间接地进入环境。

一、放射性物质的概念及危害

（一）放射性物质及分类

某些物质的原子核能发生衰变，放出我们肉眼看不见也感觉不到、只能用专门的仪器才能探测到的射线，物质的这种性质叫放射性。放射性物质是指那些能自然地向外辐射能量、发出射线的物质。

放射性物质的污染分类：（1）核武器试验的沉降物污染；（2）核燃料循环的“三废”污染；（3）医疗照射引起的放射性污染；（4）其他各方面来源的放射性污染。其他辐射污染来源可归纳为两类：一是工业、医疗、军队、核舰艇，或研究用的放射源，因运输事故、遗失、偷窃、误用以及废物处理等失去控制而对居民造成大剂量照射或污染环境；二是一般居民消费用品，包括含有天然或人工放射性核素的产品，如放射性发光表盘、夜光表以及彩色电视机产生的照射，虽对环境造成的污染很低，但也有研究的必要。

（二）放射性物质的危害

近年来，随着放射性同位素及射线装置在工农业、医疗、科研等各个领域的广泛应用，放射性危害的污染源数量呈现扩大的趋势。放射性引起的生物效应，主要是使机体分子产生电离和激发，破坏生物机体的正常机能。这种作用可以是直接的，即射线直接作用于组成机体的蛋白质、碳水化合物、酵素等而引起电离和激发，并使这些物质的原子结构发生变化，引起人体生命过程的改变；也可以是间接的，即射线与机体内的水分子起作用，产生强氧化剂和强还原剂，破坏有机体的正常物质代谢，引起机体系列反应，造成生物效应。由于水占人体重量的 70 % 左右，所以射线间接作用对人体健康的影响比直接作用更大。

大气和环境中的放射性物质可经过呼吸道、消化道、皮肤、直接照射、遗传等途径进入人体，一部分放射性核素进入生物循环，并经食物链进入人体。人和动物因不遵守防护规则而接受大剂量的放射线照射、吸入大气中放射性微尘或摄入含放射性物质的水和食品，都有可能产生放射性疾病。

放射病表现为急性和慢性两种。前者因人体在短期内受到大剂量放射线照射而引起，如核武器爆炸、核电站的泄漏等意外事故，可产生神经系统症状（如头痛、头晕、步态不稳等）、消化系统症状（如呕吐、食欲减退等）、骨髓造血抑制、血细胞明显下降、广泛性出血和感染等，情节严重患者多数致死。后者因人体长期受到多次小剂量放射线照射引起头晕、头痛、乏力、关节疼痛、记忆力减退、失眠、食欲不振、脱发和白细胞减少等症状，甚至有致癌和影响后代的危险。

二、放射性污染的国际法律文件

有关放射性污染的公约主要有《联合国海洋法公约》、《伦敦倾废公约》、《及早通报核事故公约》、《核事故或辐射紧急情况援助公约》、《核安全公约》。就核事故损害赔偿，国际上也签订了一些重要的国际法文件，最重要的是《维也纳核损害民事责任公约》以及《核损害补充赔偿公约》。

（一）《联合国海洋法公约》

1982 年 12 月 10 日在牙买加召开的第三次联合国海洋法会议最终签订了《联合国海洋法公约》。根据该条约，各缔约国将保护海洋生态环境作为自己普遍履行的国际法义务。该条约为当前全球各处的领海主权争端、海上天然资源管理、尤其是污染处理等问题的解决作出了规定，其中对于放射性污染也作出了相应的规定。

《联合国海洋法公约》第二十二条规定：“领海内的海道和分道通航制：1. 沿海国考虑到航行安全认为必要时，可要求行使无害通过其领海权利的外国船舶使用其为管制船舶通过而指定或规定的海道和分道通航制。2. 特别是沿海国可要求油轮、核动力船舶和载运核物质或材料或其他本质上危险或有毒物质或材料的船舶只在上述海道通过。”这一条规定确定了一国对核动力船舶以及载运核物质或材料的船舶在其领海内实行分道通航的制度。《联合国海洋法公约》第二十三条规定：“外国核动力船舶和载运核物质或其他本质上危险或有毒物质的船舶外国核动力船舶和载运核物质或其他本质上危险或有毒物质的船舶，在行使无害通过领海的权利时，应持有国际协定为这种船舶所规定的证书并遵守国际协定所规定的特别预防措施。”此条的规定确定了外国核动力船舶和载运核物质的船舶无害通过一国领海，同时应当持有国际协定为这种船舶所规定的证书并遵守国际协定所规定的特别预防措施。

（二）《伦敦倾废公约》

1972 年在伦敦召开了关于海上倾倒废物公约的政府间会议，会议通过了《防止倾倒废物及其他物质污染海洋的公约》，即所谓的《伦敦倾废公约》，其中明确规定，各国应以不给其他国家的环境造成损害为原则积极采取必要措施，预防、减少或杜绝任何会对海洋环境造成污染的污染源。其中公约的附件中将核泄漏中的放射性物质明确列入“禁止倾倒和取得特别许可后方可倾倒”的范围，其意义在于“各个成员国应该严格遵守签订的公约以及相关的国际法原则，有责任在自己能够控制的地域范围或者能力范围内活动，避免损害区域范围之外的其他国家区域的环境，保护海洋环境的质量和与人们有利害关系的资源，使其免受不必要的损害”。1996 年签订的《伦敦倾废公约》对原公约进行了相应的补充和完善，增加内水为管辖范围之内，严格管理倾废行为，将“只要不能证明没有其他替代处置方法就不能倾倒”作为风险预防原则。①

（三）《及早通报核事故公约》

《及早通报核事故公约》于 1986 年 9 月 24 日在维也纳国际原子能机构特别大会通过，1986 年 10 月 27 日生效。该公约是在国际原子能机构主持下制定的，其宗旨是加强安全发展和利用核能方面的国际合作，在缔约国之间尽早互通有关核事故的信息，以使可能跨越国界的放射性后果降低到最低限度。1986 年，我国参与制定并签署了该公约。

《及早通报核事故公约》共 17 条，主要内容是：（1）缔约国有义务对引起或可能引起放射性物质释放、并已经造成或可能造成对另一国具有辐射安全重要影响的超越国界的国际性释放的任何事故，向有关国家和机构通报，但对于核武器事故，缔约国可以自愿选择通报或不通报；（2）核事故的通报内容，应包括核事故及其性质、发生的时间、地点和有助于减少辐射后果的情报；（3）事故发生国可以直接，也可以通过国际原子能机构间接地向实际受影响或可能受影响的国家或机构（包括缔约国和非缔约国）通报；（4）各缔约国应将其负责收发核事故通报和情报的主管当局和联络点通知国际原子能机构，并直接或通过机构通知其他缔约国，这类联络点和机构内的联络中心应连续不断地可供使用；（5）国际原子能机构在本公约范围内，有义务立即将所收到的核事故通报和情报通知所有缔约国、成员国和有关国际组织。

（四）《核事故或辐射紧急情况援助公约》

《核事故或辐射紧急情况援助公约》是在国际原子能机构主持下制订的一项国际公

---

① 符硕实．论核污染跨界损害的国际法律控制．公民与法，2012（7）．

约，旨在进一步加强安全发展和利用核能方面的国际合作，建立一个将有利于在发生核事故或辐射紧急情况时迅速提供援助，以尽量减少其后果的国际援助体制。该公约于1986年9月24日在维也纳召开的国际原子能机构特别大会上通过，1986年10月27日生效。截至1993年2月25日，《公约》共有68个成员国。《公约》于1987年10月11日对我国生效。《公约》由序言和正文组成，共19条，其主要内容是：（1）在核事故或辐射紧急情况下，缔约国有义务进行合作，迅速提供援助，以尽量减少其后果和影响。（2）若一缔约国在发生核事故或辐射紧急情况时需要援助，它可以直接或通过机构向任何其他缔约国和向机构或酌情向其他政府间国际组织请求这种援助；被请求的缔约国，应迅速决定并通知请求国，它是否能够提供所请求的援助及其范围和条件。（3）对国际原子能机构在本公约范围内的职责作了规定。（4）请求国应给予援助方的人员必要的特权、豁免和便利，以便履行其援助职务。（5）当援助是以全部偿还或部分偿还为基础提供时，请求国应向援助方偿还因此而发生的有关费用。

（五）《核安全公约》

《核安全公约》于1994年6月17日由国际原子能机构制定并通过，1996年10月24日生效。截至1998年底，共有缔约国49个。该公约旨在提高核设施安全，以保护人员、社会和环境免受核事故危害的鼓励性国际公约。中国参与了本公约的起草工作，为第一批签署国，并已成为缔约国。

《核安全公约》的目的是通过加强缔约国自身核设施的安全和国际合作，在适当情况下包括与核安全有关的技术合作，实现和保持世界范围的高水平的核安全；保护个人、社会和环境免受电离辐射的伤害，防止发生具有辐射后果的事故，一旦发生此类事故，则减轻其后果。

《核安全公约》声明，核安全的责任在于拥有核设施的国家。《核安全公约》适用于缔约国管辖下的任何陆基核电厂，包括设在同一场址且与核电厂的运行直接有关的储存和处理放射性材料的设施，直至所有的燃料元件永久移出堆芯并按批准的程序安全地存放。缔约国的主要义务有：在本国的法律框架内，采取立法、监督和行政等措施以及一切必要的步骤，确保其核设施的安全性，就履约所采取的措施向缔约方审评会议提交报告；对已有核设施的安全状况进行审查，采取必要的措施提高其安全性，如难以提高，必要时关闭之。

（六）《维也纳核损害民事责任公约》

《维也纳核损害民事责任公约》是一项有关核损害第三方责任的国际公约。1963年5月19日，在维也纳举行的关于核损害民事责任的国际大会通过了该公约，1977年11月12日生效，截至1993年底，共有20个缔约国。我国尚未加入该公约。

《维也纳核损害民事责任公约》的主要内容有四点：（1）发生核事故而对第三方造

成核损害时，核设施的经营者负有绝对的赔偿责任，核设备的供应者或造成事故的操作人员不承担任何赔偿责任；（2）对于一次核事故所造成的核损害，核设施的经营者对全体受害人的损害赔偿额度是有限的，赔偿的责任期为10年；（3）核设施的经营者必须用保险费或其他财政保证金承担其责任；（4）对核损害的应赔总额如果超过经营者的最高赔偿额，国家应提供有限的财政补偿。

（七）《核损害补充赔偿公约》

《核损害补充赔偿公约》是一项保护因核事故而导致核损害的受害者的国际公约，1997年9月12日通过，9月29日开放供签署。截至2010年底，仅有美国、印度等14个国家签署，中国派代表参加了公约的制订和审议过程，但未签署该公约。

《核损害补充赔偿公约》的主要目的是借以建立一个补充和加强国家立法所规定的核损害赔偿措施的世界范围的责任体制，以提高核损害的赔偿额。《核损害补充赔偿公约》适用于缔约方领土内和平用途的核装置的运营者依据有关公约或法律负有责任的核损害。《核损害补充赔偿公约》的主要规定为：（1）对每一核事件所造成核损害的赔偿，先由装置国提供3亿特别提款权（SDR），或对于临时有困难的国家，从公约开放签字之日起的1年内发生的核事件，可减少为至少1.5亿SDR；当应赔额超出上述装置国赔偿额时，则由各缔约方按本公约的规定提供的公共资金来补充赔偿。（2）公共资金的筹集方案为，绝大部分按缔约国所拥有的核装机容分摊（每兆瓦热功率为300SDR），小部分按缔约国应缴的联合国会费比率分摊，同时为装机容大国规定了一个分摊上限，即其分摊额占公共资金总数的百分数不超过其联合国会费比率加8个百分点。（3）一旦发生核事件，看起来其损害将超过或可能超过装置国应赔额而需公共资金来补充时，装置国即将该核事件通知其他缔约方，后者即应按实际要求的数量和时间提供所分摊的公共资金。（4）公共资金50%和装置国的应赔额一起用于装置国内、外所受核损害的索赔，另50%应只用于装置国领土外所受核损害的索赔。（5）装置国的立法可规定：如果核损害是由运营者方面的过错所造成，可从该运营者那里收回依据本公约提供的公共资金。

第四节　危险活动的国际法律管制

一、危险活动概述

（一）危险活动的概念

危险活动是指随着科学技术的发展，人类致力于高科技研究及应用而从事的一系列活动，诸如石油的远洋运输，航天航空活动，化学武器、生物技术及核能的实验等，这些活动对人类社会的发展起着非常重要的作用，因而是国际社会不加禁止的，但是这类活动本身蕴藏着巨大的潜在危害。国际法委员会文件称此类危险活动为国际法不加禁止行为。《国际法不加禁止的行为引起损害结果的国际责任条款草案（损失分配部分）》定义“危险活动”为具有造成重大损害风险的活动。

（二）危险活动造成的损害

根据联合国国际法委员会2001年通过的《关于预防危险活动的跨界损害的条款草案》的规定，危险活动造成的损害主要有以下几个方面：（1）人员死亡或人身伤害；（2）按照本条款负有责任的个人所持有财产以外的财产的损失或损害；（3）财产或自然资源或环境的使用因受到损害而直接产生的经济利益的收入损失，但须计及节余和费用；（4）恢复财产或自然资源或环境原状的措施的费用，但须以实际采取措施的费用为限；（5）反应措施费用，包括这种措施造成的任何损失或损害，但须以危险活动造成或引起的损害为限。

二、危险活动的国际法律文件

1992年《里约环境与发展宣言》原则要求：各国应制订有关对污染的受害者和其他环境损害负责和赔偿的国家法律。各国还应以一种迅速的和更果断的方式进行合作，以进一步制订有关对在它们管辖或控制范围之内的活动对它们管辖范围之外的地区造成的环境损害带来的不利影响负责和赔偿的国际法；各国应有效地进行合作，以阻止或防止把任何会造成严重环境退化或查明对人健康有害的活动和物质迁移和转移到其他国家去。[①]《21世纪议程》也提出有关活动的预防要求。

为了解决国际法未加禁止的行为的预防以及造成损害的国际责任问题，国际社会作出了积极努力。一方面，先后签订了一批国际条约或公约，如《关于核损害的民事责任的维也纳公约》、《远程跨界空气污染公约》、《生物多样性公约》、《外空物体造成损害的国际责任公约》、《核动力船舶经营人的责任公约》、《 联合国海洋法公约》以及特定活动和工作场所保护的公约等，这些公约就某一特定领域国际法未加禁止行为的预防以及损害后果的国际赔偿责任作出了规定。另一方面，从20世纪70年代后期起，联合国国际法委员会将“ 国际法未加禁止之行为引起有害后果之国际责任”列入其国际法编纂工作计划，并成立了“ 国际法未加禁止之行为引起有害后果之国际责任条款草案”工作组，试图拟定一套统一的国际法规则，形成一种有别于国际不法责任制度的、相对独立的损害赔偿国际责任制度。经过十余年的努力，该工作组于1996年将其拟就的“国际法未加禁止之行为引起有害后果之国际责任条款草案”（以下简称《条款草案》）

① 《里约宣言》原则13、14。

提交国际法委员会审议。目前，该草案的部分章节已为国际法委员会通过。[①]

（一）危险活动的预防

《里约宣言》原则十五要求：为了保护环境，各国应根据它们的能力广泛采取预防性措施。凡有可能造成严重的或不可挽回的损害的地方，不能把缺乏充分的科学肯定性作为推迟采取防止环境退化的费用低廉的措施的理由。

《21 世纪议程》中的建议是：改进沿海地区的管理将会减少海洋的污染。为了控制海运造成的污染，要进一步监督和遵守有关海运的条约和协议，还要制定更严格的减少意外事故的国际性法规。应该设立海上泄漏事故反应中心和一个全球海洋污染的数据库；应当保护蓄水层免遭有毒物质的侵害，避免过度抽吸而导致咸水侵蚀。垃圾坑埋的设计和管理需要改善。农业用地、水生物栖息地和生态环境应该予以恢复，湿地应该受到保护。减少风险的项目要考虑化学品的整个盛衰周期，应该在具体领域采取行动，这些领域包括化学物排放报表、标签、安全操作、和暴露的有关规则，逐步淘汰剧毒或在环境中长期滞留的化学品。

为了防止无辜人们成为危险废料的牺牲者，许多国家需要得到帮助，以加强培训有关危险废物风险的评估、监测和管理的人员和组织；需要进行有关方面的立法和开展公共信息项目，危险的场地必须予以清理；需要进行国际合作以传播风险信息、控制危险废料的跨国界运输、传播能够减少危险废料或改进危险废料的处理和排放的方法；各国应对放射性废料的处置对健康和环境的影响进行评估，并进一步研究放射性废料的处理、加工和处置的方法，包括深土处置方法。

《巴塞尔公约》序言指出：铭记着保护人类健康和环境免受这类废物的危害的最有效方法是把其产生的数量和（或）潜在危害程度减至最低限度；意识到必须继续发展和实施无害于环境的低废技术、再循环方法、良好的管理制度，以便尽量减少危险废物和其他废物的产生；又意识到国际上日益关注严格控制危险废物和其他废物越境转移的必要性以及必须尽量把这类转移减少到最低限度。

《生物多样性公约》要求缔约国“制定或采取办法以酌情管制、管理或控制由生物技术改变的活生物体在使用和释放时可能产生的危险，即可能对环境产生不利影响，从而影响到生物多样性的保护和持久使用，也要考虑到对人类健康的危险；防止引进、控制或消除那些威胁到生态系统、生境或物种的外来物种。”[②]“如遇其管辖或控制下起源的危险即将或严重危及或损害其他国家管辖的地区内或国家管辖地区范围以外的生物多

① 联合国国际法委员会．国际法未加禁止之行为引起有害后果之国际责任条款草案．王曦，译．梁西，校．法学评论，1999（6）．

② 《生物多样性公约》第 8 条。

样性的情况，应立即将此种危险或损害通知可能受影响的国家，并采取行动预防或尽量减轻这种危险或损害。”①

《生物多样性公约的卡塔赫纳生物安全议定书》适用于可能对生物多样性的保护和可持续使用产生不利影响的所有改性活生物体的越境转移、过境、处理和使用，同时亦顾及对人类健康构成的风险。该议定书意识到现代生物技术扩展迅速，公众亦日益关切此种技术可能会对生物多样性产生不利影响，同时还需顾及对人类健康构成的风险。议定书要求各缔约方应确保在从事任何改性活生物体的研制、处理、运输、使用、转移和释放时，防止或减少其对生物多样性构成的风险，同时亦应顾及对人类健康所构成的风险。议定书特别设立了“提前知情同意”程序。

《核材料实物保护公约》指出：希望防止由非法取得和使用核材料所可能引起的危险；深信与核材料有关的犯罪行为是引起严重关注的事情，因此急需采取适当有效的措施，务求防止、侦察和惩处这些犯罪行为；认识到需要进行国际合作，按照每一缔约国的国家法律和本公约的规定，制定核材料实物保护的有效措施。

（二）危险活动的损害赔偿

2006年的《国际法不加禁止的行为引起损害结果的国际责任条款草案》适用于国际法未加禁止的危险活动所造成的跨界损害。草案强调应当制定适当而有效的措施，以确保因这种事件而蒙受损害和损失的自然人和法人，包括国家，能够获得及时和充分的赔偿，尤其应当采取及时而有效的措施，以最大限度地减少这类事件可能造成的损害和损失。“损害”指对人员、财产或环境所造成的重大损害，包括人员死亡或人身伤害；财产的损失或损害，包括构成文化遗产部分的财产；环境受损而引起的损失或损害；恢复财产或环境，包括自然资源的合理措施的费用；合理反应措施的费用。

该草案的主要原则包括：

1. 及时和充分的赔偿。各国应当采取一切必要措施，确保其领土上或其管辖或控制下的危险活动。这些措施应当包括要求经营者或酌情要求其他人或实体承担赔偿责任，使所造成跨界损害的受害者获得及时和充分的赔偿；这种赔偿责任不应当要求证明过失；这些措施也应当包括要求经营者，或者酌情要求其他人或实体为偿付索赔；在适当情况下，这些措施应当包括要求在国家一级设立工业基金。若以上各种所列措施不足以提供充分的赔偿，起源国还应当确保有另外建立并保持财务担保，例如保险、保证金或其他财务保证。

2. 反应措施。一旦发生造成或可能造成跨界损害的涉及危险活动的事件时，起源国应立即将事件以及可能造成的跨国损害后果通知所有受影响或可能受影响的国家；在

① 《生物多样性公约》第14条。

经营者的适当参与下，起源国应确保采取适当的反应措施，并应当为此目的使用现有最佳科学数据和技术；起源国还应当酌情与所有受影响或可能受影响的国家磋商并寻求其合作，以减轻并在可能的情况下消除损害后果；受跨界损害影响或可能受影响的国家应采取一切可行措施减轻并在可能的情况下消除损害后果；有关国家应当酌情在相互接受的条件基础上寻求主管国际组织和其他国家的援助。

3. 国际和国内救济。一旦一国领土内的或受其管辖或控制的危险活动造成跨界损害，各国应赋予本国司法和行政部门以必要的管辖权和职权，并确保这些部门具备提供及时、充分和有效救济的手段；各国应当保障与寻求救济，包括索取赔偿有关的资料能够被恰当地获取。

推荐阅读

1. 国家安监局，中国化学品安全协会．国内外危险化学品典型事故案例分析．北京：中国劳动社会保障出版社，2009.

2. 张湘兰，秦天宝．控制危险废物越境转移的巴塞尔公约及其最新发展：从框架到实施．法学评论，2003（3）．

思考题

1. 简述《巴塞尔公约》的主要内容及其发展。

2. 简述危险化学品的国际控制与管理制度。

第十九章　国际贸易与国际环境保护

核心提示

贸易与环境两者既相互关联又相互影响，其中既有积极的一面，也有消极的一面。目前，作为对环境保护的回应，无论是多边贸易体制，还是区域性贸易协定，都增加了对环境问题的关注，并在协调环境与贸易的关系问题上作出了积极努力。本章在阐明国际贸易与环境保护关系的基础上，主要对 WTO 在贸易和环境保护的协调方面进行探讨。

第一节　贸易与环境问题

一、贸易自由化及其发展

资本主义诞生后，特别是进入工业革命以来，自由贸易主义和贸易保护主义在贸易领域始终存在争斗。进入 20 世纪，英国经济衰落，使得英国在执行自由贸易政策方面力有不逮，加之第一次世界大战破坏了传统的贸易关系，各国贸易保护主义泛滥，导致整个国际经济秩序一片混乱，世界经济萧条。所以，二战之后，制定国际贸易政策，解决国际贸易问题，成为国际社会面临的重要任务之一。而后成立的关贸总协定和世贸组织，对推动贸易自由化，促进国际贸易增长起到了决定性作用。

1946 年 2 月联合国经社理事会举行第一次会议，会议呼吁召开联合国贸易与就业问题会议，起草国际贸易组织宪章，进行世界性削减关税的谈判。经过多次谈判，美国等 23 个国家于 1947 年 10 月 30 日在日内瓦签订了“关税及贸易总协定”或称为“关贸总协定”（General Agreement on Tariffs and Trade，GATT），同年底他们签订了临时议定书，承诺在今后的国际贸易中遵守关贸总协定的规定。关贸总协定在生效后，其有效期一再延长，并多次加以修订。自此，“关税及贸易总协定”便成为各国共同遵守的贸易准则，协调国际贸易与各国经济政策的唯一的多边国际协定。关贸总协定的宗旨是：通过削减关税和其他贸易壁垒，削除国际贸易中的差别待遇，促进国际贸易自由化，以充分利用世界资源，扩大商品的生产与流通。该协定实施以后，通过进行全球多边贸易谈判，特别是经过多次关税减让谈判，缔约国的关税大幅度削减，世界贸易已增长十几倍，其在国际贸易领域内发挥的作用越来越大。

1994 年 4 月 15 日，在摩洛哥的马拉喀什市举行关贸总协定乌拉圭回合部长会议，会议决定成立更具全球性的世界贸易组织，简称“世贸组织”（World Trade Organization，WTO），以取代成立于 1947 年的全球关贸总协定。世贸组织于 1995 年 1 月 1 日正式开始运作，1996 年 1 月 1 日正式取代关贸总协定，是独立于联合国的永久性组织，被称为“经济联合国”。世贸组织的宗旨是：提高生活水平，保证充分就业和大幅度、稳步提高实际收入和有效需求；扩大货物和服务的生产与贸易；坚持走可持续发展之路，各成员方应促进对世界资源的最优利用、保护和维护环境，并以符合不同经济发展水平下各成员需要的方式，加强采取各种相应的措施；积极努力确保发展中国家，尤其是最不发达国家在国际贸易增长中获得与其经济发展水平相适应的份额和利益；建立一体化的多边贸易体制。该组织主要是通过实施市场开放、非歧视和公平贸易等原则，来实现世界贸易自由化的目标。

二、贸易与环境问题

贸易与环境问题有着很深的根源。任何生产都与环境有关，所以贸易从开始时就注定与环境紧密联系在一起。在环境问题不是很严重的情况下，贸易与环境的冲突没有引起人们的注意，其发展是平行的，相互独立的。但二战之后，随着国际贸易扩张、环境问题不断恶化以及全球对环境的关注等原因，使得贸易与环境之间的问题凸显出来。

贸易与环境问题引起国际关注可以追溯到 20 世纪 70 年代初，准确地说是斯德哥尔摩人类环境会议前后。这次会议通过的《人类环境宣言》虽然不具有法律约束力，但是指出了环境方面的问题，并意味着国际社会开始用法律手段保护全球环境。这一时期人们关注的问题主要是：污染控制成本对国际竞争力的影响，与环境相关的产品标准被作为非关税壁垒的可能性，再循环和资源再利用措施对国际原始资源市场的影响等。1971 年关贸总协定秘书处为联合国人类环境会议准备了一份题为《工业污染控制与国际贸易》的研究报告，探讨了不对国际贸易产生新壁垒的情况下防止工业污染的一些问题。1972 年人类环境会议有关国际行动的建议中，第 103 条建议指出：“所有国家……同意不以环境问题为借口采取歧视性的贸易政策或降低市场准入条件”，并指出“GATT……尤其是通过其最近成立的环境措施与国际贸易工作以及双边和多边调节分歧的一般程序，能够对有关问题进行评议”。

1982 年的《内罗毕宣言》提出了解决环境问题的建议，包括“认为必须加强对无害技术的开发，防止转让不适当的技术、出口有毒有害物质给环境带来的影响”。1982年11月关贸总协定缔约方部长级会议做了一个决定：“各缔约方尽量最大可能将其生产和出口的而当局却以健康和安全为由禁止其在本国市场上销售的任何物品通知GATT”。1989年GATT理事会专门成立了一个“国内禁销品和其他危险物质工作组”，授权工作组就是否有必要对出口国内禁销品、有毒废弃物的出口问题规定新的准则做调查研究。1991年，该工作组草拟了一份关于国内市场禁止和严格限制销售产品的决议，但该决议一直未能在缔约方之间达成一致，现在成为WTO贸易与环境委员会的第七项议题。

20世纪90年代以后，贸易与环境问题引起了国际社会的普遍关注，并成为国际社会的热点问题。进入20世纪90年代，随着经济全球化和贸易自由化，协调产品标准，包括与产品相关的环境标准成为一个问题。因此，在有关的国际环境条约中出现了涉及许多限制贸易的条款，贸易措施为取得和实施多边环境协定（Multilateral Environmental Agreements，MEAS）或在单边基础上影响外国环境行为提供了方法，所以成为实现环境目标的工具。此时GATT内也兴起了“环境热”，1991年，环境措施与国际贸易工作组恢复工作，该小组主要讨论的议题为：多边环境协议中的贸易条款与GATT原则和条款的相互关系问题；与贸易有关的环境措施的透明度问题；包括包装和标签在内的产品的有关规定对贸易的可能影响。1993年乌拉圭回合谈判委员会作出了《关于贸易与环境的决定》，1994年马拉喀什部长会议上决定在WTO内设立专门机构——贸易与环境委员会，明确该委员会重点探讨和解决贸易与环境问题。

进入21世纪后，人类关注的全球性环境问题的重点是全球气候变暖，世界各国不得不共同应对气候变暖等全球性环境问题。应对气候变暖需要大幅度减排，推行低碳经济等，所以21世纪的贸易也将有所调整，如低碳产品将迅速增加，改变原有的国际贸易结构；低碳技术的研究进一步加强，低碳技术将成为增强国际竞争力的核心要素；碳排放贸易作为一种新型的贸易市场将得到快速发展；低碳产品和技术将逐步向自由贸易推进。

目前，国际贸易和环境保护是国际社会普遍关注的热点问题，两者由相互独立逐渐走向冲突和融合。

第二节 贸易自由化与环境保护的相互影响

贸易自由化是各成员方通过多边贸易谈判，降低和约束关税，取消其他贸易壁垒，消除国际贸易中的歧视待遇，扩大本国市场准入度。环境保护是通过对环境行为的规制，达到提高环境质量的目的。理论上讲，贸易与环境保护的目的是一致的，贸易的目的包括提高人类的生活水平和根据可持续发展的目标最佳利用世界资源。环境保护的目的是改善所有人的生活水平，更好地保护和管理生态系统，争取一个更为安全、更为繁荣的未来。因此，环境与贸易在理论上是相互支持的。但在实践中，由于两者实现的方式不同，致使贸易自由化和环境保护存在一定的冲突和相互影响。

一、贸易自由化对环境保护的影响

贸易可能改善环境，也可能损害环境。所以，贸易对环境同时存在正面影响和负面影响。

（一）贸易自由化对环境的正面影响

贸易自由化通过消除贸易壁垒，促使商品和货物在全球范围内的大规模流通，实现全球资源的有效配置、改善生活水平和经济和社会的可持续发展。贸易自由化对环境的正面影响主要是优化资源配置、增加收入和推动环境友好型商品和技术的供应等。

1. 贸易自由化通过市场竞争可以促进资源的有效使用和提高生产力。贸易自由化扩大了市场范围，加剧了市场竞争，进一步强化了价格在全球范围内配置资源的作用，提高了资源配置效率，有助于在一定条件下实现资源和能源消耗的节约。贸易促进了分工，分工提高了劳动效率，降低了能耗，因此有利于环境保护。

2. 贸易可以促进经济增长，增加收入，消除贫困。通过贸易扩张和鼓励自然资源可持续开发有利于消除贫困，消除贫困可以避免和减少发展中国家因经济压力而实施的对资源和环境的不可持续开发和利用。收入的增加，生活水平的提高，会增加人们对环境质量的要求，提高人们的环境保护意识。同时，经济的发展还可以使国家投入更多的资源用于环境治理和改善环境。

3. 贸易自由化有利于增加环境友好型产品的供应和使用。贸易自由化可以打破市场壁垒，让更多的环境友好型产品和服务进入市场，并通过广泛的产品和服务流通倡导有利于环境的生产和消费模式，通过国际合作、许可等方式进行技术转让，确保环境技术在更大范围内获得共享。因此，贸易自由化有利于对环境有益的商品和技术的扩散，使不具备对生产环境有益的商品以及开发有益环境技术的国家有机会获取这些产品和技术，并应用于生产生活中，从而有利于环境保护。

（二）贸易自由化对环境的负面影响

贸易自由化也会对环境保护造成消极的效果。《我们共同的未来》一书中认为，贸易全球化会刺激发展中国家的资源耗竭，商品的大量出口导致了自然资源的不可持续利用，商品的出口价格也不能完全反映出资源基础的环境成本。

1. 贸易自由化促进贸易增长，但贸易增长导致自然资源开发增加。贸易自由化加速了分工，发展中国家往往在国际分工中是资源性产品的生产者和出口者。随着国际需求的增加，对资源的开发规模不断扩大，且发展中国家技术落后，必然加重环境负担，加剧环境恶化。

2. 贸易促进经济增长，但经济增长必然导致物质总量消耗的增加，进一步给全球的资源和环境带来压力，加剧资源的枯竭和环境的退化。随着贸易自由化进程的加快，世界淡水、森林、矿产资源大量减少，二氧化碳等气体的排放增加，导致了地球环境承载力的下降。如若贸易自由化无序发展，必将加速对环境的损害。

3. 贸易自由化导致市场规模的扩大，促进了集约经营方式和现代科学技术的广泛应用，加速了对环境的破坏。市场经济条件下，如对生产方式和技术手段缺乏有效管制，对经济利润的追求就会加大对环境的负荷和损害。如在现代农业中，集约化的生产方式要求不断扩大经营规模，增加化肥和农药的使用，导致土地肥力下降、水土流失和土壤污染等。

4. 贸易自由化加速了废弃物、有毒物和落后技术等转移到不发达国家。一般而言，各个国家对环境规制的严格程度不同，贸易自由化使环境规制严格国家的危险废弃物、技术等转移到环境规制相对宽松的国家，使后者成为“垃圾处理厂”，而这些国家没有处理这些垃圾的技术和能力，使得当地环境受到污染和破坏。

5. 贸易自由化增加了货物的贸易总量，带来了国际运输的大量增长，而运输会对环境造成损害。道路、机场、车站等交通设施的修建需要占用大量土地，破坏沿途的森林、草地和相关的动植物栖息地。交通运输也要消耗大量的能源，加速了能源的枯竭，增加了温室气体和其他废物的排放，加剧了环境的恶化。

二、环境保护对贸易自由化的影响

环境保护对贸易自由化的影响主要体现在环境政策和法规对贸易竞争力的影响，特别是各国环境政策和法规不协调时对国际贸易的限制性影响。

（一）环境保护对贸易自由化的正面影响

环境是贸易的基础，同时环境保护进入贸易领域可以防止不利于环境保护的贸易行为和方式，促进贸易的持续发展。

1. 自然环境是贸易进行的基础。贸易是产品和服务等的交易，而产品和服务等需要消耗一定的自然资源和能源，所以自然环境为贸易提供了丰富的资源和能源。人类的一切生活、生产、加工等活动都依附于自然环境，自然环境和资源的持续性关系到人类贸易的持续性。

2. 环境成本的内在化推动了贸易自由化的发展。为了保护环境，环境成本内在化于产品价格之中已成为一种趋势，这有利于一个公平的国际市场的形成。同时，随着环境成本的内在化，资源密集型产品价格会提高，发达国家对资源密集型产品的过量消费将会得到抑制，世界贸易向更均衡的方向发展。

3. 严格的环保措施有利于创造出新的贸易空间。各国为保护环境制定了大量的环保政策，促使绿色包装、绿色机电产品、清洁能源、环保友好型技术成为新的国际贸易的增长点，环保产品和技术的贸易额已异军突起。

（二）环境保护对贸易自由化的负面影响

国际社会为保护自然环境，制定了大量的环保政策和法律，这些政策和法律将会改变和调整国际贸易的内容和方式。

1. 环保政策会影响贸易的结构和方式。环境保护将使一些不利于环保的贸易受到限制，如国际社会保护臭氧层的环保政策，使含氟利昂的制冷设备的贸易量锐减；为保护大气减少汽车尾气排放，提倡无铅汽油的使用；对产品包装的环保要求，会使许多产品退出市场；各国为保护环境制定的环保措施可能会提高他国产品市场准入的门槛，会影响他国产品的价格和市场竞争力等。

2. 环保措施的滥用会形成新的贸易壁垒。国际环保措施多是依赖于各国政府通过环保标准来实现的，而环保标准是各国根据自己的技术水平、环境状况、经济发展水平等制定的，存在很大的自主性。所以发达国家常常会制定较高的环境标准，这样会使发展中国家的产品出口会因严格的环境标准受到限制。发达国家会以环境保护为名，达到贸易保护主义的目的，使这种贸易壁垒拥有合法的外衣。

3. 环保措施会引发国家之间的贸易争端。基于环境保护而采取的贸易措施具有合法性、隐蔽性和歧视性，因此以环境保护为由对贸易进行限制时，很难辨别此种政策的真正目的，如国家之间因环境补贴、环境税费等，在出口国和进口之间常常引起贸易争端。

三、贸易与环境关系的实质

贸易与环境的相互关系讨论了20多年，实质问题是贸易与环境发展的不均衡以及国际经济秩序的不平等和国家之间经济、技术的巨大差距。贸易和环境对人类生存和发展都是必不可少的，但是在具体发展过程中，环保主义者认为为了保护环境，可以采取贸易措施来达到明显的效果，而不受自由贸易政策的限制；贸易自由主义者认为，为保护环境的目的可以采取必要的贸易措施，但这些措施不能对国际贸易制造不必要的障碍。两者之间的出发点和侧重点不同，导致了两者出现了不协调或矛盾。不合理的国际经济秩序造成了南北之间的不平等、不合理的资源转让，现在由于经济、技术水平的差异，发达国家又将对环境不利的产品、技术和产业向发展中国家转移，对发展中国家的环境和公众健康造成潜在的危害，使贸易与环境的冲突日益突出。

第三节 国际贸易与国际环境保护的协调

虽然贸易自由化和环境保护之间存在着相互影响和相互冲突，但两者的最终目的是一致的。贸易自由化是为了人类可以获得更高质量的生活，环境保护是为了让人类有一个更安全的生存空间。对人类而言，没有安全的生存空间的发展都是虚无的，没有发展的生存也意味着消亡。因此，两者必须兼得，不得偏废。协调两者之间的关系成为多边贸易体制和多边环境协定的重要内容之一。

一、多边贸易体制中的环境保护条款

（一）《关贸总协定》中与环境保护有关的规定

1947 年《关贸总协定》签署时，环境保护并未成为国际社会普遍的关注焦点。因此，1947 年的《关贸总协定》在序言中虽提及其目标包括“扩大世界资源的充分利用以及发展商品的生产和交换为目的”，但文本中找不到“环境”二字，目前如下条款被认为与环境保护有关：

1. 非歧视原则。《关贸总协定》第 1 条规定的一般性最惠国待遇原则和第 3 条规定的国民待遇原则共同构成了非歧视原则。其中第 1 条规定“……一缔约国对来自或运往其他国家的产品所给予的利益、优待、特权或豁免，应当立即无条件地给予来自或运往所有其他缔约国的相同产品。”第 3 条规定的国民待遇原则，要求缔约国对国内产品和其他进口产品要采取同样的待遇。这两个原则是多边贸易体制中的主要原则，他们可以保证国内环境政策在适用时不构成对国内外类似产品的歧视，防止环境政策的滥用。

2. 税费征收的规定。《关贸总协定》第 2 条第 2 款规定，“本条不妨碍缔约国对于任何输入产品随时征收下列税费：（甲）与相同国产品或这一输入产品赖以全部或部分制造或生产的物品按本协定第三条第二款所征收的国内税相当的费用；（乙）按本协定第六条征收的反倾销税或反贴补税；（丙）……”，该规定意味着缔约国可以对输入的产品征收税费。因此，该条款就成为缔约国作为向进口产品征收环境税费的依据。

3. 取消数量限制。《关贸总协定》第 11 条第 1 款规定，“任何缔约国除征收税捐或其他费用以外，不得设立或维持配额、进出口许可证或其他措施以限制或禁止其他缔约国领土的产品的输入，或向其他缔约国领土输出或销售出口产品。”该条要求缔约国应取消对进口产品的数量限制。但是该条第 2 款规定了数量限制的例外情形，这款可以被用作为对进口与环境资源保护有关的产品予以数量限制的依据。

4. 一般例外。《关贸总协定》第 20 条规定，“本协定的规定不得解释为阻止缔约国采用或实施以下措施，但对情况相同的各国，实施的措施不得构成武断的或不合理的差别待遇，或构成对国际贸易的变相限制：……（乙）为保障人民、动植物的生命或健康所必需的措施；……（庚）关系到养护可用竭的天然资源的措施，凡此措施同限制国内生产与消费一道实施者……”。该条款意味着缔约国为上述目的对贸易采取必需的措施，因此成为了绿色壁垒的主要法律依据。

（二）世界贸易组织及其相关协定中有关环境保护的规定

1994 年的《马拉喀什建立世界贸易组织协定》（简称《WTO 协定》）包括四个附件，附件 1、附件 2、附件 3 所列协定及相关法律文件称为“多边贸易协定”，对所有成员都具有约束力。其中附件 1 又包括附件 1A、附件 1B、附件 1C 等。附件 1A 称《货物贸易多边协定》，包括《1994 年关税与贸易总协定》、《农业协定》、《实施卫生和植物卫生措施协定》、《纺织品与服装协定》、《技术性贸易壁垒协定》、《与贸易有关的投资措施协定》、《补贴与反补贴措施协定》等。其中与环境保护有关的规定包括如下内容：

1. 世界贸易组织宗旨中有关环保的表述。《WTO 协定》序言中规定，世界贸易组织的宗旨是：“提高生活水平，保证充分就业和大幅度、稳步提高实际收入和有效需求；扩大货物和服务的生产与贸易；坚持走可持续发展之路，各成员方应促进对世界资源的最优利用、保护和维护环境，并以符合不同经济发展水平下各成员需要的方式，加强采取各种相应的措施；积极努力确保发展中国家，尤其是最不发达国家在国际贸易增长中获得与其经济发展水平相适应的份额和利益；建立一体化的多边贸易体制。”其中包含了贸易自由化和保护环境的目的，这为在多边贸易体制下解决有关环境问题提供了可能。

2. 《农业协定》中与环保有关的规定。《农业协定》中直接与环境保护相关的是国内扶持措施。它具体将不同的国内支持措施分为“绿箱”、“黄箱”和“蓝箱”三类政策措施，提出了“绿色补贴”的概念。“绿箱”政策措施是不要求约束和削减承诺的国内支持与补贴措施。农业协定规定：“政府执行某项农业计划时，其费用由纳税人负担而不是从消费者转移而来，没有或仅有最微小的贸易扭曲作用，对农产品生产影响很小的支持措施以及不对生产者提供价格支持作用的补贴措施，均被认为是‘绿箱’措施，属于该类措施的补贴被认为是‘绿色补贴’，任何国家均可免除削减义务。”农产品贸易领域对环境与贸易关系最为敏感，因此该协定成为处理农产品贸易与环境关系主要的国际贸易协定之一。

3. 《实施卫生和植物卫生措施协定》中与环保有关的规定。《实施卫生和植物卫生措施协定》（简称《SPS 协议》）是世界贸易组织管辖的一项多边贸易协议，是对关贸总协定第 20 条第 2 款的具体化。该协定大部分内容被认为与生态环境保护相关，其宗旨是规范各成员实施卫生与植物卫生措施的行为，支持各成员实施保护人类、动物、植物的生命或健康所采取的必要措施，规范卫生与植物卫生检疫的国际运行规则，实现把对贸易的不利影响减少到最低程度。协定明确规定各成员政府有权采用卫生与植物卫生措施，但只能在一个必要范围内实施以保护人类及动植物的生命及健康，而不能在两个成员之间完全一致或相似的情况下，采取不公正的差别待遇，并鼓励各成员根据国标标准、指导原则和规范来建立自己的卫生与植物卫生措施。

4. 《技术性贸易壁垒协定》中与环保有关的规定。《技术性贸易壁垒协定》（简称《TBT 协定》由 15 条和几个附件组成，其大部分内容均与环境贸易有关，适用于所有产品，但不适用于《实施卫生和植物卫生措施协定》附件 A 定义的卫生与植物卫生措施和由《政府采购协定》规定的采购规格。该协定的目标是：通过指导成员制定、采用和实施正当的技术性措施，鼓励采用国际标准和合格评定程序，保证这些措施不对国际贸易构成不必要的障碍，使技术性贸易壁垒对国际贸易的影响最小化；但其包含的环境要求可能对发展中国家的市场准入提出挑战。技术壁垒已成为目前主要的贸易壁垒形式之一，所以该协定是目前设置和处理绿色壁垒特别是绿色技术壁垒的主要依据。

5. 《与贸易有关的投资措施协定》中与环保有关的规定。《与贸易有关的投资措施协定》（简称 TRIMS）是世界贸易组织管辖的一项多边贸易协议，它由序言和 9 条正文及 1 个附件组成，其宗旨是促进投资自由化，制定为避免对贸易造成不利影响的规则，促进世界贸易的扩大和逐步自由化，并便利国际投资，以便在确保自由竞争的同时，提高所有贸易伙伴，尤其是发展中国家成员的经济增长水平。该协定“认识到某些投资措施可能产生贸易限制作用和扭曲作用”，重申“国民待遇和数量限制”和“透明度”。当前，投资已成为发展贸易的主要手段，但同时成为转嫁污染的途径，所以该协定成为防止转嫁污染和正确处理因转嫁污染所产生的环境贸易争端的主要法律依据。

6. 《补贴与反补贴措施协定》中与环保有关的规定。《补贴与反补贴措施协定》对补贴做了明确的定义，把补贴分为禁止性的补贴、可诉的补贴、不可诉的补贴，并规定了反补贴措施的调查程序。该协定第 11 条，已经认识到出口补贴以外的补贴广泛地用于推行经济和社会目的，其中包括工业的布局和环境保护。补贴对贸易自由化和环境保护会产生双重影响，因此其已经成为设置环保补贴和处理因补贴所产生的环境与贸易争端的主要法律依据。

7. 《服务贸易总协定》中与环保有关的规定。《服务贸易总协定》由三大部分组成：一是协定条款本身，又称为框架协定，二是部门协议，三是各成员的市场准入承诺单。该协定规定服务贸易业通常适用的、包括环境保护在内的措施继续适用；并规定各成员可以采取符合最惠国待遇和国民待遇以及影响服务贸易的一系列措施来保护环境。

其 14 条规定了 6 种例外措施，即“只要这类措施的实施不在情况相同的国家间构成武断的、或不公正的歧视，或构成对服务贸易的变相限制，则本协定的规定不得解释为阻止任何成员采用或实施以下措施：（a）为保护公共道德或维护公共秩序而必需的；（b）为保护人类、动物或植物的生命或健康而必需的；（c）为确保服从与本协定规定不相抵触的包括与下述有关的法律和法规所必需的……（3）安全问题……”。另外，该协定将与环境保护有关的法律服务、城市规划和环境美化服务等列入需要建立职业资格制度和专业服务行业范围；并规定成立“服务贸易与环境保护工作组”，负责研究服务贸易、环境保护与可持续发展的关系，并提出报告和建议。

8.《与贸易有关的知识产权协定》中与环保有关的规定。《与贸易有关的知识产权协定》（简称 TRIPS 协定）第 1 条规定：缔约方有权在自己的法律体制范围内，决定采取适宜的方法实施本协定的条款。这意味着在环保方面设计的知识产权问题，原则上必须遵守本协议和其他有关国际协定的要求，但具体措施可自行决定。第 27 条列举了几种可以不给予专利保护的情形，如用于人类和动物的诊断、治疗的外科方法，生产动植物的生物学方法，但植物品种则必须给予专利保护。特别应注意的是“为了保护人类、动植物生命或健康，为了避免对环境的严重危害，缔约方必须阻止某项发明的商业应用”。这些条款与环境保护有一定的关系。

二、多边环境协定中与贸易有关的规定

近年来，由于环境保护的压力日益增加，各国政府明显加强对环境的管制，制定了有关的环保法律、政策和技术标准等。20 世纪 70 年代后，国际社会通过有关国际组织和国际会议先后制定了 200 多个现行有效的多边环境协定，其中有 20 个条约包含可能影响贸易的规定。这些规定中，有的是直接包含贸易条款，有些则是要求缔约国采取贸易措施保护环境。

根据多边环境协定规制的对象不同，可以将其分为两类，即针对缔约国的进出口限制和针对非缔约国的贸易限制条款。第一，针对缔约国的进出口限制，可能对贸易产生两个方面的影响：一方面，直接限制缔约国之间的贸易，可能引发对特定物质生产或对特定物种的捕杀。这主要体现在濒危物种和危险废物的管制领域，如《濒危野生动植物物种国际贸易公约》、《生物多样性公约》和《控制危险废物越境转移及处置的巴塞尔公约》。另一方面，通过限制缔约国之间的特定商品的进出口贸易，限制一国对有害环境物质的消费水平，如《关于消耗臭氧层物质的蒙特利尔议定书》。第二，针对非缔约国的贸易限制，以保障有关多边环境协定的有效实施，鼓励更多国家加入公约。

（一）《控制危险废物越境转移及其处置的巴塞尔公约》中有关贸易的规定

该公约严格限制危险废物的越境转移，对缔约国之间以及缔约国与非缔约国之间的

危险废物贸易做了限制。对于缔约国而言，公约序言中“确认任何国家皆享有禁止来自外国的危险废物和其他废物进入其领土或在其领土内处置的主权权利”，第 4 条第 1 款第 1 项规定各国在通知其他缔约国后有权禁止危险废物或其他废物进口处置。如果进口国认为废物无法以对环境无害的方式进行管理，则进口国必须禁止废物进口。同时该公约针对出口国设定了几种禁止出口的情形：缔约国应禁止或不许可向禁止这类废物进口的缔约国出口危险废物和其他废物；对于尚未禁止进口危险废物和其他废物的进口国，在该进口国未以书面同意某一进口时，各缔约国应禁止或不许可此类废物的出口；禁止向属于一经济和（或）政治一体化组织而且在法律上完全禁止危险废物或其他废物进口的某一缔约国或一组缔约国，特别是发展中国家，出口此类废物，或者，如果有理由相信此类废物不会按照缔约国第一次会议决定的标准以环境无害方式加以管理时，也禁止向上述国家进行此种出口；各缔约国协议不许可将危险废物或其他废物出口到南纬 60°以南的区域处置，不论此类废物是否涉及越境转移。出口国还应当满足以下条件：出口国没有技术能力和必要的设施、设备能力或适当的处置场所以无害于环境而且有效的方式处置有关废物；进口国需要有关废物作为再循环或回收工业的原材料；有关的越境转移符合由缔约国决定的其他标准，但这些标准不得背离本公约的目标。公约第 4 条第 5 款还要求“缔约国应不许可将危险废物或其他废物从其领土出口到非缔约国，亦不许可从一非缔约国进口到其领土。”

除此之外，公约还对从事危险废物越境转移的缔约国做了一些限制，比如要求缔约国对从事危险废物运输和处置工作人员、相关包装、标签标识、附随文件、通知、保险或担保等方面负有义务。

（二）《濒危野生动植物物种国际贸易公约》中有关贸易的规定

该公约旨在管制而非完全禁止野生动植物的国际贸易，其用物种分级与许可证的方式，以达成野生动植物市场的永续利用性。根据公约第 2 条的规定，公约管制国际贸易的物种，可归类成三项附录，附录一的物种为“所有受到或可能受到贸易的影响而有灭绝危险的物种”；附录二的物种则为“所有目前虽未濒临灭绝，但如对其贸易不严加管理，以防止不利其生存的利用，就可能变成有灭绝危险的物种”，以及为使前述“物种标本的贸易能得到有效的控制，而必须加以管理的其他物种”；附录三的物种为“任一成员国认为属其管辖范围内，应进行管理以防止或限制开发利用，而需要其他成员国合作控制贸易的物种”。

公约针对上述三类物种的贸易设置了严格的限制，要求其必须具有相关许可证或证明书等。对于附录一中物种的贸易，应事先获得并交验出口许可证，并对颁发出口许可证设置了严格条件，具体包括：（1）出口国的科学机构认为，此项出口不致危害该物种的生存；（2）出口国的管理机构确认，该标本的获得并不违反本国有关保护野生动植物的法律；（3）出口国的管理机构确认，任一出口的活标本会得到妥善装运，尽量减少伤亡、损害健康，或少遭虐待；（4）出口国的管理机构确认，该标本的进口许可证已经发给。而颁发附录二中物种的出口许可证，需要满足附录一条件的前3项。颁发附录三中物种的出口许可证，需要满足附录一条件的第2项和第3项。进口附录一中的物种，应事先获得并交验进口许可证和出口许可证，或再出口证明书；进口附录二中的物种，应事先交验出口许可证或再出口证明书；进口附录三中的物种，应事先交验原产地证明书。

此外，公约第10条规定了非缔约国贸易的条件，即“向一个非公约成员国出口或再出口，或从该国进口时，该国的权力机构所签发的类似文件，在实质上符合本公约对许可证和证明书的要求，就可代替任一成员国出具的文件而予接受。”

（三）《关于消耗臭氧层物质的蒙特利尔议定书》中有关贸易的规定

该议定书主要是为了防止臭氧层破坏对人类健康和环境造成较大的负面影响，要求缔约国基于风险预防原则，采取行动淘汰这些物质。根据议定书的规定，缔约国的受控物质消费量受逐步淘汰时间表的限制，因此这些物质的贸易受到了明显限制。公约还对缔约国与非缔约国之间的贸易进行了严格限制：（1）缔约国应禁止从非缔约国进口受控物质和某些包含受控物质的产品；（2）缔约国应禁止向非缔约国出口受控物质，除非进口国有数据表明该项出口完全符合淘汰时间表；（3）缔约国应尽最大可能劝阻向非缔约国出口生产或使用受控物质的技术；（4）缔约国同意不应为了向缔约国出口便利于促进生产受控物质的产品、设备、工厂或技术，而向他们提供新的补贴、援助、信贷、担保或保险方案。

（四）《京都议定书》中与贸易有关的规定

气候变化影响了经济贸易的发展，应对气候变化的影响必然需要依靠有效的贸易政策。《京都议定书》为各国的二氧化碳排放量规定了标准，即在2008年至2012年间，全球主要工业国家的工业二氧化碳排放量比1990年的排放量平均要低5.2%。为了实现这种减排目标，该议定书规定了三种碳交易机制，即清洁发展机制（CDM）、排放贸易机制（ET）、联合履约机制（JI）。在此框架下，国际碳排放交易的配额市场和项目市场正在逐步形成。应当说减排目标的确定，一方面限制了一些高能耗的产品和技术贸易，另一方面又促进了低能耗产品和技术贸易，并促成了碳排放权贸易市场的形成。

推荐阅读

1. 叶汝求．环境与贸易．北京：中国环境科学出版社，2001.

2. 周杰，张梓太．WTO体系下贸易与环境的法律协调．北京：科学出版社，2005.

思考题

1. 如何看待自由贸易与环境保护的关系？
2. 试析 WTO 协调贸易与环境关系的主要方式。

附录一　中华人民共和国参加的国际环境保护多边条约

1.《保护臭氧层维也纳公约》

1985 年 3 月 22 日订于维也纳，1988 年 9 月 22 日生效。本公约 1989 年 12 月 30 日起对中国生效。

2.《经修订的关于消耗臭氧层物质的蒙特利尔议定书》

原议定书 1987 年订于蒙特利尔，经 1990 年第二次缔约国会议调整和修正，并经 1991 年第三次缔约国会议进一步修正。修正的议定书于 1992 年 8 月 22 日生效，并于同日对中国生效。

3.《控制危险废物越境转移及其处置巴塞尔公约》

1989 年订于巴塞尔，1992 年 5 月 5 日生效。1992 年 8 月 20 日对中国生效。

4.《联合国气候变化框架公约》

1992 年 5 月 9 日订于纽约。中国政府总理于 1992 年 6 月 11 日签署本公约，全国人大常委会于 1992 年 11 月 7 日批准该公约，1993 年 1 月 5 日交存了批准书。

5.《生物多样性公约》

1992 年 6 月 5 日订于里约热内卢，1993 年 12 月 29 日生效。中国政府总理于 1992 年 6 月 11 日签署本公约，全国人大常委会于 1992 年 11 月 7 日批准该公约，1993 年 1 月 5 日交存了批准书。公约 1992 年 12 月 29 日对中国生效。

6.《联合国关于在发生严重干旱或沙漠化的国家特别是在非洲防治荒漠化的公约》

1994 年 6 月 7 日订于巴黎，1996 年 12 月 26 日生效。1994 年 10 月 14 日中国代表签署该公约，1997 年 2 月 18 日中国批准了该公约。1997 年 5 月 19 日，该公约对中国生效。

7.《濒危野生动植物物种国际贸易公约》修正案

1973 年 3 月 3 日订于华盛顿，1975 年 7 月 1 日起生效。1981 年 4 月 8 日起对中国生效。1983 年 4 月 30 日于哈博罗纳对第 21 条进行修订，中国政府与 1988 年 7 月 7 日交存了接受书。

8.《关于特别是作为水禽栖息的国际重要湿地公约》

1971 年 2 月 2 日订于拉姆萨，经 1982 年 3 月 21 日议定书修正。本公约于 1975 年

12月21日生效。1992年1月3日对中国生效。

9.《保护世界文化和自然遗产公约》

1972年11月23日订于巴黎，1975年12月17日生效。1986年3月12日对中国生效。

10.《核事故或辐射紧急援助公约》

1986年9月26日订于维也纳，1986年10月27日生效。1987年10月14日对中国生效。

11.《及早通报核事故公约》

1986年9月26日订于维也纳，1986年10月27日生效。1988年12月29日对中国生效。

12.《联合国海洋法公约》

1982年12月10日订于蒙特哥湾，1994年11月16日生效。1996年5月15日全国人大常委会批准该公约。

13.《防止倾倒废物及其他物质污染海洋公约》

1972年12月29日订于伦敦、墨西哥城、莫斯科和华盛顿，1975年8月30日生效。1985年12月15日对中国生效。

14.《1972年防止倾倒废物及其他物质污染海洋公约1989年修正案》

中国默认接受，1990年5月9日对中国生效。

15.《1969年国际油污损害民事责任公约》

1969年11月29日订于布鲁塞尔，1975年6月19日生效。该公约于1980年4月30日对中国生效。

16.《1969年国际油污损害民事责任公约议定书》

1976年11月19日订于伦敦，1981年4月8日生效。1986年12月28日对中国生效。

17.《关于1973年国际防止船舶造成污染公约的1978年议定书》

本议定书1978年订于伦敦，1983年10月2日生效，并于同日对中国生效。

18.《1973年国际防止船舶造成污染公约的1978年议定书附则I修正案》

1984年9月7日通过，本修正案1月7日生效，并于同日对中国生效。

19.《1978年议定书修正的1973年国际防止船舶造成污染公约1990年修正案（I、V）》

中国默认接受，1992年3月17日对中国生效。

20.《1969年国际干预公海油污事故公约》

1969年11月29日订于布鲁塞尔，1975年5月6日生效，1990年5月24日对中国生效。

21.《1973 年干预公海非油类物质的污染议定书》

1973 年订于伦敦，本议定书 1983 年 3 月 30 日生效。1990 年 5 月 24 日对中国生效。

22.《南极条约》

1959 年 11 月 1 日订于华盛顿，1961 年 6 月 23 日生效。1983 年 6 月 8 日中国政府交存加入书，同日起对中国生效。

23.《关于环境保护的南极条约议定书》

1991 年 6 月 23 日订于马德里，中国政府代表与 1991 年 10 月 4 日签署本议定书。

24.《国际捕鲸管制公约》

1946 年 12 月 2 日订于华盛顿，1948 年 11 月 10 日生效，自 1980 年 9 月 24 日起中国成为公约当事国。

25.《保护大西洋金枪鱼国际公约》

国务院于 1996 年 6 月 15 日核准该公约。

26.《1983 年国际热带木材协定》

1983 年 11 月 18 日订于日内瓦，1985 年 4 月 1 日生效。1986 年 7 月 2 日对中国生效。

27.《1994 年国际热带木材协定》

1996 年 6 月 19 日，国务院核准该协定。

28.《关于被盗或者非法出口文物的公约》

1995 年 6 月通过，中国政府于 1997 年 3 月 7 日批准，同年 5 月 7 日向公约保存国意大利政府交存加入书。该公约于递交加入书 6 个月后对我国生效。

29.《关于持久性有机污染物的斯德哥尔摩公约》

2001 年 5 月 22 日在斯德哥尔摩通过，同年 5 月 23 日中国政府签署；2004 年 6 月 25 日第十届全国人民代表大会常务委员会第十次会议通过。

30.《核安全公约》

该公约于 1994 年 6 月 17 日在维也纳通过，1996 年 3 月 1 日全国人民代表大会常务委员会第十八次会议决定批准该公约，1996 年 4 月 9 日中国代表向国际原子能机构总干事提交了国家批准书。自之后的 90 天起，该公约对中国生效。

31.《中白令海峡鳕资源养护与管理公约》

本公约 1994 年 2 月 11 日订于华盛顿，并于 1995 年 12 月 8 日生效。公约的六个成员国中国、日本、韩国、波兰、俄罗斯和美国均已批准该公约。我国与 1995 年 9 月交存了批准书。

32.《关于禁止和防止非法进出口文化财产和非法转让其所有权的方法的公约》

本公约1970年11月17日订于巴黎，于1972年4月24日生效。1989年9月25日中华人民共和国政府批准接受该公约，并于1989年10月25日交存接受书。本公约于1990年1月25日对中国生效。

33.《核材料实物保护公约》

该公约1980年3月3日于维也纳和纽约同时开放签署，并于1987年2月8日生效。1988年12月2日中华人民共和国政府向国际原子能机构总干事交存加入书，同时声明不受公约第十七条第二款所规定的两种争端解决程序约束。该公约1989年1月2日对我国生效。

34.《化学制品在工作中使用安全建议书》

1990年6月25日国际劳工组织通过，本建议书在国际劳工公约系列中，被称为第177号建议书。中国劳动部于1992年8月27日提交国务院批准。

35.《作业场所安全使用化学品公约》

1990年6月25日国际劳工组织通过。1994年10月27日全国人大常委会批准该公约。

36.《关于化学品国际贸易资料交换的伦敦准则》

联合国环境规划署理事会第14届会议于1987年6月17日在伦敦通过，1989年5月25日经第十五届理事会修订。中国实际上也遵守了该准则。

37.《亚洲——太平洋水产养殖中心网协议》

本协议1988年1月8日订于曼谷，并与1990年1月11日生效。中国政府于1988年1月8日签署本协议。1990年1月11日，本协议对中国生效。

附录二　与国际环境保护有关的重要宣言

一、《人类环境宣言》

（1972年6月5日于斯德哥尔摩通过）

联合国人类环境会议于1972年6月5日至16日在斯德哥尔摩举行，考虑到需要取得共同的看法和制定共同的原则以鼓舞和指导世界各国人民保持和改善人类环境，兹宣布：

1. 人类既是他的环境的创造物，又是他的环境的塑造者，环境给予人以维持生存的东西，并给他提供了在智力、道德、社会和精神等方面获得发展的机会。生存在地球上的人类，在漫长和曲折的进化过程中，已经达到这样一个阶段，即由于科学技术发展的迅速加快，人类获得了以无数方法和在空前的规模上改造其环境的能力。人类环境的两个方面，即天然和人为的两个方面，对于人类的幸福和对于享受基本人权，甚至生存权利本身，都必不可缺少的。

2. 保护和改善人类环境是关系到全世界各国人民的幸福和经济发展的重要问题，也是全世界各国人民的迫切希望和各国政府的责任。

3. 人类总得不断地总结经验，有所发现，有所发明，有所创造，有所前进。在现代，人类改造其环境的能力，如果明智地加以使用的话，就可以给各国人民带来开发的利益和提高生活质量的机会。如果使用不当，或轻率地使用，这种能力就会给人类和人类环境造成无法估量的损害。在地球上许多地区，我们可以看到周围有越来越多的说明人为的损害的迹象：在水、空气、土壤以及生物中污染达到危害的程度；生物界的生态平衡受到严重和不适当的扰乱；一些无法取代的资源受到破坏或陷于枯竭；在人为的环境，特别是生活和工作环境里存在着有害于人类身体、精神和社会健康的严重缺陷。

4. 在发展中的国家中，环境问题大半是由于发展不足造成的。千百万人的生活仍然远远低于像样的生活所需要的最低水平。他们无法取得充足的食物和衣服、住房和教育、保健和卫生设备。因此，发展中的国家必须致力于发展工作，牢记他们优先任务和保护及改善环境的必要。

为了同样目的，工业化国家应当努力缩小他们自己与发展中国家的差距。在工业化国家里，环境一般同工业化和技术发展有关。

5. 人口的自然增长继续不断地给保护环境带来一些问题，但是如果采取适当的政策和措施，这些问题是可以解决的。世间一切事物中，人是第一可宝贵的。人民推动着社会进步，创造着社会财富，发展着科学技术，并通过自己的辛勤劳动，不断地改造着人类环境。随着社会进步和生产、科学及技术的发展，人类改善环境的能力也与日俱增。

6. 现在已达到历史上这样一个时刻：我们在决定在世界各地的行动时，必须更加审慎地考虑它们对环境产生的后果。由于无知或不关心，我们可能给我们的生活幸福所依靠的地球环境造成巨大的无法挽回的损害。反之，有了比较充分的知识和采取比较明智的行动，我们就可能使我们自己和我们的后代在一个比较符合人类需要和希望的环境中过着较好的生活。改善环境的质量和创造美好生活的前景是广阔的。我们需要的热烈而镇定的情绪，紧张而有秩序的工作。为了在自然界里取得自由，人类必须利用知识在同自然合作的情况下建设一个较好的环境。为了这一代和将来的世世代代，保护和改善人类环境已经成为人类一个紧迫的目标，这个目标同争取和平、全世界的经济与社会发展这两个既定的基本目标共同和协调地实现。

7. 为实现这一环境目标，将要求公民和团体以及企业和各级机关承担责任，大家平等地从事共同的努力。各界人士和许多领域中的组织，凭他们有价值的品质和全部行动，将确定未来的世界环境的格局。各地方政府和全国政府，将对在他们管辖范围内的大规模环境政策和行动，承担最大的责任。为筹措资金以支援发展中国家完成他们在这方面的责任，还需要进行国际合作。种类越来越多的环境问题，因为它们在范围上是地区性或全球性的，或者因为它们影响着共同的国际领域，将要求国与国之间广泛合作和国际组织采取行动以谋求共同的利益。会议呼吁各国政府和人民为着全体人民和他们的子孙后代的利益而作出共同的努力。

这些原则申明了共同的信念：

1. 人类有权在一种能够过着尊严和福利的生活的环境中，享有自由、平等和充足的生活条件的基本权利，并且负有保护和改善这一代和将来的世世代代的环境的庄严责任。在这方面，促进或维护种族隔离、种族分离与歧视、殖民主义和其他形式的压迫及外国统治的政策，应该受到谴责和必须消除。

2. 为了这一代和将来的世世代代的利益，地球上的自然资源，其中包括空气、水、土地、植物和动物，特别是自然生态类中具有代表性的标本，必须通过周密计划或适当管理加以保护。

3. 地球生产非常重要的再生资源的能力必须得到保护，而且在实际可能的情况下加以恢复或改善。

4. 人类负有特殊的责任保护和妥善管理由于各种不利的因素而现在受到严重危害的野生生物后嗣及其产地。因此，在计划发展经济时必须注意保护自然界，其中包括野生生物。

5. 在使用地球上不能再生的资源时，必须防范将来把它们耗尽的危险，并且必须确保整个人类能够分享从这样的使用中获得的好处。

6. 为了保证不使生态环境遭到严重的或不可挽回的损害，必须制止在排除有毒物质或其他物质以及散热时其数量或集中程度超过环境能使之无害的能力。应该支持各国人民反对污染的正义斗争。

7. 各国应该采取一切可能的步骤来防止海洋受到那些会对人类健康造成危害的、损害生物资源和破坏海洋生物舒适环境的或妨害对海洋进行其他合法利用的物质的污染。

8. 为了保证人类有一个良好的生活和工作环境，为了在地球上创造那些对改善生活质量所必要的条件，经济和社会发展是非常必要的。

9. 由于不发达和自然灾害的原因而导致环境破坏造成了严重的问题。克服这些问题的最好办法，是移用大量的财政和技术援助以支持发展中国家本国的努力，并且提供可能需要的及时援助，以加速发展工作。

10. 对于发展中的国家来说，由于必须考虑经济因素和生态进程，因此，使初级产品和原料有稳定的价格和适当的收入是必要的。

11. 所有国家的环境政策应该提高，而不应该损及发展中国家现有或将来的发展潜力，也不应该妨碍大家生活条件的改善。各国和各国际组织应该采取适当步骤，以便就应付因实施环境措施所可能引起的国内或国际的经济后果达成协议。

12. 应筹集资金来维护和改善环境，其中要照顾到发展中国家的情况和特殊性，照顾到他们由于在发展计划中列入环境保护项目而需要的任何费用，以及应他们的请求而供给额外的国际技术和财政援助的需要。

13. 为了实现更合理的资源管理从而改善环境，各国应该对他们的发展计划采取统一和协议的做法，以保证为了人民的利益，使发展保护和改善人类环境的需要相一致。

14. 合理的计划是协调发展的需要和保护与改善环境的需要相一致的。

15. 人的定居和城市化工作必须加以规划，以避免对环境的不良影响，并为大家取得社会、经济和环境三方面的最大利益。在这方面，必须停止为殖民主义和种族主义统治而制订的项目。

16. 在人口增长率或人口过分集中可能对环境或发展产生不良影响的地区，或在人口密度过低可能妨碍人类环境改善和阻碍发展的地区，都应采取不损害基本人权和有关政府认为适当的人口政策。

17. 必须委托适当的国家机关对国家的环境资源进行规划、管理或监督，以期提高环境质量。

18. 为了人类的共同利益，必须应用科学和技术以鉴定、避免和控制环境恶化并解决环境问题，从而促进经济和社会发展。

19. 为了更广泛地扩大个人、企业和基层社会在保护和改善人类各种环境方面提出开明舆论和采取负责行为的基础，必须以年轻一代和成人进行环境问题的教育，同时应该考虑到对不能享受正当权益的人进行这方面的教育。

20. 必须促进各国，特别是发展中国家的国内和国际范围内从事有关环境问题的科学研究及其发展。在这方面，必须支持和促使最新科学情报和经验的自由交流以便解决环境问题；应该使发展中的国家得到环境工艺，其条件是鼓励这种工艺的广泛传播，而不成为发展中的国家的经济负担。

21. 按照联合国宪章和国际法原则，各国有按自己的环境政策开发自己资源的主权；并且有责任保证在他们管辖或控制之内的活动，不致损害其他国家的或在国家管辖范围以外地区的环境。

22. 各国应进行合作，以进一步发展有关他们管辖或控制之内的活动对他们管辖以外的环境造成的污染和其他环境损害的受害者承担责任赔偿问题的国际法。

23. 在不损害国际大家庭可能达成的规定和不损害必须由一个国家决定的标准的情况下，必须考虑各国的现行价值制度和考虑对最先进的国家有效，但是对发展中国家不适合和具有不值得的社会代价的标准可行程度。

24. 有关保护和改善环境的国际问题应当由所有的国家，不论其大小，在平等的基础上本着合作精神来加以处理，必须通过多边或双边的安排或其他合适途径的合作，在正当地考虑所有国家的主权和利益的情况下，防止、消灭或减少和有效地控制各方面的行动所造成的对环境的有害影响。

25. 各国应保证国际组织在保护和改善环境方面起协调的、有效的和能动的作用。

26. 人类及其环境必须免受核武器和其他一切大规模毁灭性手段的影响。各国必须努力在有关的国际机构内就消除和彻底销毁这种武器迅速达成协议。

二、《里约环境与发展宣言》

(Rio Declaration) 又称《地球宪章》(Earth Charter)

联合国环境与发展会议于1992年6月3日至14日在里约热内卢召开，重申了1972年6月16日在斯德哥尔摩通过的联合国人类环境会议的宣言，并谋求以之为基础。目标是通过在国家、社会重要部门和人民之间建立新水平的合作来建立一种新的和公平的全球伙伴关系，为签订尊重大家的利益和维护全球环境与发展体系完整的国际协定而努力，认识到我们的家园地球的大自然的完整性和互相依存性，谨宣告：

原则一：人类处在关注持续发展的中心。他们有权同大自然协调一致从事健康的、创造财富的生活。

原则二：各国根据联合国宪章和国际法原则有至高无上的权利按照它们自己的环境和发展政策开发它们自己的资源，并有责任保证在它们管辖或控制范围内的活动不对其他国家或不在其管辖范围内的地区的环境造成危害。

原则三：必须履行发展的权利，以便公正合理地满足当代和世世代代的发展与环境需要。

原则四：为了达到持续发展，环境保护应成为发展进程中的 个组成部分，不能同发展进程孤立开看待。

原则五：各国和各国人民应该在消除贫穷这个基本任务方面进行合作，这是持续发展必不可少的条件，目的是缩小生活水平的悬殊和更好地满足世界上大多数人的需要。

原则六：发展中国家，尤其是最不发国家和那些环境最易受到损害的国家的特殊情况和需要，应给予特别优先的考虑。在环境和发展领域采取的国际行动也应符合各国的利益和需要。

原则七：各国应本着全球伙伴关系的精神进行合作，以维持、保护和恢复地球生态系统的健康和完整。鉴于造成全球环境退化的原因不同，各国负有程度不同的共同责任。发达国家承认，鉴于其社会对全球环境造成的压力和它们掌握的技术和资金，它们在国际寻求持续发展的进程中承担着责任。

原则八：为了实现持续发展和提高所有人的生活质量，各国应减少和消除不能持续的生产和消费模式和倡导适当的人口政策。

原则九：各国应进行合作，通过科技知识交流提高科学认识和加强包括新技术和革新技术在内的技术的开发、适应、推广和转让，从而加强为持续发展形成的内生能力。

原则十：环境问题最好在所有有关公民在有关一级的参加下加以处理。在国家一级，每个人应有适当的途径获得有关公共机构掌握的环境问题的信息，其中包括关于他们的社区内有害物质和活动的信息，而且每个人应有机会参加决策过程。各国应广泛地提供信息，从而促进和鼓励公众的了解和参与。应提供采用司法和行政程序的有效途径，其中包括赔偿和补救措施。

原则十一：各国应制订有效的环境立法。环境标准、管理目标和重点应反映它们所应用到的环境和发展范围。某些国家应用的标准也许对其他国家，尤其是发展中国家不合适，对它们造成不必要的经济和社会损失。

原则十二：各国应进行合作以促进一个支持性的和开放的国际经济体系，这个体系将导致所有国家的经济增长和持续发展，更好地处理环境退化的问题。为环境目的采取的贸易政策措施不应成为一种任意的或不合理的歧视的手段，或成为一种对国际贸易的社会科学限制。应避免采取单方面行动去处理进口国管辖范围以外的环境挑战。处理跨国界的或全球的环境问题的环境措施，应该尽可能建立在国际一致的基础上。

原则十三：各国应制订有关对污染的受害者和其他环境损害负责和赔偿的国家法律。各国还应以一种迅速的和更果断的方式进行合作，以进一步制订有关对在它们管辖或控制范围之内的活动对它们管辖范围之外的地区造成的环境损害带来的不利影响负责和赔偿的国际法。

原则十四：各国应有效地进行合作，以阻止或防止把任何会造成严重环境退化或查明对人健康有害的活动和物质迁移和转移到其他国家去。

原则十五：为了保护环境，各国应根据它们的能力广泛采取预防性措施。凡有可能造成严重的或不可挽回的损害的地方，不能把缺乏充分的科学肯定性作为推迟采取防止环境退化的费用低廉的措施的理由。

原则十六：国家当局考虑到造成污染者在原则上应承担污染的费用并适当考虑公共利益而不打乱国际贸易和投资的方针，应努力倡导环境费用内在化和使用经济手段。

原则十七：应对可能会对环境产生重大不利影响的活动和要由一个有关国家机构作决定的活动作环境影响评估，作为一个国家手段。

原则十八：各国应把任何可能对其他国家的环境突然产生有害影响的自然灾害或其他意外事件立即通知那些国家。国际社会应尽一切努力帮助受害的国家。

原则十九：各国应事先和及时地向可能受影响的国家提供关于可能会产生重大的跨边界有害环境影响的活动的通知和信息，并在初期真诚地与那些国家磋商。

原则二十：妇女在环境管理和发展中起着极其重要的作用。因此，她们充分参加这项工作对取得持续发展极其重要。

原则二十一：应调动全世界青年人的创造性、理想和勇气，形成一种全球的伙伴关系，以便取得持续发展和保证人人有一个更美好的未来。

原则二十二：本地人和他们的社团及其他地方社团，由于他们的知识和传统习惯，在环境管理和发展中也起着极其重要的作用。各国应承认并适当地支持他们的特性、文化和利益，并使他们能有效地参加实现持续发展的活动。

原则二十三：应保护处在压迫、统治和占领下的人民的环境和自然资源。

原则二十四：战争本来就是破坏持续发展的。因此各国应遵守规定在武装冲突时期保护环境的国际法，并为在必要对进一步制订国际法而进行合作。

原则二十五：和平、发展和环境保护是相互依存的和不可分割的。

原则二十六：各国应根据联合国宪章通过适当的办法和平地解决它们所有的环境争端。

原则二十七：各国和人民应真诚地本着伙伴关系的精神进行合作，贯彻执行本宣言中所体现的原则，进一步制订持续发展领域内的国际法。

三、《约翰内斯堡可持续发展宣言》

——从人类的发源地走向未来

1. 我们，世界各国人民的代表，于2002年9月2日至4日在南非约翰内斯堡的可持续发展问题世界首脑会议上聚集一堂，重申我们对可持续发展的承诺。

2. 我们承诺建立一个崇尚人性、公平和相互关怀的全球社会，这个社会认识到人人都必须享有人的尊严。

3. 在首脑会议开幕时，全世界的儿童用简单而明确的声音告诉我们，未来属于他们。这些话语激励我们每一个人一定要通过我们的行动，使儿童继承一个美好的世界，在这个世界里不会因为贫穷、环境恶化和不可持续的发展格局，而使人的尊严受到伤害、行为有失体统。

4. 儿童代表了我们共同的未来。我们来自世界各个角落，了解各种不同人生经历的所有人必须团结起来，我们迫切需要有一种强烈的使命感，促使我们创造一个充满希望、更加光明的崭新世界，这是我们对子孙的部分答复。

5. 为此，我们担负起一项共同的责任，即在地方、国家、区域和全球各级促进和加强经济发展、社会发展和环境保护这几个相互依存、相互增强的可持续发展支柱。

6. 我们在人类的摇篮非洲大陆宣布，我们通过《可持续发展问题世界首脑会议执行计划》和本《宣言》彼此承担责任、并对更大的人生大家庭及子孙后代负有责任。

7. 我们认识到人类正处于十字路口。我们因共同的决心而团结在一起，坚定不移地积极响应需要，以制定一项消除贫穷和人类发展的切实可行的计划。

从斯德哥尔摩到里约热内卢和约翰内斯堡

8. 30年前在斯德哥尔摩，我们认定迫切需要应付环境恶化问题。10年前在里约热内卢举行的联合国环境与发展问题会议上，我们认为环境保护和社会及经济发展是按照里约原则推动可持续发展的基石。为了实现可持续发展，我们通过了题为《21世纪议程》的全球性方案和《关于环境与发展的里约宣言》，对此，我们再次表示我们的承诺。里约会议是一个重大里程碑，它提出了可持续发展的新议程。

9. 从里约到约翰内斯堡之间的这段时间内，世界各国在联合国主持下举行了若干次重要会议，其中包括发展筹资问题国际会议和多哈部长级会议。这些会议为世界勾画了人类未来的广阔前景。

10. 在约翰内斯堡首脑会议期间，我们在将世界各国人民聚集起来和综合各种不同意见，以积极寻求一条共同道路方面取得了重大进展，这条共同道路就是创造一个尊重和推行可持续发展远景的世界。约翰内斯堡首脑会议还证实，在使我们星球上的人民达成全球共识和建立伙伴关系方面也取得了重大进展。

我们面临的挑战

11. 我们确认，消除贫穷、改变消费和生产格局、保护和管理自然资源基础以促进经济和社会发展，是压倒一切的可持续发展目标和根本要求。

12. 在人类社会铸起穷富不可跨越的鸿沟以及发达国家与发展中国家之间的差距日益扩大，对全球的繁荣、安全和稳定构成了重大威胁。

13. 全球环境继续遭殃。生物多样性仍在丧失；鱼类继续耗竭；荒漠化吞噬了更多的良田；气候变化已产生明显的不利影响；自然灾害更加频繁、毁灭性更大；发展中国家更易受害；空气、饮水和海洋污染继续毁灭了无数人安逸的生活。

14. 全球化为上述挑战增加了新的方面。在全世界范围内，市场迅速一体化、资本积极调动、投资流量大大增强，为促进可持续发展带来新挑战，创造新机会。但是，全球化产生的利益和付出的代价没有得到均衡分配，发展中国家在应付这一挑战方面遇到了特殊困难。

15. 我们担当着在全球范围铸造这种鸿沟的风险。如果我们不采取行动从根本上改变穷人的生活，全世界的穷人可能对他们的代表和我们坚持承诺的民主制度丧失信心，认为他们的代表人物不过是一些喜欢吹嘘的空谈家而已。

我们对可持续发展的承诺

16. 我们丰富的多样性是我们的共同实力，我们决心保证将它用来建立建设性伙伴关系，以促成变革和实现可持续发展的共同目标。

17. 我们欢迎约翰内斯堡首脑会议将重点集中于人的尊严的不可分割性。我们决心通过关于目标、时间表和伙伴关系的各项决定，加快步伐进一步满足享有清洁饮水、公共卫生、能源、保健、粮食安全和保护生物多样性等方面的基本要求。与此同时，我们将共同努力，彼此帮助，以获得财政资源、利用开放的市场、确保能力建设、使用现代技术实现发展，并确保为永远消除不发达状况，进行技术转让、人力资源开发、教育和培训。

18. 我们致力于确保将赋予妇女权力、妇女解放和两性平等融入到《21 世纪议程》、《千年发展目标》和《首脑会议执行计划》所列的各项活动。

19. 我们承认，全球社会有办法也有资源去应付全人类在消除贫穷和可持续发展方面所面临的挑战。我们将共同采取进一步步骤，确保利用这些可得资源造福于人类。

20. 在这方面，为了促成实现我们的发展目标和指标，我们敦请尚未作出具体努力的发达国家作出努力，使官方发展援助达到国际商定的水平。

21. 为了促进区域合作、改进国际合作和推动可持续发展，我们欢迎和支持建立像非洲发展新伙伴这样的更强大的区域集团和联盟。

22. 我们将继续特别注意小岛屿发展中国家和最不发达国家的发展需要。

23. 我们确认，可持续发展需要具有长远观点，需要对各个级别的政策拟订、决策和实施过程广泛参与。作为社会伙伴，我们将继续努力与各主要集团建立稳定的伙伴关系，尊重每一个集团的独立性和重要作用。

24. 我们认为，私营部门，包括大小公司，在从事合法活动时，有义务为发展公平和可持续的社区和社会作出贡献。

25. 我们还同意为增加产生收入的就业机会提供协助，同时考虑到国际劳工组织《关于工作中的基本原则和权利宣言》。

26. 我们还认为，私营部门公司有必要加强公司问责制，这应当在一个透明和稳定的制度环境下执行。

27. 我们承诺加强和改善各级政府的管理工作，以有效执行《21 世纪议程》、《千年发展目标》和《首脑会议执行计划》。

多边主义是未来

28. 为实现我们的可持续发展目标，我们需要有更讲究实效、更加民主和更加负责的国际和多边机构。

29. 我们重申维护《联合国宪章》的原则和宗旨、国际法以及致力于加强多边主义。我们支持联合国发挥领导作用，它是世界上最具有普遍性和代表性的组织，是最能促进可持续发展的机构。

30. 我们还承诺定期监测在实现可持续发展目标方面所取得的进展。

力求实现目标！

31. 我们一直认为，这必须是一个包容性的过程，应让参加约翰内斯堡历史性首脑会议的所有主要集团和政府都参加进来。

32. 我们承诺采取联合行动，为共同的决心团结起来，以拯救我们的地球、促进人类发展、实现普遍繁荣与和平。

33. 我们承诺执行《可持续发展问题世界首脑会议执行计划》及加速实现其中所列规定时限的社会经济和环境指标。

34. 我们在人类的摇篮非洲大陆，向全世界人民和向地球的当然继承人我们的子孙后代庄严宣誓，我们决心一定要实现可持续发展的共同希望。

主要参考书目

1. 林肇信．环境保护概论．（修订2版）．北京：高等教育出版社，1999.
2. 贾炅，李建会．全球环境变化——人类面临的共同挑战．武汉：湖北教育出版社，1998.
3. 陈慈阳．环境法总论．北京：中国政法大学出版社，2003.
4. 吕忠梅．环境法原理．上海：复旦大学出版社，2007.
5. 21世纪议程——联合国环境与发展大会文献汇编．国家环境保护总局，译．北京：中国环境科学出版社，1993.
6. 万以诚．新文明的路标——人类绿色运动史上经典文献．吉林：吉林人民出版社，2000.
7. 周鲠生．国际法．北京：商务印书馆，1976.
8. 梁西．国际法．武汉：武汉大学出版社，1993.
9. 李浩培．国际法的概念和渊源．贵阳：贵州人民出版社，1994.
10. 王铁崖．国际法．北京：法律出版社，1995.
11. 詹宁斯，瓦茨．奥本海国际法．王铁崖，等，译．北京：中国大百科全书出版社，1995.
12. 陈致中，李菲南．国际法案例选．北京：法律出版社，1986.
13. 韩德培．环境保护法教程．北京：法律出版社，2007.
14. 金瑞林．环境法学．北京：北京大学出版社，2002.
15. 蔡守秋．环境资源法学教程．武汉：武汉大学出版社，2000.
16. 亚历山大·基斯．国际环境法．张若思，译．北京：法律出版社，2000.
17. 韩健，陈立虎．国际环境法．武汉：武汉大学出版社，1992.
18. 王曦．国际环境法．北京：法律出版社，2005.
19. 万霞．国际环境保护的法律理论与实践．北京：经济科学出版社，2003.
20. 蔡守秋，常纪文．国际环境法学．北京：法律出版社，2004.
21. 林灿铃．国际环境法．北京：人民出版社，2004.
22. 戚道孟．国际环境法．北京：中国方正出版社，2004.
23. 许健．国际环境法学．北京：中国环境科学出版社，2004.

24. 盛愉，周岗．现代国际水法概论．北京：法律出版社，1987.
25. 周忠海．国际海洋法．北京：中国政法大学出版社，1987.
26. 黄德林．自然遗产保护法研究．北京：中国社会科学出版社，2006.
27. 王曦．国际环境法资料选编．北京：民主与建设出版社，1999.
28. 刘慧荣．北极生态保护法律问题研究．北京：知识产权出版社，2010.
29. 全国人大环境保护委员会．国际环境与资源保护条约汇编．北京：中国环境科学出版社，1993.
30. 杨国华，胡雪．国际环境保护公约概述．北京：人民法院出版社，2000.

后 记

本书的编写体例是由主编王继恒博士在参考国内外相关著作和教材的基础上拟订，并经主编张炳淳教授审核一同确定的，参编人员由西北政法大学经济法学院环境法教研室和国际法学院长期从事环境法教学和研究的部分教师组成。作为环境法教学和研究团队集体合作的成果，全书共分十九章，基本上涵盖了国际环境资源法的基本理论和法律制度。各章编写人员及具体分工如下（以撰写章节先后为序）：

第一章由张炳淳（西北政法大学教授、法学博士、西安市环保局副局长）撰写；

第二章、第三章、第四章、第五章、第六章由王继恒（西北政法大学经济法学院副教授、法学博士）撰写；

第七章、第十三章、第十四章由杨倩（西北政法大学经济法学院讲师、法学硕士）撰写；

第八章由丁岩林（西北政法大学经济法学院讲师、法学博士）撰写；

第九章、第十八章由黄政（西北政法大学经济法学院讲师、法学硕士）撰写；

第十章、第十六章由郝少英（西北政法大学经济法学院副教授、博士）撰写；

第十一章由李雅萍（西北政法大学经济法学院讲师、博士）撰写；

第十二章、第十五章由王玉兰（西北政法大学科研处项目管理科科长、法学硕士）撰写；

第十七章、第十九章由王兆平（西北政法大学国际法学院讲师、法学博士）撰写。

另外，书中的附录部分由王继恒整理编辑完成，前言和后记部分以及各章节核心提示、推荐阅读和思考练习题部分也由王继恒执笔完成。

该书的组织编写以及书稿完成后的统稿、定稿工作主要由主编王继恒完成。鉴于国际环境资源法涵盖面广，所涉理论和实践问题发展变化快、探索性明显以及学科交融性强的特点，加之能力和资料所限，使得研究不够深入，以致疏误之处在所难免，敬祈读者和同仁不吝赐教，以便修订时参考。

感谢对外经济贸易大学出版社编辑汪友年和胡晓雪以及其他业内人士为本书的出版所付出的辛勤劳动！感谢西北政法大学国际法学科的大力支持！

编　者

2012 年 12 月 20 日